CHINA FINANCIAL POLICY REPORT

中国金融政策报告

2018

主　　编　吴晓灵
执行主编　何海峰
执行副主编　汪小亚

中国金融出版社

责任编辑：王效端　张菊香
责任校对：李俊英
责任印制：程　颖

图书在版编目（CIP）数据

中国金融政策报告．2018（Zhongguo Jinrong Zhengce Baogao. 2018）/吴晓灵主编．—北京：中国金融出版社，2018. 5

ISBN 978－7－5049－9572－8

Ⅰ. ①中…　Ⅱ. ①吴…　Ⅲ. ①金融政策—研究报告—中国—2018　Ⅳ. ①F832. 0

中国版本图书馆 CIP 数据核字（2018）第 091470 号

出版发行　中国金融出版社
社址　北京市丰台区益泽路 2 号
市场开发部　（010）63266347，63805472，63439533（传真）
网 上 书 店　http：//www. chinafph. com　（010）63286832，63365686（传真）
读者服务部　（010）66070833，62568380
邮编　100071
经销　新华书店
印刷　保利达印务有限公司
尺寸　185 毫米×260 毫米
印张　28. 5
字数　590 千
版次　2018 年 5 月第 1 版
印次　2018 年 5 月第 1 次印刷
定价　82. 00 元
ISBN 978－7－5049－9572－8
如出现印装错误本社负责调换　联系电话（010）63263947
编辑部邮箱：jiaocaiyibu@126. com

编 委 会

The Editorial Board

前　言

《中国金融政策报告》是清华大学国家金融研究院与中国社会科学院金融政策研究中心联合组织编写的年度研究报告，旨在对过去一年国际国内经济背景下中国金融政策的出台与执行情况进行总结和分析。

2017 年将成为中国历史上不平凡的一年：中国特色社会主义进入了新时代，中国经济发展也进入了新时代。对于中国经济来说，2017 年是全面落实“十三五”规划的关键一年，也是推进结构调整、转型升级的关键一年。中国经济运行稳中向好，好于预期：一是 GDP 实现了 6.9% 的增长，就业、物价和国际收支都好于预期；二是供给侧结构性改革取得重要进展；三是新旧动能的转换加快进行；四是经济增长的质量和效益得到提升；五是民生保障继续改善；六是经济结构发生了重大变革。同时，防范化解重大风险、精准脱贫、污染防治等三大攻坚战积极推进。

2017 年，中国金融发展进入了新时代。从金融运行上看，保持货币政策稳健中性，有力促进了经济金融平稳健康发展；在“强监管”政策基调之下，中国资本市场走向正常化，国际化进程不断加快；外汇市场方面，人民币汇率预期走出了由单边贬值转向单边升值、再双向分化的态势，年底反而升值超过了 6%。回顾 2017 年，中国金融政策领域发生了不少重大事件：全国金融工作会议召开，国务院金融稳定发展委员会成立；货币政策、宏观审慎政策双支柱调控框架逐步健全；银监会开展“三三四”检查，整治乱象加强监管；A 股纳入 MSCI 指数，债券通“北向通”正式上线；保监会出台“1 +4”系列文件重塑从严监管；大型银行普惠金融事业部挂牌；等等。

《中国金融政策报告（2018）》延续了《中国金融政策报告（2017）》的框架结构，它包括两大模块即主题报告和动态报告。具体地看，《中国金融政策报告（2018）》包括以下内容。

第一部分是年度报告的主题报告“防控金融风险 服务经济发展”。中国经济从高速增长阶段转向高质量发展阶段，而中国金融的改革发展要更好地服务经济发展，其中，防范系统性金融风险是坚决打好防范化解重大风险攻坚战的重要任务。第二部分是三篇专题文章：第一篇文章“有序打破刚性兑付 防范系统性金融风险”指出，刚性兑付是金融业制度扭曲的结果；打破刚性兑付是提高资源配置效率的前提；只有有序打破刚性兑付，才能从根本上防范系统性金融风险。第二篇文章“金融科技重塑金融生态”指出，迅猛发展的金融科技对金融业的七大基础功能产生了一系列的冲击；它颠覆了金融机构的组织结构、运行模式及市场竞争生态；它改变了需求者的生态；它改变了金融市场基础设施的生态；它正在冲击金融监管和金融立法生态。第三篇文章“建设现代金融强国的战略选择”提出，中国建设金融强国需要坚守“加速器”和“稳定器”两大功能；中国成为金融强国迫切需要推进现代金融体制、现代金融机构体系和金融业双向开放等三大建设。

第一部分和第二部分构成了《中国金融政策报告（2018）》的上篇即主题报告模块，下篇即“2017 年度中国金融政策动态”模块则由第三、第四和第五部分构成。

第三部分是 2017 年的“宏观金融政策”。这一部分将对 2017 年的货币政策、汇率与国际收支相关政策进行回顾、分析，并适度进行政策评价与展望。第四部分是 2017 年的“主要金融市场发展政策”。这一部分全面回顾和分析了 2017 年内“银行业市场发展政策”“股票市场发展政策”“保险业市场发展政策”“债券市场发展政策”“基金行业市场发展政策”“货币市场发展政策”“信托与财富管理市场发展政策”“金融衍生产品市场发展政策”“商品期货市场发展政策”“外汇市场发展政策”和“黄金市场发展政策”，并进行了相应的政策评价与展望。第五部分是 2017 年的“主要金融监管政策”。这一部分对 2017 年“中国人民银行主要监管政策”“中国银监会主要监管政策”“中国证监会主要监管政策”和“中国保监会主要监管政策”进行了回顾和分析，也相应给出了政策评价与展望。

《中国金融政策报告（2018）》继续以“专栏”形式，反映中国金融政策中的一些热点。这些热点既有宏观金融方面，也有不同行业方面；既有地方金融，也有金融专题。这14个专栏可以使报告更加全面地向中外传递中国金融政策的发展变化。

本报告作为集体研究的结果，作者团队主要来自金融管理部门、金融业界机构、高校和学术机构等，但并不代表他们所任职单位或机构的观点。吴晓灵、何海峰、汪小亚对报告全文进行了修改和定稿。先后参加各部分撰稿的执笔人是：吴晓灵、何海峰、刘碧波、朱民、何晓贝、赵庆明、周昆平、赵亚蕊、张玉龙、刘涛、朱永行、荣艺华、李艳、李青云、张生举、郑凌云、甘正在、储幼阳、罗江、朱小川、赵湘怀、刘学庆、蒋健蓉、武平平、马强、谈亮、王毅、伍旭川等。余粤对英文译稿进行了校对。我们非常感谢中国保险行业协会朱进元会长、中国证券投资基金业协会洪磊会长、中国银行业协会周更强副秘书长等各位顾问专家对报告初稿的中肯意见和建议。我们感谢中国金融出版社王效端主任、张菊香编辑的认真和严谨工作。

我们一如既往地期盼着各种批评和建议。

中国社会科学院金融政策研究中心主任

何海峰（代序）

2018年4月18日

Foreword

China Financial Policy Report is an annual report compiled by China Center for Financial Research (CCFR), Tsinghua University and Institute of Financial Policy, Chinese Academy of Social Sciences and is intended as a summary and review of financial policies promulgated and implemented in the country in the past year against the backdrop of the world and Chinese economy.

The year of 2017 is a remarkable year in the history of the PRC. Socialism of Chinese characteristics entered into a new era and the Chinese economy made a fresh start this year. This year is crucial to fulfill the 13th Five-year Plan and to press ahead with restructuring, transformation and upgrade. The Chinese economy performed soundly and better than expected this year. First, GDP growth came in at 6.9% and employment, commodity price and international balance of payments all outperformed the expectation. Second, significant progress was seen in supply-side structural reforms. Third, the pace of replacing old growth drivers with new ones was quickened. Fourth, the quality and efficiency of economic growth were heightened. Fifth, the people's wellbeing was improved. Sixth, a radical change happened to the economic structure. Meanwhile, solid progress was made in overcoming three critical challenges, that is, prevention and mitigation of material risks, targeted poverty alleviation and pollution control.

The financial industry also embraced the new epoch in the year of 2017. In terms of financial operations, robust and neutral monetary policies were maintained and bolstered up strong performance of the economy and the financial system. Guided by the keynote of tightened regulation, the capital market stepped onto the right track and was more closely geared to the international market. In terms of foreign exchange, Renminbi exchange rate expectation moved from one-sided depreciation to one-sided appreciation and then to movements in both directions, and Renminbi strengthened by more than 6% as of the end of the year. Many events of significance to financial policy-making happened in China in 2017, such as National Financial Work Conference, and the inauguration of the Financial Stability and Development Committee under the State Council; the regulatory framework of two pillars, monetary policy and macro prudential policy; inspections launched by the China Banking Regulatory Commission to clamp down on market malpractices and tighten regulation; the inclusion of A shares in MSCI indices and official commencement of Bond Connect "Northbound Connect"; the "1+4" documents unveiled by the China Insurance Regulatory Commission to reshape regulation; and the formation of inclusive finance divisions in large banks.

China Financial Policy Report (2018) inherits the structure of China Financial Policy Report (2017) and is made up of two parts, theme reports and dynamic reports. To be more specific, China Financial Policy Report (2018) has the following sections.

Section I presents a theme report titled "*Prevent Financial Risks and Serve Economic Development*". A shift from high-speed growth to high-quality growth of the economy is taking place in the country. Financial reforms and development are required to better serve economic development. It is noteworthy that the prevention of systemic financial risks is crucial to prevent and mitigate material risks. Section II provides three feature articles. The first article, "*End Implicit Public Guarantees and Prevent Systemic Financial Risks*", points out implicit public guarantee is the consequence of a distorted financial system. Putting an end to implicit public guarantees is a precondition to make resource allocation more efficient and to rule out the possibility of systemic financial risks. The second article, "*Fintech is Reshaping the Financial Ecology*", argues that the Fintech boom has sweeping impact on seven basic functions of the financial industry. It is revolutionizing the organization setup and running mode of financial institutions and the landscape of market competition. It is changing the landscape of demand. It is changing the financial infrastructure. It is impacting financial regulation and legislation. The third article, "*The Choice of Strategies For Building a Power of Modern Finance*", proposes that China, in order to become a financial power, needs to consolidate two functions, accelerator and stabilizer, and to build a modern financial system, develop modern financial institutions and drive openup of the financial industry both ways.

Section I and II form Part I "*Theme Reports*" of China Financial Policy Report (2018), while Part II, "*China Financial Policy Dynamics in 2017*", comprises Section III, IV and V.

Section III, *Macro Financial Policy*, presents a review and analysis of monetary policy, exchange rate and balance of payments policy in 2017, along with concise comments and outlook. Section IV, *Financial Market Development Policy*, recaps Banking Market Development Policy, Stock Market Development Policy, Insurance Market Development Policy, Bond Market Development Policy, Fund Market Development Policy, Monetary Market Development Policy, Trust and Wealth Management Market Development Policy, Financial Derivatives Market

Development Policy, Commodity Futures Market Development Policy, Foreign Exchange Market Development Policy and Gold Market Development Policy, all ended with policy comments and outlook. Section V, *Financial Regulatory Policy*, summarizes Main Regulatory Policy of the People's Bank of China, Main Regulatory Policy of the China Banking Regulatory Commission, Main Regulatory Policy of the China Securities Regulatory Commission and Main Regulatory Policy of the China Insurance Regulatory Commission, ended with policy comments and outlook.

China Financial Policy Report (2018) continues to shed light on some hot topics related to financial policies in columns. These topics may address macro finance or different sectors, local finance or certain fields of the financial industry. Thirteen columns are included in the report to provide a panoramic view of latest developments and changes in financial policies in the country.

This report is the fruit of collective efforts. The authors are experts from financial authorities, financial institutions, universities and academic organizations. Their contributions to the report do not stand for the viewpoints of their employers. Wu Xiaoling, He Haifeng and Wang Xiaoya proofread and finalized the report. Authors of the report include: Wu Xiaoling, He Haifeng, Liu Bibo, Zhu Min, He Xiaobei, Zhao Qingming, Zhou Kunping, Zhao Yarui, Zhang Yulong, Liu Tao, Zhu Yongxing, Rong Yihua, Li Yan, Li Qingyun, Zhang Shengju, Zheng Lingyun, Gan Zhengzai, Chu Youyang, Luo Jiang, Zhu Xiaochuan, Zhao Xianghuai, Liu Xueqing, Jiang Jianrong, Wu Pingping, Ma Qiang, Tan Liang, Wang Yi and Wu Xuchuan. Yu Yue proofread the translated English report. We are very grateful for Zhu Jinyuan, President of the Insurance Association of China, Hong Lei, President of the Asset Management Association of China, and Zhou Gengqiang, Vice General Secretary of China Banking Association for their pertinent comments and advice on the draft report. We appreciate the attentive and rigorous work done by Director Wang Xiaoduan and Editor Zhang Juxiang from China Financial Publishing House.

Comments and advice are warmly welcome as ever.

Director of Institute of Financial Policy, Chinese Academy of Social Sciences

He Haifeng(Preface)

Apr. 18, 2018

目　　录

上篇　主题报告与专题文章

下篇　2017 年度中国金融政策动态

English Version

Part One Thematic Report and Feature Articles

Part Two China's Financial Policies in 2017

上　篇

主题报告与专题文章

主题报告：

防控金融风险　服务经济发展

吴晓灵[①]　何海峰[②]　刘碧波[③]

中国经济已从高速增长阶段转向高质量发展阶段，中国金融的改革发展要更好地服务经济发展，其中，防范系统性金融风险是坚决打好防范化解重大风险攻坚战的重要任务。这需要我们对新阶段下金融风险的成因与表现进行分析总结，做好防控金融风险的政策准备与应对；同时，还要做好扩大金融开放下的风险防范。

一、新阶段下的中国金融与金融风险

经过40年的改革开放，中国经济从高速增长阶段转向了高质量发展阶段。对中国金融的准确定位和对金融风险的正确认识，是金融更好服务新阶段经济发展的重要前提。

（一）中国金融的定位与任务

自改革开放以来，中国金融的改革发展一直朝着建设现代金融这一目标努力。在这个过程中，对于金融——特别是金融与经济关系的认识和定位，具有十分重要的意义。回顾中国建设现代金融的实践探索，对金融的思考和认识经历了两次大的飞跃。

第一次发生在上世纪90年代初，中国明确了金融在现代经济中的地位和作用。1991年初，邓小平在视察上海时指出“金融很重要，是现代经济的核心。金融搞好了，一着棋活，全盘皆活。”随后，1992年初邓小平在视察南方时发表重要讲话，他指出“证券、股市，这些东西究竟好不好，有没有危险，是不是资本主义独有的东西，社会主义能不能用？允许看，但要坚决地试”。邓小平关于金融是现代经济的核心这一论断，以及他对中国金融建设要大胆改革开放的坚定支持和鼓励态度，使中国金融体系摆脱了传统计划经济模式的束缚，向市场化、法制化和国际化迈出了坚实步伐，随后20多年的中国金融改革、开放和发展取得了巨大成就。

第二次发生在2017年，中国进一步明确了新时代下金融的地位和作用。2017年4

---

① 吴晓灵，清华大学五道口金融学院理事长兼院长，中国人民银行原副行长。
② 何海峰，中国社会科学院金融政策研究中心主任。
③ 刘碧波，清华大学五道口金融学院助理教授，资本市场与公司金融研究中心副主任。

月，习近平在中央政治局集体学习时指出，“我国已成为重要的世界金融大国”；“金融活，经济活；金融稳，经济稳。必须充分认识金融在经济发展和社会生活中的重要地位和作用，切实把维护金融安全作为治国理政的一件大事”。2017 年 7 月，中国召开了第五次全国金融工作会议。习近平指出，“金融是国家重要的核心竞争力，金融安全是国家安全的重要组成部分，金融制度是经济社会发展中重要的基础性制度”。在坚持肯定“金融是现代经济的核心”的基础上，习近平相关讲话将金融的认识定位提高和扩展到了国家竞争力、国家安全和基础制度层面与内涵，为新阶段下中国发展和建设现代金融确立了原则和任务。

第五次全国金融工作会议提出了中国金融改革发展需要坚持的四项原则：第一，回归本源，服从服务于经济社会发展；第二，优化结构，完善金融市场、金融机构、金融产品体系；第三，强化监管，提高防范化解金融风险的能力；第四，市场导向，发挥市场在金融资源配置中的决定性作用。同时，这次重要会议强调了金融工作的三项任务：服务实体经济、防控金融风险和深化金融改革。其中，特别强调防止发生系统性金融风险是金融工作的永恒主题，要把主动防范化解系统性金融风险放在更加重要的位置。概括起来说，金融要把服务实体经济作为根本目的，把防范化解系统性风险作为核心目标，把深化金融改革作为根本动力，促进经济与金融良性循环。

（二）对当前金融问题与金融风险的一个认识

改革开放以来，特别是党的十八大以来，中国金融改革发展取得新的重大成就，金融业保持快速发展，金融产品日益丰富，金融服务普惠性增强，金融改革有序推进，金融体系不断完善，人民币国际化和金融双向开放取得新进展，金融监管得到改进，中国已经成为一个金融大国。

但是，一段时间以来，中国经济和金融中出现了“脱实向虚”问题，主要表现在两个方面。一方面，从金融业自身来看，中国金融业在 GDP 中所占比重 1996—2002 年为 5%左右，2003—2006 年接近 4%，2007 年以后不断走高——到 2015 年高达 8.4%。中国金融业增加值占比在 2013 年超过了美国，在 2015 年超过了英国，目前在经济大国中排名第一。另一方面，从实体企业和地方政府来看，有关数据显示，国资委管理的 110 多家央企中有 90 多家在不同程度上涉足金融投资，占比为 76%。同时，金融业投资周期短盈利快、地方税收贡献大而稳定，且金融业属于现代服务业，可以调整经济结构，带动本地投资发展，所以自“十二五”以来，地方热衷于大力发展金融业。金融业的过快发展和“脱实向虚”不可避免地导致了更多资金在金融系统内部循环，加杠杆和资金套利兴起，金融自我服务而实体经济中融资难融资贵问题难以解决；同时，一些区域和领域的乱集资、乱批设金融机构、乱办金融业务等金融“三乱”现象再次出现。可以说，“脱实向虚”所带来的一系列具体问题，导致了新条件下中国金融风险的不断累积。就 2017 年来看，既有现金贷等业务的“野蛮生长”，ICO 非法融资、广发银行“萝卜章”案件、民生银行飞单理财、东北特钢债券违约等金融风险事件发生，也有乐视、万达、安邦、万科、海航等实体企业资金流动性、股权收购与海外投资等问题带来的金融市场动荡。

应对和管理新阶段的金融风险，迫切需要统一思想和明确认识。首先，从观念原则上，必须明确防范风险是金融良好运行和发挥功能的基本前提。防范风险是金融行业和金融系统始终不变的生命线。如果金融业只单纯片面追求利润、规模和发展速度，无视风险管理和风险防控，金融自身必然会陷入自我循环乃至自我膨胀，随时都会发生“爆炸”而倒下。更为严重的是，金融服务实体经济、服务社会发展的基本功能发挥就失去了基础保障，反而会成为整个经济社会的风险源头，酝酿和引发系统性风险。其次，从行动策略上，要从“防范金融风险”进一步转到“防控金融风险”。2017 年底，中央经济工作会议强调“打好防范化解重大风险攻坚战，重点是防控金融风险”，坚决守住不发生系统性风险的底线。从“防范金融风险”到“防控金融风险”，既意味着金融风险的严重程度绝对不能低估、防范金融风险的严峻形势和严肃态度需要进一步提高，更意味着迫切需要更加积极主动地应对和管理金融风险——包括制订系统的行动方案与计划。最后，从技术方法上，防控金融风险要“点面结合”，更加突出系统性金融风险的防范化解处理。一方面，既要防范影响巨大、难以预知且罕见的金融黑天鹅事件，更要防控概率极大、冲击力极强却被忽视的金融灰犀牛风险；另一方面，既要防范化解地方区域性和不同部门市场上的金融乱象隐患，更要集中力量、优先防控处理可能威胁经济社会稳定和引发系统性风险的金融风险问题。近两年来，中国对有关金融风险事件的处理和金融违法犯罪的惩治，就是主动和逐步缓释相关风险压力的过程，这一过程正在加快推进。

二、中国金融风险的成因与表现

中国金融风险的累积，伴随着中国经济与金融的快速发展，既有来自经济结构的不合理、金融功能定位发生偏差等深层次原因，也有科技与产业技术更新、市场对外开放所带来的冲击。总体上看，这些风险可以归为系统性金融风险与金融乱象风险两大类别。

（一）追求高速增长与经济结构不合理导致了过度授信

随着国际金融危机影响的持续和加深，在全球经济普遍放缓的大背景下，中国经济也进入了新常态。中国清醒地意识到了经济高速度增长的不可持续，主动进行并深化供给侧结构性改革，转入经济高质量发展的新阶段。但是，中国经济金融在上一轮扩张期时的过度授信，埋下了金融风险隐患，有可能在进入下行“清算”期时陆续或集中出现。

就中国的货币供应量来看，从 1990 年到 2017 年，M_2 从 1.53 万亿元增长到了

167.68 万亿元人民币，增长了 110 倍。其中，2009 年至 2017 年新发货币 107 万亿元，也就是说，不到 8 年时间中国人民币增加了 107 万亿元——仅 2016 年就增加了 20 万亿元。[①] 中国货币信贷的扩张，在过去较长时间内，有力地支持了中国经济高速度增长的资金需求。但是，全社会信用的过度膨胀，不可避免地造成了资本和投资的边际效率下降；更为严重的是，它维持并加剧了中国经济的结构扭曲，也直接助推了房地产与金融服务业的过度繁荣。从经济结构不合理来看，部分产能严重过剩、一些企业库存长期积压、部门和企业杠杆率不断高企、社会资金成本居高不下和经济社会短板凸显等成为中国经济发展面临的严重问题。从资金的“脱实向虚”来看，随着信贷支持下投资驱动的边际效率递减，实体经济回报率不断下降，大量资金资本涌入利润率较高的房地产和金融行业；但房地产和金融业的过度发展与虚假繁荣必然会以信贷危机、金融危机甚至经济政治危机而收场——2008 年国际金融危机殷鉴不远。

（二）金融功能定位发生偏差导致了过度衍生

现代金融的功能如何定位实际上包含两个问题：第一，金融与实体经济的关系问题；第二，金融产品创新的利弊判断问题。

金融与实体经济的关系问题既是金融发展理论中的根本问题，也是一个国家经济社会发展中的现实问题。金融是现代经济的核心和实体经济的血脉，它既要引领现代服务业等经济体系更新升级，又要支持和促进实体经济的发展。但是，反过来更加重要，实体经济才是金融的本源。如果失去了实体经济的坚实基础和广阔空间，金融注定会成为无源之水、无本之木——脱离实体经济而过度发展，金融必然难以持久，迟早会发生危机，最终给实体经济和国家社会造成巨大危害。

从技术上讲，金融产品创新具有扩大市场交易、转移和规避风险、价格发现与降低交易成本等具体作用。但是，如果过度追求产品创新，甚至是脱离现实需求为了创新而创新，一旦金融监管跟不上——事实上，金融监管往往滞后于金融创新——金融产品创新不但会降低和破坏市场效率，甚至会带来更大的金融市场风险和系统性金融危机。一段时间来，中国金融部门内部融资规模占全社会信用总量的份额过大，大量资金在金融体系内“空转”。这既有中国分业监管导致监管标准不统一、监管空白等原因，更是一些金融机构和金融从业者专门绕开监管从事“金融创新”活动的结果。这些活动披着金融创新的外衣，在不同市场之间进行套利的同时，拉伸了经济和金融系统中的信用链条，增加了更多的交易环节和交易成本，反而成了金融市场风险的来源和放大器。

（三）技术更新带来的金融风险冲击

每一轮大的经济危机过后，新的科技和产业将会兴起，吸引大量资本集聚，投资机

---

① 随着去杠杆的深化和金融进一步回归为实体经济服务，2017 年 M_2 同比增长 8.2% 创历史新低，增速比 2016 年低 3.1 个百分点。M_2 的增速“可能成为新的常态”。

遇与投资风险并存。同时，以互联网金融为代表的金融科技蓬勃发展，也会带来新的金融风险冲击。

后危机时代，新一轮科技革命和产业变革终于开始呈现多领域、跨学科、群体性突破新态势，并广泛深入地向经济社会各领域渗透。这一轮科技产业革命的核心是信息技术，互联网正在日益成为创新驱动发展的先导力量，深刻改变着人们的生产生活，有力推动着社会发展。新一轮科技产业变革催生了大量新技术新产业新业态新模式，吸引了大量来自政府和民间的投资。为支持创业创新，各级政府会主动完善金融财税政策，创新金融产品，扩大信贷支持，采取新兴产业创业投资引导基金、中小企业发展基金、科技成果转化引导基金、各种产业基金等形式，大力支持新经济。同时，创业投资企业和天使投资个人在有关鼓励型政策吸引下，汇聚大量社会资本参与创业投资和产业投资。短时间内，巨量资本涌入前景很不十分明朗的有限产业，机遇与挑战并存，投资失败带来的金融风险会冲击产业良性发展和宏观经济稳定。

以互联网金融为代表的金融科技能够有效提升金融服务效率，强化对实体经济的服务能力。随着云计算、大数据、人工智能和区块链等新兴技术在金融领域的广泛应用，金融科技正在以迅猛态势深刻改变金融行业生态和服务模式。但是，金融科技将带来两类风险：金融信息安全和新型金融风险。金融信息安全既包括个人信息安全——身份信息、财产信息、信用信息、金融交易信息和衍生信息等，也包括金融信息跨境流动安全——个人金融信息随着电子商务、移动支付等数字金融服务流出海外的风险。以互联网金融为代表，金融科技赋予了传统金融风险一些新的内容。信用风险方面，“长尾”特征和信息不对称风险最为突出。操作风险方面，黑客攻击、支付不安全、网络金融诈骗等防不胜防。流动性风险方面，P2P平台的资金分类隔离、违规担保和资金池等会造成资金链条的断裂，货币市场基金的“羊群效应”会进一步放大。道德风险方面，虚拟交易、虚假信息和高利借贷行为时有发生。

（四）金融开放下的金融风险

扩大对外开放是目前中国经济和金融市场的重要议题之一。十九大报告提出，建设现代化经济体系，要推动形成全面开放新格局。2017年召开的中央经济工作会议和全国金融工作会议也指出，积极稳妥地推动金融业对外开放，合理安排开放顺序，是当前金融监管在制度设计和市场管理方面的重要任务。从内涵看，金融开放一方面涉及放宽市场准入条件，形成开放的国内金融市场；另一方面需要积极支持国内的企业和金融机构“走出去”，响应“一带一路”等政策，促进企业进行海外投资。金融开放有利于国内经济和市场的健全和发展，也有利于国内资本在全球范围内寻找更好的投资机会，提升资源配置效率。与此同时，金融开放带来的风险也不容忽视。

首先，跨境资本流动是宏观层面的风险来源之一。在金融开放的背景下，贸易投资便利化、资本项目和外汇市场双向开放都将稳步推进。在市场高度开放、资本自由流动的背景下，如果发生国内经济吸引力下降、海外主要市场回报率上升等情况，国内资本流出的风险将显著上升。目前，全球主要经济体货币政策都在趋于正常化，量化宽松操作正在逐步退出，加息趋势明显。一个直接的结果是，投资者对海外高回报资产的需求增加，资金流向境外，人民币产生较大的贬值压力。因此，跨境资本流动带来的宏观风险成为当前需要重点关注的问题。

其次，境外资本与金融机构的进入对国内金融市场形成冲击。金融对外开放意味着银行、证券、保险行业对外资准入和业务范围限制的放开。境外金融机构的进入将提升国内市场国际化水平，加剧业内竞争。资本、经验、海外资源丰富的境外金融机构会对国内部分机构的经营形成负面冲击。另外，国内金融市场通过沪港通、债券通等方式与境外市场连接更加紧密，境外金融市场风险更容易传导至国内市场，形成外部风险冲击。

最后，国内企业的对外投资将面临基本面与杠杆风险。目前我国企业对外投资逐年增长，2016 年对外直接投资总额已经超过外商直接投资规模。相对于国内投资，对外投资一方面面临较大的基本面不确定性。全球与所在国经济增长的不确定性、地缘政治与恐怖主义、投资保护主义与贸易争端、大宗商品价格波动等都会增加对外投资的波动性。另一方面，部分金融企业在进行对外投资时，通过多层结构加杠杆，实际权益资本并不多，一旦境内外资金链出现问题，将会直接影响投资的成败。

（五）中国金融风险的系统性表现和微观表现

根据有关报道[①]，中国金融风险主要包括 8 类——流动性风险、信用风险、影子银行业务风险、资本市场异常波动风险、保险市场风险、房地产泡沫引发的金融风险、金融网络技术和信息安全风险。随着对金融风险的全面深入调查与分析，高杠杆风险、地方政府债务风险、金融乱象、汇率与外汇市场风险、部分国企债务风险、金融体系内的一些交叉性风险、金融违规违法事件、“金融控股公司”[②] 等金融风险类别被不断提出和加以重视。

总的来说，当前中国金融风险可以归为两大类。第一类是理论上所说的影响整个金融体系安全的系统性金融风险，包括影子银行风险，房地产泡沫、金融体系的自我演化所产生的一些交叉性风险等。第二类是微观金融风险，比如说金融的违规、违法事件，金融的一些乱象。

系统性金融风险主要包括四类：周期性风险、流动性风险、汇率风险和地方政府债务风险。第一，周期性风险。中国经济金融经过上一轮扩张期后，进入了下行“清算”期，周期性风险开始出现，主要表现为：一方面，金融业对于整个经济的贡献率发生明

---

① 参见《有效防范金融风险——二论做好当前金融工作》，《人民日报》评论员，2017 年 7 月 17 日。

② 一些大型私人企业通过并购获得各种金融服务牌照，但并非真正意义上的金融控股公司。

显变化；另一方面，经济社会中的贷款投放有所改变。第二，流动性风险。当前主要集中在三个方面：银行间市场、债券市场以及银行部门内部资金调控的流动性风险。对于中国金融体系的流动性风险而言，其核心是银行体系的流动性风险。目前难题在于，中国金融既面临资产荒，又面临负债荒，还要面临它们的期限错配。第三，汇率风险。未来的人民币汇率走势与中美两国经济增长前景关系密切。如果美国经济复苏稳定、美元再度走强，加上中美两国的贸易纠纷影响，可能会对人民币汇率产生较大影响。第四，地方政府债务风险。从统计口径上看，地方政府债务包括负有偿还责任的债务、负有担保责任的债务和可能承担一定救助责任的债务。截至 2016 年末，中国地方政府债务率为 80.5%，低于国际货币基金组织 90% ~150% 的控制标准参考值，因此地方政府债务风险总体可控。但是，我们不能忽视其中隐藏的风险，尤其需要重视地方政府债务对供给侧结构性改革和高质量发展的不利影响。

作为微观金融风险，当前金融乱象风险主要包括资产管理乱象、互联网金融乱象和“金融控股公司”乱象。需要说明的是，随着互联网科技的发展和应用，这三种金融乱象之间也存在交叉和融合。资产管理乱象问题比较复杂，中国不同金融监管部门针对同一资产管理行为曾经有着不同的监管规定，目前正在理顺和精简对资产管理行业的监管。互联网金融乱象是当前中国金融乱象的典型代表，没有任何牌照的科技公司提供信贷和支付服务、出售保险产品，这里还包括 ICO 和虚拟货币市场乱象。这会带来竞争问题和金融稳定风险。“金融控股公司”乱象，主要是指一些大型私人企业通过并购获得各种金融服务牌照，其间可能存在关联交易等违法行为，而我们对这些跨部门交易尚没有相应的监管政策。

三、防控金融风险的政策实践

从政策实践上考虑，防控金融风险需要确立整体思路，管理好金融市场，对冲实体经济风险，实现金融系统功能的正本清源，并积极应对好新技术风险和对外开放风险。从防控金融风险的整体思路上看，需要推进和完善“货币政策 + 宏观审慎政策”双支柱框架，加强宏观金融调控；确立统一监管理念，加快监管体制改革，强化金融监管的专业性、统一性、穿透性；实施功能监管，从机构监管转向机构监管与功能监管相结合，更加注重功能监管。

（一）利用金融市场管理和对冲实体经济风险

在明确金融系统的定位和监管思路的前提下，2017 年是整体金融监管改革的破局之年。对于实体经济结构不合理、市场定位不明确、新技术冲击、对外开放等主要金融风险来源，监管机构有针对性地采取了一系列的政策措施。其中，为了解决经济结构不合理与过度授信带来的金融风险，一个重要的监管思路是利用金融市场的力量优化资源配置，调整经济结构，从而实现管理和对冲实体经济基本面风险的目标。

首先，对货币信用创造进行总量和结构管理，调节实体经济债务成本，推动实体经济降杠杆。具体地，在货币政策和宏观审慎管理双支柱监管框架下，央行采取相对中性偏紧的货币政策，全年 M_2 同比增长约8.1%，为历史最低水平。宏观审慎管理方面，央行将银行表外理财业务纳入广义信贷指标，对实体经济资金的供给形成更加有效的监控。央行还在不同城市采用差异化的房地产金融政策，提高了房地产贷款利率。从实施效果看，货币政策的中性化导致企业贷款成本较2016年小幅上升，债务增速趋缓，客观上起到了抑制企业部门杠杆增长的作用；相对审慎的房地产金融政策也有效降低了房地产投机需求，抑制了居民部门杠杆的不合理增长。

其次，金融政策与产业政策相配合，发挥市场资源配置作用，化解经济风险，优化经济结构。一方面，金融系统积极向去除过剩产能、降低企业杠杆提供政策支持和解决方案。例如，多部委联合发布政策，鼓励钢铁、煤炭等行业的兼并收购，降低产能化解风险；PPP项目资产证券化得到财政部、央行、证监会的进一步规范，防止地方政府债务杠杆积累；银监会对商业银行债转股的行为进行规范，利用市场机制协调银行债权转股权，有利于实体企业杠杆的降低。另一方面，金融监管也积极发挥市场的资源配置作用，引导资金流向新经济、新产业。制造业科技创新与转型升级、网络强国、生态环保（绿色经济）等产业以及“双创”都得到了来自央行、银监会和证监会系统的政策支持。私募股权基金在投资者适当性、服务业务管理等政策进一步落实的背景下，获得了大幅增长，为科技创新和创业企业提供了大量的资本支持。保监会也从保险产品和服务创新的角度，从社会保障、风险管理等角度向新经济发展提供保障。

最后，普惠金融得到政策的大力扶植，强化了实体经济发展中的薄弱环节。在小微企业和“三农”领域融资困难、金融服务相对缺乏的背景下，央行对小微企业和个体工商户经营贷款实行定向降准，对冲供给侧改革带来的冲击；银监会出台多项措施，从制度层面强化小微企业信贷供给和落实精准扶贫工作，同时推动大中型商业银行设立普惠金融事业部，将普惠金融业务制度化；证监会系统推出了双创债、扶贫专项债等创新品种，利用市场机制为普惠金融提供资金；保监会也积极推动农产品保险等品种的发展。

（二）金融系统功能的正本清源

解决当前金融系统“脱实向虚”、自我服务、积累风险的问题的出发点是金融系统定位的明确。2017年出台的一系列政策明确了金融服务实体经济的功能定位，对金融产品的过度创新、资金在金融系统体内循环和金融风险的累积进行了规范和防控。

功能定位上，政策对金融系统服务实体经济的功能定位进行了进一步的明确和深化。银监会、保监会、证监会都发布了关于提升本系统服务实体经济效能的指导意见或具体政策措施。金融行业定位回归本源，以推动供给侧改革、服务实体经济增长为主要功能目标。

方法与路线上，金融系统在补充现有监管短板和转向统一监管方面都有所进展。首先，在消除现有监管空白、摸清现有风险情况方面出台了部分重要行业政策。例如，在央行、银监会政策引导下，商业银行部分表外业务回表，并且纳入信贷统计；金融子系统内部业务交叉（如银信合作）得到进一步规范；企业互联互保贷款风险隐患得到排查。其次，高层逐步认识到内部风险的关联性，着手强化部门协调与功能监管以解决问题。年中成立的国务院金融稳定发展委员会旨在加强金融监管协调、补齐监管短板。这一安排在制度上为基于部门合作，对金融市场进行功能监管奠定了基础。11 月多部门联合发布的《关于规范金融机构资产管理业务的指导意见（征求意见稿）》跨越部门边界，拟对百万亿元规模的资产管理行业按功能进行规范和风险管控，是近期金融市场最重要的政策尝试之一。

具体监管实践上，大量政策措施对金融系统的“脱实向虚”、过度创新和自我服务现象进行了规范和控制。例如，银监会出台多项文件，有效遏制了银行系统“三套利”（监管套利、空转套利、关联套利）、“四不当”（不当创新、不当交易、不当激励、不当收费）等行为。证监会出台上市公司再融资新规，对上市公司过度融资、募集资金使用不当行为进行规范，控制上市公司使用股票市场资金进行金融投资等行为。保险行业也在 2016 年工作的基础上，进一步强化监管措施，排查保险公司风险，防止保险产品成为融资工具。这些措施取得了一定成效，万能险业务规模保费占比较 2016 年下降 16.9%。

（三）积极应对新技术与新风险

技术革新对金融市场的风险管理带来了新的挑战：一方面，实体经济中的技术变革会被动反映在金融市场中；另一方面，新技术在金融市场中的引入也增加了系统的复杂性。在应对新技术相关风险方面，2017 年监管政策的主要思路与措施如下：

第一，积极跟进金融科技发展，防控新金融业态的相关风险。在行业规划方面，央行成立金融科技委员会，强化金融科技领域的规划和监管，并提出将具有系统性重要特征的互联网金融业务纳入宏观审慎体系。在机构与行为监管方面，首先是央行对支付业务大力进行规范与整顿，涉及商户资质审核、支付账户开立、经营支付业务资质、条码支付和支付机构保证金等多个方面；其次是对代币发行和交易的管控，央行等多部委发布政策对代币融资和交易平台和行为进行了限制；再次是对互联网借贷行为的规范，包括整顿校园贷业务、规范现金贷业务和相关经营机构等，并且对相关中介平台的资金存管、信息披露进行了规范，对专项风险的整治整改结果进行了验收。这些措施有利于互联网支付和互联网借贷等行业进入稳定有序的发展阶段。

第二，监管部门也积极筹划引入新技术，应对日益复杂的监管任务。2017 年 6 月，央行公布《中国金融业信息技术“十三五”发展规划》，推动技术在金融行业的深入应用。在政策鼓励下，五大商业银行也积极和互联网企业开展合作，探索互联网技术与传统商业银行业务结合的新模式。

（四）对外开放背景下的金融风险防控

相对于单一金融市场，开放的金融市场涉及更多的参与主体和交易行为，其风险管理也更加复杂。从监管角度看，2017 年各界对金融开放相关风险的防控也有了较为深入的讨论，大致的思路如下：

第一，在总体安排方面，金融开放的程度要与金融监管能力的建设匹配，加强与货币政策的协调，形成有序开放、合理监管的局面。一方面大力推动国内金融业综合统计系统、“双支柱”调控框架等基本制度体系的建设；另一方面要加强金融监管标准的国际协调与统一，避免国际层面的监管套利与空白。第二，在跨境资本流动方面，一方面要平等看待跨境资本双向流动，提供一致的监管标准，鼓励合法合规的资本流入与流出，形成国际收支的动态平衡；另一方面要强化市场机制，发展衍生产品市场，为经济参与者提供丰富、有效的货币风险管理工具。第三，外部资本和机构的进入方面，应当参照国内法律按统一标准进行审慎监管，给予其国民待遇。风险管理由强化国内金融监管系统、完善配套机制来解决。第四，在对外投资方面，在项目选择上采用负面清单与市场机制相结合的方式，负面清单以外的投资决策应充分尊重企业的意愿。在资金来源与杠杆控制方面，应当遵循穿透式管理原则：向上穿透至资金的实际提供方，向下穿透至资金的直接使用方。在此基础上对境内融资、境外投资行为进行规范。穿透式监管可以充分掌握资金来源，避免高杠杆资金出海，从而降低项目的杠杆风险。

在具体政策措施方面，2017 年央行和外汇局继续完善人民币汇率市场化形成机制，保持人民币对主要货币汇率的基本稳定。在对冲外汇市场的顺周期性方面，央行在美元汇率形成机制中引入“逆周期”因子，市场各报价行的报价形成机制扩充为“收盘汇率 + 一篮子货币汇率变化 + 逆周期因子”，取得了良好效果。下半年以来汇率趋于稳定，央行停止了两项逆周期宏观审慎管理措施：停止征收外汇风险准备金，取消对境外金融机构境内存放准备金的穿透式管理。

四、主要结论与建议

改革开放以来，中国经济和金融发展取得了举世瞩目的发展。但一段时间以来，金融系统也出现了资金“脱实向虚”、风险累积的问题。服务经济、防控风险成为当前金融改革与监管的主要议题。从本质上看，经济结构本身不合理、金融系统功能定位偏离、新技术对经济和金融的冲击是系统性风险的根本来源。金融监管与金融政策应对症下药，从制度设计和政策实践两个方面致力于问题的解决。

第一，在基本原则上，要明确建设中国现代金融的底线是科学防控金融风险。一旦发生系统性风险，金融不但无法发挥服务实体经济的功能，反而会成为整个经济系统的风险源头。防止发生系统性金融风险是金融工作的永恒主题，要把主动防范化解系统性金融风险放在更加重要的位置。其中，科学防控的含义包括：一方面要采用科学的方法，全面了解风险的关联性与复杂性，政府监管与市场机制相结合，按照市场化法治化原则解决问题；另一方面要从“防范风险”转向“防控风险”，客观认识风险的必然性和本质：承认风险的客观存在，充分重视风险，并积极主动地应对和管理风险。

第二，在功能定位上，金融要发挥支持产业体系协同发展和经济体系现代化的作用。从本质上看，金融业属于现代服务业的一部分，应当积极为经济和社会发展提供资源配置服务，金融是经济的服务者而非管理者。从结构上看，应当主动利用金融市场在配置资源上的有效性，金融政策要积极配合经济政策，达到优化经济结构的目标，促进经济高质量高效率发展。

第三，在制度建设与政策实践上，要明确金融定位，优化制度设计。明确金融服务实体经济的功能定位后，积极采取政策措施防止金融过度创新与自我服务，引导资金流向实体经济。在监管制度设计上，应当推动监管架构的进一步改革，从功能而非部门权力的角度设定监管职能和责任，以提升监管的全面性和有效性，实现金融服务经济、防范风险的目标。

第四，发挥中央与地方两个积极性，加强条线监管与地方监管的统筹协调。在坚持金融事权属于中央的前提下，以及金融监管坚持统一性、专业性的大原则下，充分发挥地方政府和金融管理部门的属地防控责任，从金融风险可能的发生源头做好监测、识别和早期应对处置。

第五，做好防控金融风险的基础工作，提供全面、及时、准确的信息和统计支持。一方面，继续完善现有金融监管部门之间的金融运行和金融风险信息协调机制，加强沟通与协调，并尽快建立条线金融监管与地方金融监管之间的信息协调交流机制。另一方面，加快推进中国金融的综合统计工作，以更加全面充分的大容量数据为防控金融风险提供坚实可靠支持。

主要参考文献

[1]《中央经济工作会议在北京举行》，《新华每日电讯》，2016 年 12 月 17 日。

[2]《习近平主持召开中央财经领导小组第十五次会议》，《人民日报》，2017 年 3 月 1 日。

[3] 《习近平主持中共中央政治局第四十次集体学习》，新华社，2017 年 4 月 26 日。

[4]《习近平在全国金融工作会议上强调服务实体经济、防控金融风险、深化金融改革》，新华社，2017 年 7 月 15 日。

[5]《有效防范金融风险——二论做好当前金融工作》，《人民日报》评论员，2017 年 7 月 17 日。

[6]《中央经济工作会议在北京举行》，新华社，2017 年 12 月 20 日。

［7］《习近平主持召开中央财经委员会第一次会议》，新华社，2018 年 4 月 2 日。

［8］《中国金融科技前沿技术发展趋势及应用场景研究》，中国信息通信研究院云计算与大数据研究所金融科技研究团队，2018 年 1 月。

［9］胡滨：《正确认识和理性分析当前的系统性金融风险》，“金融监管报告发布会”（中国社会科学院金融蓝皮书），2018 年 4 月 12 日。

［10］《央行行长强调金融领域防控风险，加大开放力度》，中国日报，2018 年 3 月 25 日。

［11］李洁：《经常项目失衡、跨境资本流动和金融脆弱性研究》，中国社会科学出版社，2014。

专题文章一：

有序打破刚性兑付　防范系统性金融风险

吴晓灵[1]

今天的主题是金融改革与风险防控，我认为防范金融风险最根本的是应该打破刚性兑付，化大震为小震。

第五次全国金融工作会议把金融工作提高到了前所未有的高度，“金融是国家重要的核心竞争力，金融安全是国家安全的重要组成部分，金融制度是经济社会发展中的重要基础性制度”，防控金融风险是三大重要任务之一。当前，防控金融风险的重要工作之一应该是有序打破刚性兑付，树立风险自担的文化。

第一，打破刚性兑付是提高资源配置效率的前提。

在计划经济当中，计划是配置资源的龙头，而在市场经济中，金融资源的配置效率决定了社会资源的配置效率。刚才吴敬琏老师已经讲过了，在市场经济当中，各种要素的总和靠金融的连接，如果金融配置效率低下，那么社会资源也不可能得到高效率的配置。

不打破刚性兑付就无法反映风险溢价，就没有金融资源的配置效率。因为有风险，暴露风险，才能够看出不同信用主体的差别。只有好的企业才能够以低的价格获得市场融资，而不好的企业应该为此付出高的价格，但是，当我们不能够打破刚性兑付的时候，好坏企业是无法区分的，它们没有风险的差价，也就不可能提高金融资源配置的效率，从而无法提高社会资源的配置效率。

第二，刚性兑付是金融业制度扭曲的结果。

打破刚性兑付在金融界已经喊了很多年了，最近几年中央文件屡屡提出要打破刚性兑付，但是为什么我们不能够打破刚性兑付，而且现在从上到下维稳的压力越来越大呢？我想这里面有我们的制度原因，也正是我们金融改革要努力的方向。风险自担，是一切金融活动的基石，金融是居民财产自主运用的活动，是价值跨期转移的契约，承担

---

① 吴晓灵，清华大学五道口金融学院理事长兼院长，中国人民银行原副行长。本文整理自作者2017年9月15日在2017金融街论坛上的演讲实录。

风险获取收益是金融运行的基本原则。但是，非常可惜，我们很多人没有在金融活动当中树立契约的理念，更多的只想得到资金，只想去用资金，从来没有想过怎么样很好地对资金运用的效果负责任，很多人投资的时候只想获取更多的收益，而没有想到更多的收益是要承担更多的风险，每一项金融活动就是一个契约。

中国太缺乏契约精神了，我在网上看到了一个消息，我觉得是一个非常值得大家深思的事。在纽约哈德逊河畔美国第十八届总统格兰特陵墓一百米处有一座孩子的墓。1797 年 7 月 15 日，年仅 5 岁的孩子坠崖身亡，葬于此处。后来父亲将土地转让给新的主人，他要求新主人永远保留孩子的坟墓，并写进了契约。1897 年，也就是 100 年之后，格兰特将军的陵园选在这里，但是贵为总统的陵墓旁仍然保留了孩子的坟墓。1997 年，格兰特将军陵墓建成一百年时，纽约市长在缅怀将军时，在墓碑上写下了这 200 年契约的故事。信用、契约就是金融运行的基础。

在计划经济体制中，对居民财产权的忽视和不尊重使居民丧失了自己是自己财产利益维护的第一责任人的意识。计划经济的特征就是政府用计划管制所有的经济活动，因而企业和居民都没有财产运用的自主权。对于财产不尊重，对于财产运用权的不尊重，使得我们的企业，我们的居民没有自己是财产利益第一维护人的意识。政府管制过多，导致政府在经济生活中承担着无限的责任，责任越大，管制越多，因而金融长期处于压制状态。正常的融资渠道不畅，就给非法的融资活动留下了很大的活动区间。

公众在参与非法集资过程当中的心态是盈利归自己，亏损找政府。我们的政府承担着无限的责任，在这样的压力下，由于责任不清，往往花钱买稳定，助长了刚性兑付的文化。在刚性兑付的文化下，中国目前只有财政，没有金融，因为所有金融活动的风险都通过不同的渠道转嫁到了财政身上，这也是很多人义无反顾地参与非法集资的根源所在。

在现在的经济情况下，什么样的活动能够得到 10% 以上的回报，甚至 20% 的回报，他心里不明白吗？我想他心里是清楚的，但是击鼓传花，只要这个棒不跌在我的手里，我就继续玩下去，跌在我的手里，我就去找政府。政府为了这些兑付付出了多少的精力，我想，政府的精力应该更多地放在那些遵纪守法人的身上。应该让那些参与违法活动的人承担更多的责任，不撞南墙不回头，不让他们撞一次南墙，不付出点代价，我想光是宣传教育是无济于事的。

我们的国家信用和商业信用不区分，也是刚性兑付的基础。国家控股的金融机构是有限责任公司，它不应该承担国家的信用。我们现在的银行，包括国有控股的银行，已经都是上市的银行了，是大众的银行，应该承担公司的信用。我们推出了存款保险制度，每一个人应该想到，任何一个金融机构都有破产的可能，尽管在破产的过程当中，我们要保护小存款者的利益，但是这并不意味着每个金融机构都是和国家同等的信用。有些金融机构，为了自己的竞争采取了不当的方式，误导社会公众，有意无意地掩盖了金融信用和普通商业企业信用的差别，误导着国家信用和商业信用的区别。那些在银行大厅里面卖理财产品的人，那些买产品的人，他们是想承担产品的风险吗？不是，他们买的是银行的信用，而他们认为银行的信用就是国家的信用，因而在国家信用与商业信用不区分的情况下，是不可能树立风险自担文化的。

我们金融法律不完善和监管理念的落后，也让金融机构有可能不向公众如实揭露风险，行为的瑕疵导致金融机构以刚性兑付掩盖不当行为的责任。现在最混乱的是理财市场，但是我们在理财市场上，每一个金融机构，当你在销售理财产品的时候，是不是真正地、真心实意地、切实地向投资者揭示了风险，我认为不是的。我本人在去储蓄所的时候，包括去买金融产品的时候，柜台人员第一责任是把产品卖出去，而不是向客户揭示风险，给客户以选择的权利。而由于产品中的一些法律关系揭示不清，在销售过程当中的瑕疵，使得我们的金融机构一旦面临风险的时候，首先不是想到怎样分清责任，而是想办法来掩盖这些问题，保住自己的商誉，我想这也是我们刚性兑付不能够打破的很重要的原因。

股票、基金已经形成了风险自担的文化，理财产品的刚性兑付来自法律关系和风险责任的模糊。这个话题我已经讲了十来年了，今天在金融街论坛当中还要讲一次，我们的理财产品到现在“一行三会”四个监管当局不能够形成统一的认识，这样金融乱象不会止。债券的刚性兑付来自对国有企业的信用认识和理财产品埋下的风险传递。为什么在资本市场上已经形成了风险自担文化的领域当中，债券在打破刚性兑付的时候那么难呢？因为我们有很多国有企业，把国有企业的信用和国家信用等同。在国有企业有违约压力的时候，进行债务重组的时候，很多债权人其实是处于弱势地位的，不能够与市场主体平等地进行商业谈判，我认为这也不可能树立很好的信用文化。而在银行间市场当中，也有很多的理财产品参与了债券的认购，理财产品的套嵌，信用链的延长，使得问题更加复杂。为了减少风险的传递，在处理债券的兑付时顾虑重重。

第三，有序打破刚性兑付，防范系统性金融风险。

打破刚性兑付才能够化解风险的不当积累。金融业就是一个经营风险的行业，不出风险是不对的，出了风险才是正常的。就像吴敬琏老师刚才讲的，一个企业的成长是有风险的，金融服务于企业的成长，企业的风险也会反映在金融业身上。如果大家都不去承担风险，不去承担创新的风险，不去承担损失的风险，何来社会的进步。因而，我们应该有承担风险的担当，也有容忍失败的宽容，让各类金融产品风险透明和暴露，才能切断风险的传染和传递。如果把风险一个个暴露出来，就是一个小风险。当一个产品出现风险的时候，用另外一个产品，或者是用另外一次融资来掩盖这个风险，那么就会使这个风险越积越大，最后从小风险积累成了大风险，也就是有可能形成了我们的系统性风险。

有序打破刚性兑付，要从完善法律，明确风险责任做起。我希望监管部门要有揭示风险、化解风险的责任担当。我也知道，很多金融机构，当一个产品风险暴露，想不兑付的时候，或有一些人在金融机构的营业厅里面私自卖一些产品，这些产品的责任不应该由金融机构来承担，但为了稳定，为了金融机构的商誉，很多人对这些风险的暴露采取了一种掩饰的态度。我想，无论是金融机构还是监管当局，还是地方政府，都应该有揭示风险、化解风险的责任担当。金融对国家这么重要，金融的安全对国家这么重要，如果我们不把金融的信用基础，金融的契约精神树立好的话，那么我们的金融安全是无从谈起的。我们应该用典型案例区分责任与风险担当，用案例对全社会进行风险和信用的教育。我想，只有这样，中国才有真正的金融，我们讲利率市场化，没有风险的暴露，不打破刚性兑付，没有违约事件，哪里来的风险定价。如果不打破刚性兑付，不真正地实现风险定价，中国只有财政，没有金融。

专题文章二：

金融科技重塑金融生态

朱　民①

在过去的几年里，金融科技发展突飞猛进，对金融业的七大基础功能产生了一系列的冲击。第一，存款功能方面，出现了余额宝等一系列产品，今天余额宝已经是全球最大的货币基金；第二，贷款功能方面，出现了各种消费信贷、小微信贷、产业链贷款等各种贷款；第三，支付功能方面，出现了支付宝、微信支付等，移动支付已经成为个人支付主要渠道；第四，融资功能方面，各种众筹都很活跃；第五，投资管理功能方面，人工智能资产管理现在也开始出现；第六，对保险业的颠覆会来得更为迅猛，因为不仅保险业的传统服务方式在科技化，更是科技改变了保险业的场景，整个保险业务形态发生了变化；第七，整个金融市场的信息资讯管理发生了根本的变化。

金融科技冲击整个金融功能的同时，也颠覆性地改变了金融业的运行模式。和传统金融机构的运行模式不一样，金融科技的运行模式，第一，是平台的和非网点的；第二，是轻资产的和重数据的；第三，是拉近客户距离的，减少了中介；第四，是操作过程价值环节的自动化；第五，是赋权客户的。这些运行模式的变化正在颠覆性地冲击现有的金融系统，使得金融生态发生根本性的变化，金融科技正在重塑金融生态。

一个金融生态通常包括金融服务的供应方和提供者（金融机构）、需求方（消费者）、金融市场的基础设施、金融监管者和有关法律等四个方面。

一、金融科技颠覆了金融机构的组织结构、运行模式及市场竞争生态

金融科技对金融机构的冲击是巨大的，它把传统金融产品的设计、生产、风控、销售从内生的过程变成了一个外化的过程，由此根本地改变了传统金融机构的组织构架和经营模式。传统金融机构以前产品的设计、生产、风险控制、资源配置、销售完全是在一个金融机构内部产生和进行的，金融机构的规模有大有小，但产品和服务生产的流程是内生的。金融技术的出现打破了这个内生的环节，不同的金融科技企业，其实是从不

① 朱民，清华大学国家金融研究院院长、IMF 原副总裁。本文发表于 2017 年第 11 期《中国中小企业》。

同的角度和环节切入这个生产过程。例如，余额宝是在存款环节的派生切入，各种微型信贷是在贷款环节的派生切入，各种众筹是在融资环节的派生切入。所以，金融技术把金融业的生产链拉长、拉细，而金融科技企业能够通过专业化和细分市场并入这个生产链。这样，传统金融机构的内生的生产过程外生化、社会化、商品化、产业链化了。由此，今天整个金融业的产品的设计、生产、控制、配置、销售变成了一个产业链，变成了一个市场化的过程。

金融产品的设计、生产、控制、配置、销售的产业链化和市场化从根本上改变了传统金融机构的运营机制。第一，因为外包和合作，它使得金融机构传统内生的经营成本商品化了；第二，因为生产链的变化，它使得金融机构传统的单一利润共享化了；第三，因为多方介入产品的生产和销售，传统金融机构的风险控制共担化了；第四，因为合作，传统金融机构的独自经营伙伴化了。

这对传统金融机构是一个巨大的挑战：第一，从一个封闭的自我体系走向一个开放的体系；第二，从内部行政的运营走向一个市场化的经营；第三，这是一个巨大的市场化的过程——市场化、专业化、效率化、竞争化。所以，这对金融机构的生态是一个巨大的挑战。

以上挑战得以发生，是因为在金融供给方的第二层面出现了无数金融科技企业，它们以专业化、垂直化和细分市场为特征，以对客户和市场的更深更细的了解，切入传统金融机构的业务链条，冲击传统金融机构，也逼迫传统的金融机构从原来内生的、封闭的产业过程外生化、生产链化和市场化。20多年前我在中国银行工作，当时信用卡刚开始在国内兴起。我们内部有很激烈的讨论，信用卡业务究竟应该安排在银行自身体系内，还是把它独立出来，或者在银行自身体系内，但是单独核算。最后，由于发现信用卡运营有特殊性，放在银行体系内很难发展，还是把它独立核算了，但还是一个属于银行的部门，只是相对独立。今天，在金融科技的冲击下，几乎所有的银行都把它的消费信贷以子公司的形式单独运行。同时存款、支付、贷款，甚至风险管理、反洗钱，都在和金融科技企业不同程度地合作甚至外包。

如果消费信贷可以独立或外包，市场化和社会化，还有什么业务不可以独立、合作和外包的呢？如果独立和外包不断发生的话，传统金融业留下的是什么？以前传统金融业的一端是客户，一端是资金，连接的是一个流程，流程代表着质量和品牌。今天，这三件事都发生了根本的变化。客户今天不再单纯属于一个金融机构，流动性不再单纯地属于有网点的金融机构，而其过程已经被肢解，变成一个个垂直的金融科技。所以，传统金融机构整个的生态变化了，从内生变成了外生，变成了一个市场化的过程，整个金融模式完全变了。

在无数垂直的金融科技企业侵蚀和颠覆传统金融机构的基础上，金融科技平台出现了，这是一个新的生态变化。苏宁的供应链金融是一个例子。供应链金融既是新的产业，又是一个纯粹的旧的产品。它以前是混在银行贷款业务中的一种业务，今天金融科技把它派生和细分，综合并专业化，它成为一个小的生产链，融合成了平台。这就是一个典型的垂直细分，它是一个小的细分的专业平台。蚂蚁金服是又一个金融平台的例子，它更一般也更大，通过平台，蚂蚁金服经营存款、小额贷款、零售贷款、支付等多种金融业务。今天余额宝是世界上最大的货币基金。

未来的金融产品生产者/供应商/金融机构的生态系统会是怎么样的构架？目前仍然不清楚。细分和垂直的金融科技以其专业和效率一定会继续存在，通过激烈的竞争，一些金融科技企业存活下来了，并不断成长，成为金融产品和服务市场的主要提供者。传统的金融机构可能有三种结果：第一，它们通过市场化和科技化改革维持自己的品牌，和细分垂直的金融科技企业建立合作伙伴关系，双方竞争共存。第二，传统金融企业在市场化和科技化改革中利用已有品牌和市场优势大量收购细分和垂直的金融科技企业，并把这些企业内生化，成功地转型成现代科技的“金融超市”。第三，传统金融机构被细分和垂直的金融科技企业蚕食，徒有空架，可能消亡。

平台的发展是最有想象空间的，也是最为艰难的。现有的细分的金融科技企业都是平台，只是较小的专业平台。大的一般的金融平台正在形成，但要建立全面的金融生产平台，承担金融平台的风险，也是一个巨大的挑战。一旦大平台形成，则很可能是一个垄断的平台，使得金融市场出现集中和分散的两个极端。所有的产品都可以细分地、垂直地在平台上操作，无数的竞争可以在平台上出现，这应该是一个公开的平台，但平台本身可能是垄断的。

二、金融科技改变了需求者的生态

以前我们说消费者，消费者往往是被动的，所以有争夺消费者之说。消费者属于金融机构，当时的讨论是谁有消费者谁就有市场和未来，这是10年以前的观点。今天，因为金融科技赋权消费者，消费者的地位大大提升了，消费者有多重选择，因此黏度下降。我们讨论的不再是消费者，而是消费者体验。说起来这只是一个很简单的概念变化，但是它改变了消费者生态。第一，金融科技赋权消费者，市场的重心或权力向消费者倾斜，消费者真正成了“上帝”。第二，金融机构对消费者服务的标准被迫大大提高了。第三，当消费者面向无数的供应商，可以对产品生产者有无数选择的时候，消费者本身变成了平台，这是一个最为根本的生态变化。当消费者本身变成平台的时候，对消费者的教育、保护以及消费者本身的定位都发生了根本的变化。

三、金融科技改变了金融市场基础设施的生态

第三方支付和移动支付正在改变金融市场的基础设施。移动的第三方支付便捷顾客支付，也在助力网络商业模式发展，包括电商、金融等多种网上交易，支持了金融科技

的发展，加快了去现金化。区块链又是一个典型的案例，区块链的好处是安全、透明、便捷。区块链的弱点也是明显的，它强调透明和认证，使区块链规模受到了很大的限制，区块链的扩展和能耗是它的瓶颈。但区块链的挑战在于它提出了中心化还是去中心化的根本问题。在区块链情况下，金融市场基础设施是一个开放平台，是第三方可以加入的、去中心化的基础设施。原有金融市场基础设施的原则正在发生根本的变化。

四、金融科技正在冲击金融监管和金融立法生态

金融科技最大的冲击是在金融监管和金融立法领域。

很长时间内，金融监管都是监管金融机构的。金融科技出现之前，当整个金融产品和服务的生产、风险控制和销售功能是内生的，都是在一个机构内部产生的时候，监管机构就可以解决所有的问题。当时的金融监管有过英国的原则监管和美国的规则监管之争。金融从分业走向混业后，对金融监管有过机构监管还是功能监管之争。但上世纪 80 年代后，美国金融市场从分业走向混业，也还顺利，这场争论并没有持续很长时间。本世纪初，在金融全球化的迅速发展下，金融监管者开始讨论金融监管的国际合作。但相当长时间，金融监管主要职责是对国内金融机构监管。

金融科技正在冲击这些金融监管理念。第一，在原则上，今天以原则为主的金融监管已经不能有效地监管以科技为主导的金融科技，以规则为主的金融监管也难以覆盖金融科技的发展。在金融科技的前提下，金融监管没有任何选择，只有从机构监管走向功能监管。第二，在空间上，因为大部分科技金融都是跨区域甚至跨境的，金融监管只有从一个静态的点，一个城市走向跨区域和跨境的监管。我在 IMF 的时候，有一个荷兰公司在非洲做跨境移动支付业务。这家公司原来是做电信的，看到金融机会很好，开始做金融，其支付业务跨境 5 个国家，后来公司和这几个国家的央行行长来找我，讨论跨境金融监管合作框架。第三，在时间上，在金融科技的场景下，监管必须是实时的，因为金融科技模型迭代很快，一些金融公司的模型一周一迭代。也因为金融科技下的市场发生和波动变化都很快，没有实时的监管很难避免市场或系统性的波动和风险。第四，因为金融科技赋权个人，个人变成了一个平台，教育和保护消费者成为金融监管的重要职责。第五，在重数据的经营模式下，数据的隐私性、归属权和保护，大数据的使用、透明和公开；个人的法律地位、责任和权益，正在日益成为公众和社会关注的重要事情，需要有新的法律框架。

在传统的金融供给者、金融需求者、金融市场基础设施、金融监管和立法这四个子系统的金融生态里，因为金融科技，又出现了一个新的生态维度，就是科技发展和人机合作。因为金融科技是人和机器互动的，正是金融科技改变了所有这四个子系统和整个金融生态的动态运行、经营和演化方式。未来金融生态的运行和演化基础是科技的，金融生态的经营和运行的主导动力就由此改变了。未来科技和金融当然有相互的依赖性，

是一个硬币的两面，金融科技、科技金融，本质上都是金融。但金融生态动态演化的推动力会转移向科技，那整个金融生态的形成和演化都会发生根本的变化，谁主导生态，谁就主导未来。

金融科技正在冲击现有的金融企业和行业，但颠覆并未完成。影响未来金融生态的是市场竞争、金融监管和立法两股力量。

未来我们一定会看到金融科技企业之间极其激烈、动态和迅速的竞争，市场会不断地变化，因为这一块是完全由科技主导的，会走得很快。同时，金融科技企业在大步开拓新的领域，通过细分和垂直与传统金融机构争夺市场。而现有的金融机构都在努力学习金融科技，扩大业务，走科技化的道路，应对金融科技企业的挑战。金融科技企业在蚕食传统金融机构市场的时候，传统金融机构也在收购兼并垂直的金融科技企业，并再次将其内生化。与此同时，我们可以看到平台和传统金融企业的竞争，这是一场颠覆性的竞争。未来的竞争在哪里？未来的结果在哪里？其实并不明确。传统的金融机构能活下去吗？平台一定赢吗？结果也是不明确的。但是，垂直、细分、专业、高效、风险控制良好的金融科技机构的崛起是必然的，竞争在于这些金融科技企业的归属、定位和连接。

当市场竞争打磨金融生态的同时，在未来方向的指引上，金融监管和立法同样起着重要作用。金融监管朝哪个方向指引，会对未来市场的形成和方向有重大影响。所以今天的金融监管对未来而言极其敏感和重要。

回顾金融的历史，金融生态的变化这不是第一次，也不会是最后一次。到目前为止，无论金融生态的基本格局如何变化，金融的基本功能尚未发生根本的变化。金融的支付功能、中介功能（存贷之间的中介）、资产配置功能、效率功能和风险控制功能并没有发生根本的变化。所以，这一定不会是最后一次变化，但这是迄今为止最为精彩的一次整体性的金融生态的变化。金融科技冲击、再塑未来的金融生态正在发生。

专栏

第五次全国金融工作会议与国务院金融稳定发展委员会①

2017 年 7 月 14 日至 15 日，第五次全国金融工作会议在北京召开。国家主席习近平出席会议并发表了重要讲话。他强调，金融是国家重要的核心竞争力，金融安全是国家安全的重要组成部分，金融制度是经济社会发展中重要的基础性制度。

习近平指出，做好金融工作要把握好四个重要原则：第一，回归本源，服从服务于经济社会发展。第二，优化结构，完善金融市场、金融机构、金融产品体系。第三，强

① 作者何海峰，中国社会科学院金融政策研究中心主任。

化监管，提高防范化解金融风险能力。第四，市场导向，发挥市场在金融资源配置中的决定性作用。同时，在中国金融工作服务实体经济、防控金融风险、深化金融改革三项任务中，习近平强调——防止发生系统性金融风险是金融工作的永恒主题，要把主动防范化解系统性金融风险放在更加重要的位置。

2017 年 11 月初，国务院金融稳定发展委员会成立，并召开了第一次全体会议。作为国务院统筹协调金融稳定和改革发展重大问题的议事协调机构，金融稳定发展委员会的主要职责是：落实党中央、国务院关于金融工作的决策部署；审议金融业改革发展重大规划；统筹金融改革发展与监管，协调货币政策与金融监管相关事项，统筹协调金融监管重大事项，协调金融政策与相关财政政策、产业政策等；分析研判国际国内金融形势，做好国际金融风险应对，研究系统性金融风险防范处置和维护金融稳定重大政策；指导地方金融改革发展与监管，对金融管理部门和地方政府进行业务监督和履职问责等。

1997 年 11 月 17 日至 19 日，第一次全国金融工作会议召开，会议的主题是进一步深化金融改革和整顿金融秩序、防范和化解金融风险。随后在 1998 年 6 月，中共中央金融工作委员会成立。

专题文章三：

建设现代金融强国的战略选择

何海峰[①]

习近平同志在党的十九大报告中指出，中国特色社会主义进入新时代，我们要在全面建成小康社会的基础上，分两步走在本世纪中叶建成富强民主文明和谐美丽的社会主义现代化强国。党的十八大以来，随着金融改革不断深化，金融体系、金融市场、金融监管和调控体系日益完善，金融机构实力大大增强，我国已成为重要的世界金融大国。建设现代化强国是新时代中国特色社会主义发展的战略安排，作为一项重要支撑，建设现代金融强国成为中国的战略选择。

金融大国的历史经验与教训

自现代金融从15—16世纪的意大利诞生以来，伴随着贸易与航运的发展，以金融中心城市的兴衰转移为标志，在21世纪之前先后出现了三个金融大国——16世纪后半叶到17世纪末的荷兰、17世纪末到20世纪上半叶的英国和19世纪末至今的美国。

由于宗教宽容和远离战乱，荷兰阿姆斯特丹在16世纪下半叶开始成为欧洲最重要的贸易中心、金融中心、航运中心和财富中心。从1531年世界上第一个股票交易所和商品交易所开业开始，世界上第一家中央银行，世界上最著名的远洋殖民冒险公司，世界上第一只可以自由转让的公司股票，世界上第一个远期期货合约和交易……层出不穷的金融创新和遍及世界的对外贸易使这个面积仅为两个北京市大的欧洲小国奇迹般地飙升为欧洲乃至全球最富有和最强大的国家。在长达150年的时间里，荷兰阿姆斯特丹一直都是欧洲和全球贸易、货币、金融的主导者乃至垄断者。但是，鼎盛了整个17世纪的荷兰，在17世纪末和18世纪初，先后被英国和法国超过并沦为二流国家。经济学家和历史学家认为，荷兰衰落根本原因是过于重视商业、金融和对外贸易，却不注重工业的投资和发展——随着金融大国的崛起，荷兰发达的毛纺织业、造船业和捕鱼业却日趋衰落。

① 何海峰，中国社会科学院金融政策研究中心主任。本文发表于2017年第24期《中国金融》。

1688年，"光荣革命"之后的英国开始接过金融大国的接力棒，其国王正是来自荷兰的威廉三世。为了筹集英法"第二次百年战争"资金，英国发生了"金融革命"，建立了现代公债制度、新式的股份制商业银行和现代税收制度，其中最重要的就是1694年威廉三世作为大股东亲自创办的英格兰银行——它成为英国历次对外战争和海外扩张最方便和最有力的融资平台。1746年以后，英格兰银行逐步增加了非政府的业务，为商人贴现汇票和向商人贷款，逐步变成了一个主要为工商业服务的银行。以英格兰银行为起点和基础，英国国债市场、股票市场、外汇市场、商品交易市场等多层次金融市场迅猛发展，催生了人类历史上第一次工业革命——大规模机器生产使英国成为"世界工厂"，1860年英国生产了世界工业产品的40%～50%；1870年英国对外贸易量超过法国、德国和意大利的总和；直到1880年，英国始终是世界上最富裕的国家。1816年，英国在世界上第一个实行"金本位制度"；1872年，英格兰银行承担"最后贷款人"责任，成为世界上第一个真正意义的中央银行。17世纪末英国开始称霸世界，伦敦成为世界的银行和金融中心，英镑成为世界最重要储备货币。1914年国际金本位制崩溃时，英国境外投资总值居各国之首，约占西方国家对外投资总值的41.8%。长达近200年的金融大国在第一次工业革命结束后不久，开始步入相对衰落的进程。19世纪下半叶，在以重工业为主和以电气为动力的第二次工业革命新时期，面临着美、德等国的强劲竞争，英国耽于世界殖民地的财富贡献——也陷入了这种"资源陷阱"，仍以煤钢产业为主而没有及时升级和更新改造技术装备，逐渐并不可避免地丧失了工业领域的垄断地位。随后，第一次世界大战摧毁了国际金本位制，1929—1933年大危机进一步打击了英镑的货币霸权地位，第二次世界大战则使国际货币体系陷入了彻底混乱，1944年布雷顿森林体系的建立使美国初步取得了国际货币金融领域的霸主地位。

如果说历史上的荷兰和英国由于国土面积、人口等经济体量以及产业结构、技术升级的缺陷，错失了成为真正金融强国的机遇，那么美国则从严格意义上成为当今世界唯一的金融强国。从内部来看，第一，美国拥有最具竞争力的顶级金融机构和高效市场效率的金融服务体系；第二，美国的金融市场规模巨大，金融中心众多，影响甚至决定了全球的资金流向；第三，美国金融产品和金融业务丰富，创新不断，仍在影响和引领世界金融业的发展趋势。从国际上看，第一，美元是国际贸易和投资、金融交易与结算中最重要的国际货币；第二，相当大程度上，美国的货币金融政策和经济金融形势变化决定或影响了国际金融资产的价格；第三，美国在现行国际金融规则制定和修改上拥有足够的话语权（或否决权）。简要地讲，现代金融机构与金融市场、强有力的中央银行美联储和美元霸权是构成美国金融强国最重要的三个要素。美国金融大国地位的取得尽管与国际大背景以及和英国博弈斗争密不可分，但最重要的还是其指导思想。美国三大开国元勋之一、美国政府第一任财政部长汉密尔顿将金融战略确定为最重要的建国方略，他通过《关于公共信用的报告》《关于国家银行的报告》《关于制造业的报告》等三大报告，强调要以强大的中央政府、国家银行体系、制造业和海军来捍卫国家的贸易利益。正是汉密尔顿建国治国的金融思想，奠定了美国走上金融强国的政策和实践道路。当然，美国过度和不受监管的金融创新所导致的本轮国际金融危机以及巨大的国际资金资本流动，对美国和世界经济金融也造成了极大的危害和冲击。

有研究总结了荷兰、英国、美国等金融大国的崛起经验：高信誉度的中央银行，繁荣发达的金融市场、国际金融中心。但是，这些只构成了金融大国成为金融强国的必要条件，而不是充分条件。金融大国并不必然会成为金融强国，为什么？首先，金融是一把“双刃剑”，只有与一国经济协同发展才能发挥最大正向作用，尤其要与国家的产业升级和科技创新相匹配相融合，后者是经济强国的核心和根本——而经济强国必然是金融强国；其次，金融创新是金融发展的根本动力，与其相适配，国家的金融机制、金融体制尤其是金融监管体制需要不断完善和更新，这样金融才能成为国家核心竞争力而不是破坏力。

中国建设金融强国需要坚守两大功能

中国要在本世纪中叶建成富强民主文明和谐美丽的社会主义现代化强国，实现中华民族伟大复兴，发展是第一要务，经济建设是各项事业的中心。在这一伟大进程中，金融强国建设要为国家发展和经济建设提供全面的服务支持功能和稳定安全功能。

首先，强化现代化经济体系建设中金融支持的“加速器”功能。

从国家实力的构成要素上看，具有强大竞争力的现代化国家必须具有经济、科技和国防等三大硬实力。中国要建成现代化强国，至少包括了经济强国、科技创新强国、制造强国和国防强国。就经济强国来说，需要转变发展方式、优化经济结构、转换增长动力，建设现代化经济体系——作为其核心骨架，十九大报告提出着力加快建设实体经济、科技创新、现代金融、人力资源协同发展的产业体系。就科技创新强国来说，创新是引领发展的第一动力，国家力量的核心支撑是科技创新能力。就制造强国来说，制造业是国民经济的主体，是立国之本、兴国之器、强国之基。金融是实体经济的血脉，为实体经济服务是金融的天职，中国金融的发展和强大需要为经济强国、科技创新强国、制造强国提供有力支持和切实服务。同时，军民融合发展是我国经济建设和国防建设协调发展的重要战略和道路，创新金融服务支持军民融合的模式，助力加快提升中国现代国防实力。金融在更好支持服务现代化经济体系建设的同时，可以实现自身的做大做优做强，从而防止金融发展跑偏，远离本源。

其次，发挥维护金融稳定和保障金融安全的“稳定器”功能。

现代金融不但要成为中国经济社会发展的“加速器”，更要成为现代化国家建设的“稳定器”和安全阀，而不能成为影响中国经济金融稳定与安全的“振荡器”。在中国经济金融的宏观运行上，我们借鉴国际先进经验，结合中国实际，创造性地提出了“货币政策＋宏观审慎政策”的双支柱调控框架，更好地将币值稳定和金融稳定结合起来，有效地平衡了经济周期和金融周期调控。在现代金融监管体系的建设和健全上，我们成立了国务院金融稳定发展委员会以统筹协调金融监管重大事项，同时在中央统一规则前提下，强化地方政府属地金融风险的处置责任。在防范系统性金融风险上，把现代金融安全提升到治国理政的高度，坚持底线思维，坚持问题导向，加强中央银行对系统重要性金融机构和金融控股公司的功能监管，实现对新型金融业态的监管全覆盖。在创新和交叉性金融业务监管上，强化金融监管的专业性、统一性、穿透性，所有金融业务都要纳入监管，更好实现了机构监管、分业监管与功能监管、行为监管的结合。同时，坚持自主、有序、平等、安全的方针，稳步扩大金融业双向开放，加强了对金融风险外溢性所带来的外汇和资本跨境流动冲击进行科学监测和有效应对。

中国成为金融强国需要推进三大建设

改革开放尤其是党的十八大以来，我国金融改革发展取得重大成就，金融业保持快速发展，金融产品日益丰富，金融服务普惠性增强，金融改革有序推进，金融体系不断完善，人民币国际化和金融双向开放取得新进展，金融监管得到改进，守住不发生系统性金融风险底线的能力增强。但是与世界主要金融强国相比，我们仍存在不小差距，这既表现在金融机构的国际竞争力不足、多层次金融市场的功能欠缺、金融产品和金融业务的不够丰富等方面，也表现在人民币国际化程度不够、国际金融资产定价能力缺乏、国际金融事务与体系话语权较弱等方面。简要地说，从金融增长的规模、数量和速度转向金融发展的水平、质量和效益，中国成为金融强国迫切需要推进三大建设。

第一，现代金融体制建设。

中国现代金融体制建设不是照搬或简单模仿西方主要国家的金融体制，而是立足中国国情，从我国实际出发，准确把握我国金融发展特点和规律，探索建立新时代中国特色社会主义金融体制，尤其是金融市场机制。一方面，我们充分发挥市场配置金融资源的决定性作用，深化利率和汇率市场化改革，深化金融体制改革，增强金融服务实体经济能力，尤其是提高直接融资比重，促进多层次资本市场健康发展。另一方面，我们要更好发挥金融管理部门和地方政府的作用，完善货币政策和审慎政策的双支柱宏观调控政策框架，加强金融统一监管和协调监管，维护金融稳定和金融安全。更重要的是，我们从中国经济社会发展实际出发，建立了科技金融、绿色金融、普惠金融等中国金融政策体系，补充和更新了支持中国创新驱动发展、现代制造、可持续发展、平衡包容发展、扶贫脱贫的金融机制，为金融促进人类社会和经济发展提供了中国经验和贡献。建设现代化金融强国，沿着市场化方向，中国将深入探索和完善中国特色社会主义金融体制。

第二，现代金融机构体系建设。

金融机构是一国金融体系的基本单元，治理机制科学、运行管理高效、能力效益领先、服务实体功能突出的金融机构是现代金融体系的基础和前提。首先，中国在构建多层次、广覆盖、有差异银行机构体系的同时，着力发展直接金融体系，加快建设多层次资本市场等相关金融机构，以更好满足实体经济发展的金融需求。其次，中国大力发展普惠金融和多业态中小微金融组织，规范发展互联网金融和科技金融新业态，并稳妥推进金融机构开展综合经营。最后，坚持市场机制决定作用与政府积极弥补作用的密切协调配合，中国将继续健全商业性金融、开发性金融、政策性金融、合作性金融分工合理、相互补充的金融机构体系，沿着多元化方向，加快完善现代金融机构体系，在增强中国金融机构服务实体经济能力的同时，不断提升中国金融机构的国际竞争力。

第三，金融业双向开放建设。

建立和完善中国特色社会主义金融体制，并加快建立现代金融机构体系，是为了进一步扩大中国金融业双向开放，全面参与和推动贸易投资与经济金融的全球化，实现世界经济金融的稳定持续增长，更好发挥和作出中国经济和金融大国的贡献作用。首先，随着中国金融发展和对外开放不断扩大，需要建立和完善能够有效调节大国开放经济的金融政策框架，这一政策框架不仅包括货币政策、汇率和外汇政策、审慎政策，还需要涵盖贸易政策、投资政策以及相应的产业政策、财税政策，以适应开放经济大国和金融大国向开放经济强国和金融强国的转变。其次，在中国金融机构走出去参与国际竞争的同时，稳步推进人民币国际化，积极参与全球金融治理，进一步发挥亚洲基础设施投资银行、金砖国家新开发银行和丝路基金等新开放平台功能和机制作用。总之，沿着国际化方向，扩大金融业双向开放，是中国成为金融强国的必然过程。

概括地讲，市场化的现代金融体制建设、多元化的现代金融机构体系建设、国际化的金融业双向开放建设是中国成为金融强国的三个重要战略选择。

党的统一领导和高素质人才队伍是中国金融强国的建设保障

建设金融强国，是中国社会主义现代化强国不可或缺的主题内容。“中国要成为一个强国，各方面都要强。”我们正面临前所未有的机遇，具有极大的实现可能性；但同时，我们也面临巨大的挑战，因为历史上从未有过如此巨大体量、如此特色体制、如此跨越发展的发展中国家成为金融强国，这将是“千百年未有之变局”下的中国奇迹。一方面，我们需要一支国家利益至上、坚持正确义利观、敬畏市场、专业理性的高素质金融人才队伍；另一方面，我们更需要坚持党中央对金融工作集中统一领导，确保金融改革发展正确方向，确保国家金融安全。这是中国建成现代金融强国的最重要保障。

下　篇

2017年度中国金融政策动态

宏观金融政策

一、货币政策[①]

2017年在全球经济稳健复苏的背景下，主要经济体都在不同程度上迈向货币政策正常化。美国货币政策进入连续加息的通道，2017年共加息3次。欧元区经济复苏态势明显，欧洲中央银行宣布从2018年1月起至9月，逐步缩减购债规模。国内方面，全年中国经济增长超预期，“去杠杆、去产能、去库存”都取得明显成效。在国内外经济形势整体向好的环境下，2017年我国的货币政策实质上稳健偏紧，市场利率普遍上行，对控制资产泡沫和债务增长起了重要作用。展望2018年，在我国政府将防范化解重大风险作为三大攻坚战之首背景下，货币政策基调很可能延续2017年的稳健基调，同时通过货币政策工具来调节银行间市场流动性的结构，稳定市场利率。

（一）2017年货币政策执行的主要内容

1. 公开市场操作情况

（1）公开市场操作利率上行。虽然存贷款基准利率和存款准备金率在2017年维持不变，但公开市场操作利率和常备借贷便利利率有所上调，显示央行意图通过市场化的利率调控机制来调节金融市场和实体经济的资金成本。2017年第一季度公开市场操作利率两次上行，幅度均为10个基点，显示货币政策立场实质上有所收紧。2017年12月美联储加息后，公开市场操作的逆回购利率上行5个基点，各期限的常备借贷便利（SLF）也上调5个基点。人民银行表示，公开市场操作利率上行有助于收窄其与货币市场利率的利差，修复市场的扭曲，避免金融机构过度加杠杆和扩张广义信贷。

（2）中期借贷便利（MLF）成为人民银行基础货币供给的重要渠道。SLF发挥利率走廊上限的作用，人民银行在一定条件下对地方法人金融机构按需足额提供短期流动性支持，促进货币市场平稳运行。同时，人民银行为保证基础货币供给，结合金融机构流动性需求情况，每月适时开展MLF操作，弥补银行体系中长期流动性缺口。2017年中国人民银行累计开展MLF操作53295亿元，期末余额为45215亿元，比年初增加10642

---

① 作者：何晓贝，清华大学国家金融研究院金融与发展中心研究人员。

亿元。MLF 操作量已经远高于常备借贷便利，并且操作期限更长，其中 1 年期 MLF 的操作量最高。

（3）2017 年外汇占款因素对银行体系流动性的影响逐步消退，但财政因素对流动性的影响增强，主要表现为下半年国库库款余额同比持续走高、财政收入与支出之间的时滞进一步拉长，放大了流动性供求的季节性波动。因此人民银行通过配合使用不同期限的多个工具，包括 MLF、抵押补充贷款（PSL）等补充中长期流动性缺口的工具，也通过逆回购、临时流动性便利（TLF）等短期操作工具，进行不同期限和到期时点搭配的方式维护市场流动性的稳定。

2. 建立货币政策与宏观审慎双支柱框架

2017 年 7 月召开的全国金融工作会议强调把防控金融风险作为金融工作的三项重要任务之一，提出要加强宏观审慎管理制度建设，设立国务院金融稳定发展委员会，并强化人民银行宏观审慎管理和系统性风险防范职责。2017 年 10 月十九大报告中正式提出健全货币政策和宏观审慎政策“双支柱”调控框架。宏观审慎评估体系（Macroprudential Assessment，MPA）正是双支柱调控框架下的重要探索和实践。2017 年 MPA 进行了几项重要的调整，包括以下几个方面。

（1）将银行表外理财业务正式纳入广义信贷指标。早期银行表外业务监管缺失，由于监管套利空间存在，银行表外理财业务增长很快，风险迅速累积。人民银行在 2017 年第一季度 MPA 正式将表外理财纳入广义信贷指标范围，具体要求是广义信贷增速与目标 M_2 增速偏离不超过 20 个百分点。

（2）2017 年第三季度 MPA 将绿色信贷纳入“信贷政策执行情况”进行评估，对银行形成正向激励，引导信贷资金投向生态保护、清洁能源、循环经济等领域。

（3）宣布将在 2018 年第一季度的 MPA 评估把同业存单纳入同业负债占比指标，对资产规模 5000 亿元以上的银行发行的同业存单进行考核，对资产规模 5000 亿元以下的银行发行的同业存单进行监测。具体而言，银行同业负债占比不超过 25%，可获得 25 分（满分），不超过 33%，可获得 10 ~ 15 分，否则 0 分。

（4）完善全口径跨境融资宏观审慎管理政策。2017 年 9 月 8 日中国人民银行将外汇风险准备金征收比例降为零，并取消对境外金融机构境内存放准备金的穿透式管理。这是在市场环境已转向中性的情况下，使前期为抑制外汇市场顺周期波动而出台的逆周期宏观审慎管理措施回归中性的措施。

（5）强化住房金融宏观审慎管理。经历了 2016 年房地产价格的迅速上涨，人民银行加强了对房地产市场的宏观审慎管理。按照“因城施策”的原则，首套房的房贷利率从基准利率八、九折提高到基准利率上浮 5% ~ 20%。住房贷款利率的提高遏制了房地产投机的行为，避免了住房贷款（居民负债）不合理的增长。2017 年房地产价格过快上涨的势头得到遏制，部分城市房价平稳回落。

3. 深化利率市场化改革

培育金融市场基准利率体系。2017 年的货币政策收紧主要表现在人民银行公开市场操作利率、SLF 利率和 MLF 利率的提高，而非存贷款基准利率的上调。这体现了人民银行通过培育市场基准利率来疏通货币政策传导机制的导向，反映了利率市场化改革的进一步深化。由于银行间市场存款类机构 7 天期回购利率（DR007）已经是人民银行备选的基准目标利率，2017 年 5 月 31 日全国银行间同业拆借中心推出了银银间回购定盘利率（FDR，包括隔夜、7 天、14 天三个期限），以及以 FDR007 为参考利率的利率互换产品，进一步完善了银行间市场基准利率体系。在利率市场化定价方面，8 月 31 日人民银行发布公告明确同业存单的发行期限不得超过 1 年，引导同业存单市场规范有序发展。此外，市场利率自律机制成员的范围进一步拓宽，省级自律机制也进一步完善。

4. 支持普惠金融的货币政策导向

（1）对普惠金融实施定向降准政策。2017 年 9 月人民银行宣布将原有对小微企业和“三农”领域实施的定向降准政策拓展并延伸至脱贫攻坚和“双创”等其他普惠金融领域。优化原有定向降准政策标准，聚焦“真小微”、“真普惠”，指向单户授信 500 万元以下的小微企业贷款、个体工商户和小微企业主经营性贷款，以及农户生产经营、创业担保、建档立卡贫困人口、助学等贷款，提高政策精准性。

（2）信贷政策支持国民经济重点领域和薄弱环节。具体而言，人民银行运用信贷政策支持再贷款、再贴现和抵押补充贷款等工具引导金融机构加大对小微企业、“三农”和棚改等国民经济重点领域和薄弱环节的支持力度。为引导金融机构加大对小微企业、绿色经济的信贷支持，人民银行优先接受符合标准的小微业贷款、绿色贷款作为信贷资产担保品。

5. 货币互换协议续签

2017 年全年人民银行共与 10 个国家和地区的央行或货币当局续签了本币互换协议，总金额为 14750 亿元人民币，有效期均为三年。货币协议签署的时间集中于 11 月，当月分别与卡塔尔、加拿大、中国香港、俄罗斯以及泰国 5 个国家和地区续签了本币互换协议，其中与中国香港签署的互换协议金额最高，为 4000 亿元人民币，占全年总金额的 27.12%，其次是韩国，金额为 3600 亿元人民币，占比 24.41%。人民银行支持互换资金用于双边贸易和投资，有利于规避汇率波动风险和服务实体经济，为双边贸易和投资提供便利，也有利于推动人民币国际化进程。

（二）2017 年主要货币政策执行效果及评价

在国内经济增长稳健，外部环境好转的背景下，国内市场普遍利率上行，体现了防范金融风险的政策导向。随着公开市场操作的逆回购利率从年初的 2.25% 上升到年末的 2.5%，金融市场的利率相应上升。R007 从 1 月平均 2.77% 的水平上升到 12 月平均 3.45%，上涨了约 70 个基点。DR007 较为稳定，但也从 1 月平均 2.47% 上升到 12 月的 2.87%，上升幅度达到 40 个基点。不同期限的国债收益率也上行了 80 ~ 100 个基点。货币市场利率的变化也传导到了信贷市场，贷款加权平均利率从 2016 年末的 5.27% 上升到 2017 年末的 5.74%。这显示在防范系统性风险的大背景下，实体经济的资金成本有所提升，有助于抑制债务的过快增长。此外，个人住房贷款利率从 2016 年末的 4.52% 上升到 2017 年末的 5.26%。新增居民户中长期贷款同比下降 6.69%（2016 年则同比上升 86.23%），显示住房贷款急速增长的势头得到了遏制。全年社会融资规模平稳增长 9.22%，其中新增人民币贷款增长 11.3%。2017 年 12 月广义货币供应量（M_2）余额同比增长 8.1%，全年 M_2 同比增长为历史最低水平。全年物价温和上涨，2017 年 12 月居民消费价格（CPI）同比增长 1.8%，不存在明显的通缩或通胀风险。

在普惠金融方面，截至 2017 年末全国支农再贷款余额为 2564 亿元，支小再贷款余额为 929 亿元，扶贫再贷款余额为 1616 亿元，再贴现余额为 1829 亿元。全年人民银行向国家开发银行、中国进出口银行和中国农业发展银行提供抵押补充贷款共 6350 亿元，期末抵押补充贷款余额为 26876 亿元，主要用于支持三家银行发放棚改贷款、重大水利工程贷款、人民币“走出去”项目贷款等。

（三）2018 年货币政策展望与建议

2018 年第一季度，全球主要经济体仍然延续了 2017 年的增长态势，通货膨胀也有望温和抬升。国际货币基金组织（IMF）和经合组织（OECD）均上调了 2018 年全球经济增长的预期。市场预期美联储将在 2018 年加息 2 ~ 4 次。然而全球经济增长的前景是否能得到延续有很大不确定性，一个重要的挑战来自于美国的贸易政策。如果贸易战全面爆发，中美双方关税显著提高，不但会降低贸易额、拖累中美两国的经济增长，还会对物价上涨造成压力。在当前产业链高度全球化的环境下，贸易战波及的范围将是全球性的。这意味着 2018 年下半年的全球经济是否能持续稳健增长仍是未知数，通货膨胀可能超预期上升。由于经济前景非常不明朗，发达经济体的货币政策是否延续正常化的态势尚待观察。

国内方面，防范系统性风险是 2018 年经济工作的主题。这意味着遏制债务扩张仍然是 2018 年宏观经济政策的重点，货币政策难言宽松。第一季度经济增长延续稳健的态势，但贸易环境的变化可能对下半年的增长造成拖累。此外，受地方政府债务整顿的影响，基建投资在 2018 年面临较大下行压力。总体而言，2018 年国内经济增长的动能可能减弱，外部环境的持续复苏有可能受到美国政策调整的影响而中断。

在防范金融风险的大背景下，2018 年的货币政策很可能维持目前偏紧的基调。但面对国内外经济增长和物价走势的不确定性，货币政策的立场需要保持一定的灵活度。同时，考虑到我国银行间市场流动性结构的情况，在稳定金融机构对流动性和市场利率的预期方面，货币政策操作需要进一步精细化。

（1）提高对人民币对美元汇率波动的容忍度。由于 2018 年国际经济形势的走势扑朔迷离，在美国税改政策和贸易政策的冲击下，美元指数可能大幅波动。现有的汇率形成机制下人民币对一篮子货币的汇率水平可以维持相对稳定，但人民币对美元汇率可能发生较大的变化。若政策机构对人民币对美元汇率波动的容忍程度较低，可能降低中国货币政策的灵活性。例如，公开市场操作的逆回购利率在2017年第四季度和2018年第一季度随着美国加息而上调，反映出汇率弹性不足对货币政策形成了一定的制约。2018年中国面临投资下行和外部环境的风险，国内经济更需要灵活有效的货币条件支持。

（2）确定目标基准利率，进一步发挥利率走廊的功能，稳定市场利率。Shibor、R007和DR007都曾被人民银行考虑为基准利率的候选，但人民银行始终未明确一个利率作为中介目标的基准。SLF是利率走廊的上限，但2017年间R007频繁突破SLF，显示利率走廊上限的功能并未得到充分发挥。这与SLF操作对象和合格抵押品范围过窄等有关。考虑到中国银行间市场分层的结构特征，各类货币政策的操作方式需要完善从而有助于稳定各类金融机构的流动性预期。此外，MLF的使用量显著超过SLF，使得短期政策利率和中期政策利率同时存在，多种货币政策工具可能造成政策信号混乱，不利于稳定市场预期。

（3）关注监管政策对市场利率的影响，提高货币政策调控的精准度。为了防范系统性风险，2017年第二季度中国银监会密集出台监管文件，对银行同业业务、理财业务、债券投资业务进行专项治理，引发了货币市场的波动，导致R007在货币政策没有任何变动的情况下，两周内上升超过150个基点。这显示货币政策、宏观审慎监管和银行监管规则之间缺乏有效配合，货币政策本身难以精准调控市场基准利率。

专栏

货币政策宏观审慎政策双支柱①

2017年10月，习近平总书记在十九大报告中正式提出健全货币政策和宏观审慎政策双支柱调控框架。宏观审慎政策在学术界的讨论由来已久，但在各国的政策层面得到广泛实施和应用是在2008年国际金融危机以后。我国也经历了从探索宏观审慎管理到实施宏观审慎评估，再到将宏观审慎政策体系升级为与货币政策体系并行的双支柱框架的过程。

2008年全球金融危机后，各国意识到个体金融机构的稳健不等于整体稳健，价格稳定也不等于金融稳定。金融机构行为的顺周期性、个体风险的传染性可能加剧整体市场的不稳定，产生系统性风险。货币政策是总量政策，不针对资产价格和金融市场，而传统金融监管仅针对单个机构，忽视了风险跨机构、跨市场、跨部门的传播，最终次贷市场的崩溃引发了全球性的金融危机。因此，在宏观的货币政策和微观的审慎监管之间有

① 作者：何晓贝，清华大学国家金融研究院金融与发展研究中心研究员。

一块防范系统性风险的空白，宏观审慎政策正是为了填补这一重大缺陷。

2008 年以后，许多国家的央行开始将金融稳定纳入政策目标的范围。货币政策通过利率调控来稳定增长（就业）和物价目标，宏观审慎政策则承担起维持金融稳定的作用，两者需要协调和配合。宏观审慎政策的核心工具包括逆周期的资本充足率要求、对系统重要性机构的附加资本要求等，也包括针对特定金融市场的逆周期调节工具，例如针对房地产市场的贷款价值比（LTV），新兴市场针对资本流动和外债的宏观审慎管理等。

2008 年国际金融危机后中国人民银行也开始探索引入宏观审慎政策。2009 年第三季度人民银行货币政策执行报告中首次提出“将宏观审慎管理制度纳入宏观调控政策框架”。2011 年人民银行引入差别准备金动态调整制度，并将外汇流动性和跨境资金流动也纳入宏观审慎管理范畴。2016 年起，人民银行将差别准备金动态调整机制“升级”为宏观审慎评估体系（MPA）。MPA 重点考虑资本和杠杆、资产负债、流动性、定价行为、资产质量、外债风险、信贷政策执行七大方面，其中资本充足率是评估体系的核心。2016 年起，MPA 不再只关注“狭义”的贷款，而是拓展为对广义信贷的关注，包括贷款、债券投资、股权及其他投资、买入返售资产等资金运用类别。随着监管套利的盛行和银行表外业务的迅速扩张，人民银行又于 2017 年第一季度 MPA 评估时正式将表外理财纳入广义信贷范围，以加强对表外业务风险的管理。至此宏观审慎政策涵盖的内容不只有监管，还包括政策目标、评估、工具、政策实施与传导、治理架构等，是与货币政策相并列的政策体系。2017 年 7 月召开的全国金融工作会议强调把防控金融风险作为金融工作的三项重要任务之一，提出要加强宏观审慎管理制度建设，设立国务院金融稳定发展委员会，并强化人民银行宏观审慎管理和系统性风险防范的职责。2017 年 10 月，十九大报告正式提出了货币政策和宏观审慎双支柱框架，并且确立了由人民银行统筹安排两大宏观政策体系，为货币政策和宏观审慎政策更好地配合协调提供了制度基础。

附表

2017 年中国货币政策大事记

日期	内容	备注
1 月 13 日	中国人民银行印发《关于全口径跨境融资宏观审慎管理有关事宜的通知》	进一步完善本外币一体化的全口径跨境融资宏观审慎管理框架
1 月 23 日	中国人民银行、银监会、证监会、保监会、国务院扶贫办五部门联合印发《关于开展金融精准扶贫政策效果评估的通知》	发挥金融服务在精准扶贫中的积极作用
2 月 3 日	公开市场操作逆回购利率（7 天）由 2.25% 上调至 2.35%	防范系统性风险，实施稳健中性的货币政策
2 月 27 日	中国人民银行按照定向降准相关制度，根据相关金融机构 2016 年度支持“三农”和小微企业考核结果，动态调整金融机构存款准备金率	支持“三农”和小微企业

续表

日期	内容	备注
3月7日	中国人民银行联合工业和信息化部、银监会、证监会、保监会印发《关于金融支持制造强国建设的指导意见》	进一步建立健全多元化金融服务体系，大力推动金融产品和服务创新
3月11日	中国人民银行办公厅印发《中国人民银行办公厅关于做好2017年信贷政策工作的意见》	着力提高信贷政策定向结构性调整功能
3月16日	常备借贷便利（7天）利率由3.35%上调至3.45%	防范系统性风险，实施稳健中性的货币政策
	公开市场操作逆回购利率（7天）由2.35%上调至2.45%	
5月2日	中国人民银行、工业和信息化部会同财政部、商务部、国资委、银监会、外汇局联合印发《小微企业应收账款融资专项行动工作方案（2017—2019年）》	积极推进应收账款融资，有效盘活小微企业存量资产，多渠道打通小微企业融资瓶颈
5月19日	中国人民银行与新西兰储备银行续签双边本币互换协议，协议规模为250亿元人民币/50亿新西兰元，有效期为3年	
6月20日	配合财政部开展国债做市支持操作，正式启动国债做市支持机制，推动完善国债收益率曲线	深化利率市场化改革
7月1日	发布中国人民银行公告〔2017〕第7号，推动符合条件的境内外信用评级机构在银行间债券市场开展信用评级业务，促进信用评级行业健康发展	
7月6日	中国人民银行与蒙古银行续签双边本币互换协议，规模为150亿元人民币/5.4万亿蒙古图格里克，有效期为3年	
7月18日	中国人民银行与阿根廷央行续签双边本币互换协议，规模为700亿元人民币/1750亿阿根廷比索，有效期为3年	
7月21日	中国人民银行与瑞士央行续签双边本币互换协议，规模为1500亿元人民币/210亿瑞士法郎，有效期为3年	
8月30日	发布中国人民银行公告〔2017〕第12号，为引导同业存单市场规范有序发展，规定自2017年9月1日起，金融机构不得新发行期限超过1年（不含）的同业存单	深化利率市场化改革
9月8日	发布《中国人民银行关于调整外汇风险准备金政策的通知》（银发〔2017〕207号），宣布自2017年9月11日起，将外汇风险准备金率下调至零	进一步完善本外币一体化的全口径跨境融资宏观审慎管理框架
9月8日	中国人民银行取消对境外人民币业务参加行在境内代理行存放交存准备金的穿透式管理方式	进一步完善本外币一体化的全口径跨境融资宏观审慎管理框架
9月13日	在广西壮族自治区推出人民币对柬埔寨瑞尔银行间市场区域交易	
9月30日	中国人民银行宣布自2018年起，将当前对小微企业和“三农”领域实施的定向降准政策拓展和优化为统一对符合宏观审慎经营要求且普惠金融领域贷款达到一定比例的商业银行实施	货币政策支持普惠金融
10月11日	中国人民银行与韩国央行续签双边本币互换协议，协议规模为3600亿元人民币/64万亿韩元，有效期为3年	

续表

日期	内容	备注
10月13日	中国人民银行、银监会联合发布修订后的《汽车贷款管理办法》，进一步规范汽车贷款行为。同时联合印发《关于调整汽车贷款有关政策的通知》，将自用和商用新能源新车贷款最高发放比例从80%和70%分别提高至85%和75%，二手车贷款最高发放比例由50%提高至70%	加强对汽车消费的金融支持
10月26日	中国人民银行证监会联合印发《绿色债券评估认证行为指引（暂行）》，完善绿色债券评估认证制度	推动绿色债券市场和绿色金融的发展
11月2日	中国人民银行与卡塔尔央行续签双边本币互换协议，协议规模为350亿元人民币/208亿里亚尔，有效期为3年	
11月8日	中国人民银行与加拿大央行续签双边本币互换协议，协议规模为2000亿元人民币/300亿加元，有效期为3年	
11月17日	发布《关于规范金融机构资产管理业务的指导意见（征求意见稿）》，向社会公开征求意见	
11月22日	中国人民银行与香港金管局续签双边本币互换协议，协议规模为4000亿元人民币/4700亿港元，有效期为3年	
11月22日	中国人民银行与俄罗斯央行续签双边本币互换协议，协议规模为1500亿元人民币/13250亿卢布，有效期为3年	
12月13日	中国人民银行宣布自2018年1月29日起实施新的《自动质押融资业务管理办法》，旨在优化自动质押融资业务，进一步发挥其在提高支付清算效率、保障支付清算安全方面的作用	
12月14日	常备借贷便利（7天）利率由3.45%上调至3.50%	美联储加息背景下的利率上调
	公开市场操作逆回购利率（7天）由2.45%上调至2.50%	
12月15日	中国人民银行、银监会、证监会和保监会联合印发《关于金融支持深度贫困地区脱贫攻坚的意见》，坚持新增金融资金优先满足深度贫困地区、新增金融服务优先布设深度贫困地区，为深度贫困地区打赢脱贫攻坚战提供重要支撑	发挥金融服务在精准扶贫中的积极作用
12月19日	中国人民银行印发《关于推广信贷资产质押和央行内部（企业）评级工作的通知》，自2018年起信贷资产质押和央行内部（企业）评级工作推广至全国	
12月22日	中国人民银行与泰国央行续签双边本币互换协议，协议规模为700亿元人民币/3700亿泰铢，有效期为3年	
12月29日	中国人民银行、银监会、证监会和保监会联合印发《关于规范债券市场参与者债券交易业务的通知》，督促各类市场参与者加强内部控制与风险管理，规范债券交易行为	

续表

日期	内容	备注
12月29日	中国人民银行决定建立“临时准备金动用安排（CRA）”，2018年春节前后，凡符合宏观审慎经营要求、在现金投放中占比较高的全国性商业银行若存在临时流动性缺口，可使用不超过两个百分点的法定存款准备金，使用期限为30天	

二、汇率与国际收支相关政策①

2017年，中国人民银行和国家外汇管理局继续按主动性、可控性和渐进性原则，进一步完善人民币汇率市场化形成机制，保持人民币汇率在合理均衡水平上的基本稳定。继2016年2月中国人民银行明确了“收盘汇率 + 一篮子货币汇率变化”的人民币对美元汇率中间价形成机制之后，2017年5月，各报价行在报价模型中增加了“逆周期因子”，以对冲外汇市场的顺周期性。整体上看，2017年人民币对美元汇率稳中有升，对一篮子货币保持基本稳定，人民币汇率贬值预期大幅减弱，企业结汇意愿增强，跨境资本流动和外汇市场供求趋于平衡。2017年末我国外汇储备余额为31399亿美元，较2016年末上升1294亿美元，扭转此前连续两年下降的局面。

（一）2017年人民币汇率及我国国际收支情况概述

1. 人民币汇率对一篮子货币保持基本稳定

2017年末，中国外汇交易中心发布的CFETS人民币汇率指数为94.85，全年上涨0.02%；参考BIS货币篮子和SDR货币篮子的人民币汇率指数分别为95.93和95.99，全年分别下跌0.32%和上涨0.51%。根据国际清算银行的计算，2017年，人民币名义有效汇率贬值0.64%，实际有效汇率贬值0.99%；2005年人民币汇率形成机制改革以来至2017年12月，人民币名义有效汇率升值36.50%，实际有效汇率升值45.67%。

2. 人民币对美元汇率弹性增强，双向浮动中呈升值走势

2017年初至5月底，人民币对美元小幅升值，大体稳定在6.90元/美元左右，市场仍存在较强的贬值预期。5月底，人民币对美元汇率定价引入“逆周期因子”后，人民币对美元汇率波幅开始加大。在国际外汇市场上美元对主要货币贬值的背景下，人民币对美元汇率也呈现升值趋势。到2017年末，人民币对美元汇率中间价为6.5342元/美元，比上年末升值6.16%。2005年人民币汇率形成机制改革以来至2017年末，人民币对美元汇率累计升值26.66%。

2017年，人民币对美元汇率中间价最高为6.4997元/美元，最低为6.9526元/美元，244个交易日中123个交易日升值、121个交易日贬值，最大单日升值幅度为

① 作者：赵庆明，北京金融衍生品研究院副院长、首席经济学家。

0.93%（639 点），最大单日贬值幅度为 0.86%（594 点）。整体上看，在 5 月底引入“逆周期因子”后，人民币对美元汇率弹性增强，双向波动中呈现升值走势，此前连续两年左右的贬值预期阴霾基本上消散。

3. 人民币对欧元、日元等其他国际主要货币汇率有升有贬

2017 年末，人民币对欧元、日元汇率中间价分别为 1 欧元兑 7.8023 元人民币、100 日元兑 5.7883 元人民币，分别较 2016 年末贬值 6.35% 和升值 2.95%。2005 年人民币汇率形成机制改革以来至 2017 年末，人民币对欧元汇率累计升值 28.35%，对日元汇率累计升值 26.22%。

4. 国际收支呈现“双顺差”

2017 年，经常账户顺差为 1720 亿美元，与同期国内生产总值（GDP）的比例为 1.4%，保持在合理区间；非储备性质的金融账户顺差为 825 亿美元，可比口径 2016 年为逆差 4752 亿美元。截至 2017 年末，外汇储备余额为 31399 亿美元。不过，从国际收支平衡表来看，2017 年“净误差与遗漏”项下净流出达 2219 亿美元。

外债规模继续平稳增长，外债风险总体可控。截至 2017 年末，我国全口径（含本外币）外债余额为 17106 亿美元，较 2016 年末增长 2948 亿美元。2017 年末，我国负债率（外债余额/GDP）为 14%，债务率（外债余额/货物与服务贸易出口收入）为 71%，偿债率（中长期外债还本付息与短期外债付息额之和/货物与服务贸易出口收入）为 7%，短期外债和外汇储备的比例为 35%，以上各指标均在国际公认的安全线以内。

5. 跨境人民币收付金额同比有所下降

2017 年，跨境人民币收付金额合计 9.19 万亿元，同比下降 6.7%，其中实收 4.45 万亿元，实付 4.74 万亿元，净流出 0.29 万亿元，收付比为 1∶1.1，流入与流出更加均衡。经常项目下跨境人民币收付金额合计 4.36 万亿元，同比下降 16.6%；其中，货物贸易收付金额 3.27 万亿元，服务贸易及其他经常项下收付金额 1.09 万亿元；资本项目下人民币收付金额合计 4.83 万亿元，同比小幅上升 4.5%。

6. 人民币直接交易市场继续发展

2017 年，银行间外汇市场人民币直接交易成交活跃，流动性明显提升，降低了微观经济主体的汇兑成本，促进了双边贸易和投资。2017 年，银行间外汇即期市场人民币对外币交易对达到 23 个，比上年减少 1 个，全年交易量折人民币为 43.18 万亿元，比上年增长 9.2%，其中，人民币对美元交易量占比为 96.68%，占比较上年略有下降。

2017 年末，在中国人民银行与境外货币当局签署的双边本币互换协议下，境外货币当局动用人民币余额为 221.50 亿元，人民银行动用外币余额折合 16.14 亿美元，对促进双边贸易投资发挥了积极作用。

（二）2017 年主要汇率及国际收支政策分析

1. 进一步完善人民币对美元汇率中间价报价机制

2017 年 5 月，外汇市场自律机制在“收盘汇率 + 一篮子货币汇率变化”的人民币对美元汇率中间价形成机制基础上，组织各报价行在报价模型中增加了“逆周期因子”，以对冲外汇市场的顺周期性，防范可能出现的“羊群效应”。“收盘价 + 一篮子货币汇率变化 + 逆周期因子”的中间价报价机制初步确立后，人民币对美元汇率脱离年初以来围绕6.9 元/美元左右小幅波动的局面，汇率弹性增强，双向浮动的特征更加显著。尤其是进入 2017 年下半年后，中国经济保持平稳较快增长，人民币汇率预期趋于分化，企业结汇意愿增强，跨境资本流动和外汇市场供求趋于平衡，此前外汇市场上存在的顺周期贬值预期已大幅收敛。

2. 稳妥有序推进金融市场开放和人民币货币项目兑换

2017 年，中国金融市场开放最大的举措是“债券通”。中国人民银行制定并发布了《内地与香港债券市场互联互通合作管理暂行办法》，成功推出内地与香港债券市场互联互通合作（简称“债券通”），并做好了“债券通”相关外汇政策配套。“债券通”丰富了境外投资者投资渠道，进一步推进了银行间债券市场对外开放。截至 2017 年末，已有 249 家机构通过“债券通”途径进入银行间债券市场，持债规模超过 800 亿元。

此外，在资本项目管理方面还有两项重要举措。一是完善全口径跨境融资管理。1 月 13 日，中国人民银行印发《关于全口径跨境融资宏观审慎管理有关事宜的通知》，进一步完善本外币一体化的全口径跨境融资宏观审慎管理框架。二是扩大外汇市场开放。2 月 27 日，国家外汇管理局发布《国家外汇管理局关于银行间债券市场境外机构投资者外汇风险管理有关问题的通知》，允许银行间债券市场境外投资者参与国内外汇衍生品市场，从而实现在债券市场和外汇市场进行综合管理。

3. 多措并举，维护外汇市场健康秩序

一是加强系统建设和信息采集，上线机构外币现钞存取系统和银行卡境外交易外汇管理系统。二是完善货物贸易外汇管理，向银行开放企业报关电子信息，便利银行贸易单证审核。三是完善个人外汇管理。提高个人外汇数据申报质量，加强个人购汇真实性管理，强化个人购汇申报的真实申报义务和法律责任。四是保持高压态势打击地下钱庄，联合多部门合力打击外汇违法违规行为，加强典型案例通报和宣传警示教育。

4. 进一步促进贸易投资自由化便利化

一是深入开展重点领域立法和文件清理工作，更新《现行有效外汇管理主要法规目录》。二是积极引导外贸新业态的健康发展，开展并扩大跨境电子商务、旅游采购、第三方支付机构外汇支付试点。三是完善境外投资外汇管理，进一步引导和规范企业境外投资方向，支持境内有能力、有条件的企业积极稳妥地开展境外投资活动。四是依法支持、保障真实合规的经常项目国际支付与转移，优化外商来华直接投资外汇管理。

5. 完善逆周期调整宏观审慎政策

2017 年 9 月 8 日，中国人民银行宣布调整外汇风险准备金政策和对境外金融机构境内存放执行正常准备金率的政策，将外汇风险准备金征收比例降为零，并取消对境外金融机构境内存放准备金的穿透式管理。这两项政策都是在前两年人民币汇率出现异常波动、资本流动呈现一定顺周期性的背景下出台的，旨在通过宏观审慎政策工具对外汇市场的顺周期性进行逆周期调节，有效稳定了市场预期。2017 年以来，我国经济结构加快调整，发展新动能增强，经济增长的稳定性、协调性进一步增强。同时，市场对各主要货币走势看法合理分化，预期趋稳。在基本面因素的推动下，跨境资本流动和外汇供求更趋平衡，人民币对美元汇率双向波动，对一篮子货币基本稳定。在市场环境已转向中性的情况下，有必要使前期为抑制外汇市场顺周期波动而出台的逆周期宏观审慎管理措施也回归中性，强化外汇市场价格发现功能，提高市场流动性，更好地服务于实体经济，促进经济持续、协调、平稳发展。

（三）下一阶段政策展望

2017 年 7 月，第五次全国金融工作会议明确提出，深化人民币汇率形成机制改革，稳步推进人民币国际化，稳步实现资本项目可兑换；积极稳妥推动金融业对外开放，合理安排开放顺序；完善外汇市场体制机制。十九大报告再次明确强调深化汇率市场化改革。

综合来看，下一阶段中国人民银行和外汇管理局在汇率与国际收支方面的重点工作有：一是继续深化人民币汇率形成机制改革，完善以市场供求为基础、参考一篮子货币进行调节、有管理的浮动汇率制度，加大市场决定汇率的力度，增强人民币汇率双向浮动弹性，保持人民币汇率在合理均衡水平上的基本稳定。二是加快发展外汇市场，坚持金融服务实体经济的原则，为基于实需原则的进出口企业提供汇率风险管理服务。三是支持人民币在跨境贸易和投资中的使用，推进人民币对其他货币直接交易市场发展，更好地为跨境贸易人民币结算业务发展服务。四是完善人民币跨境使用的政策框架和基础设施，坚持发展改革和风险防范并重。五是密切关注国际形势变化对资本流动的影响，完善对跨境资本流动的宏观审慎管理。

专栏

改革再出发　加快建设上海国际金融中心①

建设上海国际金融中心是党中央、国务院作出的一项重大战略决策。上海瞄准“到 2020 年基本建成与中国经济实力以及人民币国际地位相适应的国际金融中心”目标，坚持以金融市场体系建设为核心，以金融改革创新开放先行先试和营造良好的金融发展

① 作者：上海市金融服务办公室。

环境为重点，加快推进国际金融中心建设，取得了重要进展。

一、进入新时代，上海国际金融中心建设再上新台阶

近年来，上海进一步巩固了以金融市场体系为核心的国内金融中心地位，初步形成了全球性人民币产品创新、交易、定价和清算中心，在2017年全球金融中心指数（GFCI）中，排名升至全球第6位。

一是已经成为国际上金融市场门类最为完备的城市之一。目前，上海集聚了包括股票、债券、货币、外汇、票据、期货、黄金、保险、信托等在内的各类全国性金融要素市场。上海金融市场年度交易总额稳居1300万亿元以上，我国直接融资总额当中的85%来自上海金融市场。

二是已经成为国内金融机构的重要集聚地。金砖国家新开发银行、全球清算对手方协会（CCP12）、人民币跨境支付系统（CIPS）、中保投资公司等一批重要金融机构或组织落户上海。截至2017年末，在沪持牌金融机构总数达1537家。

三是已经成为国内金融对外开放的最前沿。截至2017年末，在沪各类外资金融机构总数达435家，占上海金融机构总数近30%。金融对外开放领域不断拓宽，推出了黄金“国际板”、证券“沪港通”、“债券通”、原油期货等。

四是已经成为国内金融改革创新的先行区。主动对接服务“一带一路”建设、自贸试验区、科创中心建设等国家战略，在跨境人民币业务、投贷联动等方面在全国率先试点，成为我国金融产品业务最为丰富集中的城市。

五是已经成为国内金融发展环境最佳的地区之一。金融审判庭、金融检察处（科）、金融仲裁院、金融纠纷调解中心陆续成立。金融专业服务机构体系不断健全，金融集聚区规划建设成效明显。设立了金融创新奖，在全国率先建立了金融业联合会，成功举办九届陆家嘴论坛。

二、开启新征程，上海国际金融中心建设孕育新内涵

建设上海国际金融中心是新时代中国特色社会主义的伟大召唤。为贯彻落实党的十九大和全国金融工作会议精神，上海市委市政府印发了《关于做好新时代上海金融工作加快建设国际金融中心的实施意见》，要以改革开放再出发的决心和勇气，努力在新起点上取得新突破，“确保到2020年基本建成与我国经济实力以及人民币国际地位相适应的国际金融中心，并持续推进以人民币产品为主导、具有较强金融资源配置能力和全球辐射能力的国际金融中心建设”。

一是聚焦金融服务实体经济。加强金融服务科创中心建设，深化投贷联动创新试点，推动试点银行设立投资功能子公司。积极发展上海股权托管交易中心科技创新板。发展航运金融和贸易金融，有序发展航运金融衍生产品，创新贸易金融产品、服务模式。

二是完善地方金融监管体制。健全地方金融监管机构，按照全国金融工作会议精神和要求，设立地方金融监管局，充实金融监管专业力量，强化属地风险处置责任。完善

地方金融工作议事协调机制，建立金融稳定发展联席会议机制，统筹推进新时代上海金融工作，加快建设国际金融中心。

三是加大金融风险防范处置。强化金融风险监测预警，加快推进上海市新型金融业态监测分析平台建设，进一步落实早识别、早预警、早发现、早处置。形成防控金融风险合力，继续完善市打击非法金融活动领导小组工作机制，进一步明晰工作边界，各司其职提升工作质效。

四是深入推进金融改革开放。深化自贸试验区金融改革创新，进一步拓展自由贸易账户功能，加强金融支持自由贸易港建设。提升金融市场配置境内外资源能力，扩大市场定价权和国际影响力，提升金融市场的广度和深度。完善金融机构体系和金融基础设施，支持各类总部型、功能性金融机构集聚，支持国内外金融机构在上海设立分支机构。扩大金融业对外开放，强化金融服务“一带一路”建设。

五是优化金融发展环境。加强金融法治环境建设，推动设立上海金融法院，协调推进地方金融监管法制体系建设。促进专业服务机构发展，支持会计审计、法律服务、信用评级、资产评估、投资咨询、资信服务、财经资讯等专业服务机构规范发展。

附表

2017 年主要汇率政策和国际收支政策汇总

时间	主要政策内容	备注
1 月 13 日	中国人民银行印发《关于全口径跨境融资宏观审慎管理有关事宜的通知》（银发〔2017〕9 号），进一步完善本外币一体化的全口径跨境融资宏观审慎管理框架	完善跨境融资管理
1 月 19 日	国家外汇管理局更新了《现行有效外汇管理主要法规目录》	更新相关法规目录
1 月 20 日	《国家外汇管理局综合司关于调整银行结售汇统计报表有关问题的通知》：调整人民币对外汇衍生产品业务统计报表，完善银行结售汇统计，提高外汇市场数据透明度	调整结售汇统计
1 月 26 日	《国家外汇管理局关于进一步推进外汇管理改革完善真实合规性审核的通知》：扩大境内外汇贷款结汇范围；允许内保外贷项下资金调回境内使用；进一步便利跨国公司外汇资金集中运营管理；允许自由贸易试验区内境外机构境内外汇账户结汇；进一步规范货物贸易外汇管理；完善经常项目外汇收入存放境外统计；继续执行并完善直接投资外汇利润汇出管理政策；加强境外直接投资真实性、合规性审核	完善外汇业务合规性审核
2 月 23 日	国家外汇管理局发布 2017 年贸易信贷调查企业名单	
2 月 27 日	国家外汇管理局发布《国家外汇管理局关于银行间债券市场境外机构投资者外汇风险管理有关问题的通知》，有条件支持境外投资者参与国内外汇市场，在债券和外汇市场进行综合管理	扩大外汇市场开放
3 月 1 日	国家外汇管理局发布《银行执行外汇管理规定情况考核内容及评分标准（2017 年）》，调整了风险考核指标值	完善银行外汇业务风险考核

续表

时间	主要政策内容	备注
4月4日	《国家外汇管理局关于便利银行开展贸易单证审核有关工作的通知》：为进一步便利银行开展贸易真实性审核工作，提升贸易便利化水平，根据《中华人民共和国外汇管理条例》等规定，国家外汇管理局决定向银行开放电子报关信息	贸易便利化措施
5月16日	中国人民银行和香港金融管理局联合发布《中国人民银行　香港金融管理局联合公告》及《内地与香港“债券通”答记者问》，同意中国外汇交易中心暨全国银行间同业拆借中心、中央国债登记结算有限责任公司、银行间市场清算所股份有限公司和香港交易及结算有限公司、香港债务工具中央结算系统开展香港与内地债券市场互联互通合作	债券通
5月19日	中国人民银行与新西兰储备银行续签双边本币互换协议，协议规模为250亿元人民币/50亿新西兰元，有效期为3年	货币互换
5月23日	中国人民银行印发《人民币跨境收付信息管理系统管理办法》（银发〔2017〕126号），加强人民币跨境收付信息管理系统管理，保障人民币跨境收付信息管理系统安全、稳定、有效运行	人民币跨境收付信息管理系统
6月2日	国家外汇管理局发布《国家外汇管理局关于金融机构报送银行卡境外交易信息的通知》，完善银行卡跨境交易统计，维护银行卡境外交易秩序。境内银行卡在境外发生的提现和消费交易信息，不含非银行支付机构基于银行卡提供的境外交易。银行卡境外消费信息采集范围为境内银行卡在境外实体和网络特约商户发生的单笔等值1000元人民币（不含）以上的消费交易；提现信息采集范围为境内银行卡在境外金融机构柜台和自动取款机等场所和设备发生的提现交易	完善银行卡境外交易管理
6月21日	中国人民银行与中国银行（香港）有限公司续签《关于人民币业务的清算协议》。中国人民银行发布《内地与香港债券市场互联互通合作管理暂行办法》：境外投资者可使用自有人民币或外汇投资。人民银行会同外汇管理部门依法对“北向通”下人民币购售业务、资金汇出入、外汇风险对冲、信息统计和报送等实施监督管理	出台债券通配套措施
7月4日	经国务院批准，香港人民币合格境外机构投资者（RQFII）额度扩大至5000亿元人民币	扩大RQFII额度
7月6日	中国人民银行与蒙古银行续签双边本币互换协议，规模为150亿元人民币/5.4万亿蒙古图格里克，有效期为3年	货币互换
7月12日	外汇局更新发布截至2017年6月30日《现行有效外汇管理主要法规目录》	更新相关法规目录
7月18日	中国人民银行与阿根廷央行续签双边本币互换协议，规模为700亿元人民币/1750亿阿根廷比索，有效期为3年	货币互换
7月21日	中国人民银行与瑞士央行续签双边本币互换协议，规模为1500亿元人民币/210亿瑞士法郎，有效期为3年	货币互换

续表

时间	主要政策内容	备注
8月3日	国家外汇管理局发布《国家外汇管理局综合司关于银行卡境外交易外汇管理系统上线有关工作的通知》（汇综发〔2017〕81号），对境内发卡金融机构接入银行卡境外交易外汇管理系统联调、验收和试运行进行安排	完善银行卡境外交易管理
8月11日	在内蒙古自治区推出人民币对蒙古图格里克银行间市场区域交易	扩大人民币国际化
9月8日	中国人民银行发布银发〔2017〕207号，取消对境外人民币业务参加行存放境内代理行人民币存款交存准备金实施穿透式管理；9月11日起，将外汇风险准备金征收比例下调至零	完善外汇市场管理
9月13日	在广西壮族自治区推出人民币对柬埔寨瑞尔银行间市场区域交易	扩大人民币国际化
9月21日	中国人民银行与中国银行澳门分行续签《关于人民币业务的清算协议》	扩大人民币国际化
10月11日	中国人民银行与韩国央行续签双边本币互换协议，协议规模为3600亿元人民币/64万亿韩元，有效期为3年	货币互换
11月2日	中国人民银行与卡塔尔央行续签双边本币互换协议，协议规模为350亿元人民币/208亿里亚尔，有效期为3年	货币互换
11月8日	中国人民银行与加拿大央行续签双边本币互换协议，协议规模为2000亿元人民币/300亿加元，有效期为3年	货币互换
11月22日	中国人民银行与香港金管局续签双边本币互换协议，协议规模为4000亿元人民币/4700亿港元，有效期为3年；与俄罗斯央行续签双边本币互换协议，协议规模为1500亿元人民币/13250亿卢布，有效期为3年	货币互换
11月29日	国家外汇管理局发布《国家外汇管理局综合司关于外籍人员持外国人永久居留身份证办理结售汇业务有关事宜的通知》，外国人永久居留身份证可作为个人办理结售汇业务的有效身份证件，持外国人永久居留身份证的外籍人员适用结汇和购汇等值5万美元的年度便利化额度	完善个人结售汇管理
11月30日	国家外汇管理局综合司《对外金融资产负债及交易统计业务指引（2017年版）》，进一步规范对外金融资产负债及交易统计申报业务，指导报送主体更准确地理解申报的具体要求，提高统计申报数据质量	完善外汇业务统计管理
12月7日	国家外汇管理局发布《国家外汇管理局关于宣布废止失效6件外汇管理规范性文件的通知》	废止相关法规
12月22日	中国人民银行与泰国央行续签双边本币互换协议，协议规模为700亿元人民币/3700亿泰铢，有效期为3年	货币互换
12月27日	中国人民银行办公厅批复同意中国外汇交易中心引入境外银行参与银行间外汇市场区域交易	扩大外汇市场开放
12月30日	国家外汇管理局发布《国家外汇管理局关于规范银行卡境外大额提取现金交易的通知》（汇发〔2017〕29号），规范银行卡境外大额提取现金交易，完善跨境反洗钱监管	完善银行卡境外交易管理

主要金融市场发展政策

一、银行业市场发展政策①

2017年，在全球经济明显好转、国内供给侧结构性改革推动等作用下，中国经济运行整体平稳，波动幅度明显缩小，商业银行经营发展的实体经济环境有所好转。中国银行业经营稳健，综合化经营不断深入，差异化经营和产品创新能力不断提升，在互联网金融领域发展迅速，净利润增速企稳回升，净息差降幅收窄，不良贷款压力有所缓解，整体风险可控。监管部门把防控金融风险放到更突出重要的位置，金融监管逐步趋严。银行业资金“脱实向虚”的势头得到初步遏制，风险和合规意识持续增强，服务实体经济的质效不断提升。

（一）2017年中国银行业市场发展政策主要内容

2017年，中国银行业在提升金融服务质效、支持供给侧结构性改革、发展普惠金融、数字化转型等多方面取得了较好成效。银行业改革发展取得的成绩得益于国家和监管部门的大力支持以及实施的一系列重要政策，这些政策促进了银行业健康稳定的发展。

1. 供给侧结构性改革持续发力，促进经济高质量发展

2017年是供给侧结构性改革的深化之年，相关政策密集落地，发力点也进一步拓展，多领域取得实质性进展。

发挥政策引导作用，支持去产能。4月17日，发改委、人民银行等二十三部委下发《关于做好2017年钢铁煤炭行业化解过剩产能实现脱困发展工作的意见》，推进钢铁煤炭行业化解过剩产能，做好去产能工作。7月26日，发改委、人民银行等十六部委联合印发《关于推进供给侧结构性改革，防范化解煤电产能过剩风险的意见》，扎实有效去产能，提高煤电行业效率，优化能源结构，为清洁能源发展腾空间。12月19日，发改委、人民银行等十二部委联合发布《关于进一步推进煤炭企业兼并重组转型升级的意

① 作者：周昆平，交通银行发展研究部（金融研究中心）副总经理；赵亚蕊，交通银行发展研究部（金融研究中心）高级研究员。

见》，推进煤炭企业兼并重组转型升级，持续增加煤炭优质供给，提高供给质量，保障能源安全。上述多项政策正在推进实施，共同防范化解产能过剩风险。

稳妥推进债转股，支持去杠杆。7 月 15 日，发改委下发《关于发挥政府出资产业投资基金引导作用推进市场化银行债权转股权相关工作的通知》，加大对市场化债转股工作的支持力度，加快推进供给侧结构性改革。8 月 8 日，银监会发布《商业银行新设债转股实施机构管理办法（试行）》（征求意见稿），规范商业银行新设债转股实施机构的行为，推动市场化银行债权转股权健康有序开展。

提高信贷导向功能，支持新动能。2017 年监管部门出台多项政策优化信贷结构，腾挪出更多有效资源全力支持国家重大战略。3 月 11 日，人民银行印发《关于做好 2017 年信贷政策工作的意见》，着力提高信贷政策定向结构性调整功能，推动供给侧结构性改革取得实质性进展。3 月 29 日，人民银行等五部门联合印发《关于金融支持制造强国建设的指导意见》，强调要高度重视和持续改进对“中国制造 2025”的金融支持和服务，着力加强对制造业科技创新、转型升级的金融支持。5 月 4 日，税务总局、银监会联合印发《关于进一步推动“银税互动”工作的通知》，加大“银税互动”助力企业发展力度，支持供给侧结构性改革。10 月 26 日，人民银行、证监会联合公布《绿色债券评估认证行为指引（暂行）》，规范绿色债券评估认证行为，促进绿色债券市场健康发展，更好服务实体经济的绿色发展。

加强管理，支持降成本。2017 年作为供给侧结构性改革继续向纵深推进的一年，相关部门多项举措综合发力，降成本仍在不断推进。4 月 4 日，外汇局发布《关于便利银行开展贸易单证审核有关工作的通知》，提升贸易便利化水平，降低进出口企业成本，服务实体经济。6 月 16 日，发改委、人民银行等四部委联合印发《关于做好 2017 年降成本重点工作的通知》，对 2017 年要重点落实的 25 项政策措施提出具体要求，明确任务分工，为高质量发展助力。此外，6 月 30 日，发改委、银监会联合印发《关于取消和暂停商业银行部分基础金融服务收费的通知》，取消、暂停商业银行部分基础金融服务收费，有效减轻客户负担。

2. 推进行业体制机制改革，提升金融服务质效

2017 年以来监管部门大力推进银行业金融机构体制机制改革，完善各项制度建设，以更好地支持实体经济发展。

完善制度框架，加强顶层设计。4 月 7 日，银监会下发《关于提升银行业服务实体经济质效的指导意见》，提出了 24 项政策措施，要求银行业围绕“三去一降一补”推进供给侧结构性改革，通过推动银行业体制机制改革创新，提高服务实体经济的能力。7 月 14 日，财政部、银监会等三部委联合印发《关于暂免征银行业监管费的通知》，进一步减轻企业负担，促进实体经济发展。

加强专项制度建设，构建长效机制。在加强顶层设计的同时，监管部门实施多个专

项制度，加快健全体制机制。10 月 30 日，人民银行、银监会修订《汽车贷款管理办法》，进一步支持促进汽车消费，规范汽车贷款业务管理。10 月 31 日，人民银行发布修订后的《应收账款质押登记办法》，进一步适应市场发展需求，切合当前相关业务实际，更好地服务实体经济。11 月 15 日，银监会发布《国家开发银行监督管理办法》《中国进出口银行监督管理办法》《中国农业发展银行监督管理办法》三个办法，从资本约束机制等多个方面全面构建开发银行、政策性银行监管规则体系，加大对经济社会重点领域和薄弱环节的支持力度。12 月 21 日，人民银行印发《关于优化企业开户服务的指导意见》，强化企业开户管理，助力营造良好的营商环境，推动企业高质量发展。

3. 扩大对外开放，稳步推进国际化进程

在持续深化对外开放的大背景下，2017 年在多项政策推动下，金融业对外开放取得了一系列实质性进展。1 月 9 日，银监会印发《关于规范银行业服务企业走出去，加强风险防控的指导意见》，督导银行业金融机构加强信用风险、国别风险、合规风险等多个方面，规范银行业服务企业走出去经营行为，提升支持企业走出去服务能力。与此同时，外资银行在华发展也进入了新的阶段，3 月 10 日，银监会发布《关于外资银行开展部分业务有关事项的通知》，明确在华外资行可以与母行集团开展内部业务协作，且在华外资法人银行可依法投资境内银行业金融机构。由此可以看出，外资银行的服务重点从满足跨国公司在华投资企业的金融需求，也逐渐转向发挥外资银行国际网络优势，为“走出去”的中资企业提供综合金融服务。2017 年 7 月召开的全国金融工作会议指出，要扩大金融对外开放，深化人民币汇率形成机制改革，稳步推进人民币国际化，稳步实现资本项目可兑换。8 月 4 日，国家发展改革委、人民银行等四部委联合下发《关于进一步引导和规范境外投资方向指导意见的通知》，进一步规范我国企业的对外投资。12 月 28 日，银监会下发《关于修改〈中国银监会外资银行行政许可事项实施办法〉的决定（征求意见稿）》，进一步扩大对外开放，持续推进行政审批制度改革。

总体来看，在多项政策推动下，当前金融对外开放进一步扩大，银行业金融机构开放水平不断提高。大型跨国金融机构通过设立分支机构或与中资银行业金融机构展开战略合作，中资银行业金融机构也通过引资、引智、引制，深化与外资金融机构的合作，在公司治理、风险管理、信息技术等领域取得了一系列成果，提升了行业整体管理效率和业务创新能力。

4. 多层次政策措施护航，普惠金融建设驶入快车道

我国一直高度重视普惠金融的发展，2017 年制定出台了一系列促进普惠金融发展的战略规划和政策措施，持续推动普惠金融发展进入新阶段。

加强普惠金融机构体系建设。3 月 5 日，《政府工作报告》提出鼓励大中型商业银行设立普惠金融事业部。5 月 3 日，国务院常务会议明确大型商业银行 2017 年内要完成普惠金融事业部设立。5 月 25 日，银监会公布《大中型商业银行设立普惠金融事业部实

施方案》。6月9日，银监会主席郭树清重申大型银行要在2017年内完成普惠金融事业部的设立。截至6月末，工行、农行、中行、建行、交行五大国有商业银行总行普惠金融事业部均已正式挂牌，普惠金融体系建设迈入新阶段。

加大对“三农”、小微企业等薄弱领域的政策扶持力度。一方面，通过差别存款准备金等政策工具的引导作用，加大定向调控力度。2月16日，人民银行下发《关于做好定向降准动态考核调整工作的通知》，通过对银行的贷款投向进行考核，对满足审慎经营要求且“三农”或小微企业贷款达到标准的商业银行实施优惠存款准备金率。9月27日，国务院常务会议提出，采取定向降准手段，激励金融机构进一步加大对小微企业的支持力度。9月29日，人民银行发布《关于对普惠金融实施定向降准的通知》，通过定向降准鼓励和引导金融机构加大对贫困地区等国民经济重点领域和薄弱环节的金融支持。

另一方面，通过下发多个专项政策，加大优惠政策支持力度。针对小微企业方面，4月25日，人民银行等七部委联合印发《小微企业应收账款融资专项行动工作方案(2017—2019年)》，在全国开展为期3年的小微企业应收账款融资专项行动，加大金融对实体经济和小微企业支持力度。针对“三农”方面，1月23日，人民银行等五部委联合印发《关于开展金融精准扶贫政策效果评估的通知》，从定性和定量两方面每年对国家贫困县及其辖区内银行业金融机构进行评估。2月17日，国务院下发《关于创新农村基础设施投融资体制机制的指导意见》，创新农村基础设施投融资体制机制，加快农村基础设施建设步伐。7月25日，国务院扶贫办联合银监会等五部委发布《关于促进扶贫小额信贷健康发展的通知》；12月15日，人民银行等四部委联合印发《关于金融支持深度贫困地区脱贫攻坚的意见》。这些政策从多个方面切实提升了国家支农政策效果和支农资金使用效益，为打赢脱贫攻坚战提供了重要支撑。

5. 科技金融应用更加广泛，数字化转型提速

国家高度重视金融科技工作，监管部门积极部署，加快金融科技运用发展。6月27日，人民银行公布《中国金融业信息技术“十三五”发展规划》，从金融信息安全方面积极支持商业银行在依法合规、风险可控的前提下，加快发展先进制造业，推动互联网、大数据、人工智能和实体经济深度融合。7月20日，国务院发布《新一代人工智能发展规划》，强调创新智能金融产品和服务，发展金融新业态；鼓励金融行业应用智能客服、智能监控等技术和装备；建立金融风险智能预警与防控系统。响应政策号召，银行业金融机构采取多种方式深度运用金融科技，推进银行业转型发展。工农中建交五家大型商业银行分别与阿里巴巴、百度、腾讯等互联网平台建立合作。银行业与互联网金融平台深度融合，11月18日，由中信银行和百度公司发起设立的百信银行在京正式开业，成为我国首家独立法人形式的直销银行。银行业采取多种方式深度运用金融科技，实现了经营成本降低、服务效率提高、业务流程优化、风险管控加强、业务模式创新。

双方优势互补，合作共赢，全面提高金融服务能力，助力银行业转型发展。

6. 新金融工具准则即将实施，助推商业银行稳健经营

2017 年 4 月 6 日，财政部修订发布了《企业会计准则第 22 号——金融工具确认和计量》《企业会计准则第 23 号——金融资产转移》和《企业会计准则第 24 号——套期会计》等三项金融工具会计准则，同时公布了境内不同类别公司的新准则实施时间，标志着中国企业会计准则对金融工具相关的规定将与 IFRS 9 趋同。中国版 IFRS9 的执行，将金融资产从“四分类”改为“三分类”，将减值会计由“已发生损失法”改为“预期损失法”，从而使计量更加公允透明，解决了 2008 年国际金融危机中暴露的金融工具的会计处理过于复杂、主观性强等问题。修订后的会计准则在会计信息质量方面也有所提升，在相关性和谨慎性方面有所加强，有助于报表使用者更好地了解银行运营情况。总体来看，在利润波动、减值增加以及监管严格的多重作用下，银行的资产结构或将调整，将趋于更为审慎的资产配置，有助于银行更加稳健地经营。

7. 完善支付监管措施，促进互联网金融健康发展

在 2016 年专项整治的基础上，2017 年互联网金融迈入了监管全面强化的阶段。5 月份，人民银行成立金融科技委员会，加强金融科技工作的研究规划和统筹协调，并在《中国区域金融运行报告（2017）》中提出探索将规模较大、具有系统重要性特征的互联网金融业务纳入宏观审慎评估体系（MPA）。这一年当中，支付监管政策相继落地。

2017 年 1 月 23 日，人民银行下发《加强交易场所类特约商户资质审核和风险监测严禁为非法交易场所提供支付结算服务》，要求支付机构和商业银行严禁为非法交易场所提供支付结算服务，加强交易场所相关账户管理，强化支付业务风险监测与管理。2 月23 日，人民银行发布《关于限期停止为违规交易场所提供支付结算服务的通知》，要求各商业银行、非银行金融机构加强对交易场所和相关平台类特约商户的资质审核与管理，限期停止为“微盘”类交易平台、违规交易场所提供支付结算服务。5 月 12 日，人民银行下发《关于加强开户管理及可疑交易报告后续控制措施的通知》，加强开户管理，有效防范非法开立、买卖银行账户及支付账户行为。11 月 13 日，人民银行发布《关于进一步加强无证经营支付业务整治工作的通知》，在前期打击无证经营支付业务相关工作的基础上进一步推进相关工作，全面检查持证机构违规为无证经营支付业务机构提供支付清算服务的行为。12 月 13 日，人民银行发布《关于规范支付创新业务的通知》，加强支付业务系统接口管理。12 月 15 日，人民银行发布《中国人民银行自动质押融资业务管理办法》，进一步优化自动质押融资业务，提高支付清算效率，防范支付清算风险。12 月 25 日，人民银行印发《条码支付业务规范（试行)》，规范条码支付业务，促进移动支付业务健康可持续发展。12 月 29 日，人民银行下发《关于调整支付机构客户备付金集中交存比例的通知》，进一步强化支付机构客户备付金管理，更好地促进支付服务市场持续健康发展。

（二）2017 年中国银行业市场发展政策效果

2017 年，全国银行业系统坚决贯彻落实党中央、国务院重大决策部署，在多项政策推动下，各项工作取得明显成效。银行业从高速增长向高质量发展已现端倪，产权结构基本实现多元化，基本树立了资本约束的现代经营理念，“脱实向虚”势头得到初步遏制，服务实体经济能力有所提高。我国银行业呈现以下三个积极变化：

一是净息差小幅扩展，盈利增速稳步提升。2017 年国内商业银行整体经营情况稳中有升，我国商业银行当年累计实现净利润 17477 亿元，同比增长 5.99%，增速同比上升 2.44 个百分点。由于新增资产结构中以高收益的信贷为主，部分存量贷款在重定价后利率也将有所提升，同时银行资产配置更加青睐收益率较高的消费金融业务，这些因素共同助推生息资产利率走高。在货币政策保持稳健中性的情况下，银行业负债成本也保持相对稳定，两方面因素共同推动净息差小幅扩展。净息差企稳小幅回升是净利润增速稳步提升的主要驱动因素，税收减免政策也会带动净利润增长，资产质量逐步好转，拨备反哺利润，对净利润增长也起到一定的正向作用。

二是风险化解成效显现，资产质量稳中转好。截至 2017 年末，不良贷款余额 17057 亿元，较年初增加 1935 亿元，同比少增 443 亿元；不良贷款率 1.74%，与 2016 年末持平，连续五个季度保持稳定。关注类贷款全年仅增长 568 亿元，较上年明显少增 4102 亿元，资产质量呈现企稳向好态势。拨备水平继续小幅提高，拨备覆盖率和贷款拨备率分别为 181.42% 和 3.16%。

三是表外资产逐步回表，“脱实向虚”势头得到初步遏制。2017 年，在经济运行逐渐企稳、货币政策从宽松转向中性、金融去杠杆持续推进、金融监管趋严等外部环境显著变化下，商业银行资产负债结构也发生显著变化。银行业本外币总资产增速从 2016 年末的 15.8% 下降到 2017 年末的 8.7%，增速下降了 7.1 个百分点。主要受监管去通道、限错配、抑套利的影响，商业银行显著压缩同业资产、应收账款投资等非信贷资产配置。表外转表内、非标转标有所增加，表内信贷占比进一步上升。

虽然过去一年银行业取得较好的发展，但银行业改革发展面临的国内外环境依然较为严峻，相关业务的制度设计仍需监管进一步完善补充。

一是对政策实施影响的评估有待增强。金融监管政策的出台长期来看有助于商业银行的稳健经营，但部分监管举措的实施在短期内可能会对商业银行的经营管理带来一定影响，需注意政策的实施节奏以及政策实施后的短期影响。如即将实施的新金融工具准则，长期来看，准则的实施有助于商业银行稳健经营。但短期来看，公允价值计量范围的扩大可能会促使银行利润波动增加，新减值模型的运用对估值和相关数据也提出了更高要求，这些均会对银行的经营管理带来一定挑战。

二是补短板成效明显，但部分领域的监管制度仍有待完善。2017 年，监管部门出台多项政策促进银行业市场的发展，取得了明显成效，但是随着银行业金融机构业务和产品创新的增多，当前的监管制度难以匹配各项业务快速、大规模以及多样化的发展，部分领域的监管制度需要进一步跟进和完善。例如，虚拟货币方面，近年来虚拟货币在全世界范围内引发关注，各类虚拟货币吸纳民间资本并游离于金融监管之外，尤其是其中的洗钱、支持非法经济活动等问题需加以重点关注。支付监管方面，随着支付方式和支付规模的增加，签约商户的真实性问题、支付商家对支付手段进行限制，开展不正当竞争等行为时有发生，支付机构及其签约商户的真实性审核以及合规经营的监管力度有待增强，此外，随着出海支付机构的增加，境外支付市场的监管也有待进一步完善。

三是金融新技术发展为银行业转型创新带来压力。互联网技术与金融业务深度融合对传统银行的业务、经营方式和盈利模式产生深刻影响，客户分流、资金分流、业务分流为商业银行带来很大压力。此外，由于商业银行与互联网企业在信息安全防护理念上的差异，部分互联网金融技术风险会传导到银行体系，这往往并不是造成新的技术风险，更多的是造成银行的连带法律风险和声誉风险，需要引起警惕。未来监管机构需要重点加强金融新技术的机制建设，对这些领域加强统筹和引导。

（三）2018 年中国银行业市场发展政策展望与建议

展望 2018 年，中国银行业仍将延续防范化解金融风险，服务实体经济的思路。未来一段时间内，以服务供给侧结构性改革为主线，打好防控金融风险攻坚战，全面推进改革开放，助力经济由高速增长向高质量发展转变仍将是工作主基调。2018 年银行业市场发展的相关政策建议重点关注以下几个方面：

一是尽快出台和完善相关监管政策的细则。一方面，MPA 作为双支柱监管体系之一，建议增加 MPA 的考核指标，进一步完善宏观审慎评估。比如考虑将绿色信贷纳入 MPA 考核，鼓励商业银行积极调整信贷结构。另一方面，为有效规范和促进理财、资管产品等创新型业务的发展，建议尽快出台理财、资管、信托以及流动性等方面更为具体的监管细则。

二是推动人工智能和消费金融等新兴领域的发展。在中国正在由投资拉动向消费拉动型经济转型的背景下，消费成为拉动经济增长“三驾马车”的关键一环，也是促进经济增长的主要动力。对银行而言，消费信贷兼具轻资本、高回报的特点以及广阔的市场空间，消费信贷将成为银行零售转型重要的突破口，建议出台更多政策推动这一领域的健康发展。中国银行业正在人工智能的催化下悄然改变，但目前人工智能仍处在初级应用阶段，在银行业市场的进一步应用仍有待规范，法律监管和行业定位尚需明确，模型的有效性方面需要完善，建议监管机构对这些领域完善相关制度安排。

三是深化银行体系改革开放。在前期银行机构改革开放的基础上，未来的监管政策应当更加强调引导银行金融机构健全公司治理，探索有中国特色的现代金融企业制度。同时，未来的监管重点之一应当是研究落实对外开放的新举措，以开放促改革，激发市场活力，推动形成银行业全面开放的新格局。

专栏一

大型银行成立普惠金融事业部[①]

一、多项政策推动大型银行成立普惠金融事业部

2017 年《政府工作报告》提出，鼓励大中型商业银行设立普惠金融事业部。5 月召开的国务院会议要求大型商业银行 2017 年内完成普惠金融事业部设立。在此基础上，财政部印发《关于拨付 2017 年度普惠金融发展专项资金的通知》，人民银行对普惠金融实施定向降准政策，银监会陆续下发《大中型商业银行设立普惠金融事业部实施方案》《关于推进大型商业银行普惠金融事业部设立工作的通知》等文件。2017 年 8 月底，工、农、中、建、交五大国有商业银行在率先推进普惠金融事业部建设方面都取得实质性进展。在董事会层面五大行均成立了专门的普惠金融业务发展委员会；总行的普惠金融事业部全部正式挂牌；各省市的一级分行普惠金融事业部设立和向下延伸工作也在稳步推进。作为一项组织架构、制度改革，事业部的核心在于通过构建一套专业化和独立化的体制机制，确保有专门的机构、人员、资源去做普惠金融业务。

二、银行业支持普惠金融取得显著成效

随着银行业金融机构在普惠金融方面的力度不断加大，尤其是成立普惠金融事业部的银行业金融机构不断发挥各自专业服务优势，借助金融科技等技术应用，不断创新特色化、差异化的金融产品和服务，大力拓展普惠金融服务的广度和深度，目前已经取得了较好成效。截至 2017 年底，银行业金融机构用于小微企业贷款和涉农贷款余额均达到 31 万亿元，同比分别增长 15.1% 和 9.6%。保障性安居工程贷款同比增长 42.3%，高于各项贷款平均增速 29.9 个百分点。

但总体来看，银行业金融机构推进普惠金融仍面临一些挑战。一方面，银行业发展普惠金融的商业可持续性面临挑战，小微企业、“三农”等普惠金融服务对象信息缺乏，信用级别普遍不高，担保抵押缺失，导致其融资面临障碍，银行业为其提供服务的成本高、风险大，内在动力不足，普惠金融相关政策支持力度仍需加强。另一方面，金融基础设施有待完善和健全。普惠金融服务对象的信用信息相对缺乏，部分领域立法缺失或层级不足，一些抵质押融资创新缺乏配套机制。

三、普惠金融未来的发展趋势

随着国家对普惠金融的提倡以及对互联网金融的重视，普惠金融制度基础未来将逐步得到健全完善。尤其是与互联网金融相关的法律支付和监管政策、作为金融交易核心要素的社会信用体系以及作为科技金融重要技术手段的互联网及大数据技术都是普惠金

① 作者：周昆平，交通银行发展研究部（金融研究中心）副总经理；赵亚蕊，交通银行发展研究部（金融研究中心）高级研究员。

融发展的基础和关键，未来将会得到进一步完善。中小微企业及商户和消费金融将是普惠金融未来发展的重点领域。尤其是消费金融领域，目前互联网消费金融服务仅限于数码产品、日常消费等方面，未来在教育、医疗、旅游等领域将会有很大扩展空间。大型银行普惠金融事业部还要在综合服务、统计结算、风险管理、资源配置、考核评价等五个机制方面不断完善，切实提高普惠金融的服务能力。

专栏二

“三三四十”大扫除重在治“本”①

“三三四十”是2017年银行业监管治理专项行动的一种简称，是金融监管综合治理的一个重要内容。为贯彻落实中央政府关于严守风险底线、维护金融稳定以保障国家发展安全的指示要求，国家金融监管部门联合行动，从2017年初开始从对全部金融行业开展全方位排查，实行根本性治理。“三三四十”专项行动向全球金融市场与国际金融监管机构展示了中国国家金融监管部门“强监管、严监管”的坚定决心和坚强信心。

一、“三三四十”以补齐制度短板建长效机制为“纲”

“三三四十”是对中国银监会在2017年3月底、4月初制发的四个文件的简称，分别是《关于开展银行业“违法、违规、违章”行为专项治理工作的通知》《关于开展银行业“监管套利、空转套利、关联套利”专项治理的通知》《关于开展银行业“不当创新、不当交易、不当激励、不当收费”专项治理工作的通知》，以及《关于集中开展银行业市场乱象整治工作的通知》。“三违反”是指“违反金融法律、违反监管规则、违反内部规章”。“三套利”是指“监管套利、空转套利、关联套利”。“四不当”是指“不当创新、不当交易、不当激励、不当收费”。“十乱象”是指金融市场乱象的十个方面，包括“股权和对外投资方面、机构及高管方面、规章制度方面、业务方面、产品方面、人员行为方面、行业廉洁风险方面、监管履职方面、内外勾结违法方面、涉及非法金融活动方面”。

“三三四十”专项治理与“两加强、两遏制”严守底线原则，即，把不发生系统性风险作为“军令状”，旨在加大服务实体经济、切实维护金融消费者权益。与“两加强、两遏制”比较，“三三四十”专项治理旨在补齐监管制度与管理制度双重制度短板，全方位推进金融市场乱象源头治理。2016年8月，银行业开展“加强内部管控、加强外部监管、遏制违规经营、遏制违法犯罪”全面风险大排查行动，中国银监会要求重点排查违规经营和违法犯罪高发的存款、信贷、票据、同业、理财和代销等业务领域，涉及的金融机构除银行外，还包括金融资产管理公司、信托公司、金融租赁公司、货币经纪公

① 作者：马强，上海银监局政策法规处处长。

司等。“三三四十”专项治理则是一场侧重于全面体检金融机构违法违规违章等管理制度短板的专项治理大扫除行动。为落实国务院的统一部署，“两加强、两遏制”重点严查十大行为，包括违规办理票据业务、签订抽屉协议、贷款“三查”执行不力等行为；违规私售飞单和代理销售，误导或诱导购买投资产品；充当资金掮客，参与民间借贷和非法集资等。为贯彻执行中央政府指示，“三三四十”专项治理全面查找监管制度短板和银行管理制度短板，切实提升金融监管效能，切实加大服务实体经济，切实维护金融消费者权益。“三三四十”专项治理贯通顶层设计、监管规划和基层实践各个层级，涵盖股东监管等公司治理、金融创新等机构行为、信贷担保等员工行为、履职回避等监管者规范在内的多个维度。2017 年 4 月初，中国银监会主动披露 26 个监管制度短板，包括股东股权监管、资产管理业务、资本监管、跨业金融产品、流动性风险监管、信贷质效、信息披露等关键领域。2017 年末，完成了多项制度的制定与发布，或者进入公开征求意见阶段。

二、“三三四十”专项治理以重典治乱象为“目”

中国银监会主席郭树清指出，监管者要履行“看门人和守夜人”职责，坚持“三铁”原则（铁账本、铁算盘与铁规定）。“三三四十”专项治理就是抓金融监管的主要矛盾，找准风险防范的切入点。为了保证经济社会正常运转，专项治理的监管策略是标本兼治、疏堵并举，把整治银行业市场乱象作为银行业金融机构一项常态化的重点工作。

囿于监管重叠和监管空白，近年来大资管潮流中，伴随业务交叉和混业经营，产品多层嵌套和过度创新引致风险重叠、交叉传染。“三三四十”是对银行业面临的典型风险、严重问题和发展困境的全景描述。“三三四十”专项治理紧紧抓住了交叉性风险这一硬骨头，全面实施并体现了依法监管、为民监管与国际监管紧密结合的监管理念。

“三三四十”专项治理剑指全部银行业金融机构行为、全部银行业业务活动和全部银行业从业人员等，不仅仅是银行业金融机构的内部管理直接责任和市场合作的连带责任。在执行过程中，“三三四十”专项治理坚持全面排查和即查即改结合，坚持整改问责和自觉合规（敬畏规则）结合，坚持问题导向与风险导向结合。在现场检查中，监管部门采取“双随机”检查方式，找准本地区本条线的重点机构、重点风险和重点业务；统筹确定检查对象、范围和比例，有的放矢，精准发力，确保检查的针对性和有效性；严肃通报不重视、行动慢、落实差，甚至搞形式主义等情况，并追责问责；交流经验，及时纠正解决方案不细、情况不清、乱象较多、案件多发频发、处罚偏松偏软等问题。

2017 年末，“三三四十”强监管严监管专项治理行动发现问题 5.97 万个，涉及问题金额 17.65 万亿元；作出行政处罚 3452 件，其中处罚机构 1877 家，罚没 29.32 亿元，处罚责任人员 1547 名，罚款合计 3759.4 万亿元，并对 270 名相关责任人员取消一定期限直至终身银行业从业和高管任职资格。

三、"三三四十"的经济社会影响

"三三四十"专项治理被媒体喻为"监管新政"。"三三四十"专项治理严肃查处了一批大案要案，既打金融违法"大老虎"，也打金融风险"小苍蝇"。"三三四十"专项治理彰显了监管权威，发挥了警示效应，净化了行业环境，提升了市场信心。

扭转"脱实向虚"是"三三四十"专项治理的根本目标，提升全社会金融服务可获得感则是其行动理念。"三三四十"专项治理统筹兼顾了三大目标，其发展目标是助推供给侧结构性改革，既有效降低了银行业金融杠杆，也助推了企业杠杆下降与居民家庭杠杆的下降；其改革目标是消除监管竞次制度短板，既整治金融案件，也完善金融规制；其监管目标是预警防范明斯基危机时刻，既防"黑天鹅"，也防"灰犀牛"。

"三三四十"专项治理切实解决了各类信贷突出问题，有效化解了诸多金融尖锐矛盾，整体保持了银行业稳中求进态势，取得了显著的"疗效"。一是提升了银行业对实体经济的资金支持。2017 年贷款增速自 2015 年以来首次超过同期资产增速，占同期新增资产的比例较 2016 年同期大幅提高。制造业贷款增速由负转正，并维持正增长。小微企业、保障性安居工程贷款和基础设施行业等贷款增速均高于贷款平均增速。二是遏制了乱加杠杆和过度创新等非理性行为。近年来，银行业金融机构出现了乱搞同业、乱加杠杆、乱做表外业务等严重问题，以及银行同业间相互代持理财产品等混乱现象。统计表明，2017 年末同业理财大幅净减，委外投资显著下降。三是"影子银行"有所遏制，表外业务增速大幅下降。表现在，商业银行同业资产负债自 2010 年以来首现收缩，金融机构委托贷款同比下降。

附表

2017 年中国银行业市场主要发展政策

发布日期	政策名称	发文单位
1 月 6 日	关于资管产品增值税政策有关问题的补充通知（财税〔2017〕2 号）	财政部、国家税务总局
1 月 9 日	关于规范银行业服务企业走出去　加强风险防控的指导意见（银监发〔2017〕1 号）	银监会
1 月 13 日	关于开发性金融支持特色小（城）镇建设促进脱贫攻坚的意见（发改规划〔2017〕102 号）	国家发展改革委、国家开发银行
1 月 23 日	关于开展金融精准扶贫政策效果评估的通知（银发〔2017〕19 号）	人民银行、银监会等五部委
1 月 23 日	加强交易场所类特约商户资质审核和风险监测　严禁为非法交易场所提供支付结算服务	人民银行
2 月 16 日	关于做好定向降准动态考核调整工作的通知	人民银行
2 月 17 日	关于创新农村基础设施投融资体制机制的指导意见（国办发〔2017〕17 号）	国务院办公厅

续表

发布日期	政策名称	发文单位
2月23日	关于限期停止为违规交易场所提供支付结算服务的通知（银办发〔2017〕35号）	人民银行
3月10日	关于外资银行开展部分业务有关事项的通知（银监办发〔2017〕12号）	银监会
3月11日	关于做好2017年信贷政策工作的意见（银办发〔2017〕48号）	人民银行
3月29日	关于金融支持制造强国建设的指导意见（银发〔2017〕58号）	人民银行、银监会等五部委
4月4日	关于便利银行开展贸易单证审核有关工作的通知（汇发〔2017〕9号）	国家外汇管理局
4月6日	关于印发修订《企业会计准则第22号——金融工具确认和计量》的通知	财政部
4月6日	关于印发修订《企业会计准则第23号——金融资产转移》的通知	财政部
4月6日	关于印发修订《企业会计准则第24号——套期会计》的通知	财政部
4月7日	关于提升银行业服务实体经济质效的指导意见（银监发〔2017〕4号）	银监会
4月17日	关于做好2017年钢铁煤炭行业化解过剩产能实现脱困发展工作的意见（发改运行〔2017〕691号）	国家发展改革委、人民银行、银监会等二十三部委
4月25日	关于印发小微企业应收账款融资专项行动工作方案2017—2019年的通知（银发〔2017〕104号）	人民银行、财政部、银监会等七部委
5月4日	进一步推动“银税互动”工作的通知（税总发〔2017〕56号）	国家税务总局、银监会
5月12日	关于加强开户管理及可疑交易报告后续控制措施的通知（银发〔2017〕117号）	人民银行
5月25日	大中型商业银行设立普惠金融事业部实施方案（银监发〔2017〕25号）	银监会
6月16日	关于做好2017年降成本重点工作的通知（发改运行〔2017〕1139号）	国家发展改革委、工业和信息化部、财政部、人民银行
6月27日	中国金融业信息技术“十三五”发展规划（银发〔2017〕140号）	人民银行
6月30日	关于资管产品增值税有关问题的通知（财税〔2017〕56号）	财政部、国家税务总局
6月30日	关于取消和暂停商业银行部分基础金融服务收费的通知（发改价格规〔2017〕1250号）	国家发展改革委、银监会

续表

发布日期	政策名称	发文单位
7月5日	关于修改《中资商业银行行政许可事项实施办法》的决定（银监会令〔2017〕第1号）	银监会
7月14日	关于暂免征银行业监管费的通知（银监发〔2017〕40号）	财政部、国家发展改革委、银监会
7月15日	关于发挥政府出资产业投资基金引导作用推进市场化银行债权转股权相关工作的通知（发改办财金〔2017〕1238号）	国家发展改革委
7月20日	新一代人工智能发展规划（国发〔2017〕35号）	国务院
7月25日	关于促进扶贫小额信贷健康发展的通知	国务院扶贫办、财政部、人民银行等五部委
7月26日	关于推进供给侧结构性改革 防范化解煤电产能过剩风险的意见（发改能源〔2017〕1404号）	国家发展改革委、财政部、人民银行、银监会等十六部委
8月4日	关于进一步引导和规范境外投资方向指导意见的通知（国办发〔2017〕74号）	国家发展改革委、商务部、人民银行、外交部
8月4日	关于将非银行支付机构网络支付业务由直连模式迁移至网联平台处理的通知（银支付〔2017〕209号）	人民银行
8月7日	关于在企业债券领域进一步防范风险加强监管和服务实体经济有关工作的通知（发改办财金〔2017〕1358号）	国家发展改革委
8月8日	商业银行新设债转股实施机构管理办法（试行）（征求意见稿）	银监会
8月29日	关于完善反洗钱、反恐怖融资、反逃税监管体制机制的意见（国办函〔2017〕84号）	国务院办公厅、人民银行
9月29日	关于对普惠金融实施定向降准的通知（银发〔2017〕222号）	人民银行
10月13日	汽车贷款管理办法（中国人民银行、银监会令〔2017〕第2号）	人民银行、银监会
10月30日	应收账款质押登记办法	人民银行
11月13日	关于进一步加强无证经营支付业务整治工作的通知（银办发〔2017〕217号）	人民银行
11月15日	国家开发银行监督管理办法（银监会令〔2017〕第2号）	银监会
11月15日	中国进出口银行监督管理办法（银监会令〔2017〕第3号）	银监会
11月15日	中国农业发展银行监督管理办法（银监会令〔2017〕第4号）	银监会
11月17日	关于规范金融机构资产管理业务的指导意见（征求意见稿）	人民银行
11月24日	关于完善银行内保外贷外汇管理的通知（汇综发〔2017〕108号）	国家外汇管理局综合司
11月28日	关于扩大农村集体经营性建设用地使用权抵押贷款工作试点范围的通知	银监会、国土资源部

续表

发布日期	政策名称	发文单位
12月8日	关于修订《银行间债券市场非金融企业债务融资工具信息披露规则》的公告（交易商协会公告〔2017〕32号）	中国银行间市场交易商协会
12月13日	关于规范支付创新业务的通知（银发〔2017〕281号）	人民银行
12月15日	关于金融支持深度贫困地区脱贫攻坚的意见（银发〔2017〕286号）	人民银行、银监会等四部委
12月15日	中国人民银行自动质押融资业务管理办法（中国人民银行公告〔2017〕第18号）	人民银行
12月19日	关于进一步推进煤炭企业兼并重组转型升级的意见（发改运行〔2017〕2118号）	国家发展改革委、人民银行、银监会等十二部委
12月21日	关于优化企业开户服务的指导意见（银发〔2017〕288号）	人民银行
12月25日	关于印发《条码支付业务规范（试行）》的通知（银发〔2017〕296号）	人民银行
10月26日	绿色债券评估认证行为指引（暂行）	人民银行、证监会
12月28日	关于修改《中国银监会外资银行行政许可事项实施办法》的决定（征求意见稿）	银监会
12月29日	关于调整支付机构客户备付金集中交存比例的通知（银办发〔2017〕248号）	人民银行

二、股票市场发展政策①

（一）2017年中国股票市场概况

2017年监管层的主要工作思路是防风险，深入推进供给侧改革。从监管的思路来看，主要包括化解资本市场重大风险、规范投资者行为和推进资本市场开放三个方面。从监管层执行情况来看，强监管、去杠杆和引导价值投资是全年的主线。

在这种背景下，2017年价值投资主导着市场风格，价值型大市值蓝筹股成为全年市场的上涨主线。2017年，上证指数全年上涨6.56%，而上证50指数上涨25.08%，沪深300指数上涨21.78%，大大超过上证指数的收益率。与此相对，创业板指数全年下跌10.67%，反映了2017年的“二八”行情。年度成交量上，上证指数达到了43607.76亿元，沪深300指数达到了26492.39亿元，创业板指为8773.8亿元，上证50指数为7211.15亿元。

从估值角度来看，2017年我国A股整体市盈率提升，沪深300指数估值从13.04倍上升到了14.3倍，上证50指数估值从15.92倍降低到15.63倍，创业板由42.61倍降低到41.34倍。这些数据凸显了超大盘蓝筹股的结构性行情。在政策层面强调防范金融

① 作者：张玉龙，中信建投证券策略组组长，北京大学光华管理学院金融学博士。

风险、流动性受制于稳健中性货币政策的背景下，价值型的股票持续占优。

2017 年 6 月 21 日，A 股闯关 MSCI 指数成功，被纳入 MSCI 新兴市场指数。MSCI 计划初始纳入 222 只大盘 A 股，占 MSCI 新兴市场指数的权重约为 0.73%。

（二）2017 年股票市场主要发展政策分析

1. 融资行为规范

IPO 堰塞湖缓解，但审核趋严。2017 年监管层继续深入推进 IPO 审核工作。相对于 2016 年 IPO 审核趋严，上市公司质量进一步提高。2017 年共审核 466 个 IPO 项目，审核通过 380 家，否决 86 家，全年 IPO 募集资金达 2301.09 亿元，虽然在募集资金上较往年没有特别出彩，但是成功 IPO 的公司数量创下了中国资本市场有史以来之最。同时，传统行业在募集规模上已经难以占据优势，从数量上看，行业前四名分别为电子、化工、机械设备和生物医药，IPO 融资数分别为 48 家、48 家、43 家和 42 家。从融资金额看，电子、化工、生物医药和汽车分别以 276.72 亿元、215.27 亿元、198.05 亿元和 196.06 亿元位列前四，总计占据 IPO 融资总金额的 38.51%。

虽然 2017 年 IPO 通过数量达到巅峰，但是在通过率上，2017 年的 79.33% 排在 2007 年以来的倒数第三位。多年来积累的 IPO“堰塞湖”问题随着 IPO 提速大大缓解，而 IPO 审核趋严、审核通过率下滑也促使 IPO 排队企业出现两极分化现象：资质与基本面较好，内控健全、运作规范的企业，正借助新股加速发行的东风，快速推进其 IPO 进程；另一方面，那些资质本身有问题的企业，则延缓了 IPO 进程甚至想尽办法自己退出以逃避惩罚，大大提升了上市公司质量。

9 月 8 日，上海证券交易所发布《上海证券交易所证券发行上市业务指引（2017 年修订）》；9 月 11 日，证监会发布第 135 号令《关于修改〈证券发行与承销管理办法〉的决定》，修订内容包括：线下配售至少 40% 分配给公募基金、社保基金和养老金；对可转换公司债券等申购方式进行调整，从资金申购转化为信用申购，以解决大额资金冻结问题；约束网上投资者获配后又弃购的失信行为，网上投资者连续 12 个月内累计出现 3 次中签后未足额缴款的情形时，6 个月内不得参与新股、可转换公司债券、可交换公司债券申购；提高承销商管理承销风险能力等。

再融资加强监管，整顿市场乱象。2017 年监管层对再融资行为采取强监管的态度，整顿再融资乱象。近年来，伴随着再融资市场的野蛮生长，其背后的乱象频繁显现。管理层为规范市场、排除隐患和加强监管出台了再融资新规，对再融资行为加强了监管。

证监会于 2 月 17 日发布了《关于修改〈上市公司非公开发行股票实施细则〉的决定》（以下简称《非公开发行决定》）。《非公开发行决定》表示：取消将董事会决议公告日、股东大会决议公告日作为上市公司非公开发行股票定价基准日的规定，明确定价基准日只能为本次非公开发行股票发行期的首日，也就是定增的市场化定价。我国 A 股市场广为诟病的一点就是一、二级市场间的巨大差价。再融资新规是与当前整个 IPO 的推进相互配套的，经验上来看，多数成熟市场的 IPO 门槛相对是比较容易的，而再融资门槛是比较严格的。《非公开发行决定》将显著抑制那些不分红、盈利不佳、等待股价高位减持或被借壳的炒作行为。

2 月 17 日，证监会发布完善了《发行监管问答——关于引导规范上市公司融资行为的监管要求》（以下简称《监管问答》）。《监管问答》主要内容包括：一是上市公司申请非公开发行股票的，拟发行的股份数量不得超过本次发行前总股本的 20%。二是上市公司申请增发、配股、非公开发行股票的，本次发行董事会决议日距离前次募集资金到位日原则上不得少于 18 个月。三是上市公司申请再融资时，除金融类企业外，原则上最近一期末不得存在持有金额较大、期限较长的交易性金融资产和可供出售的金融资产、借予他人款项、委托理财等财务性投资的情形。《监管问答》的主要作用在于通过规定定增规模、再融资周期和再融资用途解决现有再融资制度中的一些突出问题，包括部分上市公司存在过度融资倾向的问题、非公开发行定价机制选择存在较大套利空间的问题和再融资品种结构失衡的问题等，进而提高资金使用效率，促进资本脱虚向实。

2. 保护中小投资者利益

加强对大股东减持行为规范，保护中小投资者的利益。2017 年的市场中，“过桥减持”“清仓式减持”等现象依然存在。在这种背景下，证监会为防止大股东滥用控制地位和信息优势，对减持规定作出了修改，严格规范市场的减持行为，保护投资者利益。

2017 年 5 月 31 日，证监会发布第 9 号公告《上市公司股东、董监高减持股份的若干规定》。相比于此前出台的《上市公司大股东、董监高减持股份的若干规定》，减持新规的使用范围扩大，体现在：（1）股东范围扩大：参与 IPO 和非公开发行但持股为超过 5% 以及通过大宗交易举牌的大股东被纳入减持新规的限制；（2）减持方式受限类型扩大：减持新规增加了对于集中交易中参与非公开发行投资者的补充量化限制以及对大宗交易的量化限制标准；（3）股份受限类型扩大：将可交换债换股、股票权益互换等类型也纳入到限制范围。除此之外，减持新规还对旧规中模糊的地方进行了进一步解释，比如多账户的持股计算方式等。证监会出台减持新规，从严规范股东减持行为，完善了大宗交易“过桥减持”监管安排以及非公开发行股份解禁后的减持规范，为市场释放出积极信号，减缓了股市阶段性的抛压风险和“脱实向虚”的风险。

减持新规出台前后，上海证券交易所和深圳证券交易所也出台了配套政策：4 月 14 日，上海证券交易所修改《上海证券交易所交易规则》及《上海证券交易所债券交易实施细则》；5 月 27 日，上海证券交易所发布了《上海证券交易所上市公司股东及董事、监事、高级管理人员减持股份实施细则》，深圳证券交易所发布了《深圳证券交易所上市公司股东及董事、监事、高级管理人员减持股份实施细则》和《深圳证券交易所上市公司股东减持股份相关业务办理指南》；6 月 29 日，深圳证券交易所发布《深圳证券交易所退市整理期业务特别规定》。交易所作为一线监管机构，出台以上政策响应减持新规中对适用范围的调整，扩大了受限股东范围、受限减持方式以及股份受限类型，以及触及退市警报时禁止控股股东、实际控制人和董监高及其一致行动人减持，防止股东利用规则漏洞违法减持。

明确市场风险评级，完善投资者保护机制。2017 年，监管层加强了对投资者的保护和完善。国内的投资者保护机制主要分为两部分：一是投资者适当性管理；二是合格投资者准入，通过建立风险评级体系来匹配金融机构和普通投资者。为了完善这一保护机制，2017 年我国出台了多宗政策。

12 月 1 日，上海证券交易所发布《上海证券交易所 深圳证券交易所 中国证券登记结算有限责任公司证券交易资金前端风险控制业务规则》，该业务规则指出，在不影响市场正常交易的情况下，由有责单位对相关交易单元当日买入申报金额实施总量控制，以强化对相关机构的风险管理，维护市场公平。

从成熟市场的经验来看，投资者适当性制度是投资者保护的一项根本制度，也是整个资本市场的基石之一。2017 年我国出台了多宗投资者适当性管理相关的政策，深圳证券交易所于 4 月 26 日发布了《深圳证券交易所分级基金业务管理指引》，主要内容包括投资者适当性管理、风险警示措施以及投资者教育方面。6 月 28 日，上海证券交易所发布了《上海证券交易所风险警示板股票交易管理办法（2017 年修订）》《上海证券交易所股票期权试点投资者适当性管理指引（2017 年修订）》《上海证券交易所港股通投资者适当性管理指引（2017 年修订）》；6 月 28 日，中国证券业协会发布了《证券经营机构投资者适当性管理实施指引（试行）》（以下简称《指引》）；7 月 1 日，证监会发布的《证券期货投资者适当性管理办法》正式开始实行。

其中，《指引》的规定影响力深远。《指引》规定经营机构除了《投资者风险承受能力评估问卷》外还要综合考虑投资者的财务状况、投资经验等多方面的因素，对普通投资者按风险承受能力划分为五级。同时，《指引》规定了证券经营机构向普通投资者销售产品或提供服务时，应当根据普通投资者的风险承受能力评级，在符合法律法规的前提下对投资者提出适当性匹配意见。但是《指引》也强调，证券经营机构对投资者提出的适当性匹配意见不代表其对产品或服务的风险和收益作出实质性判断或保证，这意味着普通投资者仍是投资的主体，投资者在参考证券经营机构适当性匹配意见的基础上，需根据自己的意思表示，独立作出投资角色，独立承担投资风险。

9 月 5 日，证监会发布了《中国证监会关于证券投资基金估值业务的指导意见》要求，为提高估值的合理性和可靠性，中国证券投资基金业协会可建立基金估值工作机制，在充分征求行业意见、履行报备程序后，可对没有活跃市场或在活跃市场不存在相同特征的资产或负债报价的投资品种提出估值指引。通过将基金估值方法、流程以及惩罚措施制度化来保护基金份额持有人的合法权益。

3. 明确机构监管职责

2017年市场监管机构职责得到了进一步明确和强化。为了维护股市平稳发展，保护投资者的利益，监管方除了证监会以外，交易所、行业协会和登记结算公司等市场机构也要担负起一个强大监管者的角色，应当利用自身的灵活性遏制扰乱市场的行为，体现监管的权威性和专业性。

11月17日，证监会发布了修订后的《证券交易所管理办法》。修订后的《证券交易所管理办法》主要从完善证券交易所内部治理结构和促进证券交易所进一步履行一线监管职责，充分发挥自律管理作用两方面予以修改完善。修订的主要内容包括：完善交易所内部治理结构，增设监事会并进一步明确会员大会、理事会、监事会、总经理的职权；突出交易所自律管理属性，明确交易所依法制定的业务规则对证券交易活动的各参与主体具有约束力；强化交易所对证券交易活动的一线监管职责，明确交易所对于异常交易行为、违规减持行为等的自律管理措施；强化交易所对会员的一线监管职责，建立健全证券交易所以监管会员为中心的交易行为监管制度，进一步明确会员的权利、义务；强化证券交易所对证券上市交易公司的一线监管职责，要求证券交易所对证券上市公司的信息披露、停复牌等履行自律管理职责。就国内国情而言，交易所作为既有法定机构，必须运用规则的灵活性，对市场异常波动情况密切关注；就国外市场而言，2017年MSCI正式引入A股市场，为了将A股打造成一个国际投资市场，必须通过完善市场监管、保护投资者合法权益等方面强化现有资本市场体系，因此交易所必须成为一个合格的一线监管者。

交易所强化信息披露要求。2017年5月5日，深圳证券交易所发布了《深圳证券交易所上市公司信息披露工作考核办法（2017年修订）》。此次修订的内容包括两部分：一是优化了公告考核方法。二是修订了相关考核内容和负面清单指标。结合资本市场新情况和监管实践，针对不同公司信息披露情况的差异考虑可能对考核结果的影响，《深圳证券交易所上市公司信息披露工作考核办法》的新修订版本纳入了公司信息披露补充更正比例、对股东等信息披露义务人的配合程度、对投资者权益保护程度以及公司或其相关人员对交易所监管工作的配合程度等指标，同时将证监会采取的行政监管措施等纳入考核因素。

4. 投资者行为规范

强化中介服务机构的监管。中介服务机构作为一种“新型金融业态”，在市场中扮演着举足轻重的角色，增加了交易机会，降低了交易成本，极大地提高了融资效率。但目前对中介服务的监管，在推荐责任和承销责任等方面还存在一些问题。

11月24日，中国证券业协会发布了修改后的《首次公开发行股票网下投资者管理细则》。此次修改的内容包括：一是加强证券公司的推荐责任。结合证监会发布的《证券期货投资者适当性管理办法》的相关内容，进一步加强证券公司的推荐责任，增加了证券公司应建立网下投资者适当性管理制度、定期开展网下投资者适当性自查等内容。二是明确主承销商的报送责任。明确主承销商应在项目发行上市后十个工作日内在协会网下投资者管理系统报送网下投资者的违规信息及相关材料（包括网下投资者的违规情况说明、整改报告等），发现主承销商存在瞒报、欺报或未及时报送等情形的，协会将对其采取自律惩戒措施。三是完善自律处罚体系。对网下投资者所属的配售对象在一个自然年度内首次出现未申购或未缴款行为，未造成明显不良后果，且及时整改并主动提交整改报告的，免予处罚。除整改后被免予处罚的违规情形外，网下投资者或配售对象在一个自然年度内出现《首次公开发行股票承销业务规范》第四十五条和第四十六条所规定的一种情形的，协会将其列入黑名单六个月；一个自然年度内出现上述情形两次（含）以上的，协会将其列入黑名单十二个月。对于配售对象同一交易日的未申购行为或同一交易日的未缴款行为，视为一次违规行为。

为了加强对中介服务机构的监管，对原有机构的监管、引导政策作出了相应修改：7月6日，证监会发布了第11号公告《关于修改〈证券公司分类监管规定〉的决定》，主要内容是在保证现有分类监管框架不变的前提下，完善风险管理能力和合规状况评价指标体系，引导行业聚焦主业；3月3日发布了修订后的《机构间私募产品报价与服务系统私募股权融资业务指引（试行）》，旨在持续规范报价系统私募股权融资业务；6月30日发布了《股票质押式回购交易及登记结算业务办法（试行）（2017年修订）》，本次修订中，进一步明确了证券公司开展业务的资质条件，并要求证券公司建立融入方信用风险持续管理机制和资金用途跟踪机制；12月25日发布了《关于进一步规范证券公司在投资银行类业务中聘请第三方机构等相关行为的意见（征求意见稿）》。

在加强监管的同时，为了改变中介机构因为牌照监管确保了系统运行的有序而牺牲了效率的现状，进行了一些放管服改革：12月7日，证监会发布第137号令《关于修改〈证券登记结算管理办法〉等七部规章的决定》，此次改革对原来的《证券登记结算管理办法》的众多条文进行了修改，将众多条文中的“应当报中国证监会批准”改为“应当向中国证监会报告”，在制度和程序层面上作出了重大改变。

完善证券基金经营机构合规，促成自我约束。2017年6月6日，证监会发布《证券公司和证券投资基金管理公司合规管理办法》（以下简称《办法》）；9月8日，中国证券业协会发布了《证券公司合规管理实施指引》。《办法》的主要内容包括：一是原则导向，对各类业务的规范运营提出八条原则；二是进一步强化全员合规，厘清董事会、高级管理人员、合规负责人等各方合规管理责任；三是优化合规管理组织体系，对证券基金经营机构合规系统提出基本标准；四是强化合规负责人专业化和职业化水平，同时提升专业经验和法律素质要求；五是改善合规负责人履职保障，采取措施维护其独立性、权威性、知情权和薪酬待遇；六是强化监督管理，对证券基金经营机构及其高级管理人员、合规负责人未能有效实施合规管理等违规行为依法追责。《办法》的出台旨在通过合规体系的逐步完善、优化，保障证券基金经营机构合规人员的履职，提升公司合规水平，促进证券基金经营机构实现持续规范发展。

（三）政策评价和展望

2017 年，股票市场大力推进供给侧结构性改革，降低非金融企业杠杆，强调法制，坚持了市场原则。同时深化发行改革，推进了注册制改革，健全了分红制度，完善了多层次资本市场建设，并发展了专业化的中介服务机构。展望 2018 年，政策重点可能包括如下几方面：

1. 在基础性制度建设方面，将不断提升上市公司质量并提高违规违法成本；继续保持 IPO 趋严态势，对排队企业进行严格划分。

2. 建立更为严格的监管机制，健全“以监管会员为中心”的交易行为监管模式。此外，将不断完善各类监管的配合，把一线监管、中介服务机构监管等结合到一起，构建良性等资本生态环境。

3. 监管部门要建立与国际机构投资者匹配的监管通道，减少政策变动对国际投资者的影响，凭借 A 股纳入 MSCI 之后的“东风”，把 A 股打造成一个国际资本市场。

4. 完善投资者保护制度，在股票、期货、基金等各个市场建立相应的投资者保护相关的法律法规以及自律性规章，为投资者构建一个完善的投资环境，明确投资风险，保证市场良性发展。

专栏

A 股纳入 MSCI[①]

在中国资本市场逐步开放的过程中，经过四年努力，A 股在 2017 年 6 月成功被纳入 MSCI。A 股被纳入 MSCI，不仅可有效提升 A 股市场的国际认可度，而且可有效吸引国际投资者参与 A 股市场。A 股此前所做的改进不仅是为了被纳入 MSCI，更重要的是借助这个契机实现资本市场改革，提高资本市场运行水平与效率。

2017 年 6 月 21 日，MSCI 首先将 A 股纳入 MSCI 新兴市场指数和 MSCI 全球基准指数，初始纳入指数标的有 222 只。新框架纳入后，指数成份股从原来计划的 459 只下降到 222 只，此后经过季度调整又扩增到 239 只，占 A 股市值一半，主要集中在金融、消费等行业。

2017 年 10 月 23 日，MSCI 发布 MSCI 中国 A 股纳入指数，这一过渡指数的作用是反映被纳入 MSCI 新兴市场指数的 A 股成份股走势。根据 MSCI 发布的文件，A 股纳入 MS-

① 作者：张玉龙，中信建投证券策略组组长，北京大学光华管理学院金融学博士。

CI的五个步骤如下：（1）2017年12月1日，将“MSCI中国A股国际临时大盘指数”更名为“MSCI中国A股大盘指数”，该指数计划于2018年6月加入MSCI新兴市场指数；（2）2018年第一季度，发布详细A股纳入MSCI的解答文件；（3）2018年3月1日，“MSCI中国A股指数”被更名为“MSCI中国A股在岸指数”，而新发布的“MSCI中国A股指数”追踪的个股范围缩小为互联互通标的；（4）2018年6月1日，按2.5%纳入因子将A股正式纳入MSCI新兴市场指数中；（5）2018年9月3日，将A股纳入因子提高到5%。

按照当前MSCI方案，5%纳入因子下MSCI在新兴市场指数、亚洲指数（不包含日本）和全球市场指数三大指数中占比仅分别为0.73%、0.83%和0.1%，与A股体量应占比例严重不符。随着中国证券市场各方面制度的进一步完善，特别是在资本流动更自由高效、制度更国际化、投资限制更宽松以及数据更公开透明等方面加快改善步伐，MSCI有望进一步提升纳入因子比例。根据国际经验来看，从准予纳入到完全纳入需要经历一个约5~10年的过程，通常纳入因子会由最初的5%逐渐提升至100%。

附表

2017年中国股票市场主要发展政策

发布日期	政策名称	发文单位
2月13日	《证券期货经营机构私募资产管理计划备案管理规范第4号》	中国证券投资基金业协会
2月17日	《发行监管问答——关于引导规范上市公司融资行为的监管要求》	中国证监会
3月2日	《中国证监会关于支持绿色债券发展的指导意见》	中国证监会
3月3日	修订《机构间私募产品报价与服务系统私募股权融资业务指引（试行）》	中国证券业协会
4月14日	修改《上海证券交易所交易规则》及《上海证券交易所债券交易实施细则》	上海证券交易所
4月17日	［第7号公告］《关于取消期货公司设立、收购、参股境外期货类经营机构行政审批事项的决定》	中国证监会
4月18日	［第131号令］《期货公司风险监管指标管理办法》	中国证监会
5月5日	《深圳证券交易所上市公司信息披露工作考核办法（2017年修订）》	深圳证券交易所
5月26日	［第9号公告］《上市公司股东、董监高减持股份的若干规定》	中国证监会
5月27日	《上海证券交易所上市公司股东及董事、监事、高级管理人员减持股份实施细则》	上海证券交易所
5月27日	修订《证券发行与承销管理办法》个别条款	中国证监会
5月27日	《深圳证券交易所上市公司股东及董事、监事、高级管理人员减持股份实施细则》《深圳证券交易所上市公司股东减持股份相关业务办理指南》	深圳证券交易所
6月6日	［第133号令］《证券公司和证券投资基金管理公司合规管理办法》	中国证监会

续表

发布日期	政策名称	发文单位
6月19日	《深圳证券交易所资产支持证券挂牌条件确认业务指引》	深圳证券交易所
6月20日	《上海证券交易所资产支持证券挂牌条件确认业务指引》	上海证券交易所
6月23日	《上海证券交易所上市公司信息披露工作评价办法（2017年修订）》	上海证券交易所
6月28日	《上海证券交易所风险警示板股票交易管理办法（2017年修订）》《上海证券交易所股票期权试点投资者适当性管理指引（2017年修订）》《上海证券交易所港股通投资者适当性管理指引（2017年修订）》	上海证券交易所
6月28日	关于发布《证券经营机构投资者适当性管理实施指引（试行）》的通知	中国证券业协会
6月29日	《深圳证券交易所港股通投资者适当性管理指引》《深圳证券交易所退市整理期业务特别规定》	深圳证券交易所
6月30日	《股票质押式回购交易及登记结算业务办法（试行）（2017年修订）》	深圳证券交易所、中证登
7月1日	《证券期货投资者适当性管理办法》正式实施	中国证监会
7月6日	［第11号公告］《关于修改〈证券公司分类监管规定〉的决定》	中国证监会
9月5日	［第13号公告］《中国证监会关于证券投资基金估值业务的指导意见》	中国证监会
9月8日	《上海证券交易所证券发行上市业务指引（2017年修订）》	上海证券交易所
9月8日	《证券公司合规管理实施指引》	中国证券业协会
9月11日	［第135号令］《关于修改〈证券发行与承销管理办法〉的决定》	中国证监会
9月21日	［第14号公告］《关于发行证券的公司信息披露内容与格式准则第26号——上市公司重大资产重组（2017年修订）》	中国证监会
10月19日	《深圳证券交易所政府和社会资本合作（PPP）项目资产支持证券挂牌条件确认指南》	深圳证券交易所
11月17日	《证券交易所管理办法》	中国证监会
11月24日	修改《首次公开发行股票网下投资者管理细则》	中国证券业协会
12月1日	《上海证券交易所　深圳证券交易所　中国证券登记结算有限责任公司证券交易资金前端风险控制业务规则》	上海证券交易所
12月7日	［第137号令］《关于修改〈证券登记结算管理办法〉等七部规章的决定》	中国证监会
12月18日	《深圳证券交易所企业应收账款资产支持证券挂牌条件确认指南》《深圳证券交易所企业应收账款资产支持证券信息披露指南》	深圳证券交易所
12月25日	《关于进一步规范证券公司在投资银行类业务中聘请第三方机构等相关行为的意见（征求意见稿）》	中国证监会

三、保险市场发展政策①

2017年是保险业经受重大考验的一年，也是保险业发展进入新阶段的一年，面对错

① 作者：刘涛，原中国保监会博士后。

综复杂的国内外经济金融形势，保险业认真贯彻党中央、国务院决策部署，沉着应对风险挑战，在防风险、治乱象、服务实体经济等方面持续发力，各项工作取得扎实进展，保险业正加速回到党和人民期盼的正确方向上来。一是妥善防范化解风险。行业风险得到有效遏制，增量风险基本控制，风险处置工作平稳有序，没有发生系统性风险。二是大力整治市场乱象。市场乱象得到集中整肃，保险机构整改工作扎实推进，社会诟病较多的非理性举牌、境外收购等激进投资行为得到有效管控，一些业务领域乱象问题得到初步遏制。三是服务实体经济取得进展。政策性信用保险助力服务“一带一路”实现突破，多种保险扶贫模式已经形成，服务打好精准脱贫攻坚战，持续推进农业保险扩面提标增品，推动大灾保险、天气指数保险等试点，服务打好污染防治攻坚战，个人健康险所得税优惠政策试点在全国得到推广。

（一）2017 年保险市场政策主要内容

2017 年，有关部门相继发布了一系列规范市场行为和支持行业发展的政策，确保了我国保险业在面临一系列风险挑战的情况下，依然保持了合理、稳健的发展态势。

1. 简政放权、激发市场主体活力，实现京津冀区域保险资源的优化配置

为落实《京津冀协同发展规划纲要》《中国保监会关于保险业服务京津冀协同发展的指导意见》，中国保监会于 2017 年制定《保险公司跨京津冀区域经营备案管理试点办法》和《保险专业代理机构跨京津冀经营备案管理试点办法》（以下简称《试点办法》），决定在北京、天津和河北三地开展保险公司和全国性保险专业代理机构跨区域经营备案管理试点。

《试点办法》规定，开展跨区域经营的保险公司应建立跨区域经营业务的服务管理制度，建立咨询、投保、退保、理赔、查询、投诉处理的属地服务体系，优化服务流程，创新服务方式，确保客户服务的高效便捷。保险公司跨京津冀区域经营备案管理试点期限为两年。试点期间，鼓励未在北京、天津和河北三地设立分支机构的保险公司优先在河北省设立分支机构，支持符合条件的各类资本在河北省设立全国性保险专业代理机构，减轻北京地区机构设置压力。而对于在京津冀省（市）均已设立省级分公司的保险公司，《试点办法》规定，不得开展跨区域经营。在京津冀省（市）已设立两家省级分公司的保险公司，由保险公司指定一家省级分公司开展跨区域经营。保险公司跨区域经营的保费收入和全国性保险专业代理机构跨区域经营的业务收入计入业务所在地。

对于跨区域经营备案主体的要求，《试点办法》提出跨区域经营备案的保险公司总公司应当符合上一年度及提交申请前连续两个季度风险综合评级（分类监管）类别均不低于 B 类、上一年度及提交申请前连续两个季度偿付能力符合监管要求，最近两年内无受金融监管机构重大行政处罚的记录等要求。开展跨区域经营的保险公司总公司营业部或省级分公司也应当符合开业满一年；最近两年内无受金融监管机构重大行政处罚的记录等条件。

《试点办法》也明确了跨区域经营的退出机制。其中明确提到，跨区域经营业务的保险公司存在备案时提供虚假材料，专门负责跨区域经营的部门无法正常运转，十二个月内三次未按照备案地保监局要求提供报告、文件和资料，受到备案地保监局重大行政处罚，两年内发生两次及以上因损害保险消费者合法权益引发 50 人及以上群访群诉事件等情形时，备案地保监局有权要求跨区域经营业务的保险公司停止跨区域经营业务。

在京津冀区域启动保险公司和全国性保险专业代理机构跨区域经营试点，是中国保监会推动保险业服务京津冀协同发展的一项重要举措，也是中国保监会坚持简政放权、激发市场主体活力的实际行动，有利于推进京津冀保险市场一体化，促进京津冀保险业协同发展；有利于为中国保监会简政放权、推动区域保险市场一体化发展，探索可复制、可推广的经验。同时，通过实施差异化监管政策，引导保险资源更多流入河北省，有助于补齐京津冀协同发展中的保险服务短板，增强河北省承担“首都护城河”的能力，实现京津冀区域保险资源的优化配置。

2. 防范离岸再保险人的信用风险，提高离岸再保险交易的安全性

近年来，我国离岸再保险分出业务规模不断扩大，但同时离岸再保险人信用风险也逐步显现。2007 年和 2015 年，保监会先后印发《关于再保险业务安全性有关问题的通知》（保监发〔2007〕112 号）和《中国保监会关于实施再保险登记管理有关事项的通知》（保监发〔2015〕28 号），将国际信用评级作为防范离岸再保险人信用风险的主要手段。但监管实践表明，国际信用评级对再保险人信用风险的评估存在滞后性，仅依靠国际信用评级这一手段，无法有效防范离岸再保险人的信用风险。为提高离岸再保险交易的安全性，防范离岸再保险人的信用风险，保护境内保险公司作为再保险分出人的合法权益，2017 年 2 月，保监会印发《中国保监会关于离岸再保险人提供担保措施有关事项的通知》。

这一通知与《保险公司偿付能力监管规则》（保监发〔2015〕22 号）相对接，主要从适用的对象和范围、担保的范围和形式、担保措施的具体要求和担保措施的使用等方面，对离岸再保险人提供担保措施的有关事项提出了规范性要求。这一通知规定境内保险公司可以就应收分保款项和应收分保准备金等再保险信用风险暴露要求离岸再保险人提供担保措施。这一通知认可的担保措施包括存款资金、备用信用证和其他保监会认可的担保措施。这一通知要求作为担保措施的存款资金应存入再保险分出人在境内商业银行的账户。这一通知规定备用信用证应是不可撤销的、清洁的、无条件的，不受备用信用证以外的任何条件限制，其索赔和偿付应在中国境内进行。备用信用证的开证机构应为在境内依法设立的商业银行，其资本充足率不低于 11% 或信用评级不低于 AA－，且与再保险分出人和分入人均不存在关联关系。在开证机构不满足这一通知规定的资质要求时，备用信用证应由满足上述要求的商业银行保兑。这一通知规定，境内保险公司进行偿付能力评估，在适用有担保措施的风险因子计算其交易对手违约风险最低资本时，

交易对手违约风险的风险暴露应以离岸再保险人为该再保险合同所提供的符合通知要求的担保措施的合计担保金额为限。

这一通知的印发标志着我国正式建立了离岸再保险人保证金制度，改变了我国再保险市场仅依靠国际信用评级防范离岸再保险人信用风险的不足。同时也完善了我国再保险监管体系，对于防范境外金融风险通过再保险交易跨境传递，促进我国再保险市场平稳健康发展具有重要作用。

3. 进一步强化社会监督，提高监管和公司治理透明度建设

随着保险业的影响力日益提高，社会关注度不断提升，保险公司透明度建设越来越重要，保监会先后发布《保险公司信息披露管理办法》《关于进一步加强保险公司股权信息披露有关事项的通知》等规范性文件，加大信息披露监管力度。随着互联网技术的迅猛发展，信息传播方式的深刻变革，社会公众知情、参与和监督意识不断增强，对监管部门和保险公司及时回应公众关切提出了更高要求。为落实《保险公司信息披露管理办法》《保险公司股权管理办法》等有关规定，进一步强化社会监督，2017 年 3 月，中国保监会印发了《关于完善监管公开质询制度有关事项的通知》。

该通知按照“公开透明、强化披露”的基本思路，充分利用公开质询机制，督促保险公司及相关方提高合规水平。该通知主要内容包括：一是质询范围。主要为社会媒体关注、涉及公众利益或可能引发重大风险的事项，包括公司治理、业务经营、资金运用等监管机构和社会媒体关注的问题。二是质询对象。监管机构和社会舆论关注的对象均可纳入质询对象，包括保险公司的实际控制人、股东、投资人及其关联方和一致行动人，保险公司的董事、监事和高级管理人员，以及其他利益相关方。三是质询形式。主要采取质询函的形式发至保险公司，并在保监会官方网站公示，质询回复采取书面回复的方式报送至保监会，并在保险公司官方网站和保监会指定网站予以公示。四是责任追究。要求被质询人的回复应当真实、准确、清晰，对存在故意隐瞒或虚假信息等情况的，保监会将纳入不良诚信记录，对违反监管规定的，将采取公开谴责、责令改正、限制其股东权利等监管措施。

该通知的发布是保监会加强监管，及时有效回应社会关切，提高透明度建设的又一重要举措：一是有利于丰富监管方式和工具，提升监管的有效性。二是有利于加强信息披露和社会舆论监督，提高审核工作的透明度，建立外部约束机制。三是有利于督促保险公司加强管理，建立内部自律机制，提高合规管理水平。

4. 切实加强和改进保险监管，维护保险业稳定健康发展

为深入贯彻党的十八届六中全会、中央经济工作会议和习近平总书记关于金融工作的重要指示精神，全面落实党中央、国务院关于做好金融业风险防范工作的有关部署，2017 年 4 月 20 日，中国保监会印发《关于进一步加强保险监管维护保险业稳定健康发展的通知》。通知全面分析了保险业面临的形势，明确了当前和今后一个时期加强保险

监管、治理市场乱象、补齐监管短板、防范行业风险的主要任务和总体要求。

通知明确了当前和今后一段时期保险监管的主要任务。保险监管系统要把思想和行动统一到党中央、国务院对金融保险工作的要求和部署上来，切实担负起防控风险和引导保险业健康发展的责任。一是强化监管力度，持续整治市场乱象。始终坚持“严”字当头，严防严管严控保险市场违法违规行为。始终保持监管高压态势，全面清查违规资金运用、股东虚假注资、公司治理失效、信息披露不实等问题。依法加大行政处罚力度，对影响恶劣、屡查屡犯的机构顶格处罚。对利用保费虚假注资、关联交易侵占公司利益等违法犯罪行为，坚决移送司法机关处理。二是补齐监管短板，切实堵塞监管制度漏洞。系统梳理制度和流程，深入排查监管漏洞，尽快补齐制度短板；加强各领域监管制度的协调统一，防止监管套利；加快完善监管规则，在放开前端的同时切实管住管好后端。三是坚持底线思维，严密防控风险。明确风险防控目标，努力减少存量风险，控制增量风险。关注和紧盯重点公司、重点领域和重点产品的风险，防止个体风险演变为局部风险、局部风险演变为整个行业风险。有序处置一批风险点，对可能产生的次生风险做好应对预案。四是创新体制机制，提升保险服务实体经济能力和水平。积极把握“一带一路”、京津冀协同发展、长江经济带等国家战略的机遇，鼓励保险资金投资国家重大工程建设，参与去杠杆和服务中小微企业发展，实现金融资本与实体产业的优势互补。充分发挥保险风险管理与保障功能，创新保险产品和业务模式，助力公共治理体系建设与社会保障体系完善。

通知提出了做好当前保险监管工作的总体要求。保险监管系统要以高度的政治责任感和使命感，自觉从全局高度谋划推进强监管、治乱象、补短板、防风险、服务实体经济等工作，始终坚持“保险业姓保、保监会姓监”，勇于担当，奋发有为，以过硬作风推动各项措施真正落到实处、见到成效。一是要勇于担当。坚持守土有责、守土尽责，扎实有序做好保险监管和保险业改革发展稳定各项工作。加强组织领导，强化责任担当，形成强有力的监管合力，对可能出现的各种风险做好思想准备、政策储备和工作准备。坚持标本兼治，正本清源，在防控风险中深化改革、健全制度，引导保险业回归本源，突出主业，稳健发展，在支持实体经济转型升级中发挥保险独特作用。二是要落地见效。按照保监会总体要求和部署，针对实际情况制定切实可行的行动方案。督促各保险机构全面对标监管制度，及时将监管要求转化为公司经营管理制度，确保各项监管制度落地生效。三是要强化问责。建立健全风险责任体系和问责制度，对重大违法违规的保险机构实施更加严格的监管、更加严厉的处罚、更加严肃的问责。引导保险机构制定公司内部责任追究办法，切实履行防控风险的主体责任。加强对监管行为再监督，严肃监管纪律，严防内外勾结干扰监管工作正常进行。

5. 服务大局，使保险业成为“一带一路”建设的重要支撑

为深入贯彻落实党中央、国务院关于“一带一路”建设的重大决策部署，推动保险

业全方位服务和保障“一带一路”建设，2017 年 4 月，中国保监会发布《中国保监会关于保险业服务“一带一路”建设的指导意见》。

指导意见指出，保险业要充分认识服务“一带一路”建设的重要意义，坚持“保险业姓保”，积极服务大局，主动对接“一带一路”建设过程中的各类保障需求和融资需求，努力使保险成为“一带一路”建设的重要支撑。坚持统筹推进、重点突破，在产品、资金、机构、人才等领域协同发力，提升保险业服务“一带一路”建设的渗透度和覆盖面。坚持市场运作、持续发展，增强对“一带一路”的服务和保障能力。坚持开放创新、合作共赢，在“一带一路”建设中构建更为广泛的利益共同体，不断丰富我国保险业开放合作内涵。

指导意见提出，要构建“一带一路”保险支持体系，大力发展出口信用保险和海外投资保险，对风险可控的项目应保尽保，推动国家重大项目加快落地，服务“一带一路”贸易畅通。围绕“一带一路”建设中的特殊风险保障需求，不断创新保险产品服务，为“一带一路”沿线重大项目建设保驾护航。鼓励保险机构发挥保险资金优势，积极创新保险资金运用方式，多渠道、多方式投资“一带一路”重大投资项目，促进共同发展、共同繁荣。要加快保险业国际化步伐，推动保险业“一带一路”互联互通。支持保险业稳步“走出去”，加快建设海外承保、理赔作业、救援等境外服务网络，为服务“一带一路”建设提供有效网络依托。打造交流合作平台，建立健全协同推进机制，通过组建行业战略联盟，探索建立保险业“一带一路”国际保险再保险共同体和投资共同体等方式，提升保险业服务“一带一路”建设的整体能力。加强保险监管互联互通，推动我国保险监管标准和技术输出，增强我国对国际监管规则的影响力。保险业要加强组织，做好落实，切实增强责任感和使命感，把支持“一带一路”建设作为深化改革的一项重点工作持续加以推进。要统筹各方资源和力量，加强政策协调、业务协作，为“一带一路”重大项目建设提供一站式、全方位的金融保险服务。要完善机制，注重长效，在更大范围、更宽领域、更深层次为国际和地区合作提供保险服务。同时，要加强对国际局势、宏观经济形势的研判，密切关注沿线国家和地区监管规定和法律法规的变化，严控风险，守住风险底线。

6. 拓展服务领域，创新服务方式，不断提升保险业服务经济社会发展全局的质量和效率

十八大以来，保监会紧紧围绕保险业服务实体经济，采取了一系列政策措施，引导和支持保险业发挥保险产品和资金优势，不断拓展服务领域，创新服务方式，在社会保障、灾害救助、风险管理、现代金融等体系中发挥了积极作用。2016 年，保险业为全社会提供风险保障 2373 万亿元，赔付 1.05 万亿元。截至 2017 年 3 月末，保险资金累计通过债权投资计划、股权基金、信托等形式，直接投资国家重大基础设施建设以及养老社区、棚户区改造等民生工程，累计金额超过 4 万亿元。然而，近一段时期，在国际国内

经济形势和金融市场各种因素影响下，我国金融服务实体经济面临不少风险和挑战，存在杠杆高、嵌套多、链条长的问题以及金融“自我循环”和“脱实向虚”的现象。为全面贯彻落实党中央、国务院关于金融服务实体经济的决策部署，引导保险业充分发挥风险管理和保障功能，拓宽保险资金支持实体经济渠道，2017 年 5 月 4 日，中国保监会发布了《关于保险业支持实体经济发展的指导意见》。

上述指导意见提出了保险业服务实体经济发展的总体要求和基本思路。一是坚持服务国家战略和实体经济的导向，充分发挥保险产品和保险资金的独特优势。二是坚持改革创新的理念，通过深化改革、支持创新、回归本源、突出主业等方式，适应实体经济发展的不同需求。三是坚持发挥市场在资源配置中的决定性作用，遵循依法合规和专业化、市场化运作，实现商业可持续。

上述指导意见提出了四方面重点政策措施。一是构筑实体经济的风险保障体系。重点发展环境污染、食品安全等责任保险。推动个人税收递延养老保险试点政策出台并落地实施。开展特色农产品保险，探索建立农产品收入保险制度。持续推进保险资金支农支小。二是引导保险资金服务国家发展战略。积极发挥保险资金融通和引导作用，助力供给侧结构性改革，支持保险资金参与市场化债转股。支持保险资金通过各种形式，服务“一带一路”建设、国家区域经济发展战略、军民融合、中国制造 2025、PPP 项目等。三是创新保险服务实体经济形式。推进中国保险业产业扶贫投资基金和扶贫公益基金，助力国家脱贫攻坚战略。发展再保险和巨灾保险，推进巨灾风险证券化业务。研究开展专利保险试点，深化首台（套）重大技术装备试点。四是持续改进监管工作。动态审慎调整和优化比例及资本监管。研究推进差异化监管。研究建立保险资金非重大股权投资负面清单制度。鼓励保险资金投资符合国家战略和导向的重大项目，并给予政策倾斜。

7. 发挥保险功能、推进保险市场一体化，服务京津冀协同发展

2015 年以来，保监会紧紧围绕推进党中央、国务院作出的推动京津冀协同发展的重大决策部署，先后发布了《关于保险业服务京津冀协同发展的指导意见》《保险公司跨京津冀区域经营备案管理试点办法》《保险专业代理机构跨京津冀经营备案管理试点办法》等文件，立足充分发挥保险功能、推进保险市场一体化，在服务京津冀协同发展大局、促进京津冀保险业协同发展、强化协同发展政策支撑等方面发挥了积极作用。

为进一步贯彻党中央、国务院关于疏解北京非首都功能，控增量、疏存量的要求，全面落实京津冀协同发展领导小组工作部署，切实推进保险业服务疏解北京非首都功能的政策实施，2017 年 6 月 14 日，中国保监会发布了《关于进一步贯彻落实疏解北京非首都功能有关政策意见的通知》。

该通知重点强调了六方面的政策措施。一是引导保险法人机构落户天津、河北，缓解北京地区法人机构设置压力；二是有序布局保险专业代理机构，支持符合条件的各类

资本在河北等地设立全国性保险专业代理机构；三是鼓励保险公司合理布局分支机构，支持未在京津冀设立分支机构的保险公司优先在河北等地设立分支机构；四是引导保险公司疏解转移在京下属服务机构，禁止在京新设数据中心、呼叫中心、电销职场、电话销售中心等；五是鼓励保险公司在京外地区设立服务机构，支持设立 IT、审计等共享服务子公司以及数据中心、呼叫中心等下属服务机构；六是鼓励保险公司在京外地区布局保险关联产业，支持在天津、河北统筹布局与保险业务相关的养老、医疗、汽车服务、现代农业、新型商贸流通等产业。

该通知的发布对于深入贯彻党中央、国务院推进京津冀协同发展和疏解北京非首都功能的战略部署，引导保险业继续为服务疏解北京非首都功能发挥了积极作用。

8. 疏通保险资金进入实体经济的渠道，支持关系国计民生的重点领域

2017 年 5 月 16 日，中国保监会印发《关于债权投资计划投资重大工程有关事项的通知》，在风险可控的前提下，支持保险资金投资对宏观经济和区域经济具有重要带动作用的重大工程。

这一通知明确了保险资金通过债权投资计划形式投资重大工程的支持政策。一是优化增信安排。债权投资计划投资经国务院或国务院投资主管部门核准的重大工程，且偿债主体具有 AAA 级长期信用级别的，可免于信用增级。这些项目主要集中在水利、能源、交通以及高新技术和先进制造业等重点领域，投资规模大，对区域经济和社会发展带动作用强。在项目论证、立项和审批等阶段，相关部门已进行严格评估和规范，投资风险可控。适度优化增信安排，可在不增加实质性风险的同时，简化投资流程，降低企业融资成本，扩大有效投资。二是提高注册效率。对投资“一带一路”建设等国家发展战略的重大工程的债权投资计划，建立专门的业务受理及注册绿色通道，优先办理，满足重大工程融资时间紧、效率要求高的需求。

这一通知的发布，是保监会推进保险业支持实体经济发展的重要措施，有利于鼓励保险资金加大对关系国计民生重点领域的支持力度，进一步疏通保险资金进入实体经济的渠道，为实体经济发展创造更加良好的金融支持环境。

9. 支持 PPP 项目推进，实现行业效益和实体经济发展的双赢

为推动政府和社会资本合作（PPP）项目融资方式创新，更好支持实体经济发展，2017 年 5 月 4 日，中国保监会印发了《关于保险资金投资政府和社会资本合作项目有关事项的通知》，支持保险资金通过基础设施投资计划，投资符合条件的 PPP 项目。

通知针对 PPP 项目公司融资特点，给予了充分的政策创新支持。一是拓宽投资渠道，明确保险资金可以通过基础设施投资计划形式，向 PPP 项目公司提供融资。二是创新投资方式，除债权、股权方式外，还可以采取股债结合等创新方式，满足 PPP 项目公司的融资需求。三是完善监管标准，取消对作为特殊目的载体的 PPP 项目公司的主体资质、信用增级等方面的硬性要求，交给市场主体自主把握。四是建立绿色通道，优先鼓

励符合国家“一带一路”、京津冀协同发展、长江经济带、脱贫攻坚和河北雄安新区等发展战略的PPP项目开展融资。

在积极支持保险资金投资PPP项目的同时，通知也着重加强风险管控，防范投资风险。一是明确对PPP项目、主要社会资本方和政府方的监管要求，保障项目合法合规，控制项目建设和运营风险。二是强化投资计划管理，明确受托人管理职责，把风险管理责任交给市场主体，并完善保险资金退出机制。三是建立外部专家风险评估机制和监管联动机制，充分揭示、披露和监测投资风险。

通知的发布，为保险资金参与PPP项目投资提供了有效路径，有利于解决PPP项目公司融资难的瓶颈制约，支持PPP项目推进。同时，通知满足了保险资金配置需求，实现行业效益和实体经济发展的双赢。

10. 规范全行业销售服务行为，保障消费者权益，促进保险业健康、可持续发展

保险是一项基于最大诚信的制度安排，诚信是保险业发展的基石。保险销售是保险服务的关键环节，保险销售欺骗误导行为严重违反最大诚信原则，侵害消费者的知情权、自主选择权等合法权益，是当前保险业最为突出的问题之一，侵蚀了保险业持续发展的基础。近年来，保监会出台了大量治理销售欺骗误导的监管举措并取得了一定成效，但距离社会的期望和消费者的合理诉求还有很大差距。为规范全行业销售服务行为，解决消费者关注的销售欺骗误导问题，优化保险消费环境，增强社会认同感，2017年6月28日，保监会出台了《保险销售行为可回溯管理暂行办法》。

该办法所称保险销售行为可回溯，是指保险公司、保险中介机构通过录音、录像等技术手段采集视听资料、电子数据等方式，记录和保存保险销售过程，有利于从源头上治理销售误导，维护保险消费者合法权益。

该办法共计18条，主要涉及可回溯实施范围和方式、管理内容、信息安全责任、内外部监督管理措施等方面。一是明确了实施范围和方式。保险公司、保险中介机构开展电话销售业务的应实施全险种全过程录音；开展互联网保险业务的，应依照互联网保险业务监管的有关规定开展可回溯管理；保险公司通过保险兼业代理机构销售保险期间超过一年的人身保险产品的（包括利用保险兼业代理机构营业场所内自助终端等设备销售的），需要对关键环节进行录音录像；通过其他销售渠道，向60周岁（含）以上年龄的投保人销售保险期间超过一年的人身保险产品，或销售投资连结保险产品，应对关键环节进行录音录像。二是明确了可回溯管理内容。电话销售渠道的业务需要全程录音；其他实施可回溯管理的，应对销售的关键环节（保险销售人员出示证件和相关资料、履行提示及明确说明义务、投保人被保险人签名等环节）进行录音录像。同时还按照“谁保存、谁质检”的原则，明确了对可回溯资料进行质量检测的要求，以保证录音录像的质量。三是明确了信息安全责任。保险公司、保险中介机构应严格依照有关法律法规规定，加强对投保人、被保险人的个人信息保护工作，对录音录像等视听资料、电子数据

严格保密，不得外泄和擅自复制，严禁将资料用作其他商业用途。同时，保险公司、银行类保险兼业代理机构应制定视听资料管理办法，明确管理责任，规范调阅程序。视听资料保管期限自保险合同终止之日起计算，保险期间在 1 年以下的不得少于 5 年，保险期间超过 1 年的不得少于 10 年。如遇消费者投诉、法律诉讼等纠纷，还应至少保存至纠纷结束后 2 年。四是明确了内外部监督管理措施。明确了保险公司应通过内控制度落实销售行为可回溯管理的主体责任及对相关失职人员问责、追责的监管要求；明确了保险监管部门对保险公司、保险中介机构违反办法应采取相应监管措施。

该办法的出台是国家关于金融消费者保护政策在保险监管领域的具体落实，是治理销售欺骗误导，保护消费者利益的客观需要，也是提高保险监管处理保险消费投诉工作效能的需要。实行保险销售行为可回溯制度的现实意义主要体现在两个方面：

一方面，有效遏制了广为诟病的销售欺骗误导情形。销售欺骗误导是近年来市场反映侵害保险消费者利益最为严重的问题之一。人身保险合同期限一般比较长，而且主要是通过保险销售人员与客户面对面宣传介绍保险产品来完成销售的行为。在销售过程中，销售人员为了提高销售业绩，有时会以其他金融产品的名义宣传销售保险产品、夸大保险产品收益或隐瞒重要的告知事项等，而消费者又很少会在购买这些产品时有意识地保留相关证据，待到发生保险保全或给付（理赔）争议时，才发现所购保险产品实际情况与销售人员当初宣传内容严重不符。而这时由于时间较久以及人员的变动等原因，消费者维权就存在较大困难。对于这种缺乏证据的销售欺骗误导投诉，保险监管部门虽然投入了大量资源进行调查，但由于当时的销售过程难以还原，销售欺骗误导行为难以查实，最后的实际查处效果并不理想，消费者利益不能得到有效保护。通过建立保险销售行为可回溯制度，就可以有效治理这一行业顽疾。通过对保险产品销售行为关键环节的录音、录像，真实记录和保存销售过程，固化了（并可还原）保险产品销售关键环节的真实信息，使得销售行为可回放、问题可查清、责任可确认，为消费者维权和监管部门监督调查销售欺骗误导行为等提供了有力的证据支持，将对有效打击销售欺骗误导行为发挥积极作用，使依法保障保险消费者权益真正落到了实处。

另一方面，督促保险公司、保险中介机构履行《保险法》规定的免责条款的提示和明确说明义务。保险销售行为可回溯制度要求保险公司、保险中介机构在销售过程中对于关键环节通过录音录像等技术手段采集和固定以下信息：一是告知投保人所购买的保险产品名称、承保公司名称、缴费方式、缴费金额、缴费期间、保险期间、保险责任、犹豫期后退保损失风险；二是对于人身保险新型产品，告知投保人保单利益不确定性；三是对于健康保险产品，告知投保人等待期、续保条款以及指定医疗机构等情况。对于以上告知，要求在录音录像时必须有投保人的明确答复或回应。

该办法的出台和实施，进一步约束了保险机构销售行为，针对保险销售关键环节，强化了保险机构法定“提示和明确说明义务”，将使保险销售更加透明，让保险消费更放心。同时，保险销售行为可回溯制度的实施，也将进一步提升保险监管部门投诉处理效能，进而促进保险消费者保护工作水平不断提高，促进保险行业健康可持续发展。

（二）2017 年保险市场发展政策效果

2017 年，在党中央、国务院的正确领导下，在保险监管部门和保险机构的共同努力下，保险业不断发展壮大，在服务实体经济发展、社会治理和民生保障方面发挥着越来越重要的作用。

1. 服务实体经济成果显著

以服务“一带一路”为重点，2017 年政策性信用保险承保金额首次突破 5000 亿美元。2017 年，首台（套）重大技术装备保险补偿机制试点为 731 个项目提供风险保障 1359 亿元，重点新材料首批次应用保险补偿机制试点为 279 家企业提供风险保障 87.6 亿元，科技保险为科技创新提供风险保障 1.2 万亿元。服务打好精准脱贫攻坚战，探索形成多种保险扶贫模式。持续推进农业保险扩面提标增品，推动大灾保险、天气指数保险等试点，大灾保险已在 13 个粮食主产省的 200 个产粮大县启动，试点地区保额平均提升 30%。农业保险为 2.13 亿户次农户提供风险保障 2.79 万亿元，同比增长 29.2%。服务打好污染防治攻坚战，环境污染责任保险为 16000 余家企业提供风险保障 306 亿元。个人健康险所得税优惠政策试点在全国推广。已完成续签的大病保险项目共覆盖 10 亿城乡居民。各保监局、保监分局紧密结合地方发展需求，引导保险机构回归本源，服务地方经济社会发展，取得良好成效。

2. “脱虚向实”成效逐步显现

保险业为全社会提供风险保障 4154 万亿元，同比增长 75%，投资型业务大幅收缩，普通寿险规模保费占人身险业务比重 47.2%，较 2016 年提升 11.1 个百分点。保险市场发展总体平稳，全年保费收入 3.66 万亿元，保险公司预计利润 2567.2 亿元，分别同比增长 18.2% 和 29.7%，全年新增保单件数 175 亿件，同比增长 84%，保险业发展稳中向好，兼顾了速度与质量、效益的均衡。

3. 市场业务稳步发展

市场主体增加到 222 家，目前有财产险公司 84 家，人身险公司 86 家，再保险公司 11 家，保险集团（控股）公司 12 家，保险资产管理公司 24 家，保险专业中介机构达到 2647 家，不同业务类型、多种组织形式的市场主体日趋丰富，专业化分工与合作的市场格局初步奠定。保费规模从 1247 亿元增长到 3.66 万亿元，保险业总资产从 2000 多亿元增长到 16.75 万亿元，保险赔款和给付支出从 510 亿元增长到 1.12 万亿元，农业保险、巨灾保险、大病保险、责任保险、养老保险、健康保险等关系国计民生的保险业务不断壮大，资金运用规模从 1817 亿元增长到 14.92 万亿元，保险从业人员已达 925 万人，保险业的服务能力显著提升。

（三）2018 年保险市场发展政策展望与建议

2018 年是贯彻党的十九大精神的开局之年，也是改革开放 40 周年。要保证我国保险业竞争力稳步提高、服务能力显著增强、消费者合法权益得到有效保护，成为真正满足人民群众多样化需求的现代保险业，必须要更好地服务防范化解重大风险、精准脱贫、污染防治“三大攻坚战”，深入贯彻服务实体经济、防控金融风险、深化金融改革“三大任务”，切实保护好保险消费者合法权益，加快推进新时代现代保险服务业发展，奋力开创保险监管工作新局面。一是要加大防范化解风险力度，牢牢守住风险底线。坚决把防控风险放在更加重要的位置，坚持疏堵结合、标本兼治，突出重点领域、突出重点公司、突出重点环节，力争用三年时间，提升全行业风险防范能力和水平，坚决守住防范系统性风险底线，切实打赢这场硬仗。二是以重塑保险监管为契机，坚决整顿市场乱象。坚决打击违法违规市场乱象，加大消费者权益保护力度，加强监管协调，形成强大监管合力。三是深化保险改革，形成全面开放新格局。四是服务国家重大战略，支持现代化经济和社会体系建设。服务精准脱贫攻坚战，服务污染防治攻坚战，服务国家供给侧结构性改革，服务其他关系国计民生、改善社会治理的重大战略。

专栏

保险业：出台“1+4”系列文件加强监管①

一、“1+4”系列文件的内容要点

2017 年 4 月，中国保监会陆续出台了《中国保监会关于进一步加强保险监管 维护保险业稳定健康发展的通知》（保监发〔2017〕34 号）、《中国保监会关于进一步加强保险业风险防控工作的通知》（保监发〔2017〕35 号）、《中国保监会关于强化保险监管 打击违法违规行为 整治市场乱象的通知》（保监发〔2017〕40 号）、《中国保监会关于保险业支持实体经济发展的指导意见》（保监发〔2017〕42 号）、《中国保监会关于弥补监管短板构建严密有效保险监管体系的通知》（保监发〔2017〕44 号）等系列文件，统称“1+4”监管系列文件。“1”指的是〔2017〕34 号文，明确了保监会在新阶段整体的监管思路；“4”分别指〔2017〕35 号、40 号、42 号和 44 号文，落实到防风险、治乱象、补短板、服务实体经济等领域的具体任务和要求。

二、对市场和行业产生的重要影响和变化

（一）监管体系自省式的重大变革

1. 振聋发聩地明确高层基调，坚持“保险姓保、监管姓监”。

2. 现场检查和非现场大数据分析开始紧密结合。从“1+4”发布以来，监管部门

① 作者：谈亮，德勤中国保险行业风险咨询主管合伙人。

针对市场开展了一系列诸如公司治理、摸清底数防数据造假、销售理赔乱象、违规套取费用、关联交易等专项检查；同时，监管部门积极部署监管报送系统的升级换代，并开始探讨如何盘活用好存量数据，以加强信息数据协同互通和共享应用。

3. 开展了一系列监管规定的重新检视和梳理。其中最重要的包括宣布开展偿二代二期工程建设；发布了《保险资金运用管理办法》，以及《保险资产负债管理监管暂行办法》等。

4. 开始积极思考监管协同，以系统化应对涉及保险业态的混业经营型金控集团。十九大以来，合署成立的中国银行保险监督管理委员会，在某种程度上也是“1 +4”之后，监管自我变革、自我提升的重要里程碑。

（二）流动性风险管理被提到新的高度

流动性风险是导致2008 年国际金融危机的重要导火索。保险监管早有警惕，在2015 年偿二代第12 号文中已有制度安排。然而，由于流动性风险无法被资本覆盖，无法被可靠计量（和人心恐慌有关），因此，此次“1 +4”再次把流动性风险防范提到极高的高度。

1. 首次明确要求强化股东的流动性风险管理责任。保险公司要将流动性风险管理的压力、责任和监管要求传导至股东，定期向股东通报流动性风险状况；股东要及时采取合理方式化解风险。

2. 再次强调全面落实偿二代流动性监管规则，自上而下，进一步明确董事会、管理层和相关部门在流动性风险防范中的职责，建立完善流动性风险管理的目标、风险容忍度和风险限额，制定流动性风险管理策略和具体管理制度。

3. 强调业务发展和资金计划匹配。保险公司要制订切实可行的业务发展计划和资金运用计划，建立与公司业务特点和负债结构相匹配的资产结构。

4. 再次强调流动性风险管理和监测。保险公司要内视外观：对内考虑各种压力情景，产品停售、业务规模下降、退保和满期给付等因素；对外要跟踪分析宏观经济、股票市场、证券市场等发展趋势和变化情况，以及舆情监测。

5. 继续完善应急处置机制。保险公司要制订有效的流动性应急计划，做好资金备付，做好现金流预测，制定应对预案。

（三）投资端和产品端管理力度全面提升

1. 严禁违规开展资金运用关联交易。保险公司在资金用途、投资比例、事项报送和信息披露等方面不得通过多层嵌套投资隐匿或转移资金，不得通过“抽屉协议”“阴阳合同”等形式绕开监管要求，不得通过各类资金运用变相向股东或关联方输送利益。

2. 防范重点领域投资风险。保险公司必须根据风险的承受能力，完善股票、未上市股权等权益类投资的决策流程，防范房地产投资的风险；跟踪重点区域、重大项目的投资情况；严防境外投资风险。并且，研究推进差异化监管，建立保险资金非重大股权投资负面清单制度；鼓励险资投资符合国家战略和导向的重大项目。

3. 切实加强资金运用相关管理。开始要求保险公司严格执行保险资金运用相关的法律法规和监管规定，建立健全投资制度和内控管理，加强投资能力建设和风险责任人管理，强化投资能力备案管理。加强资金运用信息报送的及时性、准确性和完整性。

4. 着力整治产品不当创新，坚决清退问题产品。针对高风险产品，如信用保证保险等，以及互联网时代各种创新型保险，要求保险公司具备相应的商业逻辑自洽和经营能力配套。

5. 进一步加强资产负债管理。包括资产负债管理组织体系及机制建设，倡导长期稳健的资产配置策略，设定合理的投资风险偏好，并落实到投资决策流程中。保险公司未来在进行投资决策时，需要从风险、收益、期限、资本等方面综合评估。

（四）高度关注公司治理和内控建设

1. 进一步加强公司治理相关的顶层设计内控建设。从治理层的职责边界、胜任能力、运行规则、考核激励、监督问责等方面和从高级管理层的资格获取、审核授予、定期任中、离任审计等方面，全面地要求公司自查自纠，并接受定期检查监督。

2. 全面加强流程层面的内控和操作风险建设。依托《保险公司内部控制基本准则》和偿二代中有关操作风险建设和评价的相关内容，在战略企划、营销管理、资金运用、两核、产品精算、财务、人力、信息系统等方面对分支机构管理，配合各种专项检查的要求，标本兼治地全面提升内控流程体系的完善度。

3. 加强监管报告和数据的内控管理。要求保险公司建立健全内控制度，完善信息系统，建立内部的数据稽查机制，以确保信息报送的及时、准确、完整。

三、点评和展望

保险行业面临多重风险叠加的复杂局面将持续。一是市场风险：利率汇率环境复杂，资产配置难度加大；二是流动性风险：部门公司激进追求资产与负债的主动错配，导致较大的流动性隐患；三是治理和操作风险：部分公司治理结构不完善、内控制度不健全，出现股东虚假注资、内部人控制等问题；四是战略风险：部门公司盲目跨领域距市场并购，资管产品多层嵌套，极易产生风险传染和放大。

新的银行保险监督管理委员会一定将能够更有效地形成合力，针对上述各项风险进行防范、化解和处置。这体现在几个方面：一是充分互用彼此的监管经验和好的监管措施，诸如高管任中离任审计的经验、现场专项巡检与非现场大数据分析联合运用等；二是技术标准进一步互相通洽，如银行业新资本协议的深化与偿二代二期工程建设等；三是监管局分支机构的整合导致的监管力量的夯实和地域覆盖范围的扩大等。

十九大以后，保险监管能够在新的综合平台上，更有效地响应国家降杠杆的整体部署，以及更有效地支持国家金融放开的国策，更有效地实现“放开前端、管住后端”。

附表

2017 年中国保险市场主要发展政策

日期	文件名称	发布单位
1 月 5 日	《保险公司跨京津冀区域经营备案管理试点办法》	保监会
1 月 5 日	《保险专业代理机构跨京津冀经营备案管理试点办法》	保监会
1 月 5 日	《财产保险公司产品费率厘定指引》	保监会
1 月 24 日	《关于进一步加强保险资金股票投资监管有关事项的通知》	保监会
2 月 23 日	《中国保监会关于离岸再保险人提供担保措施有关事项的通知》	保监会
3 月 9 日	《关于完善监管公开质询制度有关事项的通知》	保监会
4 月 20 日	《关于进一步加强保险监管维护保险业稳定健康发展的通知》	保监会
4 月 21 日	《中国保监会关于进一步加强保险业风险防控工作的通知》	保监会
4 月 24 日	《保险公司章程指引》	保监会
4 月 27 日	《中国保监会关于保险业服务“一带一路”建设的指导意见》	保监会
5 月 4 日	《关于保险业支持实体经济发展的指导意见》	保监会
5 月 4 日	《关于保险资金投资政府和社会资本合作项目有关事项的通知》	保监会
5 月 16 日	《关于债权投资计划投资重大工程有关事项的通知》	保监会
6 月 14 日	《关于进一步贯彻落实疏解北京非首都功能有关政策意见的通知》	保监会
6 月 23 日	《关于进一步加强保险公司关联交易管理有关事项的通知》	保监会
6 月 28 日	《保险销售行为可回溯管理暂行办法》	保监会
6 月 30 日	《保险资金参与深港通业务试点监管口径》	保监会
7 月 26 日	《关于征求对保险资产负债管理监管规则的意见及开展行业测试的通知》	保监会办公厅

四、债券市场发展政策①

2017 年，中国债券市场规范平稳运行，市场开放力度进一步加大，创新产品不断涌现，新制度、新规则有序出台，市场制度建设取得了长足的发展，市场健康发展基础进一步夯实，有力地支持了实体经济发展。

（一）市场发展概况

一是债券收益率整体上行，价格指数下跌。2017 年 1—9 月，债券市场收益率整体稳步上升，10 月初债券市场收益率出现较大波动，收益率大幅上行。1 年、3 年、5 年、7 年、10 年等关键期限国债收益率均大幅上行，平均值上行 92bp。其中，10 年期国债收益率在 11 月下旬达到年内最高点 3.99% 后回落，年末为 3.88%，较年初上行 78bp。在信用利差方面，1 年、3 年、5 年、7 年、10 年等关键期限 AAA 级企业债与国债利差在 3 月达到高点后缓慢下降，11 月开始迅速上升并达到新高，年底关键期限平均利差较年初扩大 43bp 至 152bp。

价格指数出现下跌。中债总净价（总值）指数年初为 116.69 点，在 5 月降至

① 作者：荣艺华，中国人民银行上海总部金融市场部副主任。

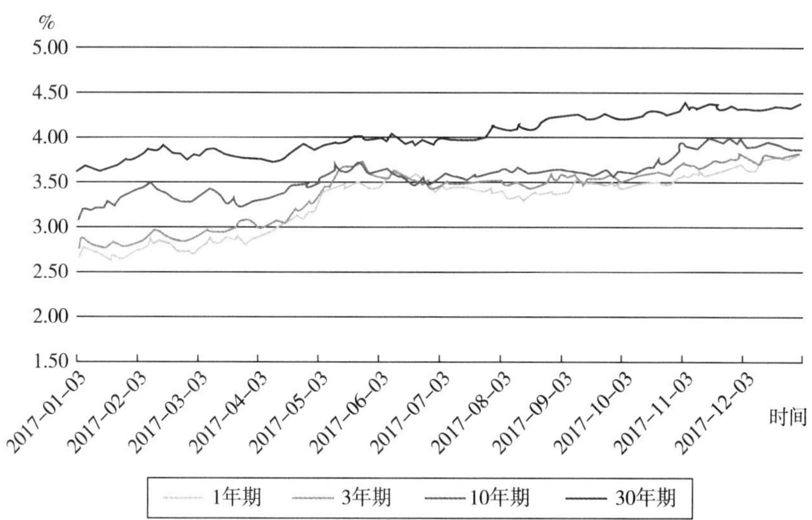

112.81 点后略有回升，随后震荡回落收于 111.20 点，较年初下跌 4.7%。

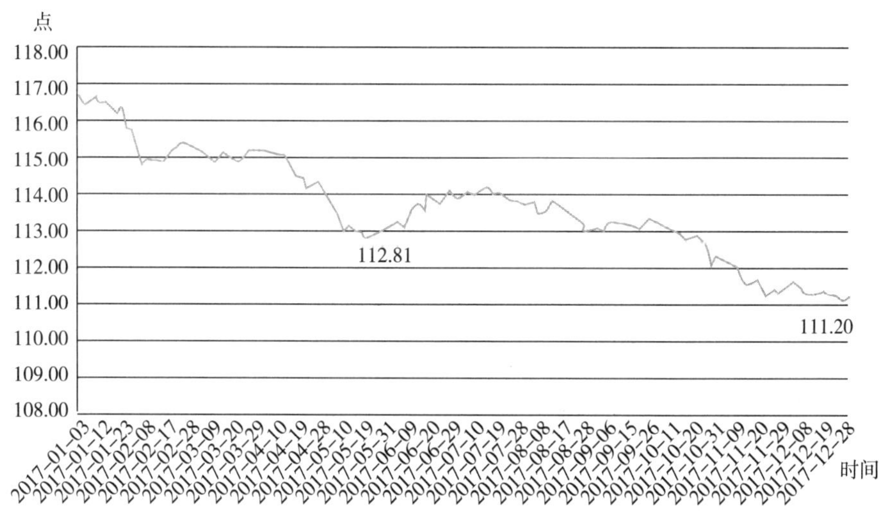

数据来源：中央国债登记结算有限责任公司。

二是债券发行增速放缓。2017 年，债券市场共发行各类债券 40.82 万亿元，同比增长 12.9%。其中，银行间债券市场发行了 36.77 万亿元，同比增长 14.2%，占债券市场发行总量的 90.1%；交易所市场发行了 4.05 万亿元，占债券市场发行总量的 9.9%。分券种来看，发行量最大的三个券种依次是同业存单、金融债券和地方政府债券，发行量分别为 20.19 万亿元、5.02 万亿元和 4.36 万亿元。

三是交易量下降。2017 年，债券市场现券累计成交 108.39 万亿元，同比下降

18.0%。其中，全国银行间债券市场现券累计成交106.10万亿元，同比下降19%，占全国债券市场现券成交量的95.0%。银行间债券市场的现券累计换手率为156.3%，同比下降63.8个百分点，除同业存单外，其余各主要券种的流动性均出现不同程度的下降。交易所市场现券累计成交5.56万亿元，同比增长8.4%，占全国债券市场现券成交量的5.0%。

四是债券市场违约事件减少。2017年，债市违约事件共涉及19家企业的40只债券，违约债券规模为322.74亿元。其中，非金融企业债务融资工具9家，金额为245.62亿元；公司债6家发行企业，金额为38.70亿元；企业债4家发行企业，金额为28.40亿元。违约发行人主要为民营企业，所属行业主要包括建筑与工程、工业机械、煤炭与消费用燃料、钢铁等。

（二）出台的主要政策

1. 推动市场对外开放

（1）推出“债券通”。2017年5月，人民银行与香港金融管理局发布联合公告，推出香港与内地债券市场互联互通合作（简称“债券通”）。6月21日，中国人民银行发布了《内地与香港债券市场互联互通合作管理暂行办法》，明确推出“债券通”。7月2日，人民银行与香港金融管理局发布联合公告，批准香港与内地“债券通”北向通于7月3日正式上线。随后，人民银行上海总部、外汇交易中心、中央国债登记结算有限责任公司、上海清算所陆续出台准入备案、交易、登记、托管、清算、结算等业务细则和操作指南。国家外汇管理局先后发布《国家外汇管理局关于银行间债券市场境外机构投资者外汇风险管理有关问题的通知》和《关于境外机构投资者投资银行间债券市场有关外汇管理问题的通知》，允许银行间债券市场境外机构投资者在具备资格的境内金融机构办理人民币对外汇衍生品业务。

（2）评级行业对外开放。2017年7月4日，人民银行发布2017年第7号公告，明确了境内外评级机构进入银行间债券市场开展评级业务的有关事宜，评级行业对外开放进入实质进程。公告允许外商独资评级机构及境外评级机构在满足相关条件情况下可开展银行间债券市场信用评级业务，并明确相关监管、自律方面的要求。评级行业的开放有利于促进债券市场的开放与发展，推动信用评级行业实现包容式的快速稳健发展。

2. 优化债券发行机制

（1）国债承销发行制度进一步优化。8月，财政部发布《国债承销团组建工作管理办法》。此办法是在总结2014年发布的《国债承销团组建工作管理暂行办法》的基础上，对许多方面进行了优化，突出表现在组团通知发布时间提前，延长了参团机构的准备时间，进一步优化和细化了《国债承销团第三方专家评审指标体系》。

（2）规范地方政府举债行为。在增量发行及存量规范方面，2017年3月23日，财政部发布了《新增地方政府债务限额分配管理暂行办法》明确了新增限额的分配方式；

4 月 26 日，财政部发布了《关于进一步规范地方政府举债融资行为的通知》，细化了对地方政府举债融资行为的管理，并要求限期改正不规范的举债融资行为。在规范专项债券方面，5 月 16 日，财政部、国土资源部发布了《地方政府土地储备专项债券管理办法(试行)》等，从额度管理、预算编制、预算执行和决算、监督管理、职责分工等方面对专项债券提出了明确和具体的规定，同时鼓励有条件的地方积极探索在有一定收益的公益事业领域分类发行专项债券。

（3）完善非金融企业债务融资工具注册发行机制。2017 年 9 月 1 日，中国银行间市场交易商协会修改并发布了新版《非金融企业债务融资工具定向发行注册工作规程》，并对《非金融企业债务融资工具定向发行注册文件表格体系》《债务融资工具定向发行协议（参考文本)》进行修订，修订了信息披露制度，研究推进标准分销协议文本的制定及线上化签署等，注册发行机制进一步优化，提高了注册发行便利性，增强了信息披露的充分性和针对性，提升了发行分销效率。

（4）出台绿色债券发行配套制度。2017 年 3 月 2 日，证监会发布了《中国证监会关于支持绿色债券发展的指导意见》，明确界定了绿色公司债券、绿色产业及项目；12 月 29 日，人民银行出台了《绿色债券评估认证行为指引（暂行)》，规范了绿色债券评估行为；中国银行间市场交易商协会发布了《非金融企业绿色债务融资工具业务指引》及配套信息披露表格，明确了绿色债务融资工具的核心机制。

3. 规范债券交易

（1）规范债券交易行为。2017 年 12 月，人民银行、银监会、证监会、保监会联合发布《关于规范债券市场参与者债券交易业务的通知》，对债券市场参与者从事投资交易的行为进行进一步规范和明确，重申了针对市场参与者的有关禁止性规定，如相互租借账户、利益输送、内幕交易、操纵市场、规避内控或监管等。强调市场参与者在债券市场开展债券交易均应在指定交易平台线上达成并签署相关交易合同和主协议，同时还明确了市场参与者要按照实质大于形式的原则，对于约定由他人暂时持有但最终须返售，或者为他人暂时持有但最终须由其购回的债券交易，应通过买断式回购交易达成，按照相应会计准则进行会计核算，并以此计算风控指标，统一管理。明确了市场参与者建立内控制度及风控指标的有关标准，进一步强调了对前台部门的业务划分及有效隔离、对中后台部门的统一管理及职责，并对从业人员提出了一定要求。同时，引导市场参与者实施科学合理的激励机制，避免以人员挂靠、部门承包等方式放松管理，造成行为扭曲和过度投机。在控制杠杆率方面，要求市场参与者根据审慎展业的原则，合理控制自身债券交易杠杆比率，要求市场参与者的债券交易杠杆比率超过一定水平时向相关金融监管部门报告。该《通知》旨在督促各类市场参与者加强内部控制与风险管理，健全债券交易相关的各项内控制度，规范债券交易行为，并将自身杠杆操作控制在合理水平，防范市场风险。

(2) 推出国债做市支持操作。2017 年 9 月 30 日，财政部和人民银行联合印发《国债做市支持操作规则》，支持财政部运用随买、随卖等工具开展国债做市，提高国债二级市场流动性，健全反映市场供求关系的国债收益率曲线。

4. 发展债券价格指数和收益率曲线

2017 年 12 月，中央国债登记结算有限责任公司发布了上海关键收益率（SKY），以提高国债收益率曲线的直观性和使用便利性，强化定价基准作用。2017 年，中央国债登记结算有限责任公司发布了中债国债及政策性银行债指数、中债公司债总指数、中债中国铁路总公司债券指数、中债商业银行投资指数以及一系列按代偿期分段的子指数，进一步扩展了中国债券价格指数。并且，上海清算所推出上海高新技术企业债券指数，同业存单指数、短期融资券指数及中期票据指数系列。

在收益率曲线方面，中央国债登记结算有限责任公司发布了中债美元浮动利率政策性金融债（LIBOR－USD－3M）点差曲线，满足市场对以 Libor 为基准的在岸浮动利率美元债券的估值需求。

5. 建立投资者保护制度

2017 年 6 月，上海证券交易所、深圳证券交易所发布了《交易所债券市场投资者适当性管理办法（2017 年修订）》，调整了合格投资者标准及个人投资者投资范围。在合格投资者标准方面，增加了对非金融机构合格投资者的专业经历要求。

2017 年，中国银行间市场交易商协会积极推动《投资人保护条款范例》在银行间市场的具体实践和应用，为投资者提供债券违约前、中、后明确的法律救济依据，增强了投资人信用风险预警、防范、处置的保护力度。

（三）政策评估

1. 债券市场平稳增长。在优化、规范债券发行机制的政策要求下，债券市场发行量小幅增长，市场规模进一步扩大，截至 2017 年末，债券市场托管量为 74.96 万亿元，同比增长 17.7%。其中，银行间债券市场托管量为 65.43 万亿元，同比增长 16.2%；交易所市场债券托管量为 9.53 万亿元，同比增长 21.6%。

2. 市场吸引力增加，投资者数量、类型进一步增加。随着市场制度的不断完善，基础设施建设的不断推进，市场约束机制的有序建立，对外开放举措的不断出台，债券市场的吸引力进一步增强。2017 年末，银行间债券市场共有 18989 家投资主体，增加了 4862 家，投资者类型更加丰富。其中，境内法人机构 2665 家，较上年末增加 336 家，增幅为 14.4%；非法人类产品 15458 家，较上年增加 4067 家，增幅为 35.7%；境外投资者 866 家，较上年增加 459 家，增幅为 112.8%。

3. 市场创新力度加大。随着优化和完善发行机制政策的出台，投资者保护机制的建立和完善，2017 年我国债券市场产品创新不断涌现，突出表现在资产证券化，债券市场支持科创、扶贫及环保等创新债务工具等方面。在资产证券化方面，2017 年，累计发行了33单不良资产证券化产品，发行规模为286亿元，处置不良资产870亿元；2单PPP资产支持票据完成注册；绿色资产支持票据、扶贫资产支持票据、供应链资产支持票据等相继推出；首单银行间房地产投资信托基金（REITs）问世。在双创债券方面，上海、江苏等6省（市）创业创新资源集聚区内的园区经营企业注册双创专项债务融资工具170亿元，发行金额49.5亿元；交易所共计发行创新创业公司债券23期，发行金额42.6亿元。在扶贫方面，扶贫票据注册（备案）13单，金额375亿元，发行12期，金额130亿元，募集资金主要用于贫困地区高速公路、易地扶贫搬迁以及产业扶贫等精准扶贫项目领域；交易所发行了9期扶贫专项公司债和扶贫资产支持证券，募集资金40亿元。在绿色债券方面，在前期推出绿色中期票据、绿色定向工具、绿色永续票据、绿色债贷基等品种的基础上，绿色ABN、绿色熊猫债、绿色主权债等创新产品在银行间债券市场发行，2017年共有16家企业注册绿色债务融资工具18单，注册金额361.51亿元，发行金额164.84亿元；交易所发行的绿色债券产品包括普通公司债券、可续期公司债券、熊猫公司债券及资产支持证券等，2017年共有24只绿色公司债券、8只绿色资产支持证券在交易所市场发行，募集金额约327亿元。

4. 境外发行主体增多。信用评级对外开放政策的推出，市场体系建设的不断完善，吸引了越来越多的境外发行主体。2017年，共发行熊猫债35只，金额663亿元，发行主体区域涵盖亚洲、欧洲、北美洲。其中银行间市场发行了26只，金额为603亿元，占比91.0%；交易所市场发行了5只，金额为60亿元，占比9.0%。

（四）展望

2018年，债券市场将全面深入贯彻落实党的十九大精神、中央经济工作会议和全国金融工作会议部署，坚持稳中求进工作总基调，坚持新发展理念，以推动供给侧结构性改革为主线，大力推进金融市场改革开放，深入贯彻服务实体经济、防控金融风险、深化金融改革三项任务，更好地促进我国经济高质量发展。债券市场相关制度建设将有序推进。

专栏

债券通“北向通”起航①

（一）简化进入门槛，提高交易效率

2017年7月3日债券通“北向通”正式开闸，境外投资者可通过香港投资于内地银行间债券市场，未来将扩展至“南向通”。“债券通”无额度限制。“北向通”下成立了债券通有限公司，引导投资机构备案入市，与国际债券交易平台磋商，为债券通的顺利

① 作者：武平平，银河证券公司研究部金融分析师。

推进提供支持。“北向通”之前，境外投资者投资内地债券资产可以通过 QFII、RQFII 与 CIBM 三种途径，与这三种途径相比，“北向通”简化了进入门槛，境外投资者可以通过境外电子交易平台下达指令，在不改变业务习惯情况下配置债券资产，提高了参与便捷性，降低了交易成本，提高了交易效率。

（二）助力债券市场开放，引入增量资金

我国债券市场开放程度较低，外资参与率处于相对较低水平。我国债券市场托管量居世界第三，境外投资者持有比例不足2%，远低于新兴市场和发达市场的平均水平。“北向通”在开户、交易、清算等环节的制度安排，打通了境内外债券市场连接的技术障碍，实现了国内外债券市场的有效对接，加快推动国内债券市场与国际制度接轨，助力国内债券市场进一步开放。“北向通”启动后，海外资金会通过香港进入内地债券市场，短期对债市影响有限，长期随着境外市场对人民币债券的需求增长，会带来可观的增量资金，提高外资参与率，进一步推动国内债市的开放进程。

（三）促进债市成熟发展，助力人民币国际化

债券通“北向通”启动前，投资境内债券市场的主要是体量巨大的境外投资者，“北向通”启动后，数量众多但体量较小的境外投资者也将更多地参与境内债券市场投资。境内债券市场参与主体的多元化，有利于完善内地债券市场定价机制，提升影响力。同时，境外成熟机构投资者的加入也会促进中国债券市场评级、信息披露等基础设施进一步完善发展。

中国债券市场的成熟，可以提升人民币资产的吸引力，助推人民币国际化。同时，“北向通”启动后，境外投资者可以经香港投资内地债券市场，市场准入政策改善，有助于在岸人民币债券被纳入国际主流债券指数（彭博公司已经宣布于 2019 年 4 月起把以人民币计价的中国债券纳入彭博巴克莱全球综合指数），国内债券的配置需求提高，境外增量资金的流入可以对冲资本流出压力，有利于国际收支稳健，助力人民币国际化进程。

五、基金行业市场发展政策①

（一）基金行业市场发展概述

中国证券投资基金业协会统计数据显示，截至 2017 年底，公募基金管理公司及其子公司、证券公司、期货公司与私募基金管理机构管理的资产规模为 53.57 万亿元，较 2016 年底增长 3.4%。公募基金继续稳健快速发展，管理的资产规模达到 11.60 万亿元，增长 26.6%；产品数量达 4841 只，增加 25.2%；在公募基金个人投资者中，70% 的投资者个人税后年收入在 10 万元以下，个人有效账户数达到 4.2 亿户，为上亿家庭提供

① 作者：李艳，上海国泰君安证券资产管理有限公司董事会秘书。

了普惠式投资理财服务。同时，公募基金管理公司作为全国社保基金最主要的委托投资资产管理人，管理了超过40%的全国社保基金资产，为社保基金稳健增值作出了重要贡献。私募基金在规范中快速发展，在协会登记的私募基金管理人达22446家，增加27.2%；备案的私募基金66418只，增加42.8%；管理的资产规模达11.1万亿元，增长40.7%；其中，私募股权及创业投资基金管理人13200家，已备案私募股权及创业投资基金13099只，管理规模6.52万亿元，形成未上市、未挂牌股权投资项目51255个，投资本金3.34万亿元，有力支撑了经济转型和创新发展。2017年，基金行业继续强化受托人责任，提升主动管理能力，大力控“通道”、降杠杆、防风险，效果显著，“通道”业务规模较高峰期下降13%左右，行业结构明显优化。

（二）基金行业政策分析

资产管理的业务本质是资产管理人接受客户委托，履行受托和尽职的责任，按合同约定对客户资产进行投资运作，客户按合同约定享受投资收益，同时承担投资风险。2017年，行业监管政策继续围绕保护投资者利益这一核心目标，在进一步规范资产管理机构的投资运作、内部控制、风险管理、销售行为和信息披露等多个环节的同时，更加注重“卖者尽责”和金融风险防范，鼓励私募机构专业化、差异化经营，形成长期可持续发展生态。

1. 更加注重“卖者尽责”，强化投资者适当性管理

保护投资者利益始终是行业监管的一个核心目标。尽管“买者自负，卖者尽责”一直是行业监管的基本原则，2017年，监管政策明显强化了“卖者尽责”。2016年12月12日，中国证监会发布《证券期货投资者适当性管理办法》，对创业板、股转系统、金融期货、融资融券和私募基金等市场、业务和产品中的投资者适当性要求进行统一规范，强化经营机构的投资者适当性责任，明确投资者基本分类、产品分级底线标准，要求经营机构对投资者进行科学分类，把“了解投资者”“了解产品”“投资者与产品匹配”“风险揭示”等作为基本的经营原则。2017年6月28日，中国证券投资基金业协会发布《基金募集机构投资者适当性管理实施指引（试行）》，统一公募、私募基金适当性管理的具体要求，强化基金募集机构适当性管理的主体责任，要求对专业投资者和普通投资者进行分类，对产品和服务进行分级，建立适当性匹配原则，引导经营机构提高投资者保护的主动性和自觉性。

2. 更加注重防范风险，特别是系统性风险

2015年下半年股票市场异常波动、2016年初股票市场“熔断”以及2016年末债券市场流动性突然收紧，其间公募基金遭遇巨额赎回，基金行业经历了前所未有的流动性风险考验，离金融系统性风险爆发仅一步之遥。2017年8月31日，中国证监会发布《公开募集开放式证券投资基金流动性风险管理规定》，对公募开放式基金的流动性风险管理提出系统、全面的要求，要求完善开放式基金流动性风险管控指标体系，建立以压

力测试为核心的流动性风险监测与预警制度，涉及产品设计、投资运作、申赎管理、信息披露等各个方面。在产品设计方面，对于除货币市场基金外的新设基金，拟允许单一投资者持有基金份额超过基金总份额50%的，要求采用封闭或定期开放运作方式且定期开放周期不得低于3个月，并采用发起式基金形式。在投资运作方面，要求同一基金管理人管理的全部开放式基金持有一家上市公司发行的可流通股票，不得超过该上市公司可流通股票的15%；同一基金管理人管理的全部投资组合持有一家上市公司发行的可流通股票，不得超过该上市公司可流通股票的30%；并且，单只开放式基金主动投资于流动性受限资产的市值合计不得超过该基金资产净值的15%。

截至2017年底，货币市场基金规模达到6.7万亿元，同比增长56%，占公募基金总规模的58%。如果货币市场基金遭遇巨额赎回，摊余成本法估值方式推升连锁反应，随之产生的流动性枯竭可能随时引发金融市场的系统性风险。鉴于此，《公开募集开放式证券投资基金流动性风险管理规定》针对货币市场基金的流动性风险管控作出专门规定，要求同一基金管理人所管理采用摊余成本法进行核算的货币市场基金的月末资产净值合计不得超过该基金管理人风险准备金月末余额的200倍；对于新设货币市场基金单一投资人持有份额比例超过50%的，规定不得采用摊余成本法进行核算，同时对投资范围也进行了严格规定；要求基金管理人对货币市场基金份额持有人的集中度进行严格的监控和管理，对前10名持有人持有货币市场基金的集中度分层限制投资组合的平均剩余期限。这些系统性的制度安排有利于确保货币市场基金平稳运作，防范货币市场基金的流动性风险，避免诱发系统性金融风险。

截至2017年2月，国内保本基金数量151只，规模3200亿元。保本基金在丰富基金产品类型、满足投资者多元化需求方面发挥了一定作用，但同时，潜在风险不容忽视。由于国内保本基金采用连带责任担保机制，且多数规定了担保方对基金管理人拥有无条件追索权条款，在这样的保障机制下，基金管理人将最终承担最终保本基金本基损失风险，可能危及基金公司经营乃至生存。2017年1月24日，中国证监会发布《关于避险策略基金的指导意见》，将保本基金名称调整为避险策略基金，以避免误导投资者形成刚性兑付预期，同时要求避险策略基金对投资标的投资比例与投资目标、投资策略相匹配，规定避险策略基金投资于稳健资产的比例不得低于基金资产净值的80%，稳健资产投资组合的平均剩余期限不得超过避险策略周期，并适度控制避险策略基金的规模。

3. 进一步完善“7+2”自律规则体系，推动私募业务规范发展

2017年，中国证券投资基金业协会继续围绕保护投资者利益、建设行业信用这一核心目标，进一步健全完善“7+2”自律规则体系，推动私募基金行业恪守“卖者有责、买者自负”和投资人利益优先的受托理财文化，营造私募行业可持续发展的生态环境。2017年3月1日，中国证券投资基金业协会发布《私募投资基金服务业务管理办法》，

全面梳理服务业务类别，重点规范基金份额、基金估值和信息技术系统三项业务职责和履责要求，规范私募基金服务机构与私募基金管理人的法律关系，引入服务机构的退出机制，引导基金服务机构为基金管理人提供融入基金生命周期的整体服务，支持私募基金管理人特色化、差异化发展，降低运营成本，提高核心竞争力，打造良好的行业生态。2018 年 1 月发布《私募证券投资基金管理人会员信用信息报告工作规则（试行）》，规定每季度更新一次会员信用信息报告，以持续、动态积累私募证券投资基金管理人会员信用记录，带动行业以信用立身，实现行业信用自治，促进私募证券投资基金管理人提升经营管理的稳定度、透明度和投资运作的专业度。2017 年 6 月 26 日，中国证券投资基金业协会发布《关于基金从业人员资格管理实施有关事项的通知》，明确考试科目与资格注册、延长考试成绩认可期的安排、基金销售人员从业资格注册实施安排等内容，做好私募从业人员资格注册等工作。

（三）行业展望

资产管理统一监管已经成为监管和市场的共识，依附于机构（分业）监管模式而存在的刚性兑付、监管套利、多层嵌套和“通道”业务将消亡，行业将回归资产管理的本源。公募 FOF 产品的发行标志着中国公募基金行业进入了一个新的发展阶段，《养老目标证券投资基金指引（试行）》的实施将开启中国公募基金行业服务个人养老理财需求的新时代。同时，从全球来看，责任投资原则（ESG：环境、社会、治理）已经得到养老金、共同基金等机构投资者的广泛认可，显著提升了资产组合的风险控制和长期收益能力。随着我国经济的飞速发展和社会的进步，市场各方需要承担的社会责任也越来越重大，如何推进资产管理行业的 ESG 投资，期待国内能有系统性、制度化的监管推进。

专栏一

ESG 责任投资渐行渐近①

ESG 责任投资推动实体经济可持续发展。当前，我国经济正处在从高速增长迈向高质量发展的关键时期，提质增效、精益求精已成为时代主题。“皮之不存，毛将焉附”，服务实体经济、助力高质量发展是资产管理行业的本质要求。金融资本为社会经济活动输血造血，通过在投资决策中纳入 ESG 因素，可以起到淘汰实体经济“鸡肋”，并为实体经济“强筋壮骨”的积极效应。一方面，ESG 责任投资关注企业节能环保、社会责任和公司治理的改善，自然排斥污染严重、产能落后、发展质量低、无可持续增长潜力的企业，并倒逼它们转变增长方式；另一方面，ESG 责任投资通过专业化的市场投资力量，筛选出节能环保、注重技术创新、公司治理完善、发展质量高、有长期价值增长潜

---

① 作者：蔡恒培，中国证券投资基金业协会主办。ESG 责任投资是一种投资策略，指在投资决策中考量投资标的的环境（Environmental）、社会（Social）和公司治理（Governance）表现。

力的企业，为这些企业提供资本支持，甚至带来资源整合效应，帮助其做大做强，让资本更多地投入到实体经济最需要、最有效、质量最高的地方，培育实体经济增长新动能，形成资本市场与实体经济良好互动、互促共生的良性循环机制，实现可持续发展。

ESG 责任投资开启行业长期价值投资新征程。“绿水青山就是金山银山”不仅仅体现“绿色”发展的重要性，也说明绿水青山可以产生实实在在的经济效益。ESG 责任投资将环境、社会、公司治理三要素融入投资决策流程中，既不是慈善式的社会公益，也不是不得已而为之的义务，而是追求投资标的“长期、有价值、可增长”，提升资产组合的风险控制和长期收益能力，帮助投资者获取稳健的长期回报，是一种有效规避风险、获得长期稳定超额收益的有效投资工具。国际经验也表明，ESG 投资具有较强的风险防控能力和稳定的长期回报，很多国家和地区相继出台 ESG 的相关政策，尤其在欧洲和美国，ESG 投资已经成为一种主流的投资策略。

我国基金行业在践行 ESG 方面早已有了初步探索和尝试。2008 年，兴业全球基金管理有限公司发布国内首只 ESG 主题的基金产品——兴全社会责任证券投资基金。Wind 数据显示，截至 2018 年 4 月中旬，年化收益率达 15.11%。前期，中国证券投资基金业协会的行业调研显示，各家机构践行 ESG 责任投资的程度参差不齐，尚未形成统一的投资决策机制和行业文化。但“罗马不是一天建成的”，整体上，机构投资者对待 ESG 的态度较为积极，90% 的机构表示支持将 ESG 原则作为投资组合策略的基本原则之一。中国证券投资基金业协会已经看到 ESG 责任投资对壮大资本市场机构投资者力量和长期资本形成能力的巨大价值，正在积极推动 ESG 责任投资在资产管理行业落地生根。

专栏二

私募基金管理规模突破 11 万亿元[①]

直接与间接投资两种模式服务实体经济转型升级。2017 年私募基金业在规范中快速发展。截至 2017 年底，在中国证券投资基金业协会备案的私募基金管理人有 22446 家，较 2016 年增加 28.8%；备案私募基金 66418 只，增加 42.8%；管理资产规模 11.1 万亿元，增长 40.7%。私募基金通过直接投资和间接投资两种方式对接实体企业融资需求。直接投资包括境内股票股权投资与债券债权投资等。间接投资主要包括投资公私募基金、资产管理计划、银行理财、信托计划、保险资产管理计划等。截至 2017 年底，私募基金境内直接投资规模约 6.6 万亿元，占比 54%；境内间接投资活动规模约 2.7 万亿元，占比 22%；现金管理类资产 1.2 万亿元，占比 10%；各类衍生品及境外投资等其他投资 1.8 万亿元，占比 14%[②]。各类私募基金在投（未完全退出）项目企业数量排名前

① 作者：李艳，上海国泰君安证券资产管理有限公司董事会秘书。

② 此处为资金运用端统计，与资金来源端统计略有出入。

五位的行业分别为计算机运用、资本品、原材料、医药生物、其他金融，数量占比分别为27.8%、12.2%、5.9%、5.6%、5.4%；所投项目账面价值排名前五位的行业分别为资本品、房地产、其他金融、计算机运用、交通运输，占比分别为15.9%、15.7%、10.6%、9.0%、7.2%。

“7+2”自律规则体系保障私募基金业规范有序发展。2017年，中国证券投资基金业协会继续围绕保护投资者利益、建设行业信用这一核心目标，进一步健全完善“7+2”自律规则体系[①]，推动私募基金行业恪守“卖者有责、买者自负”和投资人利益优先的受托理财文化，营造私募行业可持续发展的生态环境。

针对市场经营机构投资者适当性义务不明确，缺乏统一清晰的监管底线要求，实践中部分机构对适当性制度执行不到位等现象，中国证监会于2016年底发布《证券期货投资者适当性管理办法》，围绕评估投资者风险承受能力和产品风险等级，充分揭示风险，提出匹配意见等核心内容，明确了证券、期货统一的适当性管理规定，规范分类标准，明确机构义务，确保各项适当性要求落到实处，保障投资者合法权益。2017年6月28日，中国证券投资基金业协会发布《基金募集机构投资者适当性管理实施指引（试行）》，统一了公私募基金适当性管理实施标准，加强了投资者保护。

针对私募基金服务机构与管理人权责划分不清、履责要求不明确、退出机制缺乏等诸多问题，中国证券投资基金业协会在2015年2月开始实施的《基金业务外包服务指引（试行）》的基础上，发布了《私募投资基金服务业务管理办法》，明确私募基金服务机构与私募管理人的法律关系，全面梳理服务业务类别，重点规范基金份额、基金估值和信息技术系统三项业务职责和履责要求，提出各类业务职责边界，明确等级条件和自律管理要求，引入服务机构的退出机制，引导市场各方各尽其责，鼓励私募投资基金管理人特色化、差异化发展，降低运营成本，提高核心竞争力，打造良好的行业生态环境。

针对房地产过热投资、债券市场流动性风险等问题，中国证券投资基金业协会发布《证券期货经营机构私募资产管理计划备案管理规范第4号》，贯彻落实党中央、国务院关于房地产调控工作的指示精神；起草《私募资产管理计划备案管理规范第5号》，防范债券市场风险。

专栏三

公募FOF开启中国公募基金新时代[②]

公募FOF的发行标志着中国公募基金行业进入了一个新的发展阶段。2016年9月

---

① “7+2”自律规则体系是指涵盖私募基金登记备案、资金募集、资金托管、内部控制、人员管理、合同指引、信息披露、投资顾问和中介服务等的7个管理办法和2个指引。

② 作者：王毅，华安基金管理有限公司首席战略官，上海千人计划特聘专家。

11 日，中国证券监督管理委员会发布《公开募集证券投资基金运作指引第 2 号——基金中基金指引》（证监会公告〔2016〕20 号）。2017 年 9 月 8 日，六家基金公司的六只公募基金中基金（Fund of Funds，FOF）获得证监会发行许可。这六只公募 FOF 产品在较短的时间内募得相对可观的资金（总计 166 亿元），开始投资运作。

主流的公募 FOF 是用公募基金实现的大类资产组合投资，通过不同的，然而又比较确定的大类资产配置比例，实现具有不同层次风险收益特征的大类资产配置性投资。FOF 作为一个重要的公募基金产品种类，在于其为投资者提供了一种有效的资产配置解决方案，为非专业的普通投资大众解决了一个问题，即资产配置的纪律性问题。理论和实践都证明资产配置有明显的优势，但这种优势只有假以时日才能充分体现。对非专业的普通投资大众而言，执行资产配置的纪律已经证明是一个莫大的挑战。FOF 就是要以产品的形态将资产配置的纪律固化起来，让普通投资大众在各自可承受的风险度内，穿越资本市场的跌宕起伏，按配置比例获取各类配置资产的长期收益。随着 FOF 作为资产配置投资的优势逐渐显现，不仅越来越多的投资者将接受长期投资、资产配置的理念，中国基金行业和资本市场的生态亦将发生深刻的变化。

三层次制度规范保障公募 FOF 规范运作。2013 年 6 月 1 日起施行的修订版《中华人民共和国证券投资基金法》规定，“基金财产不得买卖其他基金份额，但是国务院证券监督管理机构另有规定的除外”，从立法层面为公募 FOF 预留了空间。随后，中国证券监督管理委员会于 2014 年 7 月 7 日发布的《公开募集证券投资基金运作管理办法》第三十条第（四）项规定，“百分之八十以上的基金资产投资于其他基金份额的，为基金中基金”，定义了公募 FOF。《公开募集证券投资基金运作指引第 2 号——基金中基金指引》则明确了公募 FOF 的主要投资标的为“经中国证监会核准或注册的公开募集的基金份额”，对公募 FOF 的投资作了具体的限制以防范集中持有风险、投资标的的自身风险和流动性风险，对公募 FOF 的费用作了规定以避免双重收费，并且对公募 FOF 的运作提出了其他要求，包括强化信息披露、明确估值原则和规范业务架构，以确保公募 FOF 规范运作，保护投资者利益。

公募 FOF 是个人养老金经济、适用的投资工具。当前，面对中国社会快速老龄化的巨大挑战，政府正在加快多层次养老保障体系的建设和完善，由政府、单位、个人三个支柱支撑的养老保障体系业已成为共识。个人养老储蓄资金的长期投资增值将会大大增强社会养老保障的基础。实践证明公募基金是个人养储蓄资老金长期增值的一个经济而有效的投资选择，例如在美国，个人退休账户将近一半的资产投资于共同基金，取得了非常好的长期增值效果。当然，鉴于当前国内资本市场的发展阶段和个人投资者的成熟程度，现阶段，比较其他基金产品，基于资产配置的、风险进一步分散的公募 FOF 会是个人养老储蓄资金的一个更加适合的投资工具。

附表

2017 年基金市场主要监管政策

日期	主要政策	发布单位
2017 年 1 月 24 日	《关于避险策略基金的指导意见》	证监会公告〔2017〕3 号
2017 年 2 月 14 日	《证券期货经营机构私募资产管理计划备案管理规范第 4 号》	中国证券投资基金业协会
2017 年 3 月 1 日	《私募投资基金服务业务管理办法》	中国证券投资基金业协会
2017 年 5 月 4 日	《基金中基金估值业务指引（试行）》	中国证券投资基金业协会
2017 年 6 月 6 日	《证券公司和证券投资基金管理公司合规管理办法》	证监会令第 133 号
2017 年 6 月 26 日	《关于基金从业人员资格管理实施有关事项的通知》	中国证券投资基金业协会
2017 年 6 月 28 日	《基金募集机构投资者适当性管理实施指引（试行）》	中国证券投资基金业协会
2017 年 8 月 31 日	《公开募集开放式证券投资基金流动性风险管理规定》	证监会公告〔2017〕12 号
2017 年 9 月 5 日	《中国证监会关于证券投资基金估值业务的指导意见》	证监会公告〔2017〕13 号
2017 年 9 月 6 日	《证券投资基金投资流通受限股票估值指引（试行）》	中国证券投资基金业协会
2017 年 9 月 13 日	《证券投资基金管理公司合规管理规范》	中国证券投资基金业协会
2017 年 10 月 18 日	《基金募集机构投资者适当性管理实施指引（试行）》	中国证券投资基金业协会
2017 年 12 月 29 日	《关于证券投资基金增值税核算估值的相关建议》	中国证券投资基金业协会
2018 年 1 月 12 日	《私募基金备案须知》	中国证券投资基金业协会
2018 年 1 月 12 日	《私募证券投资基金管理人会员信用信息报告工作规则（试行）》	中国证券投资基金业协会
2018 年 1 月 25 日	《中国基金估值标准》	中国证券投资基金业协会
2018 年 2 月 11 日	《养老目标证券投资基金指引（试行）》	证监会公告〔2018〕2 号

六、货币市场发展政策①

2017 年，中国货币市场总体运行平稳。货币市场制度建设和基础设施建设稳步推进，交易所回购市场进一步完善债券入库、标准券折算以及结算风险等管理制度，债券市场参与者债券回购业务得以规范，修改《同业拆借管理暂行办法》引导同业存单市场规范有序发展，票据市场基础设施建设不断完善，交易配套规则进一步健全。货币市场运行效率和服务实体经济能力进一步提高。

（一）同业拆借市场

2017 年，全国银行间同业拆借市场运行总体平稳。在市场准入逐步放宽、交易监管不断趋严、风险防控力度进一步加大的政策背景下，同业拆借市场成员继续扩大，交易规模有所下降，市场资金面整体呈紧平衡状态。

1. 2017 年同业拆借市场运行情况

（1）交易规模下降，短期化特点显著。2017 年，全国银行间同业拆借市场累计成交 79 万亿元，日均成交 3147 亿元，同比下降 17.65%。其中，隔夜交易品种累计成交

① 作者：朱永行，中国人民银行上海总部金融市场管理部。

68 万亿元，占总交易量的 86.07%，较上年下降 1.48 个百分点；7 天期拆借交易占比为 10.02%，较上年上升 0.52 个百分点；14 天至 3 个月期限拆借交易占比为 3.57%，较上年上升 0.96 个百分点；3 个月以上期限拆借交易占比 0.16%，与上年持平。

（2）成交利率上行，波动幅度加大。全年同业拆借加权平均利率为 2.77%，较上年上升 59.41 个基点。年内，日加权利率最高点为 9 月 30 日的 3.6668%，最低点为 1 月 9 日的 2.1948%，极差为 147.20 个基点，较上年扩大 60.23 个基点。

（3）银行业金融机构交易活跃，非银行业金融机构成本较高。银行业金融机构是同业拆借市场最主要的交易主体，年交易规模占市场交易总额的 87.26%；非银行业金融机构中，证券公司、财务公司交易较为活跃。融资成本方面，非银行业金融机构拆入资金的加权平均利率为 3.02%，较市场平均利率水平高 24.95 个基点，较银行业金融机构高 32.11 个基点，分别较上年扩大了 10.16 个基点和 12.34 个基点。

2. 同业拆借市场监管政策及分析

（1）政策背景。2017 年，全球经济同步回暖，主要发达经济体货币政策回归正常化。美联储年内三次加息，并于 10 月开始缩减资产负债表，英格兰银行启动十年内首次加息，各地货币政策的逐步回归推动了全球资金成本的上行。我国经济运行稳中向好、好于预期，货币政策保持稳健中性，存款类金融机构超额储备率整体维持低位，市场利率小幅上行。党的十九大报告、全国金融工作会议和中央经济工作会议都提出，要健全金融监管体系，打好防范化解重大风险攻坚战，守住不发生系统性金融风险的底线。随着全球经济金融形势不确定性的增大，以及市场利率的上升，流动性风险防控被放到了更为重要的位置。

银行间同业拆借市场作为金融机构管理流动性最主要的场所之一，近年来整体发展稳健，基础设施完善，市场主体交易规范、透明度高，简政放权逐步推开，对外开放力度有序加大，为金融机构开展流动性管理提供了更便捷的渠道，也为货币市场基准利率建设提供了较好的交易基础。但同时，同业拆借市场存在交易主体过度集中于银行业金融机构，交易短期化，缺乏中长期连续交易价格等问题。2013 年末同业存单的推出，为 1 个月以上资金定价提供了真实的参考基准，有效弥补了同业拆借市场交易期限结构的缺陷，也为中长期同业拆借交易提供了定价参考。2014—2016 年，同业存单市场发行规模以年均 100% 以上的增速迅速发展。然而，部分金融机构通过发行同业存单加杠杆，投资高风险资产，导致资金在金融机构内部空转套利，降低了金融支持实体经济的水平，违背了同业存单作为货币市场工具调节流动性的本源，助推了市场风险的积累，同业存单业务已成为 2017 年监管重点之一。

（2）主要监管政策。3 月，银监会办公厅发布《关于开展银行业“违法、违规、违章”行为专项治理工作的通知》（银监办发〔2017〕45 号）、《关于开展银行业“监管套利、空转套利、关联套利”专项治理工作的通知》（银监办发〔2017〕46 号）、《关于开展银行业“不当创新、不当交易、不当激励、不当收费”专项治理工作的通知》（银监办发〔2017〕53号），对相关行为进行整治，特别是对同业套利、同业扩展、资金空转等情况进行检查和规范。

4月，银监会发布《关于集中开展银行业市场乱象整治工作的通知》（银监发〔2017〕5号），就银行业十个方面的行业乱象提出自查要求。

同月，银监会发布《关于银行业风险防控工作的指导意见》（银监发〔2017〕6号），就防控包括流动性风险在内的十大重点领域风险提出监管要求，要求合理控制同业存单等同业融资规模。

8月，人民银行第二季度货币政策执行报告宣布，拟将资产规模5000亿元以上银行发行的1年以内同业存单纳入MPA同业负债占比指标进行考核。

同月，人民银行公告〔2017〕第12号规定，同业存单期限不超过1年，为1个月、3个月、6个月、9个月和1年，可按固定利率或浮动利率计息，并参考同期限上海银行间同业拆借利率定价；自2017年9月1日起，金融机构不得新发超过1年的同业存单。

9月，证监会印发《公开募集开放式证券投资基金流动性风险管理规定》（中国证监会公告〔2017〕12号），对货币市场基金投资于包括同业存单在内的金融工具实施更为严格的风险管控和约束。

11月，人民银行、银监会、证监会、保监会、外汇局共同发布《关于规范金融机构资产管理业务的指导意见（征求意见稿）》，包括确立资管产品的分类标准、降低影子银行风险、减少流动性风险、打破刚性兑付、控制资管产品的杠杆水平、抑制多层嵌套和通道业务、切实加强监管协调等多方面。

12月，银监会发布《商业银行流动性风险管理办法（修订征求意见稿）》，引入净稳定资金比例、优质流动性资产充足率和流动性匹配率，进一步完善流动性风险监测体系，并细化了流动性风险管理相关要求。

（3）政策效果分析

①市场监管方面。2017年，为切实防范金融风险，守住不发生系统性金融风险的底线，金融监管部门监管文件密集出台，“防风险”“去杠杆”力度持续加强。银监会针对银行业“三违反”“三套利”“四不当”以及“十大行业乱象”开展的专项整治，对同业业务提出了针对性的监管要求。在此背景下，金融机构同业业务自查力度加强，授信更为严格、内控更加审慎，金融体系降低内部资金杠杆，资金面内在稳定性有所提高；但市场对后续监管政策力度及持续性的预期变化，使得金融机构资金融出意愿降低，而金融机构调整资产负债的行为在一定程度上加大了短期资金供求波动。第二季度同业拆借市场交易规模明显下降，成交利率有所上行。

银监会在多个文件中将同业存单业务列入检查整改之列，并提出考察同业存单纳入同业负债余额是否超过银行负债总额1/3的限定；人民银行规定自2017年9月1日起金融机构不得新发超过1年的同业存单，及将资产规模5000亿元以上银行发行的1年以内同业存单纳入MPA同业负债占比指标进行考核等要求，体现出监管部门对同业存单监管趋严的方向。在上述政策作用下，2017年下半年同业存单余额一改往年稳步上升的趋势，出现了波动式下降。年末，同业存单市场余额为8.03万亿元，较2017年8月的最高点回落0.41万亿元。

②市场发展方面。近两年，全国银行间同业拆借市场简政放权及对外开放力度不断扩大。自2016年2月，国务院取消“进入全国银行间同业拆借市场审批”事项以来，人民银行简化入市流程，便利市场成员。截至2017年末，同业拆借市场机构成员达1958家，较上年增加233家。市场参与成员类型逐步丰富，由2016年的九大类增加为2017年的十大类，消费金融公司作为新一类金融机构进入同业拆借市场，年末共4家消费金融公司成为同业拆借市场成员。此外，已有10家境外人民币清算行成为同业拆借市场成员，较好地发挥了连接境内外人民币市场的桥梁作用。

为适应深化利率市场化改革的要求，进一步健全市场化利率形成和调控机制，根据市场利率定价自律机制相关工作安排，自2017年1月3日起Shibor发布时间将由上午9：30调整为上午11：00。发布时间的调整，有利于更充分地反映市场的资金面松紧，提高Shibor报价的指导性，更好地反映并引导市场利率情况。同时，人民银行关于同业存单期限不超过1年的规定，有助于抑制部分银行过度依赖同业存单，降低期限错配风险和流动性风险，引导同业存单回归货币市场工具本质，推动同业存单市场规范有序发展；对于同业存单可按固定利率或浮动利率计息，并参考同期限上海银行间同业拆借利率定价的规定，则有助于为中长期Shibor报价提供稳定的交易基础，扩大使用范围，从而进一步夯实Shibor的基准利率地位。

3. 展望

中央经济工作会议明确提出，推动高质量发展是当前和今后一个时期确定发展思路、制定经济政策、实施宏观调控的根本要求。银行间同业拆借市场将进一步扩大开放力度，优化主体结构，不断完善市场基础设施，健全监督管理体系，立足宏观审慎风险管控，强化事中事后监督管理，有效防范市场风险。

（二）回购市场

2017年，债券回购市场运行总体平稳，市场制度和基础设施建设不断完善，回购市场交易规模继续扩大，回购利率上行，中长期限交易占比增加，质押券结构有所优化。

1. 出台的政策

4月7日，中国证券登记结算有限公司（以下简称“中国结算公司”）发布了《关于发布〈质押式回购资格准入标准及标准券折扣系数取值业务指引（2017年修订版）〉有关事项的通知》（中国结算发字〔2017〕47号），对《质押式回购资格准入标准及标准券折扣系数取值业务指引（2016年修订版）》进行了修订，按照新老划断原则提高信用券的回购入库标准，促进质押券结构持续优化。

8 月 10 日，中国结算公司发布《关于发布〈中国证券登记结算有限责任公司临时停市债券质押式回购业务结算暂行办法〉的通知》（中国结算发字〔2017〕100 号），对临时停市债券质押式回购业务的结算处理进行了相应规范，并规定自 2018 年 1 月 22 日起实施。

11 月 17 日，中国结算公司、上海证券交易所、深圳证券交易所共同制定并联合发布了《债券质押式回购融资主体数据报送指引》（中国结算发字〔2017〕153 号和《债券质押式回购融资主体数据报送报表》（中国结算发字〔2017〕152 号），建立回购数据报送和风险监测机制，全面加强市场主体动态监测和预警，保障回购市场健康发展。

12 月 29 日，人民银行、银监会、证监会、保监会共同印发了《关于规范债券市场参与者债券交易业务的通知》（银发〔2017〕302 号），进一步明确回购交易的内部控制与风险管理，规范回购交易行为，将杠杆控制在合理水平，并设置了一年过渡期。

2. 政策评估

2017 年 4 月，习近平总书记在中共中央政治局第四十次集体学习时强调，“金融活，经济活；金融稳，经济稳。”2017 年 7 月召开的第五次全国金融工作会议上，习近平进一步提出，要紧紧围绕服务实体经济、防控金融风险、深化金融改革三项任务，创新和完善金融调控。主动防范化解系统性金融风险被放在更加重要的位置。

2017 年，债券回购市场注重强化规范性要求和防范化解回购业务风险。交易所市场发布的《质押式回购资格准入标准及标准券折扣系数取值业务指引（2017 年修订版）》《债券质押式回购融资主体数据报送指引》和《债券质押式回购融资主体数据报送表》等规章制度，有利于加强交易所市场质押式回购业务风险管理，促进交易所债券市场平稳健康发展。其中，《质押式回购资格准入标准及标准券折扣系数取值业务指引（2017 年修订版）》主要修订内容包括：一是按照新老划断原则提高信用债券的回购入库标准；二是进一步完善对回购质押品进行主动管理和动态调整规则依据。《中国人民银行　银监会　证监会　保监会关于规范债券市场参与者债券交易业务的通知》则是针对债券市场存在的一些不规范交易行为而研究制定的，旨在督促各类市场参与者加强内部控制与风险管理，健全债券交易相关的各项内控制度，规范债券交易行为，并将自身杠杆操作控制在合理水平。

从回购市场运行情况看，2017 年债券回购市场呈现如下运行特点：一是回购交易规模整体小幅增长。全年债券回购市场累计成交 854.2 万亿元，同比增长 4.5%。其中银行间债券回购市场成交 616.4 万亿元，同比增长 2.5%；交易所债券回购市场质押式回购成交 256.7 万亿元，同比增长 11.2%。在银行间债券回购市场中，质押式回购成交 588.3 万亿元，同比增长 3.5%；买断式回购成交 28.1 万亿元，同比减少 14.9%。二是交易期限以短期为主。银行间债券回购市场中，7 天以内的质押式回购交易占比为

93.7%，7天以内的买断式回购交易占比为9.8%；交易所回购市场中，7天以内的短期回购占比为98.1%。三是回购利率水平及波动性均较上年有所增加。全年银行间债券回购市场质押式回购加权平均利率为2.92%，较上年上升73个基点，买断式回购加权平均利率为3.32%，较上年上升77个基点；交易所回购市场7天回购定盘平均利率为4.07%，较上年上升140个基点。银行间债券回购市场质押式回购的利率极差为268个基点，较上年上升160个基点。四是交易所回购市场质押券结构有所优化。利率债和AAA级信用债占比76.3%，较上年上升9.6个百分点，其中利率债占比22.2%，AAA级信用债占比54.1%。

3. 展望

2018年是贯彻落实党的十九大精神的开局之年，是改革开放40周年，是决胜全面建成小康社会、实施“十三五”规划承上启下的关键一年。我国回购市场将以习近平新时代中国特色社会主义思想为指导，坚持稳中求进工作总基调，按照经济高质量发展要求，深入贯彻服务实体经济、防控金融风险、深化金融改革三大任务，大力推动回购市场改革开放，促进回购市场平稳健康发展。银行间债券回购市场的交易规模有望保持平稳增长，市场参与者数量及类型将会进一步丰富；交易所债券回购市场整体杠杆水平将稳中有降，回购质押券结构有望进一步优化。三方回购业务有望得以加强研究，以丰富债券回购市场体系，更好地服务各类投资者。

（三）同业存单市场

2017年，同业存单市场发行和托管规模大幅增加，发行利率持续走高，发行短期化特征明显，二级市场交投活跃。

1. 出台的政策

8月31日，人民银行发布2017年第12号公告，修改《同业存单管理暂行办法》中关于发行期限的相关规定。将《同业存单管理暂行办法》（中国人民银行公告〔2013〕第20号）第八条“固定利率存单期限原则上不超过1年，为1个月、3个月、6个月、9个月和1年，参考同期限上海银行间同业拆借利率定价。浮动利率存单以上海银行间同业拆借利率为浮动利率基准计息，期限原则上在1年以上，包括1年、2年和3年”的内容修改为“同业存单期限不超过1年，为1个月、3个月、6个月、9个月和1年，可按固定利率或浮动利率计息，并参考同期限上海银行间同业拆借利率定价”。公告自2017年9月1日起施行。并规定，自2017年9月1日起，金融机构不得新发行期限超过1年（不含）的同业存单，此前已发行的1年期（不含）以上同业存单可继续存续至到期。

2. 政策评估

同业存单兼具电子化、标准化、流动性强、透明度高等特点，在过去两年里取得了快速发展，并成为中小银行重要的主动负债工具。自2017年初以来，随着我国“去杠杆”、防范金融风险等政策的实施，同业存单被视作金融市场加杠杆的重要工具而受到监管重点关注。此次修改《同业存单管理暂行办法》中关于发行期限的规定，有利于引导同业存单市场规范有序发展。

2017 年，伴随着货币市场利率和债券收益率的中枢抬升，叠加引导同业存单回购货币市场工具本质的政策导向，全年同业存单发行期限趋于短期化特征明显。1 个月、3 个月、6 个月期限发行规模分别占发行总额的 21.1%、40.6% 和 21.1%，较上年分别上升 4.0 个、上升 12.9 个和下降 4.1 个百分点；9 个月、1 年、1 年以上期限品种发行金额占比分别为 4.7%、12.1% 和 0.4%，较上年分别下降 1.7 个、10.8 个和 0.2 个百分点。

此外，2017 年同业存单市场运行还呈现如下特征：一是发行和托管规模大幅增加。全年同业存单发行金额 20.2 万亿元，同比增长 54.9%；年末同业存单余额 8 万亿元，同比增长 27.5%。二是发行利率持续升高。年末股份制商业银行 3 个月期同业存单平均发行利率较年初大幅上行 120 个基点至 5.4%，其余品种发行利率也不同程度走升。三是同业存单发行利率基本围绕 Shibor 波动。以股份制商业银行为例，除年初、第二季度末和第三季度初等少数时点外，同业存单发行利率与同期限 Shibor 的利差基本保持在 25 个基点以内。四是同业存单二级市场流动性较高。全年累计成交金额 112.9 万亿元，同比增长 61.0%，其中以现券买卖方式成交 37.1 万亿元，同比增长 87.4%。

3. 展望

2018 年，随着同业存单回归调剂金融体系内部资金余缺的本质属性，同业存单市场将进一步规范平稳健康发展。在高基数效应和稳健中性货币政策背景下，同业存单发行增速可能会放缓，发行期限将适度缩短。与此同时，随着金融市场改革开放力度的进一步加大，同业存单二级市场参与者数量将不断增加，投资者类型将更为丰富。

（四）票据市场

2017 年，我国票据市场基础设施建设不断完善，交易配套规则进一步健全，市场规范力度保持高位，机构经营行为更趋审慎，票据市场运行总体平稳，规模略有收缩。

1. 2017 年票据市场运行情况

票据承兑业务总体下降。2017 年，企业累计签发商业汇票 17.0 万亿元，同比下降 6.1%；期末商业汇票未到期金额为 8.2 万亿元，同比下降 9.5%，票据承兑规模连续两年下降。年末，未贴现银行承兑汇票存量为 4.44 万亿元，同比增长 13.7%；未贴现银行承兑汇票增量为 5364 亿元，比上年多增 2.49 万亿元。

票据融资有所下降。全年金融机构累计贴现 40.3 万亿元，同比下降 52.4%；期末贴现余额为 3.9 万亿元，同比下降 28.9%；转贴现 44.48 万亿元，比上年减少 1.32 万亿元，下降 2.89%；质押式回购 6.92 万亿元，比上年增加 3.54 万亿元，增长 104.9%。票据融资余额占各项贷款的比重为 3.2%，同比下降 1.9 个百分点。

票据市场利率冲高回落，年末有所抬头。2017 年票据市场利率整体上行。上半年，市场利率持续走高，贴现利率上行幅度最大。进入下半年，票据利率大幅回落后基本稳定，年末再度上行。全年电票贴现、转贴现和质押式回购加权平均利率分别为 4.89%、4.28% 和 3.85%，分别比上年上升 157 个、128 个和 88 个基点。

2. 出台的监管政策及分析

（1）政策背景。2017 年是票据市场发展的特殊时期。票据市场经历了前两年风险事件频发、操作隐患凸显的阵痛后，票据经营机构风险意识显著增强，防风险力度不断增大。特别是中央将维护金融安全放到了前所未有的重要地位，明确提出要进一步深化金融改革、加强金融监管、维护金融稳定。金融监管部门对金融业务的综合监管及对票据业务的专项监督均维持高压，金融机构也表现出较强的自查力度和整改决心。

全国金融工作会议提出金融服务实体经济、防范金融风险、深化金融改革的三大任务，要求金融工作回归本源，服从服务于经济社会发展，把为实体经济服务作为出发点和落脚点。票据业务作为金融机构连接实体经济最直接、最紧密的桥梁，承担着服务实体、支持中小企业融资的重要使命。为此，票据业务功能和重心正从原先金融机构调节信贷规模的主要工具、规模外经营的重要利润来源，逐步回归本源，向服务实体、便利贸易、支持中小企业等方面转型。

同时，随着 2016 年《票据交易管理办法》的发布实施以及上海票据交易所的成立，票据市场的制度建设和基础设施建设已取得了突破性进展。全国统一的票据交易平台为市场成员提供交易、登记、托管、清算结算、数据信息等服务，实现了登记、托管、交易、清算的一体化运行，为票据市场升级发展打下了坚实的物质基础。政策的推动及市场的期待共同推进着票据交易模式转型，票据电子化程度大幅提升。

（2）主要监管政策。3 月，银监会办公厅发布《关于开展银行业“违法、违规、违章”行为专项治理工作的通知》（银监办发〔2017〕45 号）、《关于开展银行业“监管套利、空转套利、关联套利”专项治理工作的通知》（银监办发〔2017〕46 号）、《关于开展银行业“不当创新、不当交易、不当激励、不当收费”专项治理工作的通知》（银监办发〔2017〕47 号），对相关行为进行整治。

4 月，银监会发布《中国银监会关于提升银行业服务实体经济质效的指导意见》（银监发〔2017〕4 号）、《关于集中开展银行业市场乱象整治工作的通知》（银监发〔2017〕5 号）、《关于银行业风险防控工作的指导意见》（银监发〔2017〕6 号）、《关于切实弥补监管短板提升监管效能的通知》（银监发〔2017〕7 号）。要求银行业要坚持以供给侧结构性改革为主线，深化改革、积极创新、回归本源、专注主业，进一步提高服务实体经济的能力和水平；要求围绕“三去一降一补”，提升银行业服务实体经济水平，持续提升“三农”和小微企业金融服务水平；就银行业十个方面的行业乱象提出自查要求；并就防控十大重点领域风险及弥补监管短板提出监管要求。

7月，人民银行发布《关于加强电子商业汇票交易管理有关事项的通知》（银发〔2017〕165号），规定电子商业汇票交易自2017年8月28日起执行《票据交易管理办法》有关规定；明确电子商业汇票贴现后业务于2018年10月1日至10月7日切换至上海票据交易所交易系统，原电子商业汇票系统（ECDS）贴现后业务功能关闭。

7月，财政部、国家税务总局发布《关于建筑服务等营改增试点政策的通知》（财税〔2017〕58号），规定金融机构开展贴现、转贴现业务，以其实际持有票据期间取得的利息收入作为贷款服务销售额计算纳入增值税。

此外，上海票据交易所发布了一系列配套交易规则，包括《上海票据交易所票据交易规则》《上海票据交易所纸质商业汇票业务操作规程》《上海票据交易所票据登记托管清算结算业务规则》《票据交易主协议》等。

（3）政策效果分析

①市场监管方面。2017年，为切实防范金融风险，守住不发生系统性金融风险的底线，金融监管部门监管文件密集出台，监管力度持续加强。从人民银行自2017年第一季度起正式将表外理财纳入广义信贷范围，到银监会年初就服务实体经济、提高金融风险防控能力、提升金融监管水平提出的指导性要求；从银监会针对银行业“三违反”“三套利”“四不当”以及“十大行业乱象”开展的专项整治，到证监会全面禁止通道业务，以及保监会坚持去杠杆、去嵌套、去通道导向，对金融机构的高风险业务起到直接的约束作用，为金融机构优化公司治理、规范业务操作、防范金融风险、提高服务水平指明了方向。

随着监管措施的不断深入，金融机构的自查整改工作持续展开。票据业务方面，诸如开立无真实贸易背景承兑汇票套取保证金、虚假票据交易，利用票据虚增存贷款规模或腾挪信贷规模、违规与中介合作、违规减少资本占用等违规业务模式得到有效控制，金融机构整体风险管理意识及合规程度大幅提高，业务开展更为审慎。从市场交易情况来看，票据市场各项业务规模大多出现了不同程度下降，贴现交易规模降幅最大，超过50%，短期内对实体经济的支持作用有所减弱，但长远而言，规范的经营理念和完善的内控机制将更有利于票据市场的健康发展。

②市场发展方面。根据《关于规范和促进电子商业汇票业务发展的通知》（银发〔2016〕224号）要求，自2017年1月1日起，单张金额在300万元以上的商业汇票必须通过电票系统办理；自2018年1月1日起，原则上单张出票金额在100万元以上的商业汇票应全部通过电票办理。2017年，人民银行进一步推进纸质票据与电子票据的融合，既实现了票据交易制度的融合，又实现了交易系统的融合，推进票据市场电子化进程持续加快。全年，票据市场电票交易占比大幅提升，票交所电票承兑量已占票据承兑交易的88.99%，电票贴现业务占比为97.1%，电票转贴现及质押式回购业务占比

为98.51%。

另一方面，税收制度改革对票据业务也产生了重大影响。财政部、国家税务总局发布《关于建筑服务等营改增试点政策的通知》规定金融机构开展贴现、转贴现业务，以其实际持有票据期间取得的利息收入作为贷款服务销售额计算缴纳增值税的计税方式符合“谁持有、谁获利、谁缴税”的原则，有利于票据市场的稳定健康发展。

③基础设施方面。自2016年12月上海票据交易所开业以来，系统功能逐渐完善，交易规则不断健全，初步实现了制度统一、规则统一、标准统一和平台统一，基本满足市场参与者票据登记、托管、交易、结算等基础性操作需要。高效、便捷、安全的电子化操作平台，有助于消除票据市场的信息壁垒和地域限制，有助于提升市场信息和业务行为的透明度，提高票据流转效率，也有助于抑制票据业务中的不规范行为，防控市场风险。

3. 展望

票据市场是有效连接货币市场和实体经济的重要通道。当前，我国票据市场经历了重大改革。市场基础设施的逐步完善、票据交易模式的升级以及市场信息的透明，将有利于促进各类经营主体交易行为的规范，推动票据市场健康发展。票据市场将站在更高的起点、更广的平台上，不断拓展内涵和外延，在服务实体经济和促进经济结构转型升级等方面发挥更重要的作用。

七、信托与财富管理市场发展政策①

（一）2017年市场发展概况

根据中国信托业协会发布的数据，截至2017年12月31日，我国信托业管理资产规模达到26万亿元，同比增长29.8%。2017年，受宏观经济水平、资本结构调整和宏观调控政策等多种因素的综合影响，信托业资产管理规模和增长速度仍然维持了增长态势，总体呈现以下特点。

1. 事务类业务大增

事务管理类信托，是指委托人将资金或财产交付信托公司，同时要求受托人仅承担支付核算等事务性管理工作的信托业务。一般来说，信托通道业务中信托公司的角色体现基本等同于事务管理人，因此通道业务一般被归类为事务管理类信托。2017年，受其他类型通道持续收紧的影响，大量通道产品只好重新转而使用信托通道，导致事务类（通道）业务逆势大幅增长。数据显示，2017年前三个季度增速分别为14%、8.71%和8.01%。

2. 业务监管分类启动

2017年，银监会正式启动了业务监管分类试点，将信托业务分为债权信托、股权信

① 作者：李青云，上海通晟资产管理公司总裁。

托、标品信托等八个基础类别。经过前期各项准备，共有外贸信托、安信信托、平安信托等 10 家信托机构参与了前期试点。业务监管分类是一项重要的市场发展政策，通过对信托业务分类有助于厘清信托业务界限、重构信托业务模式进而促进信托回归本源。

3. 新型业务快速发展

在监管机构不断推动信托回归业务本源的政策指引下，各家信托公司 2017 年继续在新型信托业务上大力拓展。具体而言，新型业务在资产证券化、家族信托、慈善信托等领域取得一定发展：在资产证券化领域，信托型资产支持票据（ABN）和 PRE - ABS 得到快速发展；在家族信托领域，信托公司转而向下降低业务门槛，通过扩大受众面培育潜在市场；在慈善信托领域，受管理政策进一步明晰的影响，多家信托公司取得业务突破。

（二）2017 年主要政策效果评价

随着信托业务潜在风险的逐步显现，监管机构在推动行业回归“受人之托、代人理财”本源的同时，围绕防范金融风险这一中心任务出台了多项重要政策。纵观 2017 年，监管机构在不断完善信托行业制度与基础设施建设的同时，大力加强对违法、违规行为的检查与整改力度，信托进入“强监管”时代的特征非常鲜明。

总体而言，我国信托与财富管理市场发展政策在 2017 年取得了重大成果，分述如下。

1. 业务基础类相关政策

（1）信托登记制度建立。为提高信托产品信息透明度和规范性，防范化解信托业操作风险，中国银监会于 2017 年 8 月 25 日发布了《关于印发信托登记管理办法的通知》（银监发〔2017〕47 号），具有里程碑意义的《信托登记管理办法》（以下简称《登记办法》）自 9 月 1 日起正式生效。

《登记办法》按照“集中登记、依法操作、规范管理、有效监督”的总体原则，就信托登记的内容、流程和受益权账户等方面进行了详细规定，迈出了构建我国统一信托登记制度的关键一步。根据《登记办法》，产品登记的主要内容有：信托产品名称、信托类别、信托目的、信托期限、信托当事人、信托财产、信托利益分配等信托产品及其受益权信息和变动情况等。对于受益权登记，《登记办法》则将信托受益权账户定义为受益人的簿记账户，任一民事主体仅可以开立一个信托受益权账户，从而使受益人信息在登记机构实现了集中管理。

《登记办法》构建的信托登记制度，对于信托行业发展具有极为重要的基础性意义。具体表现在以下几个方面。

①有效填补制度空白。统一的信托登记制度，是信托业实现长期规范发展的基础性制度。一个完备的信托登记体系应当包括财产登记、产品登记、受益权登记等关键环节。受多种原因影响，我国信托登记制度一直处于空白阶段，这对信托业发展的制约很

大。《登记办法》所构建的登记体系，在业务操作中有利于明确信托要素、厘清当事人权利义务关系，使得信托制度的优势得以充分发挥，有利于信托业的发展不断走向深入。《登记办法》虽然未能整体性解决登记制度缺失的问题，但有效消除了产品登记环节的空白，并初步形成了受益权登记环节的制度框架，其填补空白的重大作用仍然非常突出。

②形成统一信息平台。根据《登记办法》，集合信托产品以及部分财产权信托产品需要进行信息公示。从业务运行角度出发，产品信息由具有较高公信力的机构统一登记公示，对于信托产品公信力的提高帮助极大。此前，由于缺乏统一登记公示机构，产品信息往往由不同机构或平台各自发布，由于缺乏有效监管，产品信息甚至存在不实的情况。通过信息在中国信托登记有限公司的集中公开披露，可以充分防止上述虚假信息传播问题。

③有利于监管效率提升。根据《登记办法》规定，信托产品的详细信息在中国信托登记公司实现集中登记后，可以有效解决行业数据块状分散的情况，可以大幅提升监管机构掌握产品数据的完备性、准确性和时效性。登记过程实现的从成立、存续管理和清算全流程的完整信息链条，有助于监管机构及时准确进行监管预判，提升业务监管的前瞻性，切实防范风险事项，从而提高监管效率。

在上述价值之外，《登记办法》还为信托行业未来发展奠定了一项重要基础，即受益权账户相关规定。引入受益权账户的概念是《登记办法》的突破点之一，允许委托人或受益人自愿开设受益权账户。众所周知，委托人或受益人是否拥有信托受益权账户是开展受益权流转交易的基础，《登记办法》提出委托人或受益人可以自愿开设信托受益权账户，这为今后开展信托受益权流转交易和信托受益权资产证券化业务提供了重要制度基础。

（2）信托业务监管分类。2017 年 4 月，中国银监会下发了《信托业务监管分类试点工作实施方案》以及《信托业务监管分类说明（试行）》（以下简称《分类说明》）。

在《分类说明》中，监管机构对信托主动、被动管理业务的划分标准进行了明确。根据《分类说明》，主动管理型信托是指信托公司具有全部或部分的信托财产运用裁量权，对信托财产进行管理和处分的信托。被动管理型信托是指信托公司不具有信托财产的运用裁量权，而是根据委托人或是由委托人委托的具有指令权限的人的指令，对信托财产进行管理和处分的信托。在主动、被动业务分类之外，《分类说明》根据财产类型、管理运用方式以及信托目的等依据，对现有信托业务进行专门分类，具体分为八类：债权信托、股权信托、标品信托、同业信托、财产信托、资产证券化信托、公益慈善信托、事务信托。《分类说明》对信托业务不同层次的分类，是一项重要的基础性规范，对于信托业长期发展具有重大意义。

①有助于被动管理信托业务运行。被动管理信托在当前信托业务中占据显著份额，

对于信托机构的当前运营状态具有重大意义。监管机构明确被动管理信托划分标准和核心要素后，非常有利于信托公司据此进行风险控制和管理。同时，从监管角度而言，划分标准的明确还有利于监管机构对相应业务进行业务识别与监管。

②有利于提升信托公司专业化水平。通过对信托业务的准确分类，有利于信托市场参与主体更加准确理解信托目的、财产类型、管理运用方式和当事人权责关系的信托要素，有利于信托业务发展走向深入。特别地，信托公司在信托业务分类监管环境下，可以根据自身资源禀赋进行业务定位，打造自身核心竞争力，在细分市场进行深度耕耘，寻求差异化发展方向，进而有利于提高信托公司专业化水平。

2. 业务规范类相关政策

银信类业务近年增长较快，且通道业务占比较高，存在一定风险隐患。为促进银信类业务规范健康发展，防范金融风险，保护投资者合法权益，中国银监会于 2017 年 12 月 22 日发布《关于规范银信类业务的通知》（以下简称“55 号文”），分别从商业银行和信托公司双方对银信类业务进行了规范，并进一步强化了对银信类业务的监管要求。

“55 号文”不仅是对以往监管规定的集中重申，还在不少方面进行行了加强和完善，具有以下几个特点。

（1）业务范围全方位覆盖。“55 号文”将银信合作明确定义为：“商业银行作为委托人，将表内外资金或资产（收益权）委托给信托公司，投资或设立资金信托或财产权信托，由信托公司按照信托文件的约定进行管理、运用和处分的行为。”并进一步将银信通道业务界定为：“商业银行作为委托人设立资金信托或财产权信托，信托公司仅作为通道，信托资金或信托资产的管理、运用和处分均由委托人决定，风险管理责任和因管理不当导致的风险损失全部由委托人承担的行为。”与 2011 年发布的“72 号文”相比，银信合作的涵盖内容大幅增加，基本实现业务范围全覆盖，表内外统一管理，充分体现了防范机构套利的监管理念。

（2）交易对手名单制管理。“55 号文”要求商业银行在银信合作业务中，对信托公司实施名单制管理，根据信托公司的风险管理水平和专业投资能力，审慎选择交易对手。并且，商业银行应当根据客户和自身的风险偏好和承受能力，选择与之相适应的信托公司及产品。考虑在实际业务中大部分银行已经采用白名单合作机制，这一要求对业务运行的影响较小，但进一步体现了对信托公司提高主动管理能力的要求。

（3）信托业务回归本源。“55 号文”对信托公司提出了明确的业务转型要求，即不应注重通道业务规模增长，而应“积极转变发展方式，通过发挥信托制度优势和提高专业管理能力，为委托方银行提供实质金融服务，立足信托本源支持实体经济发展”。这是监管机构在业务监管中不断重申的要求，在当前强调金融服务实体经济的大背景下，这一要求的加强显然更具有现实意义。在资本结构系统性调整的背景下，信托公司通道业务收缩是一个必然趋势，回归业务本源才是根本之道。

（4）重申业务限制领域。“55 号文”再次就业务限制领域进行了重申，要求“贯彻落实国家宏观调控政策，遵守相关法律法规，不得将信托资金违规投向房地产、地方政府融资平台、股票市场、产能过剩等限制或禁止领域”。一直以来，房地产信托和政信合作信托在信托业务规模中占据较大比重，随着这一要求的持续落实，势必会对信托业务规模形成一定冲击，影响较大。

3. 慈善信托相关政策

2016 年是我国慈善信托政策元年，《慈善法》以及《关于做好慈善信托备案有关工作的通知》奠定了慈善信托的制度框架，充分打开了业务发展空间。在此基础上，2017 年多家信托公司实现了慈善信托产品的突破，业务发展初具规模。中信信托设立的“中信何亨健慈善基金会 2017 顺德社区慈善信托”以 5 亿元规模成为迄今国内信托业受托规模最大的慈善信托。

2017 年，在政策环境初步确立的基础上，慈善信托政策得到进一步完善。2017 年 7 月 10 日，中国银监会、民政部联合发布了《慈善信托管理办法》（以下简称《管理办法》）。《管理办法》的颁布，标志着我国慈善信托政策体系基本建立，对我国慈善信托事业的快速稳健发展具有重大意义，具体表现在以下几个方面。

（1）操作性进一步规范。慈善信托在此前操作中，主要政策依据是法律层次较高的《慈善法》和银监会、民政部联合颁布的《关于做好慈善信托备案有关工作的通知》，制度原则性较强，细节规范较少，因而在具体操作环节还存在不少模糊之处。此次颁布的《管理办法》则专注于具体操作，进行了较为全面的细致规定。《管理办法》共九章六十五条，涵盖慈善信托设立、备案、财产管理处分、变更终止、促进措施、监督管理、信息公开以及法律责任等关键环节，对慈善信托业务的具体操作进行了大幅细化。与此同时，考虑到之前不同部门也曾出台过一些相关管理办法，为充分消除政策条款之间的差异，《管理办法》还专门明文规定：“此前有关慈善信托的相关规定与本办法不一致的，以本办法为准。”从而彻底解决了政策规定的一致性问题，慈善信托的操作规范性得到大幅增强。

（2）监管职责分工明确。作为一个跨部门管理规则，如何协调监管是一个重要内容，《管理办法》较好地解决了这一点。《管理办法》第四十七条就银监部门和民政部门的监管职责进行了清晰分工，规定银监会负责“信托公司慈善信托业务和商业银行慈善信托账户资金保管业务的监督管理工作”，而民政部门负责“慈善信托备案和相关监督管理工作”。上述分工完全符合各自的专业领域特征，是一个合理有效安排。同时，在监管合理分工的基础上，《管理办法》又对监管协作进行了明确要求，提出“民政部门和银行业监督管理机构应当建立经常性的监管协作机制，加强事中、事后监管，切实提高监管有效性”。监管分工协作的有效运行，有助于为慈善信托运作提供制度保障。

（3）财产管理方式取得突破。中国银监会办公厅于 2008 年发布的《关于鼓励信托公司开展公益信托业务支持灾后重建工作的通知》（银监办发〔2008〕93 号）就信托财产管理方式规定如下："只能投资于流动性好、变现能力强的国债、政策性金融债及中国银监会允许投资的其他低风险金融产品。"基于上述规定，我国公益慈善类信托的财产管理方式一直趋于保守，虽然有助于保障信托财产的安全性，但不利于通过财产收益提升信托财产规模。一个可能的不利之处是，如果特定信托不具备持续追加委托能力或者初始金额规模有限，该信托很可能会伴随本金的持续消耗而趋于终止，不利于慈善效果的持续存在或扩大。此次《管理办法》在财产管理方式上提供了例外条款，有效弥补了这一不足。《管理办法》第三十条规定："慈善信托财产运用应当遵循合法、安全、有效的原则，可以运用于银行存款、政府债券、中央银行票据、金融债券和货币市场基金等低风险资产，但委托人和信托公司另有约定的除外。"例外条款的出现，意味着特定信托可以选择具有一定风险水平的投资管理方案。事实上，基于现代投资理念的跨市场多策略投资方法，在长期可以实现较为稳健的投资效果，海外经验已经充分证明了这一点。运用投资收益而非本金开展慈善操作，不仅可以实现信托目的，还可以不断提升本金规模，进而提升慈善实施能力，是一种良好的长效机制。《管理办法》此次在财产管理方式上的突破，具有较为明显的长期价值。

（4）业务鼓励措施多样。促进慈善信托发展是一项共识，但需要政策环境进一步完善和配合，其中鼓励措施是关键一项。《管理办法》专设"促进措施"一章，再次就关键领域的鼓励措施进行了明确规定。其中特别需要指出的是第四十五条明确规定"信托公司开展慈善信托业务免计风险资本，免予认购信托业保障基金"。这是首次对信托公司开展慈善信托业务，享受免计风险资本和免予认购信托业保障基金待遇的正式确认。此外，开展慈善信托业务达到一定数量的，还有助于监管评级加分。信托公司开展慈善信托业务可以享受较为实质的措施鼓励，支持效果相对显著。

（5）税收政策缺失。需要特别指出的是，尽管《管理办法》在"促进措施"一章就税收优惠作出如下表态："慈善信托的委托人、受托人和受益人按照国家有关规定享受税收优惠。"然而，由于税收管理机构尚未就此情形出具专门税收政策，税收优惠支持事实上仍处于缺失状态。考虑税收因素对企业捐助行为的巨大影响，税收政策缺失是令人遗憾的。

总体而言，《管理办法》的出台从操作层面充分明确了操作层面的具体要求，对慈善信托事业的规范发展具有积极意义。同时还应看到，慈善信托事业的有效发展，对于信托业务回归本源具有一定帮助。然而，税收配套政策缺失的情况仍未得到改变，对于慈善信托的发展显然存在一定制约。

4. 其他相关政策

2017 年，国家不同部门针对综合金融业务发布了多项业务规则和监管措施，其中不乏涉及信托领域的情况。考虑到上述政策在此前章节已有说明，在此仅作简单介绍。

（1）“四不当”专项治理。为进一步提升银行业服务实体经济质效，规范经营行为，维护金融秩序，防控金融风险，中国银监会于2017年4月6日发布了《关于开展银行业“不当创新、不当交易、不当激励、不当收费”专项治理工作的通知》（以下简称“53号文”），决定自2017年4月起开展银行业“四不当”专项治理工作。作为银监会管理金融机构，信托公司也被纳入治理范围。“53号文”对信托业务的专项治理提出了明确要求，要求在如下方面是否存在不当交易进行检查：一是信托公司内部或信托公司之间；二是信托公司与银行之间；三是信托公司与其他资管机构（证券基金期货经营机构、保险机构及其持牌资管子公司）之间；四是信托公司与非金融机构之间。这一专项治理工作要求信托公司在创新、交易、激励和收费等方面进行认真排查清理，反映了监管机构深入、全面、审慎的工作思路，体现了促进金融回归服务实体经济的监管理念。

（2）资管产品增值税政策。财政部与国家税务总局于2017年6月30日发布了《关于资管产品增值税有关问题的通知》（以下简称“56号文”）。根据“56号文”，资管产品管理人（以下简称管理人）运营资管产品过程中发生的增值税应税行为，适用简易计税方法按3%的征收率缴纳增值税，并于2018年1月1日起施行。信托公司作为管理人的重要类别，相关资管产品——资金信托（包括集合资金信托、单一资金信托）、财产权信托等，均需按规定缴纳增值税。“56号文”的发布，标志着资管产品免税时期的结束，从日常运营角度考虑，交易成本小幅增加。

（3）规范地方政府融资。财政部、国家发展改革委等六部委于2017年5月3日联合发布了《关于进一步规范地方政府举债融资行为的通知》（以下简称“50号文”）。“50号文”对地方政府及其所属部门参与PPP项目、设立政府出资的各类投资基金提出四个“不得”，即“不得以任何方式承诺回购社会资本方的投资本金，不得以任何方式承担社会资本方的投资本金损失，不得以任何方式向社会资本方承诺最低收益，不得对有限合伙制基金等任何股权投资方式额外附加条款变相举债”，对于信托机构而言，通过信托计划参与PPP项目也必须遵守上述四个“不得”，这意味着某些隐性规则必须退出业务操作，这一举措有利于进一步防范金融风险发生。

（三）2018年政策展望与建议

2018年是去杠杆全面深化的重要时间节点，也是全面防范金融风险的关键时点。依托这一背景，建议信托与财富管理市场发展政策在规范和发展两个方面继续走向深入。

1. 规范类政策继续完善。规范的目的是通过业务操作的严格要求实现去杠杆，从而审慎降低风险发生概率，严监管当是应有之义。

2. 发展类政策继续加强。发展的目的是通过业务模式的引导，持续推动信托业务回归本源，从而实现信托模式的根本性调整。

专栏一

资管新规征求意见①

近年来，我国金融机构资管业务快速发展，规模不断攀升，在满足居民财富管理需求、优化社会融资结构、支持实体经济融资需求等方面发挥了积极作用。但由于同类资管业务的监管规则和标准不一致，也存在部分业务发展不规范、监管套利、产品多层嵌套、刚性兑付、规避金融监管和宏观调控等问题。11 月 17 日，为规范金融机构资产管理业务，中国人民银行会同银监会、证监会、保监会、外汇局等部门起草了《关于规范金融机构资产管理业务的指导意见（征求意见稿）》（以下简称《指导意见》）并公开征求意见。

《指导意见》遵循五大基本原则：一是坚持严控风险的底线思维，防止金融风险跨行业、跨市场、跨区域传递；二是坚持服务实体经济的根本目标，既充分发挥资管业务的投融资功能，又严格规范引导，避免资金脱实向虚；三是坚持宏观审慎管理与微观审慎监管相结合、机构监管与功能监管相结合的监管理念，实现对各类机构开展资管业务的全面、统一覆盖，加强金融消费者保护；四是坚持有的放矢的问题导向，针对资管业务的重点问题统一标准规制，对金融创新坚持趋利避害、一分为二，留出发展空间；五是坚持积极稳妥审慎推进，防范风险与有序规范相结合，充分考虑市场承受能力，合理设置过渡期，加强市场沟通，有效引导市场预期。

《指导意见》共 29 条，主要包括以下内容：一是确立资管产品的分类标准，资管产品根据募集方式不同分为公募产品和私募产品两大类，根据投资性质不同分为固定收益类产品、权益类产品、商品及金融衍生品类产品、混合类产品四大类，分别适用不同的投资范围、杠杆约束、信息披露等监管要求，强化“合适的产品卖给合适的投资者”理念；二是降低影子银行风险，引导资管业务回归本源，资管产品投资非标准化债权类资产应当遵守金融监督管理部门有关限额管理、风险准备金要求、流动性管理等监管标准，避免沦为变相的信贷业务；三是减少流动性风险，金融机构应加强流动性管理，遵循单独管理、单独建账、单独核算的管理要求，加强资管产品和投资资产的期限匹配；四是打破刚性兑付，资管业务是“受人之托、代人理财”的金融服务，金融机构开展资管业务时不得承诺保本保收益，金融管理部门对刚性兑付行为采取相应的处罚措施；五是控制资管产品的杠杆水平，从负债和分级两方面统一资管产品的杠杆要求，对公募和私募产品的负债比例（总资产/净资产）作出不同规定，明确可以分级的产品类型，分别统一分级比例（优先级份额/劣后级份额）；六是抑制多层嵌套和通道业务，金融监督管理部门对各类金融机构开展资管业务公平准入，金融机构切实履行主动管理职责，不

① 作者：蒋健蓉，申银万国证券研究所有限公司副总经理、首席战略研究员。

得为其他金融机构的资管产品提供规避投资范围、杠杆约束等监管要求的通道服务；七是切实加强监管协调，强化资管业务的宏观审慎管理，对同类资管产品按照统一的标准实施功能监管，加强对金融机构的行为监管，建立覆盖全部资管产品的综合统计制度；八是合理设置过渡期，充分考虑存量资管业务的存续期、市场规模，同时兼顾增量资管业务的合理发行设置过渡期，实施“新老划断”，不搞“一刀切”。

《指导意见》将有利于统一资管产品和监管标准、打破刚兑，但各类产品法律属性的明晰还有待在上位法的调整中予以进一步明确。

专栏二

面向新时代的首都金融科技产业①

作为现代金融的重要生产力，金融科技对于构建现代金融服务模式、提高金融体系效率、降低金融体系成本、提高金融服务水平、控制金融体系风险等具有重要意义。北京市重点发展金融科技产业，有助于更好地服务实体经济、防范金融风险、深化金融改革。

一、北京市金融科技发展概况

根据安永咨询公司的测算，中国在2016年对金融科技领域的直接投资达到了560亿元人民币，北京在金融科技领域的融资额达到364亿元人民币，首次超越美国硅谷位列全球第一。北京已经成为全球金融科技产业发展的领先城市。北京作为国家金融管理中心，借助全国科技创新中心优势，金融科技的发展较早，发展规模也更大。目前，北京的金融科技涵盖了互联网支付、网络借贷、股权众筹融资、互联网基金销售、互联网保险、互联网信托和互联网消费金融等业态。

二、北京市金融科技发展的优势与布局

经过统筹规划，北京市金融工作部门正在加快推进四区一体的北京市金融科技生态圈建设。

海淀区依托技术创新、研发创新、应用创新，是互联网金融企业的聚集地，拥有中关村互联网金融产业园、互联网金融中心和国家科技金融创新中心，还有着第一个国家自主创新示范区——中关村科技园。借助海淀区强大的创新能力，北京将在该区域推动各类金融科技孵化器、加速器的建设，使其成为北京市金融科技企业的摇篮。

西城区依托应用创新、场景创新，拥有丰富的金融资源，且西城区坐落着金融监管核心部门，发挥了金融辐射带动效应，实现了金融科技的突飞猛进。借助西城区的金融资源，积极引导传统金融机构与科技的融合与转型，推动互联网银行、互联网证券、互

---

① 何海峰根据北京市金融工作局相关资料整理。

联网保险等业态的发展。

通州区具有财富管理与智能金融优势，是北京城市副中心，是新兴金融资源的聚集地，聚集了众多财富管理企业，也是金融科技发展的重要支撑力量，而且具有地理上的纵深特点。借助通州区聚集的新兴金融资源，引入人工智能技术研发机构，助推智能财富管理企业的落地，加强对京津冀周边地区的金融科技能力输出，服务京津冀协同创新共同体建设。

房山区依托安全创新，作为北京互联网金融安全示范产业园，集合了众多政策优势，是北京市金融工作局重点发展的监管沙箱的试点区，也是北京市互联网金融风险防控措施“冒烟指数”的重点实施区域。借助房山区的政策优势，推动市场化监管科技机构在该区的落地与发展，为北京市金融科技企业合规与监管部门监督管理提供支持。

三、北京金融科技发展的重要领域

北京金融科技发展包括两大领域共11个具体领域。第一，金融科技基础设施层面包括金融云、大数据风控、人工智能、区块链、金融安全等5个领域。第二，金融科技上层应用层面包括网络融资、智能金融、第三方支付与结算、互联网银行、互联网保险、互联网证券等6个领域。

四、支持金融科技行业发展的建议

为进一步支持首都金融科技行业发展，将加强七方面的工作。第一，政策支持，加强统筹管理；第二，发展底层技术，创新引领发展；第三，发展智能金融，加快发展财富管理产业；第四，发展监管科技，守住风险底线；第五，行业自律，发挥协会作用；第六，加强教育宣传，增强金融消费者保护；第七，加强科学布局，发展科技优势。

附表

2017年中国信托市场发展主要政策

日期	文件名称	发布单位
4月6日	《关于开展银行业“不当创新、不当交易、不当激励、不当收费”专项治理工作的通知》	银监会
4月中旬	《信托业务监管分类试点工作实施方案》 《信托业务监管分类说明（试行）》	银监会
5月3日	《关于进一步规范地方政府举债融资行为的通知》	财政部、国家发展改革委、司法部、人民银行、银监会、证监会
6月30日	《关于资管产品增值税有关问题的通知》	财政部、税务总局
7月10日	《慈善信托管理办法》（银监发〔2017〕37号）	银监会、民政部
8月25日	《关于印发信托登记管理办法的通知》（银监发〔2017〕47号）	银监会
12月22日	《关于规范银信类业务的通知》	银监会

八、金融衍生品市场发展政策①

(一) 2017 年相关政策法规汇总

2017 年金融衍生品市场新出相关政策法规、制度公告

发布日期	主要内容	颁布机构
1 月 4 日	关于修订《中国金融期货交易所国债期货合约交割细则》的通知	中国金融期货交易所
2 月 16 日，9 月 18 日	关于调整股指期货手续费标准的通知	中国金融期货交易所
2 月 16 日	关于调整沪深 300、上证 50、中证 500 股指期货交易保证金的通知	中国金融期货交易所
3 月 29 日	关于调整利率互换定盘（收盘）曲线报价机构的通知	中国外汇交易中心
3 月 31 日	关于修订《中国金融期货交易所交易细则》及沪深 300 股指期货、上证 50 股指期货、中证 500 股指期货、5 年期国债期货、10 年期国债期货合约交易细则的通知	中国金融期货交易所
3 月 31 日	关于调整股指期货、国债期货合约交易指令每次最大下单数量的通知	中国金融期货交易所
4 月 10 日	关于调整交易中心利率互换曲线计算方案的通知	中国外汇交易中心
5 月 12 日	关于发布《机构间私募产品报价与服务系统场外衍生品交易业务指引（试行）》《机构间私募产品报价与服务系统场外衍生品格式化合约交易业务指引（试行）》的通知	中证机构间报价系统有限公司
5 月 22 日	关于加强场外衍生品业务自律管理的通知（中证协发〔2017〕123 号）	中国证券业协会
5 月 27 日	关于推出银银间回购定盘利率（FDR）及相关利率互换交易服务的公告	中国外汇交易中心
6 月 26 日	关于发布 FDR007 利率互换定盘（收盘）曲线的通知	中国外汇交易中心
6 月 28 日	关于修订《金融期货投资者适当性制度实施办法》《金融期货投资者适当性制度操作指引》的通知	中国金融期货交易所
7 月 21 日	关于 X－Swap 新增 5 年以上期限人民币利率互换合约的通知	中国外汇交易中心
9 月 15 日	关于调整沪深 300、上证 50 股指期货交易保证金的通知	中国金融期货交易所
9 月 27 日	关于加强风险管理公司场外衍生品业务适当性管理的通知（中期协字〔2017〕83 号）	中国期货业协会
11 月 28 日	关于在银行间市场开展货币掉期冲销业务的通知	中国外汇交易中心

资料来源：课题组整理。

① 作者：张生举，中国外汇交易中心研究部总经理；郑凌云，中国金融期货交易所研究发展部副总监。

（二）相关热点政策效应

1. 银行间市场货币掉期业务驶入发展快车道

2007年银行间市场已推出货币掉期交易，推出初期，由于交易要素相对复杂等原因，市场交易清淡。但2015年后，由于人民币国际化不断深入、海外投资规模迅速扩张、人民币汇率双向波动日益加剧、银行间市场对外开放程度逐渐加大等因素相互推动，人民币货币掉期业务驶入发展快车道。货币掉期交易规模显著增长，2016年货币掉期交易规模达223亿美元，同比增长1.2倍；2017年交易更加活跃，全年成交572亿美元，同比增长1.6倍。

2. 银行间市场X－Swap交易品种更加丰富，市场份额提升

为更好满足市场成员的风险管理需求，2017年银行间市场先后推出了以银银间回购定盘利率（FDR）、十年期国债收益率（GB10）、十年期国开债收益率（CDB10）、十年期国开债与国债收益率基差（D10/G10）、三年期中短期票据AAA与国开债收益率基差（AAA3/D3）为参考利率的利率互换产品，并将利率互换产品合约期限延长至10年，进一步丰富了衍生品产品序列，提高了衍生品市场交易效率。X－Swap市场份额显著提升。2017年，X－Swap交易量达7.78万亿元，市场份额占54%，较2016年有近19个百分点的增长。

3. 银行间市场衍生品冲销业务规模显著提升

2017年，银行间市场共组织利率互换多边冲销15场，双边冲销121场，累计冲销利率互换合约4.2万笔，名义本金2.77万亿元，占本年度成交量的20.27%，冲销规模较2016年同比增长70.13%，年度冲销规模为历年之最，其中11月、12月单月冲销规模均超过4000亿元，月度冲销量连创历史纪录。

2017年以来，银行间市场不断丰富衍生冲销业务，推出外汇期权、外汇货币掉期冲销业务，利率互换、外汇掉期冲销业务不断优化，冲销业务市场规模显著提升。冲销业务对于释放衍生品市场参与者授信额度、防范化解金融市场整体风险成效显著，受到了市场成员的广泛赞誉。

4. 股指期货市场交易安排与交易机制调整

2017年，为提升市场流动性和运行质量，便利投资者套期保值管理，更好发挥股指期货市场功能，中国金融期货交易所一方面对股指期货交易安排进行两次小幅调整，即适度降低交易保证金标准、平仓手续费标准和提高日内开仓量限制标准；另一方面持续改善交易机制，取消任意价成交指令，下调每次最大下单数量。

总体来看，2017年全年，股指期现货市场价格保持较高相关性，股指期货市场运行质量有所改善，市场效率有所提升，机构投资者持仓占比提升，在保持自身稳定运行的基础上，继续发挥降低股市波动，提升股票市场运行效率，促进股票市场稳定发展等积极作用。

5. 新增国债期货券款对付（DVP）交割模式

2017 年 4 月 1 日起，中国金融期货交易所在原有交割模式下新增国债期货券款对付（简称 DVP）交割模式，对交割流程进行优化和改进。作为全球成熟市场国债期货品种通行和我国债券现货市场目前主流的交割方式，DVP 模式加强了国债期现货市场联通，有利于降低交割风险，减少交割业务办理时间，提升券款周转速度，提高交割效率，有效盘活国债资源，更好满足市场参与者需求，提高机构投资者参与交易和交割的积极性，进一步促进国债期货功能的发挥。

6. 修订金融期货投资者适当性制度

2017 年 7 月 1 日起，金融期货市场开始实施修订后的《金融期货投资者适当性制度实施办法》与《金融期货投资者适当性制度操作指引》，对资金验证时限、知识测试实施方案、期货公司会员投资者适当性制度实施方案及相关工作制度备案等方面进行了调整和修订。

投资者适当性制度对切实保障投资者的合法权益、促进市场功能的正常发挥、实现市场的平稳运行具有重要作用。本次修订既严格遵循了证监会《证券期货投资者适当性管理办法》内容的要求，同时又对中国期货业协会发布的《期货经营机构投资者适当性管理实施指引（试行）》内容进行了借鉴，确保修订后的金融期货投资者适当性制度既能充分发挥效能，又能尽量提高效率。

（三）金融衍生品市场发展展望

党的十九大报告中明确提出“深化金融体制改革，增强金融服务实体经济能力，提高直接融资比重，促进多层次资本市场健康发展”。未来，金融衍生品市场将在习近平新时代中国特色社会主义思想指引下，继续以防控风险、服务实体经济和金融现货市场发展为原则，持续稳步推进改革发展，更好满足市场风险管理需要。

一是坚持新发展理念，牢牢守住不发生系统性风险的底线，稳步推动衍生品市场发展。2018 年，国际主要经济体货币当局逐渐退出宽松政策，跨境资本流动将更加活跃，人民币汇率在合理均衡水平上的基本稳定将面临挑战；随着我国债券市场的发展，利率市场化改革也不断推进，金融机构利率风险管理的需求也不断增强。在此背景下，顺应降杠杆、防风险的要求，金融衍生品市场将适应和服务实体经济需求，顺应资本市场改革创新以及利率市场化和汇率形成机制改革的需要，稳步推进产品供给，助力市场主体防范利率汇率波动风险和市场信用风险。

二是进一步丰富和完善金融衍生产品的供给。在 5 年期、10 年期国债期货基础上，加快推动其他关键期限国债期货产品上市，健全国债收益率曲线；加快推进股指期权上市准备工作；探索其他股指期货、外汇期货等新产品的研究开发工作，更好发挥金融期货市场通过提升资本市场效率、提高资本市场透明度、增强资本市场稳定性等促进多层次资本市场健康发展的功能；择机推出利率期权、标准化人民币外汇期权、外币对货币掉期和利率互换、SDR 货币掉期等产品，满足不同市场主体多层次的需求；推动市场参与者运用 CDS 等信用衍生产品，提高主动管理信用风险的水平。

三是优化金融衍生品市场业务规则和交易机制，提高市场运行质量。在严格管控基础上，进一步恢复股指期货市场功能，满足股市风险管理需求；继续优化业务规则和交易机制，全面加强国债期货市场建设；在银行间市场，双边匿名撮合交易模式将进一步优化和推广。

四是继续推进和深化金融衍生品市场对外开放。目前，银行间汇率衍生品市场已经对境外央行类机构、境外清算行以及境外购售类业务参加行开放，银行间利率衍生品市场已经对境外央行类机构无条件开放，境外金融机构、投资产品及中长期机构投资者可基于套期保值需求参与利率衍生品交易。2018 年，人民币国际化进程显露回暖迹象，以债券通、沪港通为代表的境内金融市场持续开放，境外投资者的汇率利率风险管理需求日益增长，我国金融衍生品市场深度和国际化程度将进一步提高。坚持金融衍生品市场“走出去”与“引进来”的双向开放，通过股权合作、市场开放、产品合作等方式，扩大同“一带一路”沿线国家的利益交汇点，进一步做好国家金融市场对外开放的排头兵。

九、商品期货市场发展政策[①]

（一）2017 年商品期货市场政策主要内容

1. 服务“三农”、服务国家脱贫攻坚战略

2017 年中央一号文件《中共中央　国务院关于深入推进农业供给侧结构性改革加快培育农业农村发展新动能的若干意见》公布，明确指出要“深入推进农产品期货、期权市场建设，积极引导涉农企业利用期货、期权管理市场风险，稳步扩大‘保险 + 期货’试点”。中央一号文件将农产品衍生品市场建设纳入其中，并连续两年提出“稳步扩大‘保险 + 期货’试点”，在农业供给侧结构性改革的推进过程中，农产品衍生品市场将发挥不可替代的作用。在监管部门指导下，国内三家商品期货交易所陆续开展“保险 + 期货”的试点工作。2017 年 4 月 18 日郑州商品交易所发布《关于 2017 年“保险 + 期货”试点建设工作》的通知，2017 年 5 月 5 日大连商品交易所发布《关于 2017 年进一步支持期货公司开展“保险 + 期货”扩大试点》的通知，2017 年 5 月 26 日上海期货交易所举行“保险 + 期货”精准扶贫试点项目签约仪式。中国期货业协会在 2017 年 3 月 16 日发布的《期货经营机构服务实体经济行动纲要（2017—2020）》中提出，加强期货经营机构与保险、银行等金融机构的合作，积极探索建立农业补贴、涉农信贷、农业保险和农产品期货、期权的联动机制。利用期货、期权等衍生工具探索多样化合作方

---

① 作者：甘正在，英大期货公司总裁。

式，积极参与订单农业、粮食银行、土地流转等农业改革与试点活动，探索支持稳定农业生产、保障农民收入的新模式，为涉农企业、农村合作社等农业经营主体提供价格管理与风险管理服务。为细化落实中国证监会关于资本市场服务脱贫攻坚的战略部署，充分发挥期货市场服务国家脱贫攻坚战略的作用，2017 年 3 月 29 日中国期货业协会发布《关于期货行业履行脱贫攻坚社会责任的意见》，旨在进一步厘清期货行业各有关方面在扶贫工作中的职责，着重梳理期货经营机构开展扶贫工作的方式方法，以期对期货行业开展扶贫工作提供指导。

2. 推进业务创新，提升服务实体经济能力

一是加快新品种开发。2017 年，围绕服务实体经济、服务“三农”和国家发展战略，大连商品交易所上市了豆粕期权，郑州商品交易所上市了白糖期权、棉纱期货、苹果期货，期货新品种的上市进一步拓展服务实体经济的领域。

二是完善业务规则体系。大连商品交易所通过增设交割库、完善交割标准等措施，推动玉米、豆油、胶合板、铁矿石等品种合约规则制度持续完善，进一步贴近了市场需求。郑州商品交易所修订完善了风险控制管理办法、结算细则、交割细则等业务规则。增加交易限额制度；完善涨跌停板制度；完善差异化手续费制度；缩短玻璃期货仓单有效期，增加出库过磅检重，增设贸易商厂库；调整硅铁、锰硅期货交割单位、厂库仓单有效期、入库生产时限；出台 PTA、动力煤合约连续活跃方案，采取降低目标合约交易与交割成本、引入做市商等措施，使相关合约初步呈现活跃态势，为产业客户管理风险创造良好条件。上海期货交易所对产业客户申请和使用套期保值交易头寸的方式进行调整；对铜、铝、铅、锌、镍等期货合约及交割细则进行修订；通过全面降低非 1 月、5 月、9 月自然月合约的交易成本，引导产业客户参与指定合约交易等措施，提高镍期货合约的连续性。各交易所业务规则的完善，进一步贴近了产业客户需求，深化了服务实体经济的功能。

三是开展场外期权试点。在当前场内商品期权仍处于发展初期的情况下，场外市场丰富了实体企业风险管理工具，有助于提升期货公司服务实体经济的能力，三家商品期货交易所纷纷搭建场外综合业务平台。郑州商品交易所场外业务研究和综合业务平台即将进入仿真交易测试阶段，首批拟推出仓单交易、场外期权和基差贸易三项业务。郑州商品交易所场外业务系统项目旨在通过开展仓单交易、场外期权、仓单互换、基差等交易业务，实现期货市场和现货市场的结合互动，产业链资源的有机整合。大连商品交易所搭建由仓单登记中心、交易平台、清算平台、指数平台、信息发布平台组成的场外市场综合服务平台，推动仓单串换、现货报价、现货做市商、场外期权、农产品价格保险等业务与平台对接。上海期货交易所为促进期现结合，建设交易平台提供了仓单交易、现货合约、远期、掉期、价差交易等服务，并从标准场内业务逐渐向非标场外业务拓展。

3. 及时出台措施，确保不发生系统性风险

2017 年，期货监管部门将防风险放在更加突出位置，牢牢守住不发生系统性风险的底线，各商品期货交易所不断强化期货市场一线监管，筑牢风险防范的第一道防线，切实维护市场平稳运行。郑州商品交易所及时分析市场运行情况，研判潜在风险隐患，研究风险防范和处置措施。针对白糖、硅铁等品种出现的阶段性风险隐患，密切关注政策信息及影响，跟踪期现货市场动态，采取加强实时监控、调查实际控制关系、调整交易保证金标准、调整涨跌停板幅度、开展风险警示谈话等措施，有效化解市场风险隐患，守住不发生系统性风险的底线。大连商品交易所适时调整焦煤、焦炭、鸡蛋等品种涨跌停板、交易保证金、手续费标准，及时出台交易限额措施。上海期货交易所根据市场情况，调整橡胶、螺纹钢、铅、锌、镍、燃料油、热轧卷板等品种交易保证金、手续费标准，出台交易限额等调控措施，及时化解潜在市场风险。

4. 深化依法全面从严监管，维护市场秩序

2017 年全国证券期货监管工作会议强调：深化依法全面从严监管，维护市场秩序，继续提升监管能力。监管部门充分发挥"五位一体"的监管协作优势，不断强化期货衍生品市场的监管执法力度，规范期货交易行为。2017 年，证监会发布了《关于进一步加强期货交易所异常交易一线监管职能的指导意见》，修订了《期货公司风险监管指标管理办法》，期货交易所要切实履行一线监管职责，继续推进"以监管会员为中心"的交易行为监管模式，强化异常交易和违法违规线索的发现和处置能力，筑牢期货市场监管风险防范第一道防线。期货交易所通过完善监测指标体系、建立风控措施动态调整机制等，不断提升监管能力和风控水平，全面从严监管，严厉打击市场操纵和内幕交易，切实保护投资者合法权益，对客户的资金、持仓以及产品的资金、持有人实现穿透式管理和实控账户合并管理。保证金监控中心对实控账户和资管产品集中统一穿透管理职能，进一步明确了期货公司风险管控与客户管理责任。各派出机构要履行好辖区监管职责，以保证金和净资本监管为核心，问题和风险为导向，非现场监管和现场检查为抓手，加强对期货经营机构的事中事后监管，加大对违法违规行为的打击力度。

（二）2017 年商品期货市场政策效果

1. 产品体系日趋完善，市场运行平稳

我国商品期货品种达 48 个、商品期权 2 个，基本形成了覆盖农业、金属、能源、化工等国民经济主要领域的产品体系。自 2009 年起，我国商品期货成交量连续多年位居世界第一，全球排名前 20 的农产品和金属期货中，我国各占据半壁江山，为企业风险管理创造了良好基础。2017 年商品期货市场整体呈现上涨格局，但市场活跃度有所下降。全国期货市场累计成交量约 30.76 亿手，累计成交额约 187.90 万亿元，分别较 2016 年下降 25.66% 和 3.95%。其中，商品期货累计成交量约 30.51 亿手，累计成交额约 163.31 万亿元，分别较 2016 年下降 25.93% 和 7.95%。虽然商品期货市场成交量下

滑，但期货市场在品种创新、完善市场业务规则、服务实体经济以及强化市场监管等方面有了质的提升。

2017 年豆粕期权日均成交量接近 3.8 万手，日均持仓量 22.44 万手；白糖期权日均成交量 1.58 万手，日均持仓量 11.26 万手。豆粕和白糖期权的平稳运行，进一步完善了国内商品定价体系，为企业风险精细化管理提供了工具，也为期货市场合约连续性、场外期权市场对冲提供了新的解决思路。棉纱期货上市后，与棉花期货、PTA 期货，共同形成了比较完备的纺织原料期货品种体系。作为全球首个鲜果期货品种和扶贫期货品种，苹果期货上市有助于保障果农收益稳定，服务国家脱贫攻坚战略，实现苹果主产区精准扶贫目标。2017 年，场外期权、掉期、基差交易等创新性业务出现爆发式增长，国内场外商品期权市场名义规模预计突破 2000 亿元，同比实现数十倍的增长。

2. “保险＋期货”服务“三农”效果显著

国内三家商品期货交易所在前期试点基础上，稳步扩大“保险＋期货”规模，取得了良好的经济和社会效果。2017 年郑州商品交易所以“扩大覆盖范围、助力精准扶贫、丰富试点内涵、贴近农户需求”为原则，涉及白糖和棉花等品种，共审批通过了 24 个“保险＋期货”试点，覆盖云南、广西、新疆等 5 个省（区），惠及 14 个国家级贫困县，使得 1.9 万余户农户无须或仅需缴纳很少的保费便可获得一份农业价格保险，有效地降低了农户的种植风险。2017 年大连商品交易所在全国 7 个省（区）联合 25 家期货公司、8 家保险公司，开展了 32 个“保险＋期货”试点项目，除试点规模、试点地区扩大外，还创新增加了收入险和大型龙头企业帮助参保农户进行基差销售等新模式。试点共涉及玉米现货量 67.83 万吨，大豆现货量 11.40 万吨，种植面积 206.87 万亩。与 2016 年相比，2017 年的试点项目在模式创新、可行性、成熟性等方面取得了长足进步，支农惠农、服务精准扶贫等能力进一步提升，试点影响力不断增强。上海期货交易所启动天然橡胶“保险＋期货”精准扶贫试点项目，涉及天然橡胶种植面积约 40 万亩，试点项目集中在海南、云南的 14 个贫困县，其中 12 个为国家级贫困县，项目直接受益贫困户以及少数民族贫困人口。“保险＋期货”模式的稳步推进，有效提升了农产品市场运行质量，提高了期货市场服务“三农”的深度，同时也为产业企业利用期货期权管理风险创造了更加良好的条件。

3. 依法全面从严监管落到实处

2017 年证监会处罚期货市场违法案件 3 起。上海期货交易所全年共对 1010 起异常交易行为采取监管措施，并对其中 47 起采取全市场通告并限制开仓的措施。上海期货交易所还对 19 起实际控制关系账户超交易限额行为采取限制开仓的监管措施。在违规行为排查方面，上海期货交易所共对 23 起涉嫌违规交易的行为进行立案调查和取证，并对 12 起违规案件进行处理。大连商品交易所 2017 年共查处异常交易行为 396 起，其中自成交 195 起，频繁报撤 190 起，大额报撤 2 起，实际控制关系账户超仓 9 起，对 148

个投资者采取限制开仓等措施。2017 年大连商品交易所加强市场监控监管，从严查处对敲、影响价格、市场操纵等违法违规行为。2017 年共查处对敲、影响价格等违规行为 146 起，处分客户 215 人，所内立案调查 16 起，上报证监会调查 2 起。2017 年，根据市场运行情况，重点监控玉米、鸡蛋、焦煤、焦炭、铁矿石、聚氯乙烯等品种分仓、超仓、超交易限额、市场操纵等违法违规行为，积极采取措施，防范交易过热和交割风险。2017 年，郑州商品交易所共处理异常交易及违规交易线索 386 起，向证监会稽查局移送涉嫌违法违规行为线索 2 起，处理违规交易案件 66 起，对涉案的 83 个自然人客户、17 个法人客户给予警告、暂停开仓等纪律处分。

（三）2018 年商品期货政策展望

1. 新品种创新将会进一步加快

2017 年，白糖期权、豆粕期权上市，棉纱期货、苹果期货相继挂牌交易，2018 年国内期货市场品种创新仍然值得期待。原油期货、其他商品期权品种有望在 2018 年上市。郑州商品交易所将在研究优化现有产品、促进现有产品功能更好发挥的同时，扎实做好红枣期货研发工作，推动红枣期货尽早上市，服务精准扶贫。同时，加大对咖啡、尿素等期货新品种的研发上市力度，在做好白糖期权市场培育的基础上，积极推动 PTA、棉花等期权新品种研发上市，完善相关行业风险管理体系。大连商品交易所将积极推进生猪、乙二醇、航运等品种以及玉米、棕榈油、铁矿石等其他期权产品的研发工作。上海期货交易所在纸浆、不锈钢、20 号标准胶期货、天然气期货方面已准备多年，还将积极推进铜期权、黄金期权上市。

2. 原油期货将在上海国际能源交易中心挂牌交易

自 2012 年证监会表示将推出原油期货以来，中国的原油期货上市计划已经筹备了五年多时间，原油期货终于于 2018 年 3 月 26 日在上海期货交易所子公司上海国际能源交易中心挂牌交易。原油期货是我国第一个国际化的期货品种，在平台建设、市场参与主体、计价方式等诸多方面与国内现行期货品种有所不同，原油期货合约设计方案最大的亮点和创新在于“国际平台、净价交易、保税交割、人民币计价”。“国际平台”即交易国际化、交割国际化和结算环节国际化，以方便境内外交易者自由、高效、便捷地参与，并依托国际原油现货市场，引入境内外交易者参与，包括跨国石油公司、原油贸易商、投资银行等，推动形成反映中国和亚太地区原油市场供求关系的基准价格。“净价交易”就是计价为不含关税、增值税的净价，区别于国内目前期货交易价格均为含税价格的现状，方便与国际市场的不含税价格直接对比，同时避免税收政策变化对交易价格的影响。“保税交割”就是依托保税油库，进行实物交割，主要是考虑保税现货贸易的计价为不含税的净价，保税贸易对参与主体的限制少，保税油库又可以作为联系国内外原油市场的纽带，有利于国际原油现货、期货交易者参与交易和交割。“人民币计价”就是采用人民币进行交易、交割，接受美元等外汇资金作为保证金使用。中国原油期货上市后，有利于形成反映中国和亚太地区原油市场供需关系的价格体系，发挥价格在资源配置中的基础作用。

3.《期货法》立法进度有望提速

2007 年实施、2012 年修订的《期货交易管理条例》，至今仍然是我国期货市场最高层级的立法，已不适应期货及其衍生品市场进一步深化发展的要求。近年来，证监会一直在为推进《期货法》的尽快出台而努力，也在积极配合立法机关推动《期货法》的立法进程。2017 年 5 月 2 日，全国人大将《期货法》列入“全国人大常委会 2017 年立法工作计划”，2018 年我国《期货法》立法条件已经具备，预计《期货法》立法有望提速。

4. 期货市场国际化进程将加快

一是加快步伐引入境外交易者参与我国市场。把原油期货作为我国期货市场全面对外开放的起点，积极推进铁矿石期货引入境外交易者，其他成熟品种如 PTA 也要做好引入境外交易者的准备。支持和鼓励更多境外交易者参与国内商品期货交易。二是扩大境内外交割区域。持续推动保税交割常态化，不断扩大保税交割品种和区域范围。适应相关期货品种国际化需求，支持期货交易所在境外设立交割仓库和办事处，为实体企业提供丰富、便捷的跨境定价与风险管理服务。三是加快推动期货经营机构国际化发展。拟放宽外资入股期货公司的投资比例限制，单个或多个外国投资者直接或间接投资期货公司的投资比例限制放宽至 51%。四是与境外交易所开展灵活多样的合作。重点围绕“一带一路”沿线国家和地区，支持各交易所结合自身特点和优势，综合运用股权、产品、业务等多种形式，与沿线交易所开展合作。

附表

2017 年期货市场发展政策

日期	政策	发文单位
2016 年 12 月 31 日	关于深入推进农业供给侧结构性改革　加快培育农业农村发展新动能的若干意见	中共中央、国务院
2017 年 1 月 9 日	关于修改《大连商品交易所章程》《大连商品交易所交易规则》的通知	大连商品交易所
2017 年 2 月 21 日	关于公布《郑州商品交易所期货交易风险　控制管理办法》相关修改事项的通知	郑州商品交易所
2017 年 3 月 14 日	关于实施《大连商品交易所铁矿石仓单服务管理办法（试行）》的通知	大连商品交易所
2017 年 3 月 16 日	关于发布实施《期货经营机构服务实体经济行动纲要（2017—2020）》的通知	中国期货业协会
2017 年 3 月 17 日	关于发布《期货公司豆粕期权业务指南》和《豆粕期权做市商业务指南》的通知	大连商品交易所

续表

日期	政策	发文单位
2017 年 3 月 20 日	关于印发锌、镍等 11 个期货合约及相关实施细则修订案的公告	上海期货交易所
2017 年 3 月 29 日	《关于期货行业履行脱贫攻坚社会责任的意见》	中国期货业协会
2017 年 4 月 17 日	《关于取消期货公司设立、收购、参股境外期货类经营机构行政审批事项的决定》	中国证监会
2017 年 4 月 18 日	《期货公司风险监管指标管理办法》	中国证监会
2017 年 4 月 18 日	《期货公司风险监管报表编制与报送指引》	中国证监会
2017 年 4 月 18 日	《关于 2017 年“保险 + 期货”试点建设工作》	郑州商品交易所
2017 年 5 月 5 日	关于 2017 年进一步支持期货公司开展“保险 + 期货”扩大试点的通知	大连商品交易所
2017 年 5 月 19 日	关于发布《郑州商品交易所章程》与《郑州商品交易所交易规则》的通知	郑州商品交易所
2017 年 6 月 9 日	关于上海国际能源交易中心发布《上海国际能源交易中心期货交易者适当性制度操作指南（暂行）》的通知	上海期货交易所
2017 年 6 月 14 日	关于征集 PTA、动力煤期货做市商的通知	郑州商品交易所
2017 年 12 月 7 日	关于同意郑州商品交易所开展棉纱期货交易的批复	中国证监会
2017 年 7 月 31 日	关于 2017 年支持期货公司通过试点项目推广基差交易的通知	大连商品交易所
2017 年 8 月 14 日	关于郑州商品交易所棉纱期货合约及相关业务细则的通知	郑州商品交易所
2017 年 8 月 15 日	关于调整燃料油品种交易保证金水平和交易手续费标准的通知	上海期货交易所
2017 年 8 月 24 日	关于对热轧卷板相关合约实施交易限额的通知	上海期货交易所
2017 年 9 月 4 日	关于调整镍、锡品种相关合约交易手续费的通知	上海期货交易所
2017 年 9 月 6 日	关于修改精对苯二甲酸期货合约及《郑州商品交易所期货交割细则》的通知	郑州商品交易所
2017 年 9 月 21 日	关于调整镍相关合约平今仓交易手续费收取标准的通知	上海期货交易所
2017 年 9 月 22 日	关于对镍相关合约实施交易限额的通知	上海期货交易所
2017 年 9 月 25 日	关于调整铅相关合约平今仓交易手续费的通知	上海期货交易所
2017 年 10 月 17 日	关于对锌相关合约实施交易限额的通知	上海期货交易所
2017 年 10 月 17 日	关于调整锌相关合约平今仓交易手续费的通知	上海期货交易所
2017 年 10 月 31 日	关于修改铁合金期货合约及相关业务细则的通知	郑州商品交易所
2017 年 11 月 10 日	关于修订《郑州商品交易所期货交割细则》的通知	郑州商品交易所
2017 年 11 月 10 日	关于修订《郑州商品交易所期货交易风险控制管理办法》的通知	郑州商品交易所
2017 年 11 月 13 日	关于实施新修订的《上海期货交易所章程》和《上海期货交易所交易规则》的通知	上海期货交易所
2017 年 12 月 8 日	关于发布《郑州商品交易所期权投资者适当性制度操作指引》的通知	郑州商品交易所
2017 年 12 月 19 日	关于郑州商品交易所鲜苹果期货合约及相关业务细则的通知	郑州商品交易所

十、外汇市场发展政策[①]

（一）2017 年外汇市场政策主要内容

我们主要收集了外汇市场主管部门 2017 年的政策，列表如下：

发布日期	文号	标题	主要内容
1 月 20 日	汇综发〔2017〕4 号	《国家外汇管理局综合司关于调整银行结售汇统计报表有关问题的通知》	调整人民币对外汇衍生产品业务统计报表，完善银行结售汇统计
1 月 26 日	汇发〔2017〕3 号	《国家外汇管理局关于进一步推进外汇管理改革完善真实合规性审核的通知》	加强境外直接投资真实性、合规性审核；继续执行并完善直接投资外汇利润汇出管理政策
2 月 17 日	汇综发〔2017〕31 号	《银行执行外汇管理规定情况考核内容及评分标准（2017 年）》	调整了风险考核指标值
2 月 24 日	汇发〔2017〕5 号	《国家外汇管理局关于银行间债券市场境外机构投资者外汇风险管理有关问题的通知》	境外机构投资者参与境内外汇市场遵守细则
5 月 26 日	汇发〔2017〕15 号	《国家外汇管理局关于金融机构报送银行卡境外交易信息的通知》	开展银行卡境外交易信息采集工作，采集境内银行卡在境外发生的提现和消费交易信息，不含非银行支付机构基于银行卡提供的境外交易
7 月 4 日		此处信息根据央行当日的新闻，并无相关政策、公告	经国务院批准，香港人民币合格境外机构投资者（RQFII）额度扩大至 5000 亿元人民币
7 月 29 日	汇综发〔2017〕81 号	《国家外汇管理局综合司关于银行卡境外交易外汇管理系统上线有关工作的通知》	境内发卡金融机构接入银行卡境外交易外汇管理系统联调、验收和试运行进行安排
9 月 8 日	银发〔2017〕206 号	《关于调整境外人民币业务参加行在境内代理行存放存款准备金政策的通知》	取消对境外人民币业务参加行存放境内代理行人民币存款交存准备金实施穿透式管理
9 月 8 日	银发〔2017〕207 号	《中国人民银行关于调整外汇风险准备金政策的通知》	将外汇风险准备金征收比例下调至零
11 月 29 日	汇综发〔2017〕59 号	《国家外汇管理局综合司关于外籍人员持外国人永久居留身份证办理结售汇业务有关事宜的通知》	外国人永久居留身份证可作为个人办理结售汇业务的有效身份证件，持外国人永久居留身份证的外籍人员适用结汇和购汇等值 5 万美元的年度便利化额度

① 作者：储幼阳，《上海金融》执行主编。

续表

发布日期	文号	标题	主要内容
11 月 30 日	汇综发〔2017〕106 号	《对外金融资产负债及交易统计业务指引（2017 年版）》	对外金融资产负债及交易统计业务总体原则，具体填报方法，专项业务填报要求，其他填报要求
12 月 7 日	汇发〔2017〕25 号	《国家外汇管理局关于宣布废止失效 6 件外汇管理规范性文件的通知》	废止 2 件、失效 4 件外汇管理规范性文件
12 月 30 日	汇发〔2017〕29 号	《国家外汇管理局关于规范银行卡境外大额提取现金交易的通知》	自 2018 年 1 月 1 日起，个人持境内银行卡在境外提取现金，本人名下银行卡（含附属卡）合计每个自然年度不得超过等值 10 万元人民币

（二）2017 年外汇市场政策效果

1.《国家外汇管理局综合司关于调整银行结售汇统计报表有关问题的通知》由国家外汇管理局于 2017 年 1 月 20 日发布，主要内容包括丰富衍生产品业务统计指标，增加远期差额交割和掉期交易存量统计；提升数据报送电子化水平，以及整合统计制度管理文件。这项要求通过调整人民币对外汇衍生产品业务统计报表，进一步完善银行结售汇统计，有助于提高银行和国家外汇管理局的统计操作效率，进一步提高数据透明度；其次，外汇局对资金流动的监控更加及时，利于反映市场对外汇供求、人民币汇率的预期。

据统计，2017 年 1 月至 12 月，银行累计结汇 110884 亿元人民币，累计售汇 118532 亿元人民币，累计结售汇逆差 7648 亿元人民币。其中，银行代客累计结汇 105303 亿元人民币，累计售汇 110065 亿元人民币，累计结售汇逆差 4762 亿元人民币；银行自身累计结汇 5581 亿元人民币，累计售汇 8467 亿元人民币，累计结售汇逆差 2886 亿元人民币。同期，银行代客累计远期结汇签约 9993 亿元人民币，累计远期售汇签约 11682 亿元人民币，累计远期净售汇 1689 亿元人民币。

2.《国家外汇管理局关于进一步推进外汇管理改革完善真实合规性审核的通知》由国家外汇管理局于 2017 年 1 月 26 日发布，对境内外汇贷款结汇范围、内保外贷资金回流、跨国公司外汇资金集中运营、自贸区外币 NRA 账户结汇、直接投资外汇利润汇出、境外直接投资真实性审核、全口径境外放款监管等方面作出规定。该通知延续并体现了监管层面近期“控流出、扩流入”、促进本外币跨境资金流动双向平衡以及本外币一体化全口径跨境融资宏观审慎管理的监管政策导向，强调对跨境交易及跨境资金流动特别是资金出境的真实性和合规性进行审核。有利于进一步深入推进外汇管理改革，简政放权，支持实体经济发展，促进贸易投资便利化，建立健全宏观审慎管理框架下的资本流动管理体系。从宏观层面的成效看，政策的实施促进了跨境资金的流入。截至 2017 年 9

月末，我国全口径（含本外币）外债余额为16800亿美元，较2016年末增长了约18%，连续六个季度保持增长态势。

3.《国家外汇管理局关于银行间债券市场境外机构投资者外汇风险管理有关问题的通知》由国家外汇管理局于2017年2月27日发布，规定银行间债券市场境外机构投资者可以在具备资格的境内金融机构办理人民币对外汇衍生品业务，并遵守实需交易原则。此通知的出台，既能够便利银行间债券市场境外机构投资者管理外汇风险，也是推动债券市场和外汇市场对外开放的改革举措。有利于降低境外投资者的外汇对冲成本，有助于吸引更多外资进入中国债券市场。

2017年银行间债券市场对外开放水平持续提升，“债券通”于2017年7月成功上线，境外机构持债规模稳步上升。2017年末，境外机构持债9741.45亿元，同比增长25.08%，247家境外机构投资者通过“债券通”进入银行间债券市场，分别来自19个国家和地区，类型涵盖商业银行、基金公司、资产管理公司、证券公司、保险公司及基金和资管产品等，交易券种以国债、政策性金融债、同业存单为主，交易活跃度不断提升。

4.《银行执行外汇管理规定情况考核内容及评分标准（2017年）》由国家外汇管理局于2017年2月17日发布，规定自2017考核年度起调整风险考核指标值，并要求外汇管理局各分局依据该标准，公平、公正地对辖内银行执行外汇管理规定情况进行考核。考核内容包括业务合规、数据质量、内控管理、风险性指标等。新评分标准的出台有利于加强外汇业务监督管理，规范各项外汇业务办理的同时，降低外汇业务违规风险，也进一步引导银行积极执行各项外汇政策，进行监督自查，维护积极健康的外汇市场环境。同时标准化的评分方式能够减轻外汇管理部门对银行外汇行为监管的任务量，提高工作效率，也提高了监管工作的透明度。

5.《国家外汇管理局关于金融机构报送银行卡境外交易信息的通知》由国家外汇管理局于2017年5月26日发布，并于2017年9月1日正式实施。要求开展银行卡境外交易信息采集工作，境内发卡金融机构向外汇局报送境内银行卡在境外发生的全部提现和单笔等值1000元人民币以上的消费交易信息。

凡是开通银行卡境外提现、境外消费功能的发卡金融机构，均应将境外提现交易和境外消费按要求逐笔报送，未发生的应进行零报送。报送渠道上，银行卡境外交易信息的采集将通过9月1日上线的银行卡境外交易外汇管理系统完成。此通知的出台，有利于完善银行卡境外交易统计，维护银行卡境外交易秩序，加强对银行卡境外违法违规交易的管理，弥补境外交易监管漏洞。这一通知也能够完善跨境资金交易的数据统计，提高对外汇和资本流动的宏观、微观审慎监管效率，而完善跨境银行卡的交易统计，也是提高统计质量和效率的重要途径。

6. 2017年7月4日，经国务院批准，香港人民币合格境外机构投资者（RQFII）额度扩大至5000亿元人民币。这将有助于进一步满足香港投资者对于人民币资产的配置需求，推动境内金融市场对外开放，密切内地与香港经济金融联系。

RQFII有助于带动境外人民币回流境内，给境外人民币提供使用和投资渠道，与此同时也会促进离岸人民币资金池的扩大。在香港RQFII额度扩大前，“债券通”试运行，境外投资者可经由香港与内地基础设施机构之间在交易、托管、结算等方面互联互通的机制安排，在不改变业务习惯的基础上高效便捷地通过香港投资于内地银行间债券市场，进一步强化香港在金融市场对外开放中的桥头堡地位。截至2017年6月29日，累计批准的RQFII总额度为5431.04亿元，其中，香港地区以共计2700亿元的投资额度位列首位。在扩额政策后，截至2017年12月27日，香港地区RQFII投资总额度扩大后累计获批3056.37亿元，获批机构数为82家，继续成为境外拥有最多RQFII额度的地区，凸显香港作为国际投资者参与内地金融市场的重要中介角色。

7.《国家外汇管理局综合司关于银行卡境外交易外汇管理系统上线有关工作的通知》由国家外汇管理局于2017年7月29日发布，要求境内发卡金融机构接入银行卡境外交易外汇管理系统的联调、验收和试运行。这有利于完善银行卡境外交易统计，维护银行卡境外交易秩序，防范跨境洗钱和其他犯罪活动。

国内现行银行卡境外交易国际收支统计主要采用总量统计模式，随着国际协作中有关反洗钱、反恐怖融资、应对税基侵蚀等要求的增加，银行卡跨境交易统计在金融交易透明度、统计数据质量等方面需要进一步提升。自2017年8月21日起，各发卡行均应按照银行卡境外交易数据采集规范要求，于北京时间每日12：00前报送上日24小时内本行银行卡境外交易信息。凡开通银行卡境外交易业务的发卡行，按照通知规定，接入银行卡外汇管理系统向外汇局报送银行卡境外交易信息，有利于防范境外交易风险，增加境外交易信息透明度。

8.《中国人民银行关于调整外汇风险准备金政策的通知》由中国人民银行于2017年9月8日发布，规定从2017年9月11日起，外汇风险准备金率从20%调整为0。这有利于进一步完善宏观审慎政策，防范宏观金融风险，强化外汇市场价格发现功能，提高市场流动性，更好地服务于实体经济，促进经济持续、协调、平稳发展。

2017年8月31日在岸市场人民币兑美元即期汇率收于6.5969，至此8月人民币兑美元由7月末6.72水平升破6.60整数关口至6.59水平，当月累计上涨1321个基点，升值幅度达2%，创2005年7月以来最大单月涨幅，并为连续第四个月上涨。2017年以来人民币对美元即期汇率累计升值幅度也扩大至4.24%。2017年9月11日以来，随着央行取消外汇风险准备，在美元走强（较9月8日升值1.9%）、季节性购汇高潮的背景下，人民币汇率应声回调，CNY和中间价先后达到6.50，25日又达到6.60；到9月底，分别下降2.8%和2.0%。这一时期，CNY基本在中间价贬值方向，CNH围绕CNY上下波动。

9. 2017 年 9 月 8 日中国人民银行取消对境外人民币业务参加行存放境内代理行人民币存款交存准备金实施穿透式管理，有助于抑制人民币汇率短期过快升值，为汇率重回市场化双向波动创造条件；随着人民币恢复强势，之前为稳定人民币汇率预期而采取的一些管制措施正在退出。

2017 年 8 月 31 日在岸市场人民币兑美元即期汇率收于 6.5969，至此 8 月人民币兑美元由 7 月末 6.72 水平升破 6.60 整数关口至 6.59 水平，当月累计上涨 1321 个基点，升值幅度达 2%，创 2005 年 7 月以来最大单月涨幅，并为连续第四个月上涨。2017 年以来人民币对美元即期汇率累计升值幅度也扩大至 4.24%。在取消对境外人民币业务参加行存放境内代理行人民币存款交存准备金实施穿透式管理、取消外汇风险准备后，人民币中间价出现连续回调。9 月 12 日，人民币对美元中间价较前一个交易日下跌 280 个基点，9 月 13 日，人民币对美元中间价再次下跌 105 个基点，报 6.5382。12 日，在岸人民币对美元 16:30 收盘价报 6.5350，13 日，在岸人民币对美元 16:30 收盘价报 6.5309。

10. 《国家外汇管理局综合司关于外籍人员持外国人永久居留身份证办理结售汇业务有关事宜的通知》由国家外汇管理局于 2017 年 11 月 29 日发布，规定外国人永久居留身份证可作为个人办理结售汇业务的有效身份证件，持外国人永久居留身份证的外籍人员适用结汇和购汇等值 5 万美元的年度便利化额度等内容。有利于进一步深化外国人永久居留制度改革，强化永久居留外国人身份证件功能，方便外国人永久居留证件使用，进一步提高对永久居留外国人的服务水平。

11. 《对外金融资产负债及交易统计业务指引（2017 年版）》由国家外汇管理局于 2017 年 11 月 30 日发布，包含对外金融资产负债及交易统计业务总体原则，具体填报方法，专项业务填报要求，其他填报要求等内容。是对前期业务问题解答和核查工作经的整理，进一步便利了报送主体更准确地理解国际收支统计数据申报的具体要求，对于提高国际收支统计数据质量具有重要意义。直接申报涉及面广、技术性强，因此金融机构应高度重视数据报送工作，不断提高直接申报数据质量，《对外金融资产负债及交易统计制度》的修订，满足了跨境资金流动统计监测的需求，为进一步监测涉外经济主体活动，加强金融风险防控奠定了基础，进一步提高对外金融资产负债及交易统计数据质量，加强我国宏观经济数据透明度，保证统计数据的有效性和公信力。

12. 《国家外汇管理局关于宣布废止失效 6 件外汇管理规范性文件的通知》由国家外汇管理局于 2017 年 12 月 1 日发布，废止 2 件、失效 4 件外汇管理规范性文件，主要涉及个人外汇业务和外汇系统建设，所废止、失效内容或根据当前“多证合一”等“放管服”改革要求废止，或相关监管要求已被新的规范性文件替代，或为阶段性工作已与当前管理实际不符，均不涉及新的政策调整。有利于贯彻落实国务院有关简政放权、放管结合、优化服务改革措施等要求，进一步促进贸易政策便利化。

13.《国家外汇管理局关于规范银行卡境外大额提取现金交易的通知》由国家外汇管理局于2017年12月30日发布，个人持境内银行卡在境外提取现金有额度限制，超过额度将暂停使用，个人不得通过借用他人银行卡或出借本人银行卡等方式规避或协助规避境外提取现金管理。据统计，2016年81%的境内银行卡境外提取现金低于3万元人民币。该通知规定境外提取现金年度额度为10万元人民币，既可满足持卡人在境外正常提取现金需求，又可抑制少数违法违规人员大额提取现金。这一通知有利于规范银行卡境外大额提取现金交易，是反洗钱、反恐怖融资、反逃税的必要举措，可进一步防范银行卡提取现金领域的违法犯罪活动。

（三）2018年外汇市场政策展望与建议

2017年是促进外汇市场全面发展的一年，外汇管理部门在以习近平同志为核心的党中央的坚强领导下，深化外汇管理改革，扩大外汇市场开放程度，有效应对外汇市场冲击，防范跨境资本流动风险，为实体经济发展提供支持。

首先，坚持外汇管理改革创新，推进“放管服”改革，提高外汇市场开放程度和竞争力，进一步便利跨境贸易投资自由化。其次，为降低跨境资金流动风险，加强跨境资本流动宏观审慎管理，完善外汇市场微观监管框架构建，严厉打压外汇违法违规活动。再次，在保持外汇储备安全性、流动性的前提下，实现保值增值，为“一带一路”建设和国际产能合作等国家战略提供支持。最后，进一步提升外汇管理干部队伍素质，在党的政治建设、思想建设、组织建设、作风建设、纪律建设、制度建设等方面取得新成效。在2017年，外汇市场供求更加平衡，市场主体涉外交易趋于稳定，外汇储备余额以及人民币对美元汇率稳中有升。

2018年是改革开放40周年，也是实施“十三五”规划承上启下的关键一年，外汇管理将继续扩大开放范围和层次、有序放宽市场准入，加强境外投资者对中国资本市场的信心。同时，2018年的外汇市场管理仍有许多困难需要克服。一是主要经济体货币政策、贸易保护主义等因素，可能会对国际金融市场和国际资本流动产生影响。二是国际金融市场稳定基础仍不牢固，存在跨境资本较大波动的可能。三是国内经济金融部分领域风险依然存在，企业杠杆率仍处于较高水平，地方政府隐性债务、房地产市场、影子银行、互联网金融等各类问题仍在探索解决方法，解决过程可能会影响市场信心。

2018年外汇市场管理部门将会继续推动对跨境资本流动的均衡管理。

首先，要进一步提升跨境贸易投资自由化便利化水平，支持外贸创新发展，稳步推进自由贸易试验区外汇管理试点；扩大金融市场的双向开放，稳步推动资本项目可兑换，丰富交易工具和参与主体范围；加强风险教育，引导市场主体树立风险意识，重视汇率风险管理，管控外部冲击风险。

其次，提高外汇市场监管能力，严控金融风险，完善跨境资本流动“宏观审慎管理与微观市场监管”两位一体的管理体系，提高执法标准跨周期稳定性、一致性和可预测性，严厉打击各类外汇违法违规行为。

最后，要加强基础设施，提升外汇管理团队素质。不仅要完善外汇管理法律法规，强化国际收支统计基础工作，还要打造“数字外管”平台，筑牢“安全外管”体系，提高外汇管理工作的效率和透明度，继续为“一带一路”和国际产能合作等国家战略提供外汇支持。

十一、黄金市场发展政策①

2017 年，国际政治经济环境错综复杂，全球黄金市场竞争激烈，我国黄金市场在强监管的政策环境中健康发展，上海黄金交易所黄金业务交易量稳步增加，增速放缓，上海期货交易所黄金期货交易量下降。我国黄金市场对外开放进程加快，黄金市场的制度建设和风险防范机制不断加强，市场服务功能进一步提升。

（一）市场发展概况

金价在波动中上涨。2017 年，国内现货黄金价格与国际金价基本一致，震荡上行。上海黄金交易所黄金主力合约 Au99. 99 开盘 264. 04 元/克，年中最高价 300 元/克，最低价 258 元/克，年末收盘价为 273 元/克，较上年末上涨 3. 45%。

黄金现货市场增速放缓，黄金期货交易量下跌。2017 年，我国黄金现货市场交易量保持增长，黄金期货交易量出现较大幅度下降。上海黄金交易所全年累计成交黄金 54291. 99 吨（双边统计），较上年增长 11. 54%；黄金交易金额达 14. 98 万亿元，较上年增长 14. 98%。上海期货交易所全年黄金期货累计成交 3895. 62 万手（38956. 18 吨，双边统计），较上年下降 43. 96%；累计成交金额 10. 84 万亿元，较上年下降 41. 99%。

黄金询价市场继续保持较快发展。2017 年，上海黄金交易所询价业务继续稳定增长，场外市场影响力逐步扩大。全年，询价市场成交总量 2. 29 万吨，同比增长 29. 28%；成交金额 6. 3 万亿元，同比增长 33. 55%。

国内外现货黄金价差扩大。2017 年，国内黄金现货、黄金期货与境外的价差水平均有所扩大。上海黄金交易所黄金现货与伦敦金的平均价差为 2. 18 元/克，较上年增加 0. 72 元/克，增幅 49. 32%；上海期货交易所黄金期货与纽约 COMEX 黄金期货的平均价差从 2016 年的 2. 70 元/克增至 4. 18 元/克，增幅 54. 92%。

我国黄金现货需求回升。2017 年国内实物黄金需求回升，上海黄金交易所主板黄金出库量共计 2030. 48 吨，较 2016 年同比上升 3. 05%。

（二）行业市场发展政策

2017 年，中国黄金市场政策体现出防风险的突出特点，更加强调在规范中稳步发展，市场防范风险举措不断出台，基础设施有效提升，对外开放进程不断深化。

---

① 作者：罗江，上海黄金交易所研究发展部副总经理。

1. 中国人民银行下发《关于加强贵金属交易场所反洗钱和反恐怖融资工作的通知》（银发〔2017〕218号）。9月，为促进黄金市场健康发展，丰富现有风险管理体系，中国人民银行下发《关于加强贵金属交易场所反洗钱和反恐怖融资工作的通知》。通知根据《人民银行法》《反洗钱法》《反恐怖融资法》等法规，预防洗钱和反恐怖融资活动，遏制洗钱犯罪及相关犯罪，加强贵金属交易场所反洗钱和反恐怖融资工作。通知要求贵金属交易场所以及从事贵金属交易的交易商高度重视贵金属交易领域的洗钱和恐怖融资的风险，积极履行反洗钱和反恐怖融资义务。中国人民银行加强对交易场所、交易商反洗钱和反恐怖融资工作的监督管理。

2. 清理整顿各类交易场所。部际联席会议办公室3月下发《关于做好清理整顿各类交易场所"回头看"前期阶段有关工作的通知》（清整联办〔2017〕31号），P2P网贷风险专项整治工作领导小组办公室12月下发《关于做好P2P网络借贷风险专项整治整改验收工作的通知》（网贷整治办函〔2017〕57号）。两个文件都明确依据国发〔2011〕38号、国办发〔2011〕37号文件有关规定："未经国务院相关金融管理部门批准，不得设立从事保险、信贷、黄金等金融产品交易的交易场所，其他任何交易场所也不得从事保险、信贷、黄金等金融产品交易。"两个文件对打击非法黄金市场尤其是网络非法黄金交易作了明文规定。

3. 完善市场制度体系，做好市场风险管理。2017年，上海黄金交易所健全交易制度体系，对主板以及国际板相应规则制度共29项交易流程、业务规则、运行制度进行了全面的修订调整，全面提升了交易制度体系的系统性、条理性、规范性、稳定性。上海黄金交易所修订了风险控制管理办法，全面加强对持仓量等市场指标的跟踪和分析，提升风险管理量化分析对决策的支持。持续完善风险监控系统，新增多项风险管理指标，风险试算和压力测试功能，及多种风控报警方式。加强日常交易动态监控和预警，做好日常风险监控和风险排查工作，提升防范应对各类风险的水平。

4. 加强市场监督管理，保护投资者权益。上海黄金交易所构建会员管理长效机制，将会员资信、经营能力、合规水平等纳入考核指标，积极排查业务风险，探索行业自律指导，为监管机构提供决策参考。重视投资者利益保护，建立客户调解机制，规范投诉处理流程，支持客户合理诉求。

5. 规范黄金租借业务，优化业务结构。上海黄金交易所以"审慎引导、严防风险、服务实体、总量控制"为指导原则，制定了黄金租借业务内部管理办法。通过逐级、逐笔审批过户的方式，引导商业银行黄金租借业务切实服务实体企业。在租借总量和余量双调控的市场环境下，实体企业的租借业务量总体趋于平稳。

6. 推进系统建设。2017年，上海黄金交易所周密组织系统上线工作提升技术保障能力。GEMS－2新一代交易系统按期正式上线，各核心系统实现平稳切换，系统各项运行指标达到国内领先水平。上海黄金交易所GEMS－3系统一阶段及配套国际板功能优化开发、易金通 APP 升级、询价交易系统国密改造、官网二期等一批重点项目有序推进并按期上线。全面推进灾备系统建设，深圳灾备 GEMS - 2 完成上线，顺利实现深圳备份交易中心业务功能可用目标，进一步提高技术安全体系完整性。

7. 对接“上海金”基准，首次推出人民币黄金期权波动率曲线，构建场外衍生应用场景体系。11 月，上海黄金交易所为进一步促进黄金期权市场发展，完善期权市场的制度建设，组织中国银行、招商银行、浙商银行、国泰君安证券参与黄金询价期权隐含波动率曲线报价，并向银行间黄金询价业务参与机构发布根据报价计算形成的波动率曲线，为市场提供公允的可参考价格，降低交易协商成本，利于期权市场参与机构的风险控制和管理，进一步推动期权市场的风险对冲应用向上海金定价平台集聚，促进构建与上海金挂钩的询价衍生品体系。

8. 场外询价市场基础设施持续完善。上海黄金交易所在 2016 年启动银行间黄金询价市场做市商制度后，2017 年推进银行间询价做市商管理及考核指标体系修订，又根据做市商制度完成银行间黄金询价市场做市商调整，并且形成做市商动态调整的长效管理机制，推动做市商集中精力提高做市能力、做市水平，进一步提升市场中长期的可持续发展能力。

（三）政策效果

1. 市场规范、发展方面

（1）积极开展黄金市场反洗钱工作。中国人民银行下发《关于加强贵金属交易场所反洗钱和反恐怖融资工作的通知》后，上海黄金交易所密切配合国家税务、公安、审计等部门核查工作，加强对开户、交易、实物交割、发票开具等关键环节的联动管理，严防不具备真实实物需求的企业入场交易、交割、套取发票。启动增值税涉税管理信息系统建设，严厉打击黄金涉税犯罪行为。落实中国人民银行关于开展贵金属交易反洗钱的前期准备工作，上海黄金交易所成立反洗钱工作领导小组，研究制定《反洗钱工作管理办法》等相关制度和业务指引，为黄金市场反洗钱体系建设打下良好基础。

（2）银行业金融机构黄金业务稳定规范发展。2016 年中国人民银行《关于规范银行业金融机构账户黄金业务有关事项的通知》，对银行业金融机构账户黄金业务进行规范，防范可能的风险，促进黄金市场健康平稳持续发展。通知要求账户黄金业务应为全额交易，并将账户黄金多空持仓轧差余额的 20% 用于购买实物黄金，作为备付实物存放在上海黄金交易所指定仓库，账户黄金业务在健全规范的制度框架下发展。2017 年，全国有 9 家商业银行开展了账户金业务，累计成交 2130.80 吨，交易金额 5835.10 亿元，较上年分别增长 1.34% 和 3.49%。

（3）上海黄金交易所黄金询价市场继续保持稳定增长，场外市场影响力逐步扩大。上海黄金交易所黄金询价市场参与主体进一步扩容优化，全年银行间黄金询价市场参与机构 61 家，同比增长 10.91%。询价市场成交总量 2.29 万吨，同比增长 29.28%，成交金额6.3万亿元，同比增长33.55%。询价市场成交量在上海黄金交易所黄金成交总规模中占比42.13%，询价交易成为银行等机构投资者的重要交易方式之一。询价市场各期限品种中，即期、远期、掉期分别成交5643.72吨、1574.70吨、15653.54吨，分别占询价市场成交量的24.68%、6.88%、68.44%，远期、掉期等中远期限品种的市场占比稳步提升，促进了人民币黄金中远期价格形成，在我国黄金市场多层次市场体系中发挥了积极作用。

（4）黄金市场互联网交易量增长迅猛。2015年12月，上海黄金交易所移动互联网产品“易金通”上线，提升了市场交易的便利性，满足了投资者尤其是个人投资者通过手机移动终端参与黄金交易的需求。2017年，通过易金通完成的交易金额达6536.6亿元，同比增长415%，个人开户数达7.5万户，同比增长152%。

（5）“上海金”定价交易影响力扩大。“上海金”基准价格形成过程公开透明，真实反映了双方供需诉求，更好地实现了黄金市场价格发现功能。定价市场主体更加开放多元，参与者结构日益丰富。“上海金”集中定价市场参与主体已扩展到30家，包括商业银行、产用金企业等多元化市场主体，以及境内会员和国际会员多地域市场参与者。“上海金”的应用范围进一步拓展，市场服务功能凸显。“上海金”基准价逐渐为国内黄金企业和商业银行等金融机构所接受，套保结算、租赁结算、新产品设计等越来越多地使用“上海金”基准价。2017年，上海黄金交易所与迪拜黄金与商品交易所合作，授权其在以离岸人民币计价的黄金期货合约中使用“上海金”基准价作为该合约的现金结算价。同时，“上海金”基准价在黄金ETF、场外基金、理财产品上都有更为广泛的应用。

2. 市场对外开放方面

2017年，上海黄金交易所国际板发展势头良好，国际板成交黄金4776.98吨，同比增长19.67%，成交金额13086.70亿元。国际板交易规模不断攀升，市场影响力不断扩大，日益成为黄金市场对外开放的主渠道。

（1）国际会员入会积极，国际板市场容量不断扩大。截至2017年12月底，国际板已招募69家国际会员，通过国际会员代理的国际客户共计71家，市场参与主体规模进一步扩大，市场流动性和交易参与度不断提升。

（2）国际板作为黄金进口渠道的作用日益显现。在现行黄金进口管理的制度框架下，国际板在自贸区内建立交割仓库，实物流与国际标准接轨，为国际投资机构提供标准实物黄金的入库、出库和账户划转服务，为国内黄金进口银行办理实物登记、存放和转运服务。自贸区仓库严格限制国际上冲突地区黄金的进入，保证交割的黄金来源清晰，质量符合标准。国际板启动以来，黄金实物交割顺利，进口渠道畅通，截至2017年底，通过国际板进口黄金占全部进口比重达到35.83%，国际板已成为重要的进口渠道之一。

(3) 推进落实“一带一路”倡议，不断探索跨市场合作新空间。2017 年，国际板以“一带一路”沿线国家和地区为重点进行布局，通过多形式、多载体的跨境合作，推进跨市场合作的深度和广度；通过开展跨市场合作，为境内外投资者开辟多样化的投资渠道，不断拓展市场开放空间，并根据不同市场特点探索不同的合作形式，稳步推进与重点交易所的合作落地。2017 年，上海黄金交易所多家“一带一路”沿线国家的交易所进行了合作探讨，不断扩大市场参与者的区域覆盖面，进一步提升国际影响力；通过跨市场合作，拓展“上海金”基准价在境外市场的应用。

(四) 展望

2018 年，是贯彻党的十九大精神的开局之年，是改革开放 40 周年，也是决胜全面建成小康社会、实施“十三五”规划承上启下的关键一年。我国黄金市场正处在从高速增长向高质量发展阶段的转变进程中。伴随我国经济、金融改革开放和人民币国际化进程的不断推进，我国黄金市场将稳中求进，不断加强市场体系建设，深化黄金国际板建设和“上海金”定价机制，进一步加大开放力度，推进多层次黄金市场体系建设，稳步提升黄金定价影响力和综合实力，更好服务于黄金产业及国家发展战略。

主要金融监管政策

一、中国人民银行主要监管政策①

（一）2017 年中国人民银行主要监管政策梳理

2017 年是实施“十三五”规划的重要一年，也是供给侧结构性改革的深化之年。人民银行根据党中央、国务院决策部署，切实增强“四个意识”，坚持稳中求进工作总基调，为促进经济金融平稳健康发展做好风险防范等各项管理和服务工作。

一是初步建立货币政策和宏观审慎政策双支柱调控框架。人民银行加强和改进宏观审慎管理，将表外理财纳入广义信贷指标范围，完善全口径跨境融资宏观审慎政策，促进跨境资本平衡流动。

二是持续加强金融风险防范化解的监管举措。深入推进金融监管统筹协调，加快补齐金融监管短板，扎实做好国务院金融稳定发展委员会办公室各项工作。积极推进市场化债转股，妥善处置产能过剩行业企业债务，切实防范化解高杠杆风险；防范代币发行融资等新型风险，积极稳妥推进互联网金融风险专项整治，推动建设互联网金融监管和风险防范长效机制；严厉打击地下钱庄、网络炒汇等外汇违法犯罪活动；适时调整外汇风险准备金政策。

三是制定保障金融对外开放安全的监管措施。制定发布金融支持“一带一路”建设总体规划、内地与香港债券市场互联互通合作管理暂行办法、外资评级机构进入银行间市场准入标准等，进一步公开和透明化对外直接投资政策。深度参与全球经济治理和国际金融标准制定和落实，深入开展双边、区域和与港澳台地区的金融合作。

四是深化外汇重点领域改革，优化政策环境。完善境外投资外汇管理制度，完善人民币汇率市场化形成机制。持续优化政策框架，推进人民币在贸易结算、直接投资、金融市场交易层面上的跨境循环使用。

五是持续完善金融市场监管制度。深化利率市场化改革，规范债券市场交易，加强

① 作者：朱小川，银行间市场清算所股份有限公司（简称上海清算所）高级经理。本章内容不代表作者任职单位观点。

公司信用类债券监管协调，引导同业存单市场规范有序发展。稳步推进市场创新，推出“双创”金融债券、扶贫票据，进行绿色金融改革试点和绿色债券评估认证。

六是继续稳步提高人民银行负责的其他领域的金融监管水平。完善支付结算行业管理制度，包括完善个人银行账户分类管理机制，实施对境外非政府组织代表机构人民币银行账户管理，深入开展无证经营支付业务专项整治，实施客户备付金集中存管，制定条码支付业务规范，加强大额现金管理，提高小面额人民币服务水平。推动整合市场资源，共建市场化个人征信机构，依法查处征信违法违规活动。反洗钱和反恐怖融资工作稳步推进，加强开户管理，全面完善大额和可疑交易报告，加强反洗钱交易监测标准建设，落实联合国安理会相关决议，协调涉税调查。进一步强化小微、“三农”、扶贫、“双创”等普惠金融和金融消费权益保护，实施消费者金融素养调查，建立典型金融消费者权益保护案例库与监管信息披露制度，深入开展现场检查，针对银行卡、个人信息保护、银行代理保险、存款业务纠纷等领域开展专项检查及其他形式的非现场监管。

（二）2017 年人民银行主要监管政策评价

2017 年人民银行主要监管政策都取得了预期的监管效果，进一步夯实了金融稳定的制度基础，牢牢守住了不发生系统性金融风险的底线。在有效防范和化解金融风险、维护金融稳定的同时，稳步扩大了金融对外开放，深化了外汇重点领域改革；人民币的国际接受程度得到了进一步提高，跨境资金流动风险得到了切实防范；金融市场和支付结算行业监管、社会信用体系建设、反洗钱反恐怖融资和反逃税监管体制机制完善、普惠金融和金融消费者保护监督等各方面工作都得到了全面推进，为我国供给侧结构性改革和经济高质量发展营造了适宜的金融环境。

（三）未来人民银行监管政策展望

2018 年是贯彻落实党的十九大精神的开局之年，也是改革开放 40 周年。人民银行的监管政策将继续全面深入贯彻党的十九大、中央经济工作会议、全国金融工作会议精神，以新时代中国特色社会主义思想为指导，统筹推进稳增长、促改革、调结构、惠民生、防风险等各项工作，健全宏观审慎政策调控框架，打好防范化解重大金融风险攻坚战，继续大力推进金融改革开放发展，促进金融更好为实体经济服务。

2018 年人民银行监管政策将主要包括以下几方面的内容：

一是稳住宏观杠杆，切实防范化解金融风险。健全货币政策和宏观审慎政策双支柱调控框架，提高系统性风险防范能力。加强和改进金融监管，补齐监管短板，严格监管执法。出台金融机构资产管理业务指导意见、非金融企业投资金融机构指导意见、金融控股公司监管办法等审慎监管基本制度；完善金融企业公司治理和房地产金融调控政策；完善互联网金融监管和风险防范长效机制，坚决取缔非法金融活动，强化金融风险源头管控，加强金融领域准入管理，清理整顿各类无照经营和超范围经营金融业务；加强金融风险研判及重点领域风险防控，完善金融风险监测、评估、预警和处置体系。

二是稳妥推进重要领域和关键环节金融改革，完善市场和调控机制，使市场在资源配置中起决定性作用。深入推进利率市场化改革，在有序放开存贷款利率管制的同时，努力培育形成金融市场基准利率体系，健全市场利率定价自律机制。深化其他关键领域改革，认真贯彻落实《深化党和国家机构改革方案》，深化金融监管体制改革，健全地方政府债务融资新体制。

三是有原则地扩大金融市场的开放，同步做好风险防范监管工作。金融业对外开放将坚持以下原则：一是准入前国民待遇和负面清单原则；二是金融业对外开放将与汇率形成机制改革和资本项目可兑换进程相互配合，共同推进；三是在开放的同时，要重视防范金融风险，要使金融监管能力与金融开放度相匹配。具体而言，进一步放宽银行、证券和保险业股比限制，明确外商投资支付机构准入要求，不断扩大对境外交易主体的开放力度，全面实施市场准入负面清单制度；积极协调推进汇率形成机制改革和资本项目可兑换进程，增强人民币汇率弹性；推动跨境支付系统（CIPS）二期上线，提高人民币可自由使用程度；推动金融市场的双向开放，按照相关法规对各类所有制企业实施标准一致的审慎监管。此外，继续深度参与国际金融监管合作和全球经济金融治理。

四是持续推动金融市场健康发展，全面提高金融服务与管理水平。推动公司信用类债券发行准入和信息披露的分类统一，完善债券违约处置机制，做好债券市场扩大开放后的管理工作。完善住房金融体系，建立健全住房租赁金融支持体系。持续推动金融法治、金融统计研究、金融消费者权益保护和普惠金融等工作取得新进展。

附表

2017 年中国人民银行的主要监管政策

发布日期	政策文件名称	发文单位	文件号
1 月 12 日	中国人民银行关于全口径跨境融资宏观审慎管理有关事宜的通知	中国人民银行	银发〔2017〕9 号
1 月 13 日	中国人民银行办公厅关于实施支付机构客户备付金集中存管有关事项的通知	中国人民银行	银办发〔2017〕10 号
1 月 23 日	关于开展金融精准扶贫政策效果评估的通知	中国人民银行、银监会、证监会、保监会、扶贫办	银发〔2017〕19 号
2 月 21 日	中国人民银行关于持续提升收单服务水平规范和促进收单服务市场发展的指导意见	中国人民银行	银发〔2017〕45 号
3 月 23 日	中国人民银行　公安部关于做好境外非政府组织代表机构人民币银行账户管理有关工作的通知	中国人民银行、公安部	银发〔2017〕90 号
4 月 21 日	中国人民银行关于《金融机构大额交易和可疑交易报告管理办法》有关执行要求的通知	中国人民银行	银发〔2017〕99 号

续表

发布日期	政策文件名称	发文单位	文件号
5月2日	关于印发《小微企业应收账款融资专项行动工作方案（2017—2019年）》的通知	中国人民银行、工业和信息化部、财政部、商务部、国资委、银监会、外汇局	银发〔2017〕104号
5月3日	中国人民银行关于印发《义务机构反洗钱交易监测标准建设工作指引》的通知	中国人民银行	银发〔2017〕108号
5月16日	中国人民银行　香港金融管理局联合公告	中国人民银行、香港金融管理局	
5月19日	非居民金融账户涉税信息尽职调查管理办法	国家税务总局、财政部、中国人民银行、银监会、证监会、保监会	
5月23日	中国人民银行关于加强开户管理及可疑交易报告后续控制措施的通知	中国人民银行	银发〔2017〕117号
5月23日	人民币跨境收付信息管理系统管理办法	中国人民银行	银发〔2017〕126号
5月25日	中国人民银行关于发布《不宜流通人民币纸币》行业标准的通知	中国人民银行	银发〔2017〕128号
6月20日	正式启动国债做市支持机制	中国人民银行、财政部	
6月21日	内地与香港债券市场互联互通合作管理暂行办法	中国人民银行	中国人民银行令〔2017〕第1号
6月26日	浙江省湖州市、衢州市建设绿色金融改革创新试验区总体方案	中国人民银行、发改委、财政部、环境保护部、银监会、证监会、保监会	银发〔2017〕153号
6月30日	“债券通”项目下中国人民银行与香港金融管理局加强监管合作谅解备忘录	中国人民银行、香港金融管理局	
7月3日	在银行间市场开展信用评级相关事宜的公告	中国人民银行	中国人民银行公告〔2017〕7号
7月6日	中国人民银行关于发布《人民币现金机具鉴别能力技术规范》行业标准的通知	中国人民银行	银发〔2017〕166号
8月4日	关于进一步引导和规范境外投资方向指导意见的通知	国家发展改革委、商务部、人民银行、外交部	国务院办公厅转发，国办发〔2017〕74号
8月13日	中国人民银行关于落实执行联合国安理会相关决议的通知	中国人民银行	银发〔2017〕187号
8月31日	为引导同业存单市场规范有序发展，规定自2017年9月1日起，金融机构不得新发行期限超过1年（不含）的同业存单	中国人民银行	中国人民银行公告〔2017〕第12号

续表

发布日期	政策文件名称	发文单位	文件号
9月7日	关于防范代币发行融资风险的公告	中国人民银行、中央网信办、工业和信息化部、工商总局、银监会、证监会、保监会	
9月8日	中国人民银行关于调整外汇风险准备金政策的通知	中国人民银行	银发〔2017〕207号
11月14日	汽车贷款管理办法	中国人民银行、银监会	
12月13日	绿色债券评估认证行为指引（暂行）	中国人民银行、证监会	中国人民银行、中国证券监督管理委员会公告〔2017〕第20号
12月14日	中国人民银行自动质押融资业务管理办法	中国人民银行	中国人民银行公告〔2017〕第18号
12月15日	中国人民银行关于规范支付创新业务的通知	中国人民银行	银发〔2017〕281号
12月18日	关于印发《银行业存款类金融机构非居民金融账户涉税信息尽职调查细则》的通知	中国人民银行、国家税务总局、国家外汇管理局	银发〔2017〕278号
12月27日	中国人民银行关于印发《条码支付业务规范（试行）》的通知、配套印发《条码支付安全技术规范（试行）》和《条码支付受理终端技术规范（试行）》	中国人民银行	银发〔2017〕296号、银办发〔2017〕242号
12月29日	中国人民银行办公厅关于调整支付机构客户备付金集中交存比例的通知	中国人民银行	银办发〔2017〕248号

资料来源：中国人民银行网站。

二、中国银监会主要监管政策①

（一）2017年中国银监会监管政策主要内容

2017年，“金融监管”成为金融领域的核心逻辑，银监会贯彻落实党中央、国务院各项决策部署，采取一系列政策措施，开展多个专项治理和综合治理，在防风险、治乱象、补短板、促改革、强服务等多个方面取得进展，银行业资金“脱实向虚”的势头得到初步遏制，风险和合规意识持续增强，服务实体经济的质效不断提升。

1. 引导资金“脱虚向实”，推动银行提升服务经济质效

一是多项监管政策促进普惠金融落到实处。2017年，银监会出台多项监管政策，聚

① 作者：周昆平，交通银行发展研究部（金融研究中心）副总经理；赵亚蕊，交通银行发展研究部（金融研究中心）高级研究员。

焦小微企业和“三农”等薄弱领域，不断推动商业银行发展普惠金融，提升服务能力。7月25日，银监会等五部委印发《关于促进扶贫小额信贷健康发展的通知》，从制度层面推进和落实金融精准扶贫工作。3月和5月，银监会相继下发了《关于做好2017年小微企业金融服务工作的通知》《关于做好2017年三农金融服务工作的通知》和《提高小微企业信贷服务效率，合理压缩获得信贷时间实施方案的通知》，加强政策引导和支持，持续提升小微企业和“三农”金融服务质效。5月25日，银监会等十一部委印发《大中型商业银行设立普惠金融事业部实施方案》，推动大中型商业银行设立聚焦小微企业、“三农”、创业创新群体和脱贫攻坚等领域的普惠金融事业部，提高金融服务覆盖率和可得性。

二是推进供给侧结构性改革，提升服务实体经济质效。2017年，银监会构建更为完善的政策体系，推动金融机构提高服务实体经济的水平。4月7日，银监会下发《关于提升银行业服务实体经济质效的指导意见》，引导银行业回归本源、专注主业，围绕支持供给侧结构性改革，全面提升金融服务实体经济质效。7月14日，财政部、国家发展改革委联合银监会下发《关于暂免征银行业监管费的通知》，进一步减轻企业负担，促进实体经济发展。8月8日，银监会印发《商业银行新设债转股实施机构管理办法（试行）（征求意见稿）》，推动市场化银行债权转股权健康有序开展，切实降低企业杠杆率。此外，银监会出台多项引导银行减费让利政策。

2. 打好防控金融风险攻坚战，有效控制重点领域风险

一是加强信用风险管控，维护银行业资产质量稳定。2017年，银监会进一步完善风险管理制度和措施。2月23日和4月6日，银监会印发《关于开展银行业信用风险专项排查的通知》和《关于进一步排查企业互联互保贷款风险隐患的通知》，着力摸清银行业金融机构显性或隐性承担的信用风险，为有效防范和化解信用风险奠定基础。4月7日，银监会发布《关于银行业风险防控工作的指导意见》，明确了包括信用风险、流动性风险等十个类别风险在内的银行业风险防控的重点领域。4月26日，银监会印发《关于印发商业银行押品管理指引的通知》，指导商业银行规范押品管理，有效防范和化解信用风险。

二是提高风险意识，强化合规管理。2017年，银监会从多个方面推进合规管理长效机制建设。2月14日，银监会下发《关于进一步强化内控合规管理防范案件风险的通知》，强化经营机构内控合规工作，提高经营管理水平。3月15日，银监会印发《关于进一步做好“两个加强、两个遏制”回头看整改问责工作的通知》，进一步完善银行业金融机构内部管控，有效遏制违规经营与违法犯罪行为。6月26日，银监会发布《关于进一步规范银行业金融机构吸收公款存款行为的通知》，整顿规范银行业金融机构吸收公款存款行为，强化廉洁从业，防范道德风险，提升服务水平。8月24日，银监会印发《银行业金融机构销售专区录音录像管理暂行规定的通知》，进一步规范银行业金融机构

理财及代销产品销售行为。

三是完善风险管控，促进互联网平台规范发展。随着互联网金融风险的增加，互联网整治工作深入推进，2017 年，银监会针对互联网金融风险管控也出台多项政策。5 月 27 日，银监会等三部委联合印发《关于进一步加强校园贷规范管理工作的通知》，规范网贷平台借贷行为、催收行为等校园贷领域乱象。8 月 24 日，银监会发布《关于印发网络借贷信息中介机构业务活动信息披露指引的通知》，确立了网贷行业监管体制及业务规则，标志着网贷行业“1 +3”（一个办法三个指引）制度框架基本搭建完成。

四是加强交叉性金融风险等相关风险管控。2017 年，交叉性金融风险管控被放到更为重要的位置，银监会先后出台多项政策进行防范和管控。8 月 8 日，银监会印发《关于进一步加强政策性银行同业业务治理的通知》，加强政策性银行同业业务监管，规范同业业务发展。11 月 17 日，人民银行联合银监会等五部委印发《关于规范金融机构资产管理业务的指导意见（征求意见稿）》，规范金融机构资产管理业务，有效防范和控制金融风险。11 月 22 日，银监会发布《关于规范银信类业务的通知》，对银信类业务进行规范，降低风险及杠杆。此外，11 月 24 日，银监会下发《商业银行银行账簿利率风险管理指引（修订征求意见稿）》，12 月 6 日，银监会下发《商业银行流动性风险管理办法（修订征求意见稿）》，进一步加强利率风险和流动性风险管控。

3. 深入整治金融市场乱象，促进金融市场规范发展

2017 年金融风险整治的重点在于银行体系，尤其是银行同业、理财、表外和资管业务等风险点突出的领域更是重中之重，银监会发布一系列监管文件整治“三套利、三违反、四不当、十乱象”等金融乱象。3 月 23 日和 30 日，银监会发布《关于开展商业银行“两会一层”风控责任落实情况专项检查的通知》和《关于开展销售专区“双录”实施情况专项评估检查的通知》，重点是对商业银行“两会一层”风控责任落实情况以及银行销售专区“双录”实施情况进行专项评估检查。3 月 29 日，银监会发布《关于开展银行业“违法、违规、违章”行为专项治理工作的通知》和《关于开展银行业“监管套利、空转套利、关联套利”专项治理工作的通知》，在银行业开展“三违反”和“三套利”专项治理活动。4 月 6 日，银监会发布《关于开展银行业“不当创新、不当交易、不当激励、不当收费”专项治理工作的通知》，该文件虽然与“三套利”自查内容有所重合，但重点在于检查银行的金融创新业务、运行情况、创新活动风险（简称“四不当”），使金融创新限制在可控制的风险范围内。4 月 7 日，银监会发布《关于集中开展银行业市场乱象整治工作的通知》，组织全国银行业进行集中整治市场乱象（简称“十乱象”）。

4. 补齐监管制度短板，深化银行业改革开放

一是加强金融机构监督和管理。2017 年，银监会多举措完善机构监管，促进金融机

构稳定发展。7 月 5 日，银监会发布《关于修改〈中资商业银行行政许可事项实施办法〉的决定》，持续推进简政放权工作，增强银行抵御风险能力。11 月 15 日，银监会发布《国家开发银行监督管理办法》《中国进出口银行监督管理办法》《中国农业发展银行监督管理办法》三个办法，从资本约束机制等多个方面全面构建和完善开发银行、政策性银行监管规则体系。12 月 26 日，银监会下发《关于印发金融资产管理公司资本管理办法（试行）的通知》，加强对金融资产管理公司的资本监管。

二是完善专项制度，弥补监管短板。2017 年监管部门不断建立健全相关规章制度和工作流程，补齐监管制度短板，切实形成监管合力。2 月 22 日，银监会发布《网络借贷资金存管业务指引》，规范网络借贷资金存管业务活动。4 月 10 日，银监会发布《关于切实弥补监管短板提升监管效能的通知》，提出一系列具体监管要求，进一步提高监管质效，促进银行业金融机构规范经营。8 月 25 日，银监会下发《关于印发信托登记管理办法的通知》，建立全国统一的信托登记制度，进一步促进信托业持续健康发展。10 月 13 日，银监会联合人民银行下发《汽车贷款管理办法》，12 月 29 日，人民银行联合银监会等四部委印发《关于规范债券市场参与者债券交易业务的通知》，这些政策从多个方面，加强金融机构监管，规范金融机构行为，完善和弥补制度短板，提升监管效能。

三是加强股权管理和公司治理，规范银行健康发展。近年来，银行业金融机构快速发展，社会资本发起设立、参股或收购银行业金融机构的积极性不断提高。在这一过程中，一些可能带来风险的投资行为也随之发生。事实上，社会资本入股银行行为除了获取投资收益还存在一定的融资需求，而众多通过股权控制进行融资的行为会对其他行业的资本产生潜在负面影响，不利于资金“脱虚向实”，有效服务实体经济。7 月 15 日，第五次全国金融工作会议强调，金融机构要完善现代金融企业制度，完善公司法人治理结构，优化股权结构，建立有效的激励约束机制，强化风险内控机制建设，加强外部市场约束。7 月 19 日，银监会印发《关于加强农村商业银行股东股权管理和公司治理有关事项的意见》，11 月 16 日，银监会制定《商业银行股权管理暂行办法（征求意见稿）》，进一步规范和完善银行业金融机构的股权管理框架，从根源上化解可能产生的金融风险。

四是积极推动银行业对外开放。2017 年，在多项政策举措推动下，中国银行业对外开放步入新阶段。1 月 9 日，银监会印发《关于规范银行业服务企业走出去加强风险防控的指导意见》，规范银行业服务企业走出去经营行为。3 月 10 日，银监会发布《关于外资银行开展部分业务有关事项的通知》，增加关于外资法人银行投资设立、入股境内银行业金融机构的许可条件、程序和申请材料等规定，为外资法人银行开展股权投资提供了明确的法律依据。12 月 28 日，银监会下发《关于修改〈中国银监会外资银行行政许可事项实施办法〉的决定（征求意见稿）》，旨在进一步扩大银行业对外开放。

(二) 2017年中国银监会监管政策效果

2017年，在多项监管举措推动下，影子银行、交叉金融、互联网金融、地方政府债务、非法集资等多个领域的风险得到有效遏制；公司治理、农村金融改革、普惠金融、对内对外开放等多项监管制度不断完善。总体来看，监管的有效性不断提升，制度监管、法人监管、行为监管等方面不断强化，金融风险得到了有效防控，保持了银行业自身的稳健运行。

但当前国内外经济形势依然复杂严峻，实体经济运行中的矛盾和压力也在不断向银行业进行传导，看到进步和成绩的同时，监管过程中存在的问题和需要完善的领域也应重点关注：

一是监管机构间的合作与协调进一步加强，但仍有待提高。2017年，“一行三会”等监管机构针对资管行业、银行、公募、保险等进行合作与协调，发布了一系列金融监管政策，取得了较好的成效，使得宏观杠杆率整体回落，银行资产扩张增速回归到与M_2、信贷等实体需求相一致的水平；债市微观杠杆大幅下降；股份行和中小行资产扩表放缓甚至缩表，同业、理财、非标、委外业务全面收缩；券商资管、基金子公司等影子银行通道规模断崖式收缩。但当前的分业监管过程中，监管政策来自不同的机构，交叉性金融业务的监管则需要多个部门协调才能完成，这不但会提高监管成本和协调成本，还可能导致监管重复或者出现监管缺位。例如，同时具有储蓄功能和保险功能的储蓄保险，混业经营的金融控股公司等，这些金融创新的出现对现有的分业监管、机构监管均提出了挑战，也对监管机构间的协调提出了更高的要求。

二是金融机构的公司治理水平有提高，但仍需进一步完善。通过坚持不懈的努力，我国银行业公司治理取得了长足进步。产权结构基本实现多元化；“三会一层”各司其职、有效制衡，协调运作的公司治理结构初步形成；董事会的地位和职能逐步强化，履职评价和激励约束机制初步建立，内部审计的独立性和有效性提升，公司治理运作机制趋向规范；银行业基本树立资本约束的现代经营理念；银行业金融机构的风险管理和内部控制机制持续健全，普遍实行全面风险管理策略。但是，我国银行业金融机构公司治理还存在明显不足，特别是中小金融机构的问题表现得更为突出。主要体现在一些机构的股权关系不透明不规范、股东行为不合规、不审慎、董事会履职有效性不足、高管层职责定位存在偏差、监事会监督不到位、战略规划和绩效考核不科学、党的领导和党的建设迫切需要进一步加强等方面。

三是金融机构海外合规经营也面临新的问题和挑战。近几年，全球监管力度不断加强，境外属地监管机构对大型主流银行的监管标准和期望连年上升。尤其是美国司法和监管机构对国际银行的反洗钱处罚力度明显加强，巨额处罚对银行声誉和经营业绩产生了较为严重的负面影响，欧盟金融监管机构对于反洗钱、市场操纵等方面也加大了监管和处罚力度。在此背景下，中资金融机构在海外的信贷、反洗钱、资负管理、公司治理、信息系统等相关业务的合规风险逐渐凸显，经营管理成本也将大大增加。另一方面，监管机构需要在这些领域做好制度建设，以鼓励和支持中资金融机构更好地适应实施“走出去”战略面临的新形势。

（三）2018 年中国银行保险监督管理委员会监管政策展望与建议

2018 年是银行保险监督管理元年，“一委（国务院金融稳定发展委员会）一行（人民银行）两会（证监会、银行保险监督管理委员会）”金融监管架构的形成，能够有效提升监管的协调性和一致性，消除监管空白，防范系统性金融风险。新成立的中国银行保险监督管理委员会未来将更加注重行为监管和对市场主体的微观审慎监管，以有效应对跨市场、跨监管体系、跨业务的金融机构行为。具体而言，在新的监管框架下未来的监管举措建议从以下四方面推进：

一是继续加强对各类风险的防范和化解。银保监会未来将继续做好防范化解重点领域的风险工作。建议重点加强企业杠杆率、影子银行、非法金融活动、地方政府债务等当前仍存在风险隐患的重点领域的风险防范。如严厉打击各种庞氏骗局、非法集资等违法违规金融行为、遏制房地产泡沫化倾向、配合整顿地方政府隐性债务等工作。在监管过程中应当更加注重考虑市场反应，合理把握好工作的节奏和力度。

二是做好结构性去杠杆工作。在化解金融风险的同时，银保监会的重点工作之一仍将是持续推进去杠杆，尤其是要把地方政府和企业特别是国有企业杠杆率降下来，有效控制居民部门杠杆率过快上升趋势。

三是更好地支持现代化经济体系建设。围绕供给侧结构性改革方面，未来的监管举措应当进一步加强与地方和企业的联系协调，推动结构调整和兼并重组，支持市场化法治化债转股；更加注重提升差异化服务能力，有力支持乡村振兴、区域协调和创新驱动等国家重大战略实施；进一步做实普惠金融，督促引导银行保险金融机构回归本源、专注主业，继续改进小微、“三农”金融服务。

四是加快建立有中国特色的现代银行制度。建立和完善具有中国特色的现代公司治理机制，是现阶段深化银行业改革的重点任务，是防范和化解各类金融风险、实现金融机构稳健发展的主要保障。建议监管机构在加强股东穿透监管，规范董事会、监事会运作，加快建立有利于可持续发展和战略目标实施的业绩考核机制、完善风险管理机制等方面持续完善相关制度。

附表

2017 年中国银监会的主要监管政策

发布日期	政策名称	发文单位
1 月 9 日	关于规范银行业服务企业走出去，加强风险防控的指导意见（银监发〔2017〕1 号）	银监会
2 月 14 日	关于进一步强化内控合规管理防范案件风险的通知（银监办发〔2017〕10 号）	银监会

续表

发布日期	政策名称	发文单位
2月22日	网络借贷资金存管业务指引（银监办发〔2017〕21号）	银监会
2月23日	关于开展银行业信用风险专项排查的通知（银监办发〔2017〕23号）	银监会
3月3日	关于做好2017年三农金融服务工作的通知（银监办发〔2017〕31号）	银监会
3月10日	关于外资银行开展部分业务有关事项的通知（银监办发〔2017〕12号）	银监会
3月15日	关于进一步做好“两个加强、两个遏制”回头看整改问责工作的通知（银监办发〔2017〕38号）	银监会
3月20日	关于做好2017年小微企业金融服务工作的通知（银监办发〔2017〕42号）	银监会
3月23日	关于开展商业银行“两会一层”风控责任落实情况专项检查的通知（银监办发〔2017〕43号）	银监会
3月29日	关于开展银行业“违法、违规、违章”行为专项治理工作的通知（银监办发〔2017〕45号）	银监会
3月29日	关于开展银行业“监管套利、空转套利、关联套利”专项治理工作的通知（银监办发〔2017〕46号）	银监会
3月30日	关于开展销售专区“双录”实施情况专项评估检查的通知（银监办发〔2017〕47号）	银监会
4月6日	关于开展银行业“不当创新、不当交易、不当激励、不当收费”专项治理工作的通知（银监办发〔2017〕53号）	银监会
4月6日	关于进一步排查企业互联互保贷款风险隐患的通知（银监办发〔2017〕52号）	银监会
4月7日	关于提升银行业服务实体经济质效的指导意见（银监发〔2017〕4号）	银监会
4月7日	关于集中开展银行业市场乱象整治工作的通知（银监发〔2017〕5号）	银监会
4月7日	关于银行业风险防控工作的指导意见（银监发〔2017〕6号）	银监会
4月10日	关于切实弥补监管短板提升监管效能的通知（银监发〔2017〕7号）	银监会
4月18日	关于修改《中资商业银行行政许可事项实施办法》的决定（征求意见稿）	银监会
4月26日	关于印发商业银行押品管理指引的通知（银监发〔2017〕16号）	银监会
5月4日	关于印发提高小微企业信贷服务效率 合理压缩获得信贷时间实施方案的通知（银监办发〔2017〕61号）	银监会

续表

发布日期	政策名称	发文单位
5月25日	大中型商业银行设立普惠金融事业部实施方案（银监发〔2017〕25号）	银监会、国家发展改革委等十一部委
5月27日	关于进一步加强校园贷规范管理工作的通知（银监发〔2017〕26号）	银监会、教育部、人力资源和社会保障部
6月21日	关于进一步规范银行业金融机构吸收公款存款行为的通知（银监发〔2017〕30号）	银监会
7月5日	关于修改《中资商业银行行政许可事项实施办法》的决定（银监会令〔2017〕第1号）	银监会
7月14日	关于暂免征银行业监管费的通知（银监发〔2017〕40号）	财政部、国家发展改革委、银监会
7月19日	关于加强农村商业银行股东股权管理和公司治理有关事项的意见（银监办发〔2017〕99号）	银监会
7月25日	关于促进扶贫小额信贷健康发展的通知（银监发〔2017〕42号）	银监会、财政部、人民银行、保监会、国务院扶贫办
8月8日	商业银行新设债转股实施机构管理办法（试行）（征求意见稿）	银监会
8月8日	关于进一步加强政策性银行同业业务治理的通知（银监办发〔2017〕109号）	银监会
8月23日	关于印发银行业金融机构销售专区录音录像管理暂行规定的通知（银监办发〔2017〕110号）	银监会
8月24日	关于印发网络借贷信息中介机构业务活动信息披露指引的通知（银监办发〔2017〕113号）	银监会
8月25日	关于印发信托登记管理办法的通知（银监发〔2017〕47号）	银监会
10月13日	汽车贷款管理办法（中国人民银行、银监会令〔2017〕第2号）	人民银行、银监会
11月15日	国家开发银行监督管理办法（中国银监会令〔2017〕第2号）	银监会
11月15日	中国进出口银行监督管理办法（中国银监会令〔2017〕第3号）	银监会
11月15日	中国农业发展银行监督管理办法（中国银监会令〔2017〕第4号）	银监会
11月16日	商业银行股权管理暂行办法（征求意见稿）	银监会
11月17日	关于规范金融机构资产管理业务的指导意见（征求意见稿）	人民银行、银监会等五部委
11月22日	关于规范银信类业务的通知（银监发〔2017〕55号）	银监会
11月24日	商业银行银行账簿利率风险管理指引（修订征求意见稿）	银监会
12月6日	商业银行流动性风险管理办法（修订征求意见稿）	银监会
12月26日	关于印发金融资产管理公司资本管理办法（试行）的通知（银监发〔2017〕56号）	银监会
12月28日	关于修改《中国银监会外资银行行政许可事项实施办法》的决定（征求意见稿）	银监会
12月29日	关于规范债券市场参与者债券交易业务的通知（银发〔2017〕302号）	人民银行、银监会等四部委

三、中国证监会主要监管政策①

（一）2017 年中国证监会监管政策主要内容

2017 年证监会进一步完善法律法规建设，为证券市场稳健发展提供了有力的政策支撑。

1. 从严监管防风险，协同监管去杠杆

2017 年监管层将“防范金融风险”放在最首要的位置，其中“金融去杠杆”成为 2017 年监管的重点领域之一，“一行三会”的协同监管也成为主要的监管方式。

（1）协同监管去金融杠杆。针对资管市场盲目加杠杆，累积影子银行风险的问题，2017 年证监会联合人民银行、银监会、保监会、外汇局出台《关于规范金融机构资产管理业务的指导意见（征求意见稿）》（以下简称《资管新规》）。《资管新规》全面、深入地定义了资产管理业务。其主要内容，一是明确规范资管业务的基本原则；二是明确了资产管理业务的定义，其中强调了不得刚性兑付的要求；三是明确了资产管理产品的定义，多层嵌套、杠杆率限制、集中度限制、私募 FOF 等领域都受到约束；四是明确了管理人的八大职责；五是禁止期限错配；六是重新界定了资管产品的投资范围；七是央行建立自己的独立资产管理报送系统；八是明确穿透式监督；九是要求所有类型产品按照净值型进行管理；十是明确银行需要成立资管子公司独立进行资产管理业务；十一是新老划断，存续到期。

（2）提高金融机构合规风控管理要求。在整体上，证监会发布《证券公司和证券投资基金管理公司合规管理办法》，规范券商及基金的合规管理。此次公布的《证券公司和证券投资基金管理公司合规管理办法》是对 2006 年 5 月发布的《证券投资基金管理公司督察长管理规定》以及 2008 年 7 月发布的《证券公司合规管理试行规定》修订后统一起草的法规文件。此次主要修订内容包括：一是尝试原则导向，对各类业务的规范运营提出八条通用原则；二是进一步强化全员合规，厘清董事会、高级管理人员、合规负责人等各方合规管理责任；三是优化合规管理组织体系，对证券基金经营机构合规系统建设、部门设置、合规人员数量和质量提出基本标准；四是强化合规负责人专业化和职业化水平，同时提升专业经验和法律素质要求；五是改善合规负责人履职保障，采取措施维护其独立性、权威性、知情权和薪酬待遇；六是强化监督管理，对证券基金经营机构及其高级管理人员、合规负责人未能有效实施合规管理等违规行为依法追责。

证监会发布实施了《证券期货投资者适当性管理办法》，以规范券商、基金、期货等金融机构应正确评估投资者能力和意愿，提供“适当”的产品或服务。《证券期货投资者适当性管理办法》作为我国证券期货市场首部投资者保护专项规章，是资本市场重

① 作者：赵湘怀，安信证券研究中心副总经理。

要的基础性制度。《证券期货投资者适当性管理办法》的核心要求在于强化对证券、基金、期货经营机构"卖者有责"的要求，让经营机构在获取经营收益的同时，必须承担法律规定的义务，确保权利义务的对等和统一，切实防范片面追求经济利益，向风险承受能力不足的投资者推介高风险证券期货产品，造成对投资者合法权益的损害和影响。根据《证券期货投资者适当性管理办法》的规定，即使是风险承受能力较低的投资者，在经营机构进行必要的风险提示后，如果坚持购买高风险等级的产品，在经过必要承诺和确认程序后，仍然可以遵从其意愿，参与相关的投资活动。因此，该《办法》没有限制投资者的自由交易，是在充分揭示市场风险的基础上，对投资者交易的更好保护。

针对证券公司风控，证监会修订《证券公司分类监管规定》。主要修订内容包括五个方面：一是维持分类监管制度总体框架不变，集中解决实践中遇到的突出问题。不改变现行的以风险管理能力、持续合规状况为主的评价体系和有效做法，仅对相关评价指标结合行业实际和监管需要进行优化。二是完善合规状况评价指标体系，落实依法全面从严监管要求。完善日常监管措施及针对立案调查、风险事件的扣分规则，引导一线监管部门用好用足监管措施。客观、准确体现不同类别公司在持续规范运营上的差异，引导公司按照监管导向依法合规、稳健经营。三是强化风险管理能力评价指标体系，促进行业提升全面风险管理能力。更新风险管理评价内容，提高净资本加分门槛，引导证券公司提升资本实力、引入高端专业人才、完善风控基础设施，形成精准计量各类风险、动态监测监控和有效应对风险的全面风险管理能力，实现风险管理全覆盖。四是突出监管导向，引导行业聚焦主业。优化原有的市场竞争力指标，剔除部分偏离主业、过度投机的业务因素影响，增加反映公司综合实力、跨境服务能力等因素的指标，引导证券公司突出主业、做优做强，提升国内国际竞争力。五是为持续完善评价体系留出空间，增强制度的适应性和有效性。增加授权条款，委托中国证券业协会在条件具备时对全面风险管理能力、合规管理能力、社会责任履行情况等进行专项定量评价，逐步提升风险管控能力在分类评价中的比重，确保分类评价结果切实管用、持续有效，不断提高监管资源配置的有效性。此次修订进一步促进了证券公司加强合规管理、提升风险控制能力、培育核心竞争力，发挥了正向激励作用，得到了行业和市场认可。

针对公募基金，证监会发布《公开募集开放式证券投资基金流动性风险管理规定》。其主要内容涵盖基金管理人内部控制以及基金产品设计、投资限制、申购赎回管理、估值与信息披露等业务环节的规范，并针对货币市场基金的流动性风险管控做出了专门规定。《公开募集开放式证券投资基金流动性风险管理规定》聚焦公募基金流动性风险，进一步细化底线要求，强化机构在流动性风险管控方面的主体责任，有利于降低基金业务的结构脆弱性，促进我国公募基金行业的持续健康发展。

针对期货公司的风险管理，证监会修订《期货公司风险监管指标管理办法》，并制定了配套文件《期货公司风险监管报表编制与报送指引》。此次主要目的是为加强期货公司监督，促进期货公司稳健经营，具体内容如下：一是提高最低净资本要求至3000万元，加强结算风险防范；二是按流动性、可回收性及风险度大小进一步细化资产调整比例，提高净资本计算的科学性；三是调整资产管理业务风险资本准备计提范围与计提标准，提升风险覆盖全面性；四是进一步强化对期货公司的监管要求，加大监管力度。这一套文件发布促使期货公司根据自身资本结构和业务发展需要，建立与风险监管指标相适应的内部控制制度，建立动态的风险监控和资本补足机制，完善风险管理体系，全面提升抗风险能力。

2. 优化多层次资本市场建设，引导服务实体经济

（1）规范上市公司过度融资，先后出台《上市公司非公开发行股票实施细则》及批准修订了《股票质押式回购交易及登记结算业务办法》。

针对上市公司过度融资现象，证监会修订了《上市公司非公开发行股票实施细则》（以下简称《实施细则》），并发布了《发行监管问答——关于引导规范上市公司融资行为的监管要求》（以下简称《监管问答》）。《实施细则》和《监管问答》主要针对了部分上市公司存在的过度融资倾向，非公开发行定价机制选择存在较大套利空间以及再融资品种结构失衡的情况。修订后的《实施细则》进一步突出了市场化定价机制的约束作用，取消了将董事会决议公告日、股东大会决议公告日作为上市公司非公开发行股票定价基准日的规定，明确定价基准日只能为本次非公开发行股票发行期的首日。《实施细则》规定非公开发行不得超过发行前股本的20%，并且规定上市公司融资后18个月内不能启动再融资，限制市场上出现的过度融资以及次新股再融资的现象。《监管问答》主要内容为：一是上市公司申请非公开发行股票的，拟发行的股份数量不得超过本次发行前总股本的20%。二是上市公司申请增发、配股、非公开发行股票的，本次发行董事会决议日距离前次募集资金到位日原则上不得少于18个月。前次募集资金包括首发、增发、配股、非公开发行股票。但对于发行可转债、优先股和创业板小额快速融资的，不受此期限限制。三是上市公司申请再融资时，除金融类企业外，原则上最近一期末不得存在持有金额较大、期限较长的交易性金融资产和可供出售的金融资产、借予他人款项、委托理财等财务性投资的情形。修订《实施细则》和制定《监管问答》主要着眼于以下三个方面：一是坚持服务实体经济导向，积极配合供给侧结构性改革，助力产业转型和经济结构调整，充分发挥市场的资源配置功能，引导资金流向实体经济最需要的地方，避免资金“脱实向虚”。二是坚持疏堵结合的原则，立足保护投资者尤其是中小投资者的合法权益，堵住监管套利漏洞，防止“炒概念”和套利性融资等行为形成资产泡沫。同时，满足上市公司正当合理的融资需求，优化资本市场融资结构。三是坚持稳中求进原则，规则调整实行新老划断，已经受理的再融资申请不受影响，给市场预留一定时间消化吸收。

针对部分股东利用股票质押渠道过度融资，或未将资金用于实体经营的现象，证监

会批准修订了《股票质押式回购交易及登记结算业务办法》。新《股票质押式回购交易及登记结算业务办法》在融资门槛、资金用途、质押集中度、质押率等方面进行了调整。具体来看，新《股票质押式回购交易及登记结算业务办法》明确股票质押率不得超过60%，单一证券公司、单一资管产品作为融出方接受单只A股股票质押比例分别不得超过30%、15%，单只A股股票市场整体质押比例不超过50%，进一步强化了风险管理。新《股票质押式回购交易及登记结算业务办法》规定融入方不得为金融机构或其发行的产品，融入资金应当用于实体经济生产经营并专户管理，融入方首笔初始交易金额不得低于500万元，后续每笔不得低于50万元，不再认可基金、债券作为初始质押标的，提高了融资金额门槛，停止小额类股票质押业务，限制了散户通过股票质押来加杠杆。

（2）优化企业融资方式。证监会修订《证券发行与承销管理办法》，优化可转债的发行。此次《证券发行与承销管理办法》修订主要针对可转债的发行问题进行了调整，一是消除可转换公司债券和可交换公司债券发行过程中产生的较大规模申购资金冻结对货币市场的影响；二是统一首发和可转换公司债券、可交换公司债券网上信用申购违约惩戒机制；三是规定网上和网下投资者缴款认购的可转换公司债券数量合计不足本次公开发行数量的70%时可以中止发行；四是明确基本养老保险基金参与网下新股申购时，享受同公募基金、社会保障基金相同的优先配售待遇。

为鼓励企业绿色经营，证监会发布了《中国证监会关于支持绿色债券发展的指导意见》（以下简称《指导意见》），允许企业发行绿色债券。《指导意见》强调要坚持创新、协调、绿色、开放、共享的发展理念，引导交易所债券市场进一步服务绿色产业健康有序发展，助推我国经济发展方式转变和经济结构转型升级。《指导意见》提出绿色公司债券募集资金必须投向绿色产业项目，严禁名实不符，冒用、滥用绿色项目名义套用、挪用资金。鼓励证券公司、基金管理公司、私募基金管理机构、商业银行、保险公司等市场主体及其管理的产品投资绿色公司债券，探索建立绿色投资者联盟。证券交易所研究发布绿色公司债券指数，建立和完善绿色公司债券板块，扩大绿色公司债券市场影响力。鼓励市场投资机构以绿色指数为基础开发公募、私募基金等绿色金融产品，满足投资者需要。《指导意见》要求证监会系统单位应当加强政策支持和引导，建立审核绿色通道，适用“即报即审”政策，提升企业发行绿色公司债券的便利性；中国证券业协会定期发布“绿色债券公益榜”，将证券公司承销绿色公司债券情况作为证券公司分类评价中社会责任评价的重要内容；各证监局主动对接辖区地方政府，积极引导社会资本参与绿色产业项目建设。

（3）规范区域股权市场建设。证监会发布《区域性股权市场监督管理试行办法》，落实了《国务院办公厅关于规范发展区域性股权市场的通知》（国办发〔2017〕11号），统一区域性股权市场业务及监管规则的需要，对于完善多层次资本市场体系，推进供给侧结构性改革，促进大众创业万众创新，服务创新驱动发展战略，降低企业杠杆率等具有积极意义。《区域性股权市场监督管理试行办法》明确界定中央和地方监管职责，充分发挥中央和地方两个积极性，这有利于完善监管协同机制，防止监管空白和监管套利，严厉打击各类违法违规行为，保护投资者合法权益，防范和化解金融风险，促进区域性股权市场健康稳定发展。《区域性股权市场监督管理试行办法》遵循了规范与发展并举的总体思路，注意处理好监管与发展的关系，按照既有利于规范又有利于发展的要求，既坚持基本行为底线，又积极创造良好的发展环境。

3. 规范信息披露，维护中小投资者利益

针对大股东违规减持损害投资者的现象，证监会修订《上市公司股东、董监高减持股份的若干规定》。该规定规定了上市公司大股东在 3 个月内通过证券交易所集中竞价交易减持股份的总数，不得超过公司股份总数的 1%。此次修订从适用对象、股份来源、减持力度、信息披露、减持方式和监管主体等多方面对做出调整或者是新增规定。进一步细化完善了限售股解禁后的减持行为。总体基调是严格监管规范减持行为，尽量减少由于过度减持而引起的供需失衡以及由此引发的损害中小投资者利益、打击投资者信心所造成的负面冲击。

针对上市公司信息披露存在的违规行为，证监会先后修订了《公开发行证券的公司信息披露内容与格式准则第 26 号——上市公司重大资产重组》《公开发行证券的公司信息披露内容与格式准则第 2 号——年度报告的内容与格式》和《公开发行证券的公司信息披露内容与格式准则第 3 号——半年度报告的内容与格式》。以上准则对上市公司信息披露行为进行了再一次规范，修订规范了上市公司重大资产重组信息披露、年报信息披露以及半年度报告信息披露行为。

4. 依法全面从严工作，严厉打击违法活动

2017 年证监会按照依法全面从严监管的工作方针，紧扣风险防范和稳定发展，聚焦重点领域和市场关切，严厉打击各类证券期货违法违规活动，全面提升稽查执法综合效能，确保市场运行有序，投资者权益得到有效保护，资本市场服务实体经济的功能得到充分发挥。

2017 年，稽查部门受理各类违法违规有效线索 625 件，交易监控发现的异常线索占 70%，全年新启动调查 478 起，启动调查率 76%；立案调查 312 起，立案率为 65%。全年集中部署 4 个批次专项执法行动共 54 起典型案件，重点打击财务造假、爆炒次新股、利用高送转非法交易、私募乱象等市场典型违法行为。全年新增重大案件 90 起，同比增长一倍。全年办结立案案件 335 起，同比增长 43%；其中，移交行政处罚部门审理 303 起，移送公安机关涉嫌犯罪案件和线索 31 起。总体来看，传统违法案件占比依然较高，操纵市场案件数量减少，老鼠仓得到有效遏制。

2017 年证监会重点查办严重违法违规案件类型包括：

一是严重损害上市公司利益，损害中小股东合法权益的案件。包括虚假披露信息，通过虚构交易粉饰业绩，或实施“忽悠式”重组非法牟利的案件；大股东、实际控制人及上市公司董监高等人员通过违规担保、资金占用、关联交易等方式，恶意掏空上市公司的案件；严重违背现金分红制度规则，长期具备分红条件而不分红且涉嫌违法违规的“铁公鸡”案件。

二是严重积聚市场风险，危害市场平稳运行的违法行为。包括通过违规聚集市场资金，滥用杠杆交易，放大市场风险的案件；借助新型金融工具，滥用金融科技之名，或者跨市场实施违法交易的行为。

三是严重破坏公平交易原则，影响市场功能发挥的案件。包括利用重组题材进行炒作，利用多层多级传递获取的内幕信息抢先买入或提前避损的案件；多账户多点布局、内外勾结、虚实结合，趁机借势操纵股票价格的案件。

并购重组是内幕交易的重灾区。2017 年内幕交易平均案值超过 3000 万元，7% 的案件涉案金额突破亿元，超过 70% 的内幕交易获利，最高收益 4000 余万元。从内幕信息看，利用高送转、重大亏损等业绩类信息从事非法交易案件多发。

2017 年操纵市场立案 38 件，同比下降 17%。操纵市场案件呈现四大特征：（1）涉案主体呈现团伙化、职业化特征；（2）个股价量异常波动引发快进快出负面效应；（3）操纵手法糅杂多样，“短线坐庄”趋势明显；（4）嫁接互联互通、期现联动，隐蔽性更强。

四是严重扰乱信息传播秩序，恶意制造市场恐慌情绪的案件。包括通过互联网、自媒体肆意发表针对个股、板块、市场走势和监管政策的不实不当言论的行为；充当股市“黑嘴”，引诱不明真相的投资者参与交易，从中牟利的案件。

2017 年新增编造传播虚假信息案件调查 7 起，同比增长 40%，呈现三大新特征：（1）互联网和自媒体成为主要传播途径，扩散速度快，危害后果加深加剧；（2）违法手法和形式多样化；（3）行为目的复杂化，意图包括：影响市场价格、获取网民注册信息、扩大自身市场影响。

（二）2017 年证监会监管政策效果

2017 年中国证监会依法、从严、全面的行政处罚工作，对于健全市场体系、夯实市场基础、防范市场风险、维护市场稳定、保护投资者合法权益发挥了重要保障作用。

在证监会系统 2018 年工作会议中，证监会党委书记、主席刘士余总结了证监会 2017 年十大成绩单：（1）证监会系统牢固树立“四个意识”，坚定“四个自信”，认真学习宣传贯彻党的十九大精神，持续强化党委主体责任和纪委监督责任，推进系统全面从严治党进一步深化；（2）坚持稳中求进工作总基调，抓重点、补短板、强弱项，资本市场改革发展稳定各项工作迈出坚实步伐；（3）服务实体经济的直接融资功能进一步增强，“IPO 堰塞湖”现象有效缓解；（4）多层次市场体系进一步完善，新三板分层和交易制度改革取得重要突破；（5）股票发行、减持、退市等基础制度进一步夯实；（6）市场双向开放水平进一步提高，A股纳入明晟（MSCI）新兴市场指数；（7）依法全面从严监管的态势进一步巩固，市场生态呈现积极变化；（8）市场运行进一步稳健；（9）保护投资者合法权益的能力和水平进一步提升；（10）资本市场新闻舆论工作水平和市场沟通能力进一步增强。

2017年监管层将“防范金融风险”放在最首要的位置，其中“金融去杠杆”成为2017年监管的重点领域之一，“一行三会”联合出台《关于规范金融机构资产管理业务的指导意见（征求意见稿）》，协同监管也成为主要的监管方式。在提高金融机构合规风控管理要求方面，证监会发布了《证券公司和证券投资基金管理公司合规管理办法》、《证券公司分类监管规定》等一系列涉及券商、基金和期货公司的风控管理规定，提高了对净资本、风险覆盖率等指标的要求。在优化多层次资本市场建设和引导服务实体经济方面，证监会规范了企业融资方式，规范了企业通过再融资和股票质押进行融资的行为，鼓励符合条件的企业发行可转债和绿色债券；发布《区域性股权市场监督管理试行办法》，规范区域股权市场的运行。进一步完善了上市公司信息披露制度，维护中小投资者的权益。

在完善立法的同时，证监会加强了执法力度。证监会稽查部门在2017年受理各类违法违规有效线索625件，全年集中部署4个批次专项执法行动共54起典型案件，重点打击财务造假、爆炒次新股、利用高送转非法交易、私募乱象等市场典型违法行为。

总结2017年中国证券市场整体的风险监管水平和力度有了新提升，协同监管取得突破，中小投资者权益保护有了新成效，防控金融风险、维护市场稳定的能力经受住了新考验。证券期货行业发展呈现出新面貌，市场沟通和预期管理的能力达到新水平。

（三）2018年证监会监管政策展望与建议

展望2018年，证监会一方面继续以“防范金融风险”“服务实体经济”为主，继续推进监管政策落地，加强对各个市场参与主体的监管力度，严厉打击违法违规的资本市场行为，继续提高资本市场服务实体经济能力，实现金融风险监管全覆盖；另一方面，加快推进金融市场对外开放，放宽金融外资持股比例，扩大外资业务范围，扩大资本市场的双向开放，并继续加强与金融开放程度相匹配的金融监管力度，正式迈入对外开放的深水区。

首先，监管仍以“防范金融风险”“服务实体经济”为主，严监管趋势持续，金融回归本源。2018年国务院金融稳定发展委员会成立，意在全面统筹协调金融稳定和改革发展重大问题，推动金融回归主业，服务实体经济。国务院金融稳定发展委员会未来将重点关注影子银行、资产管理行业、互联网金融和金融控股公司四方面问题：

（1）影子银行问题。监管机构将进一步推动影子银行业务回归银行，纳入商业银行资产负债表。

（2）资产管理行业问题。“一行三会”联合外汇局发布的资管新规正式实施，推进资产管理的统一，进一步加强对我国资产管理行业面临的高杠杆、流动性风险、操作风险等方面问题的监管力度。

（3）金融科技监管相对滞后的问题。我国针对互联网金融、金融科技等问题将推出全面、深入的监管政策，加强互联网金融方面监管的全面性和力度。同时，监管层正对数字货币、区块链技术以及金融科技进行研究，研究其服务实体经济的最好形式，避免其可能带来的影响。

（4）金融控股集团的监管力度加强问题。监管层将针对我国部分传统企业不断收购金融业务牌照的现象中造成的内部关联交易频繁、业务交叉或风险隐瞒等严重风险问题进行大力度的治理与监管。2018 年 3 月 30 日，证监会发布《证券公司股权管理规定（公开意见稿）》，对于证券公司的股东资质提出了更高的要求。

2018 年监管将继续实施“去杠杆”，各项新规持续发力，规范各个市场，全面推动各项业务转型。总体来看，未来严监管会进一步放在宏观审慎监管、微观审慎监管、行为监管以及金融行业基础设施建设等方面，并且以更高要求进行监管制度完善和监管制度创设。

其次，金融市场对外开放进入“深水区”，外资持股比例、外资业务范围等方面大幅扩大，双向开放资本市场，并同步加强监管力度。

一是放宽外资持股比例上限和开放合资券商业务范围。2018 年 3 月证监会宣布证券公司、基金管理公司、期货公司的外资持股比例上限放宽至 51%，三年后不再设限，且不再要求合资证券公司境内股东至少有一家是证券公司；逐步开放合资证券公司业务范围。2018 年将继续稳步扩大资本市场双向开放。

二是开展资本市场服务“一带一路”建设。中国三家交易所收购了巴基斯坦交易所部分股权，上海证券交易所、中国金融期货交易所与德国证券交易所合资设立中欧交易所；2017 年我国已有 963 家上市公司参与“一带一路”重点项目建设，预计 2018 年数量将继续增长。

三是研究“沪伦通”与支持沪港深港股票市场交易互联互通机制。2018 年 4 月，证监会联合央行宣布扩大陆港通每日额度，进一步完善内地与香港两地股票市场互联互通机制，利好国际资金配置 A 股市场，增强市场资金流动性。中国与英国在提升两国关系的战略性、务实性、全球性、包容性上达成一致，加强宏观政策沟通和协调，保持高层交往和机制性交流。在这一背景下，“沪伦通”有望在 2018 年开通，进一步扩大国内资本市场的双向开放。

四是完善债券通。债券通的落地促使境外资金流入国内债券市场，是我国金融市场对外开放的重要一步。2018 年，我国有望继续推进开放境外机构投资银行间债券市场，并持续提升管理的市场化程度与投资的便利性。

五是扩大 RQFII 投资额度以及推进 QDII 制度实施。2018 年 RQFII 投资额度有望继续扩大，推动境内金融市场对外开放，而 QDII 制度实施的稳步推进将使国内资金全球配置道路更加畅通便利。

附表

2017 年中国证监会主要监管政策一览

发布日期	政策文件名称	发文单位
1 月 14 日	《关于加强发行审核工作人员履职回避管理的规定（2017 年修订）》和《关于加强发审委委员会履职回避管理的规定（2017 年修订）》	中国证监会
1 月 14 日	《中国证监会发行审核工作预约接待办法》	中国证监会
1 月 24 日	《关于避险策略基金的指导意见》	中国证监会
2 月 15 日	《关于修改〈上市公司非公开发行股票实施细则〉的决定》	中国证监会
3 月 2 日	《中国证监会关于支持绿色债券发展的指导意见》	中国证监会
4 月 17 日	《关于取消期货公司设立、收购、参股境外期货类经营机构行政审批事项的决定》	中国证监会
4 月 18 日	《期货公司风险监管指标管理办法》	中国证监会
4 月 18 日	《期货公司风险监管报表编制与报送指引》	中国证监会
5 月 3 日	《区域性股权市场监督管理试行办法》	中国证监会
5 月 26 日	《上市公司股东、董监高减持股份的若干规定》	中国证监会
6 月 6 日	《证券公司和证券投资基金管理公司合规管理办法》	中国证监会
7 月 4 日	《中国证监会关于开展创新创业公司债券试点的指导意见》	中国证监会
7 月 6 日	《关于修改〈证券公司分类监管规定〉的决定》	中国证监会
7 月 7 日	《关于修改〈中国证券监督管理委员会发行审核委员会办法〉的决定》	中国证监会
8 月 31 日	《公开募集开放式证券投资基金流动性风险管理规定》	中国证监会
9 月 5 日	《中国证监会关于证券投资基金估值业务的指导意见》	中国证监会
9 月 8 日	《关于修改〈证券发行与承销管理办法〉的决定》	中国证监会
9 月 21 日	《公开发行证券的公司信息披露内容与格式准则第 26 号——上市公司重大资产重组（2017 年修订）》	中国证监会
11 月 17 日	《证券交易所管理办法》	中国证监会
12 月 7 日	《关于修改〈证券登记结算管理办法〉等七部规章的决定》	中国证监会
12 月 7 日	《关于修改、废止〈证券公司次级债管理规定〉等十三部规范性文件的决定》	中国证监会
12 月 26 日	《公开发行证券的公司信息披露内容与格式准则第 2 号——年度报告的内容与格式（2017 年修订）》	中国证监会
12 月 26 日	《公开发行证券的公司信息披露内容与格式准则第 3 号——半年度报告的内容与格式（2017 年修订）》	中国证监会
12 月 28 日	《资本市场主体全面实施新审计报告相关准则有关事项的公告》	中国证监会

资料来源：中国证监会网站。

四、中国保监会主要监管政策①

（一）2017年中国保监会主要监管政策分析

2017年是保险监管经受重大考验的一年。面对错综复杂的国内外经济金融形势，保险监管系统认真贯彻党中央、国务院决策部署，沉着应对风险挑战，扎实推进全面从严治党，在防风险、治乱象、补短板、服务实体经济等方面采取有力措施，取得了明显成效。全年主要监管政策如下。

1. 制定和落实“1+4”系列文件，加强保险监管、治理市场乱象、补齐监管短板、防范行业风险、服务实体经济

2017年4月以来，针对保险业面临的突出风险和问题，紧紧围绕服务实体经济、防控金融风险、深化金融改革三项任务，连续出台《关于进一步加强保险监管　维护保险业稳定健康发展的通知》《关于进一步加强保险业风险防控工作的通知》《关于强化保险监管　打击违法违规行为　整治市场乱象的通知》《关于保险业支持实体经济发展的指导意见》《关于弥补监管短板　构建严密有效保险监管体系的通知》（统称“1+4”系列文件），着力重塑风清气正的保险行业，重塑监管定位、监管环境、监管能力和监管文化，既坚决果断处置各类风险隐患，又周密稳妥把握好节奏和力度，保险监管和行业各方面都出现积极变化。

其中，《关于进一步加强保险监管　维护保险业稳定健康发展的通知》，全面分析了保险业面临的形势，明确了当前和今后一个时期加强保险监管、治理市场乱象、补齐监管短板、严密防控风险和服务实体经济的主要任务和总体要求。《关于进一步加强保险业风险防控工作的通知》明确指出了当前保险业风险较为突出的九个重点领域，并对保险公司提出了10个方面共计39条风险防控措施要求。《关于强化保险监管　打击违法违规行为　整治市场乱象的通知》部署重点整治虚假出资、公司治理乱象、资金运用乱象、产品不当创新、销售误导、理赔难、违规套取费用以及数据造假等八个方面的市场乱象。《关于保险业支持实体经济发展的指导意见》指出了保险业服务实体经济发展的总体要求和基本思路，并且从“积极构筑实体经济的风险管理保障体系”“大力引导保险资金服务国家发展战略”“不断创新保险业服务实体经济形式”“持续改进和加强保险监管与政策引导”等四方面明确了重点政策措施。《关于弥补监管短板　构建严密有效保险监管体系的通知》要求各级保险监管部门深入排查梳理，找准并弥补存在的短板，切实完善监管制度，改进监管方式，深化改革创新，构建严密有效的保险监管体系，提升监管效能和权威性。

2. 进一步规范人身保险产品开发设计和销售，切实发挥人身保险产品的保险保障

① 作者：刘学庆，上海保险交易所执行委员会委员、法律合规部总监。本文内容不代表作者任职单位观点。

功能

为落实“1+4”系列文件，切实发挥人身保险产品的保险保障功能，回归保险本源，防范经营风险，中国保监会于2017年5月11日印发《关于规范人身保险公司产品开发设计行为的通知》，从四个方面规范保险公司产品开发设计行为。一是明确人身保险产品的开发设计应当遵循三项原则：以消费者的需求为中心，发展有利于保障和改进民生的人身保险产品；以我国国情和行业发展为实际考量，发展符合自身规律，符合国家发展战略导向的人身保险产品；以保险基本原理为根本，借鉴国际经验，发展保障功能突出，符合损失分担、风险同质和大数法则的人身保险产品。二是支持并鼓励保险公司开发四类回归保险保障本源的产品：定期寿险、终身寿险，重点服务于消费者身故风险的保障规划，并鼓励区分被保险人健康状况、吸烟状况等情况进行差异化定价；长期年金保险产品，重点服务于消费者长期生存金、长期养老金的积累和长期持续领取；健康保险产品，重点服务于消费者看病就医等健康保障规划；特定人群专属保障产品，重点服务于支持国家实体经济发展、国家脱贫攻坚战略等国家发展重大领域。三是明确并强调开发设计保险产品的七条要求：比如，针对市场上某些年金等保险产品为提升吸引力，随缴随返，缴费当年即给予一定比例返还等情形，要求“两全保险产品、年金保险产品，首次生存保险金给付应在保单生效满5年之后，且每年给付或部分领取比例不得超过已交保险费的20%”。通过上述要求拉长期限，把保险从投资功能往保障方向引导，促进“保险姓保”。比如，针对市场上“附加万能险”的产品形态（即主险提供死亡、重疾、意外等风险保障服务，附加险提供资产保值增值功能，但一些保险公司给予附加的万能账户高结算利率，资金配比集中在附加账户，并且附加账户可以随时退保），要求“保险公司不得以附加险形式设计万能型保险产品或投资连结型保险产品”。再比如，要求保险产品定名、产品说明书以及相关产品宣传材料中不得包含“理财”“投资计划”等表述。

与此同时，中国保监会进一步规范人身保险的销售工作。2017年5月19日，中国保监会发布《关于进一步加强人身保险公司销售管理工作的通知》，就保险公司加强销售管理，保监局加强属地监管提出要求。2017年底，为了持续深入推进人身保险防风险、治乱象工作，切实保护保险消费者合法权益，中国保监会印发《关于组织开展人身保险治理销售乱象打击非法经营专项行动的通知》，部署对人身保险销售环节的各类违法违规行为开展专项整治。重点整治的违法违规行为包括：人身保险产品销售行为违规、代理渠道违规、人身保险产品设计变相突破监管规定以及不具有合法资质的第三方网络平台等组织和机构非法经营保险业务，等等。

经过一轮集中整治和调整，人身险产品转型成效初显，产品形态回归传统，中短存续期业务显著下降，实现了结构性的“瘦身”。

3. 终止非寿险投资型产品试点、化解信用保证保险风险、开展专项整治，财产保险

防风险、治乱象取得新成效

为落实“1+4”系列文件，在财产保险领域，2017年保监会停止了非寿险投资型产品业务试点，对违法违规问题突出的公司依法从严从重处罚，并展开监管问责，防范风险跨系统、跨区域传递。针对保险公司在经营信用保证保险业务中出现的问题及面临的风险，保监会于2017年7月印发了《信用保证保险业务监管暂行办法》，对除出口信用保险以外的信用保证保险业务予以规范。上述办法对经营信用保证保险业务的保险公司提高了偿付能力要求，将信用保证保险的承保能力与净资产挂钩，明确再保险分出要求，限制信用保证保险的经营类型，保险公司将不得经营大额集中或不能直接穿透底层资产的高风险业务，切实防范金融交叉传递、流动性不足等风险。在此基础上，保监会还切实做好个别保证保险风险事件的处置工作，开展保证保险业务专项检查，切实保护投资者利益。另外，保监会还修订了《财产保险公司保险条款和保险费率管理办法》，发布《关于开展财产保险公司备案产品专项整治工作的通知》，重点整治包括创新不规范、炒作概念和制造噱头、设计偏离保险本源、保障功能弱化等问题。

与此同时，保监会在财产保险领域，还在进一步深化商业车险改革并加大市场规范和整治力度。2017年6月8日，保监会印发《中国保监会关于商业车险费率调整及管理等有关问题的通知》，在前期改革取得成效的基础上，进一步深化车险领域的供给侧结构性改革，进一步发挥市场配置资源的决定性作用，扩大保险公司自主定价权，下调商业车险费率浮动系数下限，通过市场化手段进一步降低商业车险费率水平，引导推动保险公司产品和服务创新。2017年7月6日，保监会印发《关于整治机动车辆保险市场乱象的通知》，强调财产保险公司要强化合规主体责任，加强内控、审计管理，不得偏离精算定价基础，以低于成本的价格销售车险产品，不得以各种方式套取费用，不得委托未取得合法资格的机构从事保险销售活动，不得向不具备合法资格的机构支付或变相支付车险手续费。不得委托或放任合作中介机构将车险代理权转授给其他机构；应按照规定报批和使用车险条款费率。未经批准，不得使用口头约定、特别约定、补充协议、批单和退保条款等，变相修改或拆分车险产品的责任范围、保险期限、权利义务和费率水平等；应依法履行保险合同义务。不得以拖赔、惜赔、无理拒赔等方式损害保险消费者合法权益，不得要求消费者提供不必要的索赔证明文件。通过对违法违规行为的专项治理和处罚，切实维护监管权威，形成有力震慑，给行业竞争树立了风向标。

4. 着力治理乱象、弥补制度短板、加强风险防控，促进保险资金运用服务实体经济和持续稳健发展

针对过去一段时间保险资金运用方面存在的突出问题，中国保监会于2017年4月以来着力治理乱象、弥补风险漏洞和制度短板，从严防控风险，进一步规范保险资金运用，推动保险业和保险资金运用持续稳健发展。

一是针对举牌问题。保监会于2017年1月24日发布《关于进一步加强保险资金股

票投资监管有关事项的通知》，对保险机构或保险机构与非保险一致行动人投资上市公司股票的行为，按照一般股票投资、重大股票投资和上市公司收购三种情形实施差别监管。要求保险机构应当遵循财务投资为主的原则，开展上市公司股票投资。明确规定保险机构收购上市公司，应当使用自有资金，且不得与非保险一致行动人共同收购上市公司，不得以投资的股票资产抵押融资用于上市公司股票投资。同时，要求保险机构加强资产负债管理和风险限额管理，规定保险机构投资权益类资产的账面余额，合计不高于本公司上季度末总资产的30%；除上市公司收购及投资上市商业银行股票另有规定情形外，保险机构投资单一股票的账面余额，不得高于本公司上季度末总资产的5%。对于已经运用相关政策增持蓝筹股票的保险机构，应在2年内或相关监管机构规定的期限内调整投资比例，直至满足监管规定的比例要求。

二是针对境外投资问题。严格要求保险机构遵守国务院办公厅转发国家发展改革委、商务部、人民银行、外交部《关于进一步引导和规范境外投资方向的指导意见》，限制房地产、酒店、影城、娱乐业、体育俱乐部等境外投资。规范保险机构内保外贷业务，并于2018年初与国家外汇管理局联合发布《关于规范保险机构开展内保外贷业务有关事项的通知》。

三是加强资产负债匹配管理。为及时弥补监管短板和风险漏洞，保监会积极推进资产负债管理硬约束，成立资产负债管理制度建设工作小组，研究拟定《保险资产负债管理监管办法》，组织行业培训和测试，并于2018年初正式发文实施。

四是持续加强内部控制。2017年10月，保监会就《保险资金运用内部控制应用指引》（4－6号）公开征求意见，对未上市股权、不动产投资和金融产品投资的关键环节制定了内控标准和流程，强化了对职责分工与授权批准、投资研究与决策、投资执行、投资后管理等重点环节的内部控制要求，有助于更好地防范上述投资领域的操作风险等，提升保险机构另类投资内部控制水平。

五是开展专项整治和重点公司处置。2017年5月，保监会发布《关于开展保险资金运用风险排查专项整治工作的通知》，重点对权益投资、另类投资以及金融产品、不动产和境外投资领域，实施穿透式检查，严格控制增量风险。2017年以来，保监会还及时稳妥处置了一批重点公司和重点领域风险，维护了市场稳定。

六是服务实体经济。保监会积极营造有利于服务实体经济的监管政策环境，不断加大对保险业直接或间接服务实体经济行为的支持力度，引导保险资金增强服务实体经济的能力。为全面贯彻落实党中央、国务院关于金融服务实体经济的决策部署，印发《关于保险业支持实体经济发展的指导意见》，促进保险业持续向振兴实体经济发力、聚力，提升质量和效率。印发《关于保险资金投资政府和社会资本合作项目有关事项的通知》《关于债权投资计划投资重大工程有关事项的通知》，支持保险资金投资符合条件的PPP项目和国家重大战略项目投资。积极引导保险资金服务“一带一路”、“中国制造

2025”、军民融合、京津冀协同发展等国家重大战略和实体经济。

5. 加强保险公司治理监管，从源头上防范公司治理风险

“公司治理失效”是保险业乱象的重要根源之一。为此，2017 年保监会从公司章程、开业验收、关联交易、质询制度、股权管理等方面全面强化公司治理监管。

在公司章程方面。2017 年 4 月 24 日，保监会出台《保险公司章程指引》。针对近年来保险公司治理运作中的主要风险和章程制定中存在的突出问题，以公众公司为标准，以风险监管为视角，对公司章程必备条款提出了明确要求，督促公司规范“三会一层”组织架构、决策授权机制和运作程序，明确公司治理机制失灵情形下的处置程序，促进公司治理结构从本源制度安排上更加规范、严谨、有效。要求各保险公司对照指引要求，于 2017 年底前完成章程修改。以《保险公司章程指引》为依据，严格章程审批，引导公司及其股东进行自我约束，从源头上防范公司治理风险的发生。

在开业验收方面。2017 年 6 月 22 日，保监会发布《关于进一步加强保险公司开业验收工作的通知》，严把保险公司准入关口，要求各中资保险公司筹备组规范保险公司筹建行为，严格开业验收标准，从源头上健全公司治理结构，有效防范经营风险规范公司筹建行为。

在关联交易管理方面。2017 年 6 月保监会印发《关于进一步加强保险公司关联交易管理有关事项的通知》，明确了“穿透监管”“实质重于形式”等监管原则，建立了“责任到人”的审核和追责机制，增加责令修改交易结构、责令停止关联交易等有针对性的监管措施，进一步加大了关联交易监管力度。

在公开质询方面。2017 年 3 月 9 日，发布《关于完善监管公开质询制度有关事项的通知》，建立完善监管公开质询制度。对于社会媒体关注、涉及公众利益或可能引发重大风险的公司治理、业务经营、资金运用及其他监管关注的事项，可向保险公司，保险公司的实际控制人、股东、投资人及其关联方和一致行动人，保险公司的董事、监事和高级管理人员及其他利益相关方进行公开质询。未按要求回复的将依法处理，质询情况纳入保险公司治理评价体系。

在股权管理方面。2017 年保监会组织修订《保险公司股权管理办法》并向行业征求意见。修订后的办法于 2018 年初发布实施。修订后的办法重点明确了保险公司股东准入、股权结构、资本真实性、穿透监管等方面的规范。一是进一步严格股东准入，针对财务类、战略类、控制类股东，分别设立严格的约束标准，设定市场准入负面清单，进一步提高准入门槛，规范投资入股行为。二是强化股权结构监管，将保险公司股东划分为财务Ⅰ类、财务Ⅱ类、战略类、控制类四个类型，并将单一股东持股比例上限由 51% 降为三分之一，同时采取措施防范大股东滥用权利、进行不当利益输送等问题。三是加强资本真实性监管，明确投资入股保险公司需使用来源合法的自有资金，并以负面清单的方式，明确了不得入股的资金类型，着力解决资本不实、虚假出资等问题。四是

加强穿透监管，明确监管部门按照实质重于形式的原则，在股权结构、资金来源以及实际控制人等方面，对保险公司实施穿透式监管。

（二）2018 年保险监管政策展望

2018 年是改革开放 40 周年，也是打赢保险业防范化解重大风险攻坚战的关键一年。党中央、国务院为了进一步防范金融风险，确保国家金融安全，对金融监管体制进行改革，新组建了中国银行保险监督管理委员会。中国银行保险监督管理委员会负责统一监督管理银行业和保险业。同时，将原中国银行业监督管理委员会和中国保险监督管理委员会拟定银行业、保险业重要法律法规草案和审慎监管基本制度的职责划入中国人民银行。

从《关于国务院机构改革方案的说明》以及中国银行保险监督管理委员会相关会议的精神来看，我们可以预期，新组建的中国银行保险监督管理委员会将以习近平新时代中国特色社会主义思想为指导，认真贯彻落实党的十九大、全国金融工作会议和中央经济工作会议精神，强化综合监管，优化监管资源配置，更好统筹系统重要性金融机构监管，逐步建立符合现代金融特点、统筹协调监管、有力有效的现代金融监管框架，维护银行业和保险业合法、稳健运行，防范和化解金融风险，保护金融消费者合法权益，维护金融稳定，守住不发生系统性金融风险的底线，助力打好防范化解重大风险、精准脱贫、污染防治三大攻坚战。

专栏

金融科技介绍①

近年来，在全球范围内出现了金融科技（FinTech）投资热潮。尽管金融科技创新对传统金融业态和金融市场产生了重要影响，但金融科技始终缺乏一个广泛认可的权威定义。2017 年以来，以金融稳定理事会（FSB）为代表的国际金融组织出台了一系列重要报告，对金融科技的概念和内涵进行了界定。根据金融稳定理事会的定义，金融科技是指技术进步推动的金融创新，涵盖了各种新型业务模式、应用、流程或产品，并对金融市场、机构、金融服务提供商产生重大影响。金融科技是在新一轮科技革命和产业变革的背景下，金融与技术深度融合创新的产物，是由科技进步驱动的金融创新，利用现代科技对金融业的功能进行全面优化和升级，创新金融业务模式和拓宽传统金融业务边界，实现金融资源跨时域的优化配置，以此来促进金融和经济的发展。

从技术角度来看，金融科技主要包括大数据、云计算、区块链、人工智能等，金融业依靠这些技术手段，在拓展行业发展广度的同时，也极大地拓展了行业发展的深度。

---

① 作者：伍旭川，中国人民银行金融研究所互联网金融研究中心副主任。

从业态角度来看，金融科技包括第三方支付、众筹、互联网保险、互联网信托、互联网财富管理、智能投顾、手机银行、移动金融、互联网征信等。从概念角度来看，金融科技可以覆盖供应链金融、消费金融、共享金融和普惠金融等。从本质上看，金融科技依然还是金融范畴，没有脱离金融的功能属性和风险属性。

金融科技的市场参与主体既包括传统金融机构，也包括新兴的互联网企业和金融科技初创公司等市场新进入者。无论哪种新兴技术应用于金融领域，其发展和监管必须遵循金融规律。金融科技的发展要回归到金融服务业的本质，金融服务业的本质是资金的融通中介。从资金使用来看，要通过提高风险定价能力来优化资金的配置，最终服务于实体经济的发展；从资金的来源来看，需要做好金融消费者保护；从资源来源与使用的配置来看，要解决期限错配、行为的顺周期性和金融网络的外部性问题，需要在宏观审慎管理和微观审慎监管框架下提高风险控制能力。服务实体经济、做好金融消费者保护和防范系统性金融风险，这是金融科技所具有金融属性的内在要求。

金融科技是技术驱动的金融创新，为金融发展注入了新的活力，也给金融安全带来了新挑战。金融科技的业务模式创新和业务边界的拓宽难免触及现有的监管规则和框架，由此带来平衡金融科技发展与控制金融风险的监管挑战。要强化监管科技（RegTech）应用实践，积极利用大数据、人工智能、云计算等技术丰富金融监管手段，提升对跨行业、跨市场交叉性金融风险的甄别、防范和化解能力。

附表

2017年中国保监会主要监管政策一览

日期	文件名称	发文单位
1月5日	中国保监会关于印发《保险公司跨京津冀区域经营备案管理试点办法》及开展试点工作的通知（保监发〔2017〕1号）	保监会
1月5日	中国保监会关于印发《保险专业代理机构跨京津冀经营备案管理试点办法》及开展试点工作的通知（保监发〔2017〕3号）	保监会
1月5日	中国保监会关于印发《财产保险公司产品费率厘定指引》的通知（保监发〔2017〕2号）	保监会
1月12日	中国保监会关于印发《保险信访工作责任制实施办法》的通知（保监发〔2017〕5号）	保监会
1月24日	中国保监会关于进一步加强保险资金股票投资监管有关事项的通知（保监发〔2017〕9号）	保监会
1月25日	中国保险监督管理委员会行政处罚程序规定（保监会令〔2017〕1号）	保监会
2月23日	中国保监会关于离岸再保险人提供担保措施有关事项的通知（保监发〔2017〕18号）	保监会
3月9日	中国保监会关于完善监管公开质询制度有关事项的通知（保监发〔2017〕22号）	保监会

续表

日期	文件名称	发文单位
3月14日	中国保监会关于印发《2017年保险消费者权益保护工作要点》的通知（保监消保〔2017〕65号）	保监会
3月15日	中国保监会关于优化保险合同负债评估所适用折现率曲线有关事项的通知（保监发〔2017〕23号）	保监会
3月28日	中国保监会关于加强相互保险组织信息披露有关事项的通知（保监发〔2017〕26号）	保监会
4月20日	中国保监会关于进一步加强保险监管　维护保险业稳定健康发展的通知（保监发〔2017〕34号）	保监会
4月21日	中国保监会关于进一步加强保险业风险防控工作的通知（保监发〔2017〕35号）	保监会
4月24日	中国保监会办公厅关于印发2017年政务公开工作要点的通知（保监厅发〔2017〕20号）	保监会
4月24日	中国保监会关于印发《保险公司章程指引》的通知（保监发〔2017〕36号）	保监会
4月26日	中国保监会关于发布《化学原料及化学制品制造业责任保险风险评估指引（JRT 0152—2017）》行业标准的通知（保监发〔2017〕37号）	保监会
4月27日	中国保监会关于保险业服务“一带一路”建设的指导意见（保监发〔2017〕38号）	保监会
4月27日	中国保监会关于发布《产险单证（JRT 0051—2017）》行业标准的通知（保监发〔2017〕39号）	保监会
4月28日	中国保监会关于强化保险监管　打击违法违规行为　整治市场乱象的通知（保监发〔2017〕40号）	保监会
5月4日	中国保监会关于保险业支持实体经济发展的指导意见（保监发〔2017〕42号）	保监会
5月4日	中国保监会关于保险资金投资政府和社会资本合作项目有关事项的通知（保监发〔2017〕41号）	保监会
5月5日	中国保监会关于弥补监管短板构建严密有效保险监管体系的通知（保监发〔2017〕44号）	保监会
5月8日	中国保监会关于执行保监发〔2016〕82号文件有关事宜的通知（保监中介〔2017〕130号）	保监会
5月9日	中国保监会关于开展保险资金运用风险排查专项整治工作的通知（保监资金〔2017〕128号）	保监会
5月9日	国家税务总局　财政部　中国人民银行　中国银行业监督管理委员会　中国证券监督管理委员会　中国保险监督管理委员会关于发布《非居民金融账户涉税信息尽职调查管理办法》的公告（国家税务总局公告2017年第14号）	国家税务总局、财政部、人民银行、银监会、证监会、保监会
5月10日	中国保监会关于2017年继续开展打击损害保险消费者合法权益行为“亮剑行动”的通知（保监消保〔2017〕133号）	保监会

续表

日期	文件名称	发文单位
5月11日	中国保监会办公厅关于进一步加强新闻发言人制度建设的通知（保监厅发〔2017〕23号）	保监会
5月11日	中国保监会关于规范人身保险公司产品开发设计行为的通知（保监人身险〔2017〕134号）	保监会
5月15日	中国保监会办公厅关于加强中国保险业保单登记管理信息平台数据报送和质量管理工作的通知（保监厅发〔2017〕24号）	保监会
5月16日	中国保监会办公厅关于对偿二代制度及实施情况进行调研的通知（保监厅函〔2017〕111号）	保监会
5月16日	中国保监会关于债权投资计划投资重大工程有关事项的通知（保监资金〔2017〕135号）	保监会
5月17日	中国保监会关于进一步加强人身保险公司销售管理工作的通知（保监人身险〔2017〕136号）	保监会
5月26日	中国保监会关于公布保留的行政审批中介服务事项清单的通知（保监发〔2017〕46号）	保监会
5月27日	中国保监会关于开展偿付能力数据真实性自查工作的通知（保监财会〔2017〕143号）	保监会
6月8日	中国保监会关于商业车险费率调整及管理等有关问题的通知（保监产险〔2017〕145号）	保监会
6月14日	中国保监会关于进一步贯彻落实疏解北京非首都功能有关政策意见的通知（保监发〔2017〕49号）	保监会
6月22日	中国保监会关于进一步加强保险公司开业验收工作的通知（保监发〔2017〕51号）	保监会
6月23日	中国保监会关于进一步加强保险公司关联交易管理有关事项的通知（保监发〔2017〕52号）	保监会
6月28日	中国保监会关于印发《保险销售行为可回溯管理暂行办法》的通知（保监发〔2017〕54号）	保监会
6月28日	中国保监会关于开展2017年度SARMRA评估有关事项的通知（保监财会〔2017〕156号）	保监会
6月30日	中国保监会关于开展财产保险公司备案产品专项整治工作的通知（保监财险〔2017〕163号）	保监会
6月30日	中国保监会关于做好保险公估机构业务备案及监管工作的通知（保监中介〔2017〕165号）	保监会
7月6日	中国保监会关于整治机动车辆保险市场乱象的通知（保监财险〔2017〕174号）	保监会
7月11日	中国保监会关于暂免征保险业监管费有关事项的通知（保监财会〔2017〕181号）	保监会
7月11日	中国保监会关于印发《信用保证保险业务监管暂行办法》的通知（保监财险〔2017〕180号）	保监会

续表

日期	文件名称	发文单位
8月15日	中国保监会办公厅关于启动中国保险业保单登记管理信息平台第三期建设的通知（保监人身险〔2017〕209号）	保监会
8月31日	工业和信息化部 财政部 保监会关于开展重点新材料首批次应用保险补偿机制试点工作的通知（工信部联原〔2017〕222号）	工业和信息化部、财政部、保监会
9月11日	中国保监会关于印发《中国保监会关于加强保险消费风险提示工作的意见》的通知（保监发〔2017〕66号）	保监会
9月12日	中国保监会关于开展重点新材料首批次应用保险试点工作的指导意见（保监发〔2017〕60号）	保监会
9月18日	中国保监会关于印发《偿二代二期工程建设方案》的通知（保监发〔2017〕67号）	保监会
10月23日	中国保监会关于落实《保险销售行为可回溯管理暂行办法》有关事项的通知（保监消保〔2017〕265号）	保监会
11月24日	中国保监会关于财产保险公司和再保险公司实施总精算师制度有关事项的通知（保监财险〔2017〕271号）	保监会
12月8日	中国保监会关于印发《保险扶贫统计制度（试行）》的通知（保监统信〔2017〕274号）	保监会
12月15日	中国保监会办公厅关于印发《中国保险监督管理委员会公职律师工作方案》的通知（保监厅发〔2017〕43号）	保监会
12月29日	中国保监会关于组织开展人身保险治理销售乱象打击非法经营专项行动的通知（保监人身险〔2017〕283号）	保监会
12月29日	中国保监会关于印发《保险标准化工作管理办法》的通知（保监发〔2017〕94号）	保监会

English Version

Part One

Thematic Report and Feature Articles

CHAPTER 1

Thematic Report: Prevent Financial Risks and Serve Economic Development

Wu Xiaoling ①, He Haifeng②, Liu Bibo③

China's economy has turned from the stage of high-speed growth to a phase of high-quality development. The financial reform and development of China should serve economic development in a better way. Among the others, prevention and control of systematic financial risks will be a major task in the battle of safeguarding against and mitigating major risks resolutely. To achieve the task, we shall need to analyze and summarize the cause and manifestation of financial risks in the new phase, prepare policies on the prevention and control of financial risks, and deal with the risks properly. Meanwhile, we shall also conduct risk prevention in the context of wider financial opening.

I. Chinese Finance & Financial Risks in the New Phase

Over nearly four decades of reform and opening-up, China's economy has veered from high-speed growth in the direction of high-quality development. An exact orientation to Chinese finance and a correct understanding for financial risks will be the essential prerequisite for the finance to serve economic development better in the new phase.

(i)Positioning & Tasks of Chinese Finance

Since reform and opening-up, the reform and development of Chinese finance has been

---

① Wu Xiaoling, chairman and president of the Wudaokou Institute of Finance, Tsinghua University and former deputy governor of the People's Bank of China.

② He Haifeng, director of Institute of Financial Policy, Chinese Academy of Social Sciences.

③ Liu Bibo, assistant professor of Wudaokou Institute of Finance, Tsinghua University, deputy head of Capital Market & Corporate Finance Research Center.

oriented toward the target of building modern finance. In this process, understanding for and positioning of finance - particularly relation between finance and economy - was of great significance. In retrospect, Chinese reflection over and understanding for finance went through great leaps forward in the practical exploration of building modern finance of China.

The first leap took place at the beginning of the 1990s, when China defined the position and function of finance in the modern economy. At the beginning of 1991, Deng Xiaoping pointed out in an inspection in Shanghai that "finance is very important as the core of modern economy. Handling financial affairs well is the key to success in this sphere." When Deng Xiaoping delivered an important speech in an inspection to the South China afterwards, i.e., at the beginning of 1992, he denoted that "whether securities and stock markets are good or not on earth, whether they are risky and uniquely owned by the capitalism, and whether they can be used in the socialist countries? In my opinion, we shall try them resolutely." Deng Xiaoping's argument about finance as the core of modern economy, and his determined attitude towards supporting and encouraging bold reform and opening-up in the financial construction of China enabled China's financial system to get rid of restriction of the traditional planned-economic model, and to stride solidly toward marketization, legalization, and internationalization. Tremendous achievements have been accomplished during the following two decades of financial reform, opening-up, and development of China.

The second leap was taken in 2017, when China further defined the position and role of finance in the new era. In April 2017, Xi Jinping pointed out in the collective learning of members of the Political Bureau of the Central Committee of the CPC that "China has emerged as an important world financial power; when finance is invigorated, so is economy; and when finance is stable, so is economy. We must be fully aware of the important position and function of finance in the economic development and social life, and practically view safeguarding financial security as a great event in the governance of the country." The 5th National Financial Work Conference was convened in July 2017, when Xi Jinping pointed out that "finance is the crucial, core competitiveness of the country; financial security is an important part of national security; and financial system is the fundamental system in the economic and social development." On the basis of insisting on and affirming the "core role of finance in modern economy", Xi Jinping's relevant speeches enhanced and extended the understanding for and orientation of finance to the level and connotation of national competitiveness, national security, and fundamental system, and established principles and tasks on China's developing and building of modern finance in the new phase.

Four principles on financial reform and development of China were presented in the 5th

National Financial Work Conference. First, regressing to the ultimate source to obey to and serve economic and social development; second, optimizing structure to improve financial market, financial institutions, and financial product system; third, intensifying supervision to improve capabilities in preventing and mitigating financial risks; fourth, being market-oriented to give play to the decisive function of market in the allocation of financial resources. Meanwhile, the conference also highlighted three tasks of financial work, i.e., serving the real economy, preventing and controlling financial risks, and deepening financial reform. Among the others, it was emphasized particularly that prevention and control of systematic financial risks will be an everlasting theme of financial work; priority should be given to the active prevention and mitigation of systematic financial risks. To sum up, finance shall regard serving the real economy as its fundamental objective, preventing and mitigating systematic risks as core objective, and deepening financial reform as basic driving force in an effort to facilitate virtuous cycle between economy and finance.

(ii) Awareness of Current Financial Issues and Risks

New significant achievements have been made in the financial reform and development of China since the reform and opening-up, particularly since the 18th National People's Congress of the CPC, including rapid development of the financial industry, increasingly more financial products, intensified inclusiveness of financial services, ordered proceeding of financial reform, a continuously improved financial system, and new progress in the internationalization of the RMB and in two-way opening of the financial industry, and improved financial regulation. China has emerged as a financial power.

However, China's economy and finance have encountered the problem of moving from a real economy to a virtual economy for a period of time, which was manifested in two aspects. On one hand, from the view of the financial industry, China's financial industry accounted for some 5 percent of GDP during the period of 1996-2002, approaching 4 percent during 2003-2006, but reaching up to 8.4 percent by 2015 after continuous rise since 2007. The value added in the financial industry of China outran America in 2013, Britain in 2015, and now ranks the first among economic powers. On the other hand, from the perspective of entity enterprise and local governments, according to relevant data, over 90 central enterprises among more than 110 ones under the management of State-owned Assets Supervision and Administration Commission set foot in financial investment to varying degrees, accounting for 76 percent. Meanwhile, local governments have been keen on developing financial industry vigorously since the implementation of the 12th Five-Year Plan, as the financial industry is characterized by short investment cycle, quick return, great and stable contribution to local taxation, as well as its capabilities of economic structure adjustment, and the impetus to local investment and development as a modern service industry. The excessively rapid development and the tendency of moving from the real economy to the virtual economy inevitably led to the circulation of more funds in the financial system, rising of leveraging and capital arbitrage, self-service orientation of finance, and difficulty in high-cost financing in the real economy. Meanwhile, indiscriminate phenomena appeared again in some regions and fields, i.e., indiscriminate collection of funds, indiscriminate approval of establishment of financial institutions, and indiscriminate financial services. Moving from the real economy to the virtual economy has brought about a series of concrete issues that resulted in steady accumulation of financial risks of China under new circumstances. As far as 2017 was concerned, the year witnessed both financial risk events, such as the "wild growth" of payday loan, ICO illegal financing, "radish rubber stamp" case of China Guangfa Bank, counterfeit financial management products in CMBC, bond default by Dongbei Special Steel Group, as well as turbulence in the financial market caused by fund liquidity, share acquisition, or oversea investment problems by entity enterprises such as le.com, Wanda Group, ANBANG, Vanke, HNA, etc.

To respond to and control financial risks in the new phase will be in urgent need of unified thought and explicit awareness. First, risk prevention must be identified ideally and on principle as essential prerequisite for the finance to operate well and give play to its function. Risk prevention is always the lifeline of financial industry and the financial system. If financial industry simply goes for one-sided profit, scale and speed of development, regardless management, prevention, and control of risks, finance will definitely fall into an iterative process and even into self-aggrandizement, with the risk of being blown down at any moment. More seriously, the basic function of finance to serve the real economy and social development will be deprived of basic guarantee, and on the contrary will brew and give rise to systematic risks as the source of risks for the entire economy and society. Second, in terms of action strategy, "financial risk prevention" should turn to the "prevention and control of financial risks". The Central Economic Work Conference held at the end of 2017 put forward the emphasis that "the key to fighting the battle of preventing and defusing major risks lies in the prevention and control of financial risks", and resolutely insisted on the bottom line against occurrence of systematic risks. Transformation from "financial risk prevention" to "prevention and control of financial risks" not only means that the order of severity of financial risks can never be underestimated, and that the grim situation of financial risk prevention should be dealt with more serious attitude, but also signifies that it is in urgent need to have a more proactive attitude to cope with and manage financial risks, including formulating systematic action program and plan. At last, the prevention and control of financial risks should technically "integrate point and sphere", give greater prominence to the prevention and diffusion of systematic financial risks. On one hand, risk prevention should include both the unpredictable, rare financial black swan event of great influence, and the neglected grey rhino risk with high probability and strong impact force. On the other hand, local regional financial chaos and hidden trouble, and those in varied departments and markets should be also prevented and defused, with more concentrated strength and higher priority to preventing, controlling, and addressing potential financial risk issues that will threat economic and social stability and give rise to systematic risks. In recent years, China's work on addressing relevant financial risk events and punishing financial delinquency has been aimed at relieving related risk pressure in a proactive and progressive way, which is being accelerated now.

II. Cause & Manifestation of Financial Risks in China

The accumulation of financial risks in China has accompanied by the rapid development of China's economy and finance, arising from both deep causes such as irrational economic structure and positioning deviation of financial function, etc., and also from impact brought by renewal of science and industrial technology, as well as the opening-up of the market. The risks on the whole can be classified to systematic financial risk and financial chaos.

(i) Excessive Credit Arising from Pursuit for High-speed Growth and Irrational Economic Structure

Accompanied by the continuous and deepening influence of the global financial crisis, China's economy is also entering a period of new normal under the backdrop of prevailing economic slowdown around the world. Having been clearly aware of the unsustainable nature of high-speed economic growth, China has taken the initiative in deepening supply-side structural reform, moving on to a new phase of high-quality development of economy. But excessive credit in the last period of expansion brought hidden peril of financial risks to China's economy and finance, which likely appear successively or collectively when it enters the downturn "period of liquidation".

From the view of money supply of China, M_2 grew from RMB 1.53 trillion to RMB 167.68 trillion from 1990 to 2017, with a rise of 110 times. Among the others, the growth in M_2 from 2009 to 2017 was RMB 107 trillion. In other words, Chinese RMB added by 107 trillion in less than eight years - a rise by 20 trillion in 2016 alone.[①] The expansion of monetary credit

① With deepening deleveraging and finance's further regression to serving the real economy, M_2 grew 8.2 percent on year-on-year basis in 2017, a new lowest record, down 3.1 percent from 2016. The growth of M_2 will "probably become a new normal."

of China extended vigorous support for a long period of time in the past for satisfying capital demand of high-speed economic growth of China. However, excessive credit inflation in the whole society inevitably resulted in marginal efficiency decline of capital and investment, and more seriously, maintained and exacerbated structural distortion of China's economy, and directly boosted excessive prosperity of real estate and financial service industries. From the perspective of irrational economic structure, massive over-capacity in some sectors, long-term overstocked products in some enterprises, increasingly high leverage ratio in sectors and enterprises, constantly high cost of social funds, and prominent short board in economic and social development have emerged as serious issues that China is faced with in its economic development. Judging from the fact of funds flowing from the real economy to the virtual economy, in the wake of decrease of investment-driven marginal efficiency under credit aid, the rate of return on the real economy keeps dropping; lots of funds and capital flood into lucrative real estate and financial industries, but excessively rapid growth and false prosperity of real estate and financial industries will definitely end up with credit crisis, financial crisis, and even economic and political crises - the former example of the international financial crisis in 2008 is in front of our eyes.

(ii) Excessive Derivation Resulting from a Deviation in the Positioning of Financial Functions

There are actually two problems about how to locate the functions of modern finance: first, the relationship between finance and the real economy; second, the judgment of the pros and cons of financial product innovation.

The relationship between finance and the real economy is not only the fundamental issue in the theory of financial development, but also a practical issue in the economic and social development of a country. Finance is regarded as the core of the modern economy and the blood of the real economy. Not only does it have to lead the upgrades of economic systems including modern services, but also support and promote the development of the real economy. However, the opposite side is more important, that is, the real economy is the origin of finance. When losing the solid foundation and broad space of the real economy, finance is doomed to become groundless - it is inevitably not everlasting due to its over-development away from the real economy and falls into the crisis sooner or later, which does tremendous damage to the real economy, the country, and the society at last.

In technical aspect, financial product innovation plays the specific role in expanding market transactions, transferring and avoiding risks, as well as discovering price and reducing transaction costs. However, if product innovation is pursued excessively, or even financial products are divorced from the actual demand for innovation only, and once financial supervision fails to keep pace – in fact, financial regulation often lags behind financial innovation - financial product innovation will not only reduce and destroy market efficiency, but even bring greater financial market risks and systemic financial crisis. For some time, the scale of internal financing of the Chinese financial sector has accounted for an excessively large share of the total social credit, causing a large amount of capital "idling" within the financial systems. The reason is not merely that China's segregated regulation has led to inconsistencies in regulatory standards and regulatory vacancies; what is more, it is also the result of financial institutions and practitioners specifically bypassing regulations to engage in "financial innovation" activities. When these activities are under the cloak of financial innovation to carry out arbitrage between different markets, they extend the credit chain in the economic and financial systems and increase more transaction links and transaction costs, thus becoming a source and amplifier of financial market risks.

(iii) Financial Risk Impact Caused by Technology Update

After each round of great economic crisis, new technologies and industries will emerge; a large amount of capital will be attracted to concentrate, with coexisting investment opportunities and investment risks. At the same time, financial technology represented by Internet finance is flourishing, which will bring about impacts of new financial risk.

In the post-crisis era, a new round of scientific and technological revolution and industrial transformation presents a new trend of multi-field, multi-disciplinary, and group-based breakthrough, and penetrates to all sectors of the economy and society deeply and widely. This round of revolution of the technological industry focuses on information technology. The Internet is increasingly becoming the leading force in innovation-driven development, profoundly changing people's production and life, and strongly promoting social development. The new round of technological industry transformation has brought about a large number of new technologies, new industries, new types of business, and new modes, attracting heavy investment from the government and the private sector. To support startups and innovation, government at all levels will actively improve financial and taxation policies, innovate financial products, expand credit support, and provide emerging industry venture capital investment guidance funds, small and medium-sized enterprise development funds, scientific and technological achievements commercialization guidance funds, and various industrial funds to strongly support new economy. At the same time, venture capital firms and angel investors will collect a large amount of social capital to participate in venture capital investment and industrial investment, encouraged by relevant incentive policies. A huge amount of capital flows into limited industries with unclear prospects in a brief period. There exist both challenges and opportunities. Financial risks caused by investment failure will affect the sound development of industries and macroeconomic stability.

Financial technology represented by Internet finance can effectively improve the efficiency of financial services and strengthen their service capabilities to the real economy. With the widespread application of emerging technologies such as cloud computing, big data, artificial intelligence, and block chain in the financial field, financial technology is rapidly and profoundly changing the ecology and service models of the financial industry. However, financial technology will bring about two categories of risks: financial information security and new financial risk. Financial information security includes not only personal information security such as identity information, property information, credit information, financial transaction information, and derivative information, etc., but also cross-border financial information security, that is, the risk of personal financial information spreading overseas with e-commerce, mobile payments, and other digital financial services. Represented by Internet finance, financial technology has given new elements to traditional financial risks. With respect to credit risk, "long tail" characteristics and information asymmetry risk are the most prominent. Operational risks such as hacker attack, insecure payment, and Internet financial fraud are impossible to defend effectively. With respect to liquidity risk, the classified and separated funds, illegal guaranty, and cash pooling on P2P platforms can cause breakage of capital chains, and herd behavior in money market fund will further increase. With respect to ethical risk, virtual transactions, false information, and usury occur from time to time.

(iv) Financial Risk under the Opening-up of the Financial Industry

Opening wider to the outside world is one of the most important issues under discussion in China's economic and financial markets currently. The 19th National Congress of the CPC proposed that to develop a modernized economy, it is necessary to make new ground in pursuing opening-up on all fronts. The Central Economic Work Conference and the National Conference on Financial Work held in 2017 also pointed out that to actively and steadily promote the opening-up of the financial industry to the outside world and rationally arrange the sequence of openness is an important task for current financial supervision in institutional design and market management. From the perspective of implications, the opening-up of the financial industry involves the relaxation of the control over market access and the formation of open domestic financial market on the one hand; but on the other hand, it requires the country to actively support domestic enterprises and financial institutions to go global, respond to the "Belt and Road" policy, and promote enterprises to invest overseas. The opening-up of the financial industry is conducive not only to the soundness and development of the domestic economy and markets, but also to the pursuit of better investment opportunities in the world for domestic capital and improvement of resource allocation efficiency. However, risks caused by the opening-up of the financial industry cannot be ignored.

First of all, cross-border capital flow is one of the risk sources at the macro level. In the context of the opening-up of the financial industry, investment and trade facilitation and the two-way opening-up of capital account and foreign exchange market will be stably promoted. Under the background of highly open markets and free movement of capital, the risk of domestic capital outflow will significantly increase if domestic economy becomes less appealing and overseas market return rate rises. At present, monetary policies of the major economies in the world tend to be conventional, with quantitative easing operations gradually fading away, and there is a clear trend of interest rate hikes. As a direct result, investors' demand for overseas high-return assets will increase; funds will flow overseas; and RMB will be subject to a greater pressure for depreciation. Therefore, the macro risk caused by cross-border capital flow has been a major concern at present.

Second, the entry of foreign capital and financial institutions has affected the domestic financial market. The opening-up of the financial industry means that banks, securities, and insurance industries have loosened the restrictions to admission of foreign investment and the scope of business. The entry of foreign financial institutions will enhance the internationalization of domestic markets and intensify competition in the industry. Foreign financial institutions which are rich in capital, experience, and overseas resources will have a negative influence on the operation of some domestic institutions. In addition, domestic financial markets are connected more closely with overseas markets through Shanghai-Hong Kong Stock Connect, Bond Connect, etc.; and overseas financial market risks are more easily transmitted to domestic markets, bringing impact of external risks.

Finally, the investment of domestic enterprises abroad will face fundamental risks and leverage risks. Currently, the investment of Chinese enterprises abroad is increasing year by year. In 2016, the total amount of direct investment abroad exceeded that of the foreign direct investment. Compared with domestic investment, investment abroad is subject to greater fundamental uncertainties on the one hand. The uncertainty of global and host country's economic growth, geopolitics and terrorism, investment protectionism and trade disputes, and fluctuations in prices of bulk commodity will all increase the volatility of investment abroad. On the other hand, some financial enterprises depend on multilayered structure and leverage instead of equity capital when investing abroad; and any problems with the domestic and foreign capital chains will have a direct effect on success or failure of investment.

(v) Systematic Manifestation and Micro-expression of China's Financial Risks

According to related report①, China's financial risks mainly include 8 categories, which are liquidity risks, credit risks, shadow banking risks, risks of abnormal fluctuation in capital market, insurance market risks, property-value bubble triggering financial risks, and financial network technology and information safety risks. With comprehensive investigation and analysis on financial risks, financial risk categories, including high-leverage risks, local government debt risks, financial chaos, exchanges and foreign exchange market risks, part of state-owned enterprise debt risks, some cross-sector risks in the financial system, financial violation events of laws and regulations, and "financial holding companies"②, are continually proposed and attract attentions.

In general, the current China's financial risks can be divided into two categories. The first category is the systematic financial risk affecting the safety of the entire financial system in theory, including shadow banking risks, property-value bubble, and some intersectional risks incurred from self-evolution of financial system, etc.. The second category is the micro financial risks, such as financial violations of laws and regulations and some financial chaos.

The systematic financial risks mainly contain four categories: business-cycle risks, liquidity risks, exchange rate risks, and local government debt risks. The first one is business-cycle risks. After the last round of expansion, China's economy and finance have entered the downstream "liquidation" period and the business-cycle risks start to appear, which mainly manifest as the significant changes in the contribution rate of the financial industry to the entire economy on one hand, and the changes in loan distributions in the economic society on the other. Secondly, liquidity risks, which currently mainly concentrate on three aspects of liquidity risks including the inter-bank market, the bond market, and the internal fund control of the banking sector. For the liquidity risk of China's financial system, its core is the liquidity risk of the banking

---

① Referring to "Effective Prevention of Financial Risks – the Second Statement of Completing Current Financial Work", commentator of *People's Daily*, July 17, 2017.

② Some large-scale private enterprises will obtain various financial service licenses, but they are not financial holding companies in real meaning.

system. The problem is that China's finance faces both asset and debt shortages and maturity mismatches. The third one is exchange rate risk. The future trend of RMB exchange rate is closely related to the economic growth prospects of China and the United States. If the United States' economic recovery is stable and the dollar strengthens again, coupled with the impact of trade disputes between China and the United States, it may have a greater impact on RMB exchange rate. The fourth one is local government debt risk. From the statistical perspective, the local government debt includes the liability to pay the debt, the liability to guarantee the debt, and the liability that may bear some responsibility for salvage obligation. By the end of 2016, China's local government debt ratio was 80.5%, lower than the 90% to 150% control standard reference value of the International Monetary Fund, so the local government debt risk is generally controllable. However, we should not ignore the hidden risks, especially the negative impact of local government debt on supply-side structural reform and high-quality development.

As for micro-financial risks, the current financial chaos risks mainly include asset management chaos, internet finance chaos, and "financial holding company" chaos. It should be noted that with the development and application of internet technology, the intersection and integration also exist among these three forms of financial chaos. Asset management chaos is more complex. China's different financial regulatory authorities used to have different regulatory provisions for the same asset management behavior; and they are now straightening and simplifying the supervisions to the asset management industry. Internet finance chaos is a typical representative of the current financial chaos in China. Technology companies without any license provide credit and payment services, and sell insurance products. It also includes ICO and virtual money market chaos. This can lead to competition problems and risks of financial stability. "Financial holding company" chaos mainly refers to some large-scale private enterprises obtaining a variety of financial services licenses through mergers and acquisitions, during which there may be related party transactions and other illegal acts. However, we have no corresponding regulatory policy for these cross-sector transactions.

III. Practice of Policies for Prevention of Financial Risks

Considering from the policy practice, the prevention and control of financial risks need to establish the overall thinking, manage the financial market, hedge the real economic risk, restore the original function of the financial system, and actively deal with the new technology risks and the opening-up risks. From the perspective of the overall thinking of financial risk prevention and control, we need to promote and improve the two-pillar framework of "monetary policy + macro-prudential policy", strengthen macro-finance regulation and control; establish a unified supervision concept, accelerate the reform of regulatory system, strengthen the specialty, uniformity, and penetrability of financial supervision; implement the functional supervision, transfer from institutional supervision to the combination of institutional supervision and functional supervision, and pay more attention to functional supervision.

(i) Utilize the Financial Market to Manage and Hedge Risks of the Real Economy

On the premise of defining the positioning of the financial system and regulatory thinking, 2017 is the year of the start of the overall financial regulatory reform. Regarding the main sources of financial risks, such as the irrational structure of the real economy, unclear market positioning, impact of new technologies and the opening-up, regulators have taken a series of targeted policy measures. Among them, in order to solve the financial risks caused by the irrational economic structure and excessive credit, an important regulatory thinking is to use the power of financial markets to optimize the resource allocation, adjust the economic structure, so as to achieve the goal of managing and hedging the fundamental risks of the real economy.

First of all, it took the total amount and structure management of monetary credit creation, adjusted the cost of debt of the real economy, and promoted deleverage in the real economy. Specifically, under the two-pillar regulatory framework of monetary policy and macro-prudential management, the central bank adopted a relatively neutral and partially tight monetary policy, with annual M_2 increasing by about 8.1% year on year, which was the lowest level in history. On macro-prudential management, the central bank brought banks' off-balance-sheet financing businesses into broad credit indicators, and more effectively monitored the supply funds for the real economy. The central bank also adopted differentiated real estate finance policies in different cities, raising interest rates on real estate loans. From the implementation effect, the neutral monetary policy led to a small increase in the cost of corporate loans compared with the previous year; and the slow-down in debt growth objectively played a role in inhibiting the growth of corporate sector leverage. The relatively prudent real estate financial policy has also effectively reduced the demand for real estate speculation and restrained the irrational growth of the leverage of residential sector.

Secondly, the combination of financial policy and industrial policy played the role of market resource allocation, which resolved economic risks and optimized the economic structure. On the one hand, financial system actively provided policy support and solutions to remove excess capacity and reduce corporate leverage. For example, multiple ministries jointly issued policies to encourage mergers and acquisitions in steel, coal and other industries to reduce production capacity and resolve risks; asset securitization of PPP project has been further standardized by the Ministry of Finance, PBOC, and CSRC, to prevent the accumulation of local government debt leverage; CBRC regulated the behavior of debt-to-equity swap of commercial banks, and used market mechanism to coordinate the transfer of creditors' rights to equity, which was conducive to the deleverage of entity enterprises. On the other hand, financial supervision also actively played the role of market resources allocation to guide the funds flow to the new economy and new industries. Industries including manufacturing science and technology innovation as well as transformation and upgrading, network power, ecological environmental protection (green economy), and entrepreneurship and innovation have received policy support from the central bank, CBRC, and CSRC. Private equity fund obtained a significant increase in the background of further implementation of policies of investor suitability and service business management, which provided a large amount of capital support for technological innovation and entrepreneurship. CIRC also provided protection for the development of the new economy from the perspective of insurance products and service innovation as well as from the perspective of social security and risk management.

Finally, inclusive finance was strongly supported by policies to strengthen the weak links in the development of the real economy. In the background that small and micro enterprises and "Three Rural Issues" faced financing difficulties and lack of financial services, the central bank implemented the targeted reductions of the reserve rate for the operating loans of small and micro enterprises and individual business to hedge the impact of supply-side reform; CBRC issued a number of measures to strengthen the credit supply of small and micro enterprises and implementation of targeted poverty alleviation from the institutional level, as well as promoted the establishment of inclusive financial division of large and medium-sized commercial banks to systematize the inclusive financial business; CSRC introduced innovative products such as innovative and entrepreneurial bond and special debt for poverty alleviation, and provided funds for inclusive finance through market mechanism; CIRC also actively promoted the development of various agricultural insurance products.

(ii) Restore the Original Functions of the Financial System

The starting point to solve the problems of the current financial system, such as investment from the real economy towards the virtual economy, self-service, and accumulation of risks, is the clear positioning of financial system. A series of policies issued in 2017 defined the functional orientation of finance serving the real economy, which regulated and prevented the excessive innovation of financial products, circulation of funds in the financial system, and the accumulation of financial risks.

As for the function orientation, the policy has further clarified and deepened the function orientation of financial system serving the real economy. CBRC, CIRC, and CSRC have issued guidance or specific policies and measures on improving the efficiency of the system serving the real economy. The orientation of financial industry returns to its origin with the main function goal of promoting the growth of supply-side reform and serving the real economy.

In terms of approach and route, financial system has made progress in complementing existing regulatory weaknesses and moving towards uniform regulation. Firstly, some important industrial policies have been put in place to eliminate existing regulatory gaps and identify existing risks. For example, under the guidance of the policies of the central bank and CBRC, some off-balance-sheet businesses of commercial banks are returned to the balance sheet and brought into the credit statistics; the cross-sector businesses within the financial subsystem (e.g. bank-trust cooperation) has been further regulated; the risk arising in interconnected and mutually-guaranteed loans among enterprises was investigated. Secondly, executives gradually recognized the interconnection of internal risks, and had set off to strengthen the departmental coordination and functional supervision to solve the problem. The State Council Financial Stability and Development Commission established in mid-year aims to strengthen the coordination of financial supervision and supplement the short board of supervision. This arrangement provides the institutional basis for functional regulation of financial markets based on departmental cooperation. *Guidance on Regulating Assets Management Business of Financial Institutions (Draft for Comments)* jointly issued by multiple ministries in November is one of the most important policy attempts in recent financial markets, which steps over the departmental boundaries and intends to take regulations and risk control, according to functions, of the asset management industry in scale of one hundred trillion.

In specific regulation practice, a large number of policies and measures regulate and control the phenomenon of investment from the real towards the virtual, excessive innovation, and self-service of financial system. For example, CBRC issued a number of documents to effectively curb some actions of the banking system including “three kinds of arbitrage” (regulatory arbitrage, idle circulation arbitrage, and related-party arbitrage) and “four improper actions” (improper innovation, improper trading, improper incentives, and improper charges). CSRC issued new rules on refinancing of listed companies, regulating acts of listed companies including over-financing and improper use of raised funds, and controlling the use of stock market funds by listed companies for financial investment and other acts. Based on the work in

2016, the insurance industry has further strengthened its regulatory measures to check the risks of insurance companies to prevent insurance products from becoming financing instruments. These measures have achieved some results that the proportion of premiums from the universal insurance business reduced by 16.9% than last year.

(iii) Actively Respond to New Technologies and New Risks

Technological innovation brings new challenges to the risk management of financial markets: on the one hand, technological change in the real economy will be passively reflected in financial markets; on the other hand, the introduction of new technology in financial markets also increases the complexity of the system. In addressing the risks associated with new technologies, main ideas and measures of the 2017 regulatory policy are as follows:

Firstly, it actively followed up the development of financial technology, and prevented and controlled the risks related to the new financial format. In terms of industrial planning, the central bank set up a Financial Technology Committee to strengthen planning and supervision in the field of financial technology, and put forward the internet financial business with systematically important characteristics into the macro-prudential system. In the aspect of institution and behavior supervision, first of all, the central bank took great regulation and rectification on payment business, involving merchant qualification audit, payment account opening, business payment business qualification, bar code payment, and payment institution margin, etc. The second is control of token issuance and trading: many ministries including the central bank issued policies on restricting token financing and trading platform and behavior. The third is regulations on behavior of internet lending, including rectifying the campus loan business, standardizing the cash loan business. It also regulated fund depository and information disclosure of related business institutions and took examination and approval of rectification results of specific risks. These measures are conducive to the industries of internet payment and internet lending entering into a stable and orderly stage of development.

Secondly, regulators were actively planning to introduce new technologies to deal with increasingly complex regulatory tasks. In June, the central bank announced the *"13th Five-Year Plan" for the Development of Information Technology in China's Financial Industry* to promote the in-depth application of technology in the financial industry. Encouraged by the policy, five major commercial banks also actively cooperated with internet enterprises to explore new modes of combining internet technology with traditional commercial banking.

(iv) Financial Risk Prevention and Control in the Opening-up Background

Compared with a single financial market, open financial markets involve more participants and transactions, and their risk management is more complex. From the regulatory point of view, in 2017, different communities had deeper discussion on the prevention and control of related financial opening-up risks, whose general ideas were as follows:

Firstly, in the overall arrangement, the degree of financial openness should match the construction of financial regulatory capacity, strengthen coordination with monetary policy, and form an orderly and open situation with reasonable regulation. On the one hand, we should vigorously promote the construction of basic system of comprehensive statistical system of the domestic financial industry and the "two-pillar" regulatory frameworks; on the other hand, we should strengthen the international coordination and unification of financial regulatory standards to avoid regulatory arbitrage and gaps at the international level. Secondly, in terms of cross-border capital flows, on the one hand, we should treat bidirectional flow of cross-border capitals equally, provide consistent regulatory standards, encourage legal and compliant capital inflows and outflows to form a dynamic balance of payments; on the other hand, we should strengthen the market mechanism, develop the derivative market, and provide rich and effective monetary risk management tools for economic participants. Thirdly, for the entry of external capital and institutions, we should refer to the domestic law to take prudential supervision and to give its national treatment in accordance with the unified standard. Risk management should be done by strengthening domestic financial supervision system and improving the supporting mechanism. Finally, in the aspect of foreign investment, we should adopt the way combining a negative list with market mechanism in project selection, and fully respect the will of enterprises for the investment decision outside the negative list. In terms of funding sources and leverage, we should follow penetration management principles: penetration up to the actual provider of funds and penetration down to the direct user of funds, and then regulate domestic financing and overseas investment behaviors. Penetration supervision can fully grasp the source of funds to avoid high-leverage funds outflow and reduce the leverage risk of projects.

In terms of specific policies and measures, the central bank and State Administration of Foreign Exchange continued to improve the market-based exchange rate formation mechanisms of the RMB in 2017, and maintained the stability of RMB exchange rate against major currencies. In hedging the procyclicality of foreign exchange market, the central bank introduced a "counter-cyclical" factor in the USD exchange rate formation mechanism. The quotation formation mechanism of different quoting banks in the market was expanded to "the closing exchange rate + changes in the exchange rates of a basket of currencies + counter-cyclical factors", which achieved good results. Since the second half of the year, the exchange rate had stabilized; and the central bank has stopped two counter-cyclical macro-prudential measures: stopping the collection of foreign exchange risk reserves and cancelling the penetration management of domestic deposit reserves for overseas financial institutions.

IV. Major Conclusions and Suggestions

Since the reform and opening-up, China's economic and financial development has achieved remarkable progress. But for a period of time, the financial system also has occurrence of the problems of investment towards the virtual from the real and risk accumulation. Serving the real economy and risk prevention and control have become the main issues of the current financial reform and supervision. In essence, the fundamental source of systemic risk is the irrational economic structure, deviated function orientation of the financial system, and impact of new technology on the economy and finance. Financial supervision and financial policy should suit the remedy to the case and solve the problem from two aspects of system design and policy practice.

First of all, in the basic principle, we should make it clear that the bottom line of building China's modern finance is the scientific prevention and control of financial risks. Once systemic risks break out, finance will not only fail to serve the real economy, but also become the risk source of whole economic system. Preventing the occurrence of systemic financial risks is the eternal theme of financial work; and we should place proactive prevention and resolution of systemic financial risks in a more important position. Among them, the meaning of scientific prevention and control includes: on the one hand, we should adopt scientific methods, fully understand the relevance and complexity of risk, combine government supervision with market mechanism, and solve problems according to the principle of marketization and legalization; on the other hand, we should change from "risk prevention" to "risk prevention and control", objectively understand the inevitability and essence of risk to admit the objective existence of risk, pay full attention to risk, and actively deal with and manage risk.

Secondly, in the function orientation, finance should play the role of supporting the coordinated development of the industrial system and the modernization of the economic system. In essence, the financial industry is a part of the modern service industry, which should actively provide resources allocation services for economic and social development. Finance is the server of economy rather than the manager. In terms of structure, we should utilize the effectiveness of financial markets in the allocation of resource. Financial policies should actively cooperate with economic policies to achieve the goal of optimizing the economic structure and promote the high-quality and efficient development of the economy.

Thirdly, in the system construction and policy practice, we should clarify the orientation of finance and optimize the system design. After defining the function orientation of finance serving the real economy, we should actively take policy measures to prevent excessive financial innovation and self-service, and lead the flow of funds to the real economy. In the design of the regulatory regime, we should promote the further reform of the regulatory structure, and set up regulatory functions and responsibilities from the perspective of function rather than departmental power, so as to improve the comprehensiveness and effectiveness of regulation and achieve the goal of finance serving economy and risk prevention.

Fourthly, we should give full play to the two initiatives of the central and the local authorities, and strengthen overall coordination of line supervision and local supervision. Under the premise of upholding the financial powers to the central authority, and the general principle of the unity and professionalism of financial supervision, we should give full play to regional prevention and control responsibility of the local government and local financial management departments, do a good job in monitoring, identification, as well as early response and disposal from the possible sources of financial risks.

Fifthly, we should lay a good foundation for the prevention and control of financial risks, and provide comprehensive, timely, and accurate information and statistical support. On the one hand, we should continue to improve financial operation and financial risk information coordination mechanism among existing financial regulators, strengthen communication and coordination, and establish the information coordination and exchange mechanism between each line of financial regulation and local financial regulations as soon as possible. On the other hand, we should speed up the comprehensive statistical work of China's finance to provide solid and reliable support for the prevention and control of financial risks with more comprehensive and sufficient large-capacity data.

References

[1] "The Central Economic Work Conference was held in Beijing", *Xinhua Daily Telegraph*, December 17, 2016.

[2] "Xi Jinping presided the fifteenth session of Leading Group for Financial and Economic Affairs", *People's Daily*, March 1, 2017.

[3] "Xi Jinping presided the fortieth collective learning of CPC Central Committee Political Bureau", *Xinhua News Agency*, April 26, 2017.

[4] "Xi Jinping stressed service for the real economy, prevention and control of financial risks, and deepening financial reform in the National Conference on Financial Work", *Xinhua News Agency*, July 15, 2017.

[5] "Effective Prevention of Financial Risks – the Second Statement of Completing Current Financial Work", commentator of *People's Daily*, July 17, 2017.

[6] "The Central Economic Work Conference was held in Beijing", *Xinhua News Agency*, December 20, 2017.

[7] "Xi Jinping presided the first session of CPC Central Financial Committee", *Xinhua News Agency*, April 2, 2018.

[8] *Research on Development Trend and Application Scenarios of Advanced Technology of China's Financial Technology*, Financial Technology Research Team of CAICT Cloud Computing and Big Data Institute, January 2018.

[9] "Correct Understanding and Rational Analysis of the Existing Systematic Financial Risks", *Conference of Financial Regulation Report* (*Blue Book of Chinese Academy of Social Sciences*), Hu Bin, April 12, 2018.

[10] "Governor of the Central Bank Stressing Prevention and Control of Financial Risks and Increasing Opening-up", *China Daily*, March 25, 2018.

[11] *Research on Current Account Unbalance, Cross-border Liquidity and Financial Fragility*, Li Jie, 2014, China Social Sciences Publishing House.

CHAPTER 2

Feature Article I: Break Implicit Guarantees and Prevent Systemic Financial Risks

Wu Xiaoling[①]

Today's topic is financial reform and risk prevention. I think the most fundamental thing to prevent financial risks is to break the implicit guarantee and mitigate the impact of large shocks.

The Fifth National Financial Work Conference raised financial work to an unprecedentedly high level. "Finance is an important core competitiveness of the country, and financial security constitutes an integral part of national security. The financial system is an essential basic system in the economic and social development." The prevention and control of financial risks is one of the three important major tasks. Currently, one of the critical tasks of preventing and controlling financial risks should be to break the implicit guarantee in an orderly manner and establish a culture of own risk undertaking.

First, breaking the implicit guarantee is the premise to improve the efficiency of resource allocation.

In the planned economy, the plan takes the lead of resource allocation; while in the market economy, the allocation efficiency of financial resources determines the allocation efficiency of social resources. Wu Jinglian had just said that in the market economy, the sum of various factors depends on the financial connection. If the financial allocation efficiency is low, social resources cannot be allocated in a highly efficient way.

Without breaking the implicit guarantee, the risk premium cannot be reflected, and there will be no allocation efficiency of financial resources. Because there are risks and the exposure

---

① Wu Xiaoling, chairman and president of the Wudaokou Institute of Finance, Tsinghua University, former deputy governor of the People's Bank of China. This article is based on the author's speech at the 2017 Financial Street Forum on September 15, 2017.

of risks, the difference among various credit entities can be reflected. Only strong enterprises can obtain market financing at a low price, while incapable enterprises have to pay high prices for this. But when we cannot break the implicit guarantee, strong or incapable enterprises are indistinguishable. Without the risk premium, it is impossible to improve the allocation efficiency of financial resources, and thus the allocation efficiency of social resources cannot be improved.

Second, the implicit guarantee is the result of the distortion of the financial system.

It has been appealed in the financial sector for many years to break the implicit guarantee. In recent years, the central government documents have repeatedly proposed to break the implicit guarantee. But why are we still not able to break it, and why is the pressure to maintain stability from top to bottom increasing now? I think there are institutional reasons for this, which is exactly the direction of our financial reform. Risk undertaken by oneself is the cornerstone of all financial activities. Finance is an activity of the independent use of residents' property. It is the contract of intertemporal value transfer. To gain profits while undertaking risks is the basic principle of financial operation. However, unfortunately, many of us have no concept of setting up a contract in our financial activities. Instead, they just want to get money and to use it. They have never thought about how to be responsible for the effect of the use of funds. A lot of people just want to get more profits when they invest, without thinking that more profits mean more risks. Every financial activity is a contract.

China is in great shortage of the spirit of contract. I once read a story on the Internet. And I think it is a matter worth thinking about. There is a grave for a child by the Hudson River in New York. The grave is one-hundred meters away from the tomb of the Eighteenth President of the United States, Grant's Mausoleum. On July 15, 1797, the 5-year-old child died of falling off a cliff and was buried there. Later, the father transferred the land to the new owner, and he asked the new owner to keep the grave of the child forever and wrote it into the contract. In 1897, 100 years later, General Grant's mausoleum was chosen here, but the grave of the children remained beside the tomb of the president. In 1997, on the hundredth anniversary of the Mausoleum of General Grant, the mayor of New York wrote the story of the 200-year contract on the gravestone while remembering the General. Credit and contract are the basis of financial operation.

In the planned economic system, the neglect and disrespect of the residents' property rights make the residents lose their awareness that they are the first responsible person for maintaining their property interests. The characteristic of the planned economy is that the government controls all economic activities through planning, so enterprises and residents have no autonomy in the use of property. Disrespect for property and the right to use property makes our enterprises and our residents unaware that they are the first defender of their own property interests. Too much government regulation leads to the unlimited responsibility undertaken by the government in economic life. The greater the responsibility, the more regulation there will be, thus resulting in long-term financial repression. The unsmooth normal financing channels leave a large space for the illegal financing activities.

The mentality of the public in participating in the illegal fund-raising process is that the profits belong to themselves and the losses shall be undertaken by the government. Our government bears unlimited responsibility, and under such pressure, due to unclear responsibilities, it often sacrifices money for stability, which fosters a culture of implicit guarantee. Under the implicit guarantee culture, China has only government finance with no true finance at present, because the risks of all financial activities are transferred to government finance through different channels. This is also the root cause for many people's participation in illegal fund-raising.

In the current economic situation, what kind of activities can get more than 10% return, or even 20%? Do they not understand? I think they know it well. But it is like the playing of a game that one is drumming while the others pass round a spray of blossom. As long as the blossom does not stop in my hand, I will continue to play. If it falls in my hand, I will go to the government. How much effort has the government put into these payments? I think the government's effort should be more focused on law-abiding people. Those who engage in illegal activities should be made to take more responsibilities. If they do not hit the south wall, they will not turn back. Why not let them hit the south wall once, and pay the price? I think publicity and education alone will not help.

There is no distinction between our national credit and commercial credit, which is also the basis of implicit guarantee. The state-controlled financial institution is a limited liability company and it should not assume the credit of the state. Our banks, including the state-controlled banks, are already listed banks, the banks of the public, and we should assume the company credit. We have introduced a deposit insurance system, and everyone should know that any financial institution has the possibility of bankruptcy. Although in the process of bankruptcy, we have to protect the interests of small depositors, it does not mean that every financial institution is as creditworthy as the state. Some financial institutions take improper methods for their own competition to mislead the public, intentionally or unintentionally cover up the difference between financial credit and ordinary commercial company credit, and mislead the distinction between state credit and commercial credit. Are those who sell wealth management products in the halls of banks and those who buy them want to take the risks of the products? No, they are buying the credit of the bank, and they think that the credit of the bank equals that of the state. So it is impossible to establish a culture of risk undertaking by oneself without the distinction between the state credit and the commercial credit.

Our imperfect financial laws and backward regulatory concepts also make it possible for financial institutions not to disclose the risks to the public truthfully. The flaws in behavior lead financial institutions cover up the responsibility of misconduct with implicit guarantee. The biggest mess right now is the wealth management market. But in this market, does every financial institution truly reveal the risks to investors, when selling wealth management products? I don't think so. When I go to the savings bank or make purchase of financial products, the first responsibility of the bank teller is to sell the products. His or her first responsibility is not to reveal the risk to the customer and give the customer the right to choose. However, as some of our legal relationships in the products are not clearly revealed, the flaws in the sales process make our financial institutions, once at risk, try to cover up these problems and maintain their own reputation, instead of distinguishing between responsibilities in the first place. I think that is also one important reason why our implicit guarantee cannot be broken.

Stocks and funds have formed the culture of risks undertaken by oneself. The implicit guarantee of financial products comes from the ambiguity of legal relationship and the risk liability. I have been talking about this topic for more than a decade. Today, I would like to talk about it again at the Financial Street Forum. By now, the four regulatory authorities, including "one bank and three committees" have not been able to form a unified understanding of our wealth management products yet, so that the financial turmoil will not stop. The implicit guarantee of bonds comes from the knowledge of the credit of state-owned enterprises and the risk transmission brought by wealth management products. Why is it so difficult for bonds to break through implicit guarantee in areas where a culture of risks undertaken by oneself has formed in capital markets? It is because we have many state-owned enterprises, which equate the credit of state-owned enterprises with that of the state. When the state-owned enterprises have debt restructuring out of default pressure, many creditors are actually in a weak position. They cannot have business negotiations with the main market players in an equal way. I think this is not possible to establish a good credit culture. In the interbank market, we also have a lot of wealth management products that participate in the subscription of bonds. The embedment of wealth management products and the extension of the credit chain have made the problem more complex. In order to reduce the risk of transmission, the processing of bond repayment is full of worries.

Third, break the implicit guarantee in an orderly manner and prevent systemic financial risks.

Breaking the implicit guarantee can resolve the improper accumulation of risks. Financial industry is an industry that operates risks. It is strange to have no risk. Instead, risk is normal. As Mr. Wu Jinglian said just now, the growth of an enterprise is risky. The finance serves the growth of the enterprise, and the enterprise risk will also be reflected in the financial industry. If we take no risks, neither the risk of innovation nor the risk of loss, how can the society make progress? Therefore, we should not only take the risk, but also tolerate the failure, to make all kinds of financial products risk transparent and exposed, so as to cut off the contagion and transmission of risks. If the risk is exposed one by one, it is just a small risk. When there is a risk in one product, using another product or another financing to cover up the risk will cause the risk to accumulate. Eventually the small risk will escalate into a big one, and will probably create the systemic risk for us.

In order to break the implicit guarantee in an orderly manner, we should improve the law and make clear the risk responsibility. I hope that regulators should take the responsibility to reveal risks and resolve them. I also know that in many financial institutions, when the risk of a product is exposed and the institutions do not want to make the payment, or when some people sell some products privately in the business hall of the financial institutions, the responsibility for these products should not be borne by the financial institution. However, for the sake of stability and the reputation of the financial institutions, many people have taken a disguised attitude towards the exposure of these risks. I believe that financial institutions, regulatory authorities, or local governments should take the responsibility to reveal the risks and defuse them. Finance and the financial security is of great importance to the state; and if we do not set up well the credit foundation and the contract spirit of finance, it is impossible for us to talk about our financial security. We should use typical cases to distinguish between responsibility and risk bearing, and to educate the whole society about risk and credit. I think that only in this way can China have real finance. When we talk about marketization of interest rates, with no exposure to risks, no breaking of implicit guarantees, no default events, where does the risk pricing come from? If we do not break the implicit guarantee and truly realize the risk pricing, China has only government finance instead of true finance.

CHAPTER 3

Feature Article II: FinTech is Reshaping the Financial Ecology

Zhu Min①

In the past few years, the rapid development of FinTech has produced a series of impacts on the seven basic functions of the financial industry. First, in terms of deposit function, there are a series of products, such as Yu'E Bao, which is currently the largest money fund in the world; Second, as for loan function, there are a number of loans, such as consumer credit, small and micro credit, and industrial chain loan, etc. Third, regarding payment functions, the emergence of Alipay and WeChat Pay makes the mobile payment the main channel for individual payments. Fourth, in terms of financing function, all kinds of crowdfunding are very active. Fifth, as for investment management functions, artificial intelligence asset management is also beginning to emerge. Sixth, the remaking of the insurance industry will come more rapidly, because not only is the traditional service mode of the insurance industry getting more technological, but technology has changed the scene of the insurance industry, which has brought changes in the whole insurance business pattern. Seventh, the information management of the entire financial market has undergone a fundamental change.

In the meantime of FinTech bringing impact on the entire financial function, it also subversively changes the operating mode of the financial industry. Unlike the operating mode of traditional financial institutions, the operating mode of FinTech has the following characteristics: first, platform and non-network; second, light assets and heavy data; third, shortening the distance between customers and reducing intermediaries; fourth, achieving the

① Zhu Min, president of the National Institute of Finance, Tsinghua University, and former vice president of the IMF. This article was published in 2017 on the 11th issue of *China Small and Medium Enterprises*.

automation of the value link in the operation process; fifth, empowering the customers. The changes in these modes of operation are subversively impacting the existing financial system, making the financial ecology undergo fundamental changes. The FinTech is reshaping the financial ecology.

A financial ecosystem usually includes four aspects: the supplier and provider of financial services (financial institutions), the demander (consumers), the infrastructure of financial markets, financial regulators, and relevant laws.

I. FinTech Has Overturned the Organizational Structure, Operation Mode, and Market Competition Ecology of Financial Institutions.

The impact of FinTech on financial institutions is enormous. It has turned the design, production, risk control, and sale of traditional financial products from an endogenous process into an exogenous one, thus fundamentally changing the organizational structure and business model of traditional financial institutions. Previously, the product design, production, risk control, resource allocation, and sale in traditional financial institutions were generated and carried out entirely within a financial institution. There are different scales of financial institutions, but the production process of products and services is endogenous. The emergence of FinTech has broken this endogenous link. Actually, various FinTech enterprises enter the production process from different angles and links. For instance, Yu'E Bao makes its entry as a derivative of the deposit link, a variety of small and micro credits make their entries into the loan sector as a derivative, and various kinds of crowdfunding enter through the financing link. Therefore, FinTech elongates the production chain of the financial industry, and FinTech enterprises can be incorporated into the production chain through specialization and market segmentation. In this way, the endogenous production process of traditional financial institutions is externalized, socialized, commercialized, and forms an industrial chain. As a result, the design, production, control, configuration, and sale of the products in the whole financial industry have become an industrial chain and a market-oriented process.

The design, production, control, configuration, and marketing of financial products have fundamentally changed the operation mechanism of traditional financial institutions due to the following reasons. First, outsourcing and cooperation commoditize the traditional endogenous operating costs of financial institutions; second, the changes in the production chain make the traditional single profit sharing of financial institutions become more common; third, because of multi-intervention in the production and sale of products, the risk control of traditional financial institutions has been shared; fourth, through cooperation, traditional independent financial institutions are now seeking partnerships.

This presents a great challenge to the traditional financial institutions: first, the transition from a closed self-system to an open system; second, the change from the internal administration to a market-oriented operation; third, this is a huge market-oriented process—marketization, specialization, efficiency, competition. Therefore, this has constituted a huge challenge to the ecology of financial institutions.

These challenges arise as a result of the emergence of numerous FinTech enterprises at the second level of the financial suppliers, characterized by specialization, perpendicularity, and segmentation of markets. With a deeper and more detailed understanding of customers and markets, they made entries into the business chain of the traditional financial institutions, brought impact on the traditional financial institutions, and forced the traditional financial institutions to move from the original endogenous and closed industrial process into externalization, production chain, and marketization. I worked at Bank of China more than 20 years ago when credit cards first started to emerge in China. There was a heated discussion among us as to whether the credit card business should be arranged in the bank's own system, independent, or kept in the bank's own system but with independent accounting. Finally, because of the special nature of credit card operation, it is difficult for it to develop within the banking system. So, it was independently accounted, but still belonged to a bank department so as to be relatively independent. Today, under the impact of FinTech, almost all banks operate their consumption loans as separate subsidiaries. At the same time, cooperation with and even outsourcing to FinTech companies are taking places, to different degrees, in the fields of deposits, payments, loans, and even risk management and anti-money laundering.

If consumption loans can be independent or outsourced, market-oriented and socialized, are there any other businesses that cannot be independent, cooperative, and outsourced? If independence and outsourcing continue, what will be left for the traditional financial industry? In the past, the traditional financial sector had customers at one end funds on the other, linking the two through a process that represented quality and brand. Today, all the three things have changed radically. Customers today no longer belong to a single financial institution, while liquidity no longer simply belongs to financial institutions with outlets, and the linking process has been dismembered into vertical FinTech one after another. Therefore, the whole ecology of traditional financial institutions changes from endogous to exogenous, and into a market-oriented process; and the entire financial model has completely changed.

On the basis of the erosion and subversion on traditional financial institutions by numerous vertical FinTech enterprises, the FinTech platform has emerged, which is a new ecological change. Suning's supply chain finance is an example. Supply chain finance is not only a new industry, but also a pure and old product. It used to be a kind of business mixed in the bank loan business. Today, FinTech derives and subdivides it, making it synthesized and specialized so that it becomes a small production chain and merges into a platform. This is a typical vertical subdivision, making it a small subdivided professional platform. Ant Financial is another example of financial platform. It is more general and larger. Through the platform, Ant Financial is engaged in deposits, small loans, retail loans, payments, and other financial business. Nowadays, Yu'E Bao is the world's largest money market fund.

What will be the structure of the future ecosystem of financial product producers / suppliers / financial institutions? It is still unclear. Subdivided and vertical FinTech, with its professionalism and efficiency, will continue to exist. Through fierce competition, some FinTech enterprises have survived and thrived, becoming the main providers in the market of financial products and service. Traditional financial institutions may have three endings: first, they maintain their brands through marketizating and technologizing reforms, and establish partnerships with vertical financial and technological enterprises, in which both sides compete and coexist. Second, in the process of marketization and technologization, traditional financial enterprises take advantage of existing brands and market advantages to acquire a large number of subdivided and vertical FinTech enterprises, internalize these enterprises, and eventually succeed in transforming themselves into a modern technological "financial supermarket". Third, the traditional financial institutions are left with only empty structures after the encroachment by subdivided and vertical FinTech enterprises, and may die out.

The development of the platform is endowed with the most imaginative space, but is also the most difficult. The existing subdivided FinTech enterprises are platforms, but only small and specialized platforms. Large and general financial platforms are taking place, but to establish a comprehensive financial production platform and assume the risks of a financial platform is also a huge challenge. Once a large platform is formed, it is likely to be a monopolistic platform, leading to two extremes of a concentrated or a dispersed financial market. All products can be operated on the platform in a subdivided and vertical manner, and countless competitions may appear on the platform. This should be an open platform, but the platform itself may be monopolistic.

II. FinTech Has Changed the Ecology of the Demanders

In the past, consumers were often passive, so there was a saying of competing for consumers. Consumers belonged to financial institutions. The discussion at that time was that whoever had consumers won the market and the future. This was the view of 10 years ago. Today, because of FinTech's empowering of consumers, the status of consumers has greatly increased. Consumers have many choices, so their viscosity has declined. We no longer talk about consumers nowadays; instead, we are talking about consumer experience. This seems to be only a simple conceptual change, but it changes the consumer ecology. First, FinTech empowers the consumers. The focus or power of the market tilts to consumers; and consumers become the true "God". Second, financial institutions have been forced to significantly raise their standards of consumer services. Third, when consumers face countless suppliers and have numerous choices of product producers, consumers themselves become platforms, which is a fundamental ecological change. When consumers themselves become platforms, the education, protection, and positioning of consumers have all changed radically.

III. FinTech Has Changed the Ecology of Financial Market Infrastructure

Third-party payment and mobile payment are transforming the infrastructure of the financial market. Mobile third-party payment brings convenience to customers' payments, helps the development of online business models, including e-commerce, finance, and other online transactions, supports the development of FinTech, and accelerates the process of demonetization of paper money. Block chain is also a typical case. The benefits of block chain are safety, transparency, and convenience. And its weakness is also obvious. It emphasizes transparency and authentication, which limits the size of the block chain greatly. The expansion and energy consumption of the block chain are its bottlenecks. But the challenge of block chain is that it raises the fundamental question of centralization or decentralization. In the case of block chains, the financial market infrastructure is an open platform, a decentralized infrastructure that can be joined by third parties. Fundamental changes are taking place in the principles of the original financial market infrastructure.

IV. FinTech Is Impacting the Ecology of Financial Supervision and Financial Legislation

FinTech has its largest impacts in the fields of financial regulation and legislation.

For a long time, financial supervision had been regulating financial institutions. Before the advent of FinTech, regulators could solve all the problems when the production, risk control, and marketing functions of the entire financial products and services were endogenous, all within one institution. At that time, there was a dispute between the British principles-based regulation and the American rules-based regulation. After the financial industry moved from segregated operations into mixed operations, there was a debate over institutional or functional financial supervisions. But since the 1980s, the US financial markets have smoothly moved from being segregated to mixed; and the debate had not lasted for a long time. At the beginning of this century, with the rapid development of financial globalization, financial regulators began to discuss the international cooperation in terms of financial supervision. However, for a relatively long time, the main responsibility of financial supervision is to supervise domestic financial institutions.

FinTech is bringing a shock to these ideas of financial regulation. First, in principle, today's principle-based financial supervision can no longer effectively supervise the technology-oriented FinTech; neither can the rules-based financial supervision cover the development of FinTech. Under the premise of FinTech, financial supervision has no choice, but to move from institutional supervision to functional supervision. Second, in terms of space, since most of FinTech is cross-regional and even cross-border, financial regulation has to move from a static point, covering a city, to cross-regional and cross-border regulation. When I worked at the IMF, there was a Dutch company engaged in cross-border mobile payments in Africa. The company used to be a telecom provider and later began to do finance due to great financial opportunities, with its payment business crossed the borders of five countries. Later, the company and the central bank governors of these countries came to me to discuss the cross-border financial regulatory cooperation framework. Third, in terms of time, in the context of FinTech, regulation must be real-time, because the FinTech model iterates quickly, and some financial companies' models iterate once a week. Also because of the rapid changes in markets and volatility at the backdrop of FinTech, it is difficult to avoid market or systemic volatility and risk without real-time regulation. Fourth, because FinTech empowers individuals, individuals become a platform where the education and protection of consumers become an important task for financial regulation. Fifth, under the business model that emphasizes data, the privacy, ownership, and protection of data, and the use, transparency, and publicity of big data, the legal status, responsibility, and rights and interests of individuals are becoming increasingly important issues of public and social concern. Thus, a new legal framework is needed.

The traditional financial ecology includes four subsystems, i.e., financial supplier, financial demanders, financial market infrastructure, and financial supervision and legislation. Due to FinTech, there is a new ecological dimension, which is the development of science and technology and man-machine collaboration. Because FinTech is the interaction between human and machine, it is FinTech that changes the dynamic operation, management, and evolution of all four subsystems and the whole financial ecology. The operation and evolution of the future financial ecology is based on science and technology; and the dominant driving force of the operation of the financial ecology has thus changed. Of course, technology and finance will depend on each other in the future. They are two sides of the same coin. Whether it is financial technology or technological finance, it is finance in essence. But the driving force of the dynamic evolution of financial ecology will be technology; and the formation and evolution of the entire financial ecology will undergo fundamental changes. Those who will lead the ecology will dominate the future.

FinTech is hitting the existing financial companies and industries, but its subversion has not been completed. Market competition, financial supervision and legislation are the two strengths that influence the future financial ecology.

In the future, we will see extremely fierce, dynamic, and rapid competition among FinTech enterprises, and the market will constantly change, because this is completely technology-dominated and will take place very fast. At the same time, FinTech enterprises are striding to exploit new fields, and competing for the market with traditional financial institutions through subdivision and verticality. And the existing financial institutions are trying to learn from FinTech, expand business, and take the road of technologization, in an effort to confront the challenges of FinTech enterprises. When FinTech enterprises encroach on the market of traditional financial institutions, the traditional finance is also acquiring the vertical FinTech enterprises, and making them endogenous again. At the same time, we can see the competition between platform and traditional financial enterprises, which is a disruptive one. Where is the future competition? What are the future outcomes? It is actually unclear. Can traditional financial institutions survive? Will the platforms definitely win? The results are also unclear. However, the rise of financial and technological institutions that are vertical, subdivided, professional, efficient, and having risk well controlled is inevitable. The competition lies in the ownership, positioning, and connection of these FinTech enterprises.

While the market competition is polishing the financial ecology, financial supervision and legislation also play an important role in guiding the future direction. The direction to which financial regulation should evolve will have a significant impact on the formation and direction of future markets. So today's financial regulation is extremely sensitive and important to the future.

In retrospect to the history of finance, this has not been the first time that the financial ecology has changed, nor will it be the last. So far, no matter how the basic pattern of financial ecology changes, the basic function of finance has not changed fundamentally. The payment function, intermediary function (intermediary agent between deposit and loan), asset allocation function, efficiency function, and risk control function of finance have not changed radically. Therefore, this will not be the last change, but it will be the most spectacular change in the overall financial ecology to date. FinTech's impact on and reshaping of the future financial ecology is taking place.

Column

The Fifth National Financial Work Conference and the Financial Stability and Development Committee under the State Council①

On July 14 to 15 of 2017 , the Fifth National Financial Work Conference was held in Beijing. The state president Xi Jinping attended the conference and announced an important address. He stressed that finance was the important national core competence; financial safety was an important component of national safety; and financial system was an important foundational system in economic and social development.

Xi Jinping stated that there were four important principles mastered for good performance of finance: firstly, we should return to the origin to subject to and serving economic social development. Secondly, we should optimize structure to improve financial market, financial institution and financial product system. Thirdly, we should enhance regulations to improve ability of preventing and resolving financial risk. Fourthly, we should be market-oriented to play the decisive role of market in financial resource allocation. Meanwhile, in three tasks of China's financial work serving the real economy, preventing financial risk and deepening financial reform, Xi Jinping stressed that prevention of occurrence of systematic financial risk was an eternal theme of financial work and we should place positive prevention and solution to systematic financial risks in more important place.

In the beginning of November 2017, the Financial Stability and Development Committee under the State Council was established and held the first plenary session. As a deliberation and coordination institution of planning and coordinating major issues of financial stability and reform and development, the major duties of Financial Stability Development Committee were: implementing decision allocation of financial working from the Party Central Committee and the State Council; deliberating the important planning of reform and development of financial industry; overall planning financial reform development and regulations, coordinating related matters

① He Haifeng, director of Institute of Financial Policy, Chinese Academy of Social Sciences.

of monetary policies and financial regulation, planning and coordinating important matters of financial regulation, coordinating financial policies and related fiscal policies, industry policies; analyzing, researching and judging international and domestic financial trends, completing response to international financial risks, researching systematic prevention and control of financial risks and significant policies of maintaining financial stability; guiding local financial reform development and regulation, and taking business supervision and performance accountability of financial management and local governments, etc..

On November 17 to 19, 1997, the first National Financial Work Conference was held. The conference theme was to further deepen financial reform and rectify financial order, prevent and resolve financial risks. Subsequently, in June 1998, CPC Central Committee Financial Work Committee was established.

CHAPTER 4

Feature Article III: The Choice of Strategies for Building a Modern Financial Power

He Haifeng①

Comrade Xi Jinping pointed out in the report of the 19th National Congress of the CPC that socialism with Chinese characteristics has entered a new era; and "on the basis of finishing the building of a moderately prosperous society in all respects, a two-step approach should be taken to build China into a great modern socialist country that is prosperous, strong, democratic, culturally advanced, harmonious, and beautiful by the middle of the century." Since the 18th National Congress of the CPC, with the continuous deepening of financial reform, the financial system, financial market, financial supervision, and regulation system have been increasingly improved; and the strength of financial institutions has been greatly enhanced. China has become an important world financial power. Building a modern and powerful country is a strategic arrangement for the development of socialism with Chinese characteristics in a new era. As an important support, building a modern financial power has become China's strategic choice.

Historical Experiences and Lessons from Financial Powers

Since the birth of modern finance in Italy during the fifteenth and sixteenth centuries, with the development of trade and shipping, and with the rise and fall of financial center cities as a mark, there were successively three major financial powers before the 21st century - the Netherlands from the latter half of the 16th century to the end of the 17th century, the United

---

① He Haifeng, director of Institute of Financial Policy, Chinese Academy of Social Sciences. This article was published in 2017 on the 24th issue of *China Finance*.

Kingdom from the end of the 17th century to the first half of the 20th century, and the United States from the late 19th century to the present.

Helped by religious tolerance and distance from war, Amsterdam, the Netherlands, started to become the most important trade center, financial center, shipping center, and wealth center in Europe during the second half of the 16th century. From the opening of the world's first stock exchange and commodity exchange in 1531, the world's first central bank, the world's most famous ocean-going colonial adventure company, the world's first stock freely transferable, the world's first forward futures contract and transaction, etc. Endless financial innovation and foreign trade throughout the world shaped this small European country, which is only the size equivalent to two Beijing cities, to miraculously spike to be the richest and most powerful country in Europe and even in the world. For as long as 150 years, Amsterdam, the Netherlands, had been the dominant and even monopoly of European and global trade, currency and finance. After flourishing throughout the 17th century, however, the Netherlands was overtaken by Britain and France and became a second-rate country in the late 17th and early 18th centuries. According to economists and historians, the fundamental reason for the decline of the Netherlands was to attach too much importance to commerce, finance, and foreign trade, other than to industrial investment and development - its well-developed wool textile, shipbuilding, and fishing industries declined following the rise of the financial power.

In 1688, Britain, after the "Glorious Revolution", began to accept the baton of a financial power, and its king at that time was William III, who was from the Netherlands. In order to raise funds for the Second Hundred Years' War between Britain and France, Britain underwent a "Financial Revolution" and established a modern public debt system, a new joint-stock commercial bank, and a modern taxation system. The most important among these was the Bank of England, the bank established by William III as a major shareholder in 1694, which had become the most convenient and powerful financing platform for the foreign wars and overseas expansion of Britain. After 1746, the Bank of England gradually increased its non-government business, with discounted bills of exchange for businessmen and loans to businessmen, and gradually became a bank that mainly provided industrial and commercial services. With the Bank of England as a starting point and foundation, multi-level financial markets such as the Britain government bond market, stock market, foreign exchange market, and commodity trading market experienced rapid development, giving birth to the first industrial revolution in human history - large-scale machine production made Britain the "World Factory". In 1860, 40-50% of the world's industrial products were produced in UK; in 1870, the foreign trade volume of Britain exceeded the sum of France, Germany and Italy; until 1880, Britain had been the richest country in the world. In 1816, Britain first implemented the "Gold Standard System" in the world; in 1872, the Bank of England assumed the responsibility of the "Lender of Last Resort" and became the world's first central bank in a real sense. At the end of the 17th century, Britain began to dominate the world, London became the world's banking and financial center, and the British pound became the world's most important reserve currency. When the international gold standard system collapsed in 1914, the total value of oversea investment in the UK ranked first in the world, accounting for 41.8% of the total foreign investment of Western countries. Not long after the first industrial revolution, the financial power with a history as long as 200 years began to enter a relatively declining process. In the second half of the 19th century, during the new period of the second industrial revolution dominated by heavy industry and electrical power, Britain faces the strong competition from the United States, Germany, and other countries. Britain is drawn by the wealth contribution of its world colonies, and fell into the "Resource Trap": it still took the coal-steel industry as its main focus and failed to upgrade and update its technical equipment in a timely manner, gradually and unavoidably losing its monopoly position in the industrial sector. Soon after, the World War I destroyed the international gold standard system, the major crisis of 1929–1933 further hit the currency hegemony of British pounds, and the World War II brought the international monetary system into complete confusion. In 1944, the establishment of the Bretton Woods system enabled the United States to initially achieve dominance in the international currency and finance sector.

If the reason for the historical Netherlands and Britain missing the opportunity to become truly financial powers was because of both countries' economic volumes such as land areas and populations, as well as the deficiencies in industrial structure and technological upgrading, then the United States, in a strict sense, is the only super financial power in the world today. From an internal point of view: first, the United States has the most competitive top financial institutions and a highly effective market-efficient financial services system; second, the United States has a huge financial market and a large number of financial centers, influencing and even determining the flow of funds globally; third, the United States has abundant financial products and financial services, with continued innovations, still affecting and leading the development trend of the world's financial industry. From an international point of view: first, the US dollar is the most important international currency in international trade and investment, financial transactions, and settlements; second, to a large extent, changes in US monetary and financial policies and economic and financial conditions determine or affect the prices of international financial assets; third, the United States has enough discussion power (or veto power) to formulate and revise the existing international financial rules. In short, modern financial institutions and financial markets, the powerful Federal Reserve, and dollar hegemony are the three most important elements constituting the United States' financial power. Although the acquisition of the status of a major financial power by the United States is inseparable from the international background and the competition with Britain, the most important thing is its guiding ideology. Alexander Hamilton, one of the three founding fathers of the United States and the first finance minister of the US government, identified the financial strategy as the most important strategy for building a nation, by the three major reports of "Report on Public Credit", "Report on a National Bank", and "Report on Manufactures", he emphasized the need to defend the country's trade interests with a strong central government, a national banking system, a manufacturing industry, and a navy. It was Hamilton's financial thinking for establishing and governing a nation that laid the foundation for the United States' policy and practice of becoming a financial power. Of course, the current round of international financial crisis caused by excessive and unregulated financial innovation in the United States and the huge flow of international funds and capital have also caused great damage and impact on the economies and finances of the United States and the world.

Some studies have summarized the experience of the rise of major financial powers such as the Netherlands, the United Kingdom, and the United States as follows: a high-reputation central bank, a prosperous and developed financial market, and an international financial center. These, however, constitute the necessary other than the sufficient conditions for the transformation from a financial power to a super financial power. A financial power does not necessarily mean to become a super financial power. Why? First of all, finance is a double-edged sword, it can only exert its greatest positive effect with the coordinated development of the country's economy, especially with the integration of the country's industrial upgrades and technological innovations. The latter is the core and foundation of an economic power; and an economic power is bound to be a super financial power. Second, financial innovation is the fundamental driving force for financial development; and the country's financial mechanism, financial system, and especially financial regulatory system need to be constantly improved and updated in order to match with the financial innovation, so that finance can become the country's core competitiveness rather than destructive power.

China Needs to Adhere to Two Major Functions in Building a Super Financial Power

In order to build China into a great modern socialist country that is prosperous, strong, democratic, culturally advanced, harmonious, and beautiful, and achieve the great rejuvenation of the Chinese nation by the middle of this century, development is of top priority, and economic construction is the center of all causes. In this great process, the building of a super financial power must provide comprehensive service support functions and stability safeguard functions for national development and economic constructions.

First, strengthen the "accelerator" function of financial support in the construction of a modern economic system.

Judging from the elements of national strength, modern countries with strong competitiveness must have three hard powers, i.e., economy, science & technology, and national defense. The building of a modern power in China must include at least the economic power, the science & technology innovation power, the manufacturing power, and the national defense power. In terms of an economic power, it is necessary to change the mode of development, optimize the economic structure, transform the driving force for growth, and build a modern economic system.As its core framework, the 19th National Congress Report proposed to "accelerate the building of an industrial system that promotes coordinated development of the real economy with technological innovation, modern finance, and human resources". In terms of a technological power, innovation is the primary driving force for development; and the core support of the national power is the ability of scientific and technological innovation. In terms of a manufacturing power, manufacturing industry is the main body of the national economy, the basis for establishing the country, the device for rejuvenating the country, and the foundation for strengthening the country. Finance is the vessel of the real economy, and serving the real economy is the bounden duty of finance. The development and strength of China's financial industry needs to provide strong support and practical services for the economic power, the science & technology innovation power, and the manufacturing power. Meanwhile, the integration of military and civilian development is an important strategy and path for the coordinated development of China's economic construction and national defense construction. We need to create the model for the support of the civil-military integration by financial services and help accelerate the upgrading of China's modern national defense capabilities. While better supporting the construction of a modern economic system, financial services can realize its own greater, more excellent, and stronger goals, thereby preventing financial development from deviating from its origin.

Second, play its role as the "stabilizer" for maintaining financial stability and ensuring financial security.

Modern finance must not only become an accelerator for China's economic and social development, but also be a stabilizer and safety valve for the construction of a modern country, other than become an oscillator affecting China's economic and financial stability and security. In the macroeconomic operation of China's economy and finance, we draw on advanced international experience, in combination with China's actual conditions, to creatively propose a dual-pillar regulatory framework of "Monetary Policy + Macro-prudential Policy" to better combine currency stability with financial stability, effectively balancing the economic cycle and financial cycle regulation. In the construction and improvement of the modern financial supervision system, we have established the Financial Stability Development Committee of the State Council to collectively coordinate major financial regulatory issues, and at the same time strengthen the responsibility for the disposal of local governments' financial risks under the premise of centralized regulation. In preventing systemic financial risks, we have to promote the modern financial security to the height of governing the country, adhere to the bottom line thinking, persist in problem orientation, strengthen the central bank's functional supervision of systemically important financial institutions and financial holding companies, and realize the full coverage of supervision of new financial dynamics. In the supervision of innovative and cross financial businesses, we have to enhance the specialty, unity, and penetration financial supervision, and cover all financial businesses, to better achieve the combination of institutional supervision and segregated supervision, as well as functional supervision and behavioral supervision. Meanwhile, we need to adhere to the guidelines of self-reliance, orderliness, equality, and security, steadily expand the two-way opening up of the financial industry, and strengthen the scientific monitoring of and effective response to the cross-border foreign exchange and capital flow impacts caused by the spillover of financial risks.

China Needs to Promote Three Major Constructions to Become a Super Financial Power

Since the reform and opening up, especially the 18th National Congress of the CPC, major achievements have been made in the development of China's financial reform, with the financial industry rapidly developed, financial products increasingly abundant, financial services more inclusive, financial reforms orderly proceeding, the financial system continuously improving, the internationalization of the RMB and the two-way opening up of finance making new progress, financial supervision improved, and the ability to hold on to the bottom line without systemic financial risks enhanced. Compared to the major financial powers in the world, however, there still is a large gap, which is not only reflected in the lack of international competitiveness of financial institutions, the insufficient function of multi-level financial markets, and the inefficiency of financial products and financial services, but also in the insufficient degree of internationalization of the RMB, the lack of pricing capacity of international financial assets, and the weaker discussion power in international financial affairs and systems. In short, in order for the transition from the scale, volume, and speed of financial growth to the level, quality, and effectiveness of financial development, it is urgent for China to promote the three major constructions so as to become a financial power.

First, the construction of the modern financial system.

China's modern financial system construction is not to copy or simply imitate the financial systems of major Western countries, but to base on China's national conditions and start from the reality of China, accurately grasping the characteristics and laws of China's financial development, and exploring the establishment of a new era of socialist financial systems with Chinese characteristics, especially the financial market mechanism. On one hand, we should leverage the decisive role of the market in allocating financial resources, deepen the market-oriented reforms of interest rates and exchange rates, intensify the reform of the financial system, strengthen the financial service entity's economic capacity, especially increase the proportion of direct financing and promote the healthy development of multi-level capital markets. On the other hand, we must give better play to the roles of financial management departments and local governments, improve the two-pillar macroeconomic regulatory policy framework for monetary and prudential policies, strengthen unified financial supervision and coordination, and maintain financial stability and financial security. More importantly, by setting out from the reality of China's economic and social development, we should establish China's financial policy system for technological finance, green finance, and inclusive finance, supplement and update China's financial mechanism to support innovation-driven development, modern manufacturing, sustainable development, balanced and inclusive development, as well as poverty alleviation, providing China's experience and contributions for the boost of human social and economic development by finance. By building a modern financial power along the direction of marketization, China will further explore and improve the socialist financial system with Chinese characteristics.

Second, the construction of the modern financial institutional system.

Financial institutions are the basic units of a country's financial system. Financial institutions that are scientific in governance, efficient in operation and management, superior in capability and efficiency, and with outstanding functions of servicing the real economy are the foundation and prerequisite for the modern financial system. First of all, while building a multi-level, widely-covered, and differentiated institutional banking system, China should focus on developing a direct financial system and accelerate the construction of multi-level capital markets as well as other related financial institutions to better meet the financial needs of the real economy. Second, China should vigorously develop inclusive finance and multi-sector small and micro financial organizations, standardize the development of new forms of Internet finance and technological finance, and steadily promote financial institutions to carry out comprehensive operations. Finally, by insisting on the close coordination and cooperation between the decision-making role of the market mechanism and the active role of the government, China will continue to improve the financial institutional system, which includes commercial finance, development finance, policy finance, and cooperative finance, to become more rational in the assignment of responsibilities and mutually complementary. Following the direction of diversity, China will accelerate the development of a modern financial institutional system, and continue to enhance the international competitiveness of Chinese financial institutions while enhance the financial capabilities of Chinese financial institutions in serving the real economy.

Third, the construction of the two-way opening up of the financial industry.

The aim for establishing and improving a socialist financial system with Chinese characteristics and accelerating the establishment of a modern financial institution system is to further expand the two-way opening up of the Chinese financial industry, fully participate in and promote the globalization of trade investment and economic finance, achieve stable and sustainable growth of the world economy and finance, and better play the contribution role of china as an economy and financial power. First, following the continued expansion of China's financial development and opening up to the outside world, it is necessary to establish and improve the financial policy framework that can effectively regulate the open economy of a big country. This policy framework not only includes monetary policy, exchange rate and foreign exchange policies, and prudential policies, but also needs to cover trade policies, investment policies and corresponding industrial policies, as well as fiscal and taxation policies, in order to adapt to the transformation from an open economic and financial power to an super economic and financial power. Second, as Chinese financial institutions "Going Global" to participate in international competitions, they will steadily promote the internationalization of RMB, actively participate in global financial governance, and further develop the functions and roles of new open platforms and mechanisms such as the Asian Infrastructure Investment Bank, the BRICS National Development Bank, and the Silk Road Fund. In short, following the direction of internationalization and expanding the two-way opening up of the financial industry is an inevitable process for China to become a super financial power.

In general, the constructions of a market-oriented modern financial system, a diversified modern financial institutional system, and the two-way opening up of the financial industry are the three important strategic choices for China to become a super financial power.

The Unified Leadership of the Party and the High Quality Talents Team are the Guarantee for the Construction of China's Super Financial Power

Building a super financial power is an indispensable topic for China's socialist modernization. "China must become a super power and must be strong in all aspects." We are facing unprecedented opportunities which are with great possibilities for implementation; however, we are also faced with huge challenges because there has never been a developing country with such a large volume, such a unique system, and such a leap-forward development becoming a super financial power in history. This will be a miracle of China under "A Change Never Occurred for Thousands of Years". On one hand, we need a team of high-quality financial professionals with the highest interest of the country, the adherence of correct view of justice and profit, the respect of the market, and the professional ration; on the other hand, we need to insist on the centralized and unified leadership of the Central Committee of the CPC on financial work, in order to ensure the correct direction of the financial reform and development as well as the national financial security. This is the most important guarantee for China to build itself into a modern financial power.

Part Two

China's Financial Policies in 2017

CHAPTER 5

Macro Financial Policy

I. Monetary Policy[①]

Against the backdrop of steady economic recovery around the world in 2017, major economies were moving toward normalization of monetary policy to different extents. The Federal Reserve raised interest rates three times in a row in 2017. The eurozone witnessed a significant economic recovery. European Central Bank announced a scale down of the asset purchase program, from January 2018 to September 2018. In China, the economic growth exceeded expectation this year. Clear progress has been made in deleveraging, cutting overcapacity, and reducing inventory. In the context of overall steady, positive economic performance, China virtually pursued prudent, tight monetary policy in 2017. Policy interest rates and market interest rate went up and played a significant role in controlling asset bubble and debts increase. Chinese government will regard major risk prevention and resolution as three tough fights in 2008; Under such circumstances, the monetary policy will likely continue to be on prudent footing like 2017. Meanwhile, multiple monetary policy tools will be employed to stablize market interest rate based on the interbank market structure.

(i) Highlights of Monetary Policy in 2017

1. Open Market Operations

(1) PBOC raised interest rates through open market operations. Although deposit and loan benchmark interest rates, and reserve requirement ratio remained unchanged in 2017, the open market operations and Standing Lending Facility rate saw a rate hike, which showed that the central bank intended to adjust the financing costs of both the financial market and real economy by means of a market-oriented mechanism. The first quarter of 2017 witnessed

① Author: He Xiaobei, is a researcher at the Center for Finance and Development of Tsinghua National Institute of Financial Research.

twice rate hikes through open market operations, with a rise of 10 basis points each time, which indicated that monetary policy has been virtually tightened. In the wake of the Federal Reserve's interest rate hike in December 2017, the reserve repo rates of the open market operations invariably rose 5 basis points respectively, with also an increase of 5 basis points for Standing Lending Facility (SLF) of various terms. According to the People's Bank of China, the interest rate hike through open market operations is conducive to narrowing the interest spread between policy rates and market interest rates, remedying market distortions, and avoiding financial institutions' excessive leveraging and expanded broad money.

(2) Medium-term Lending Facility (MLF) has emerged as an important channel of liquidity supply by the People's Bank of China. SLF is considered to be the ceiling of the interest rate corridor. Under given conditions, the People's Bank of China extended as required adequate short-term liquidity supply to the local financial institutions, so as to maintain interbank market stability. Meanwhile, the People's Bank of China conducts MLF operations timely each month in combination with the liquidity demand of financial institutions, in order to make up for the gap between longer-term liquidity demand by the banking system and the supply of monetary base. The total of MLF operations by the People's Bank of China was RMB 5,329.5 billion in 2007, with ending balance of RMB 4521.5 billion, an increase of RMB 1064.2 billion over the beginning of the year. MLF operations far outstripped SLF, and also involved a longer period. Among the others, one-year MLF operations were dominant.

(3) In 2007, funds outstanding for foreign exchange had a fading effect on the liquidity of banking system, but financial factors had an enhanced influence on liquidity, which was manifested mainly as continuous upward trend of balance of treasury funds in the second half from the same period of last year, further extension of time-lag between financial revenue and expenditure, and greater seasonal fluctuation of liquidity supply and demand. Therefore, the People's Bank of China cooperated with multiple instruments of various terms, including medium and long-term liquidity gap supplementary tools such as MLF and Pledged Supplementary Lending (PSL); and also short-term operating facilities such as reverse repo and Temporary Liquidity Facilities (TLF), and matched varied terms with different expiration time to maintain stability of market liquidity.

2. Established a Twin Pillar Framework of Monetary Policy and Macroprudential Policy

The National Conference on Financial Work convened in July 2017 highlighted that financial risk prevention and control would be regarded as one of three important tasks of financial work, and proposed to improve macro-prudential policy framework, establish the State Council Financial Stability and Development Committee, and strengthen macro-prudential regulation and responsibility for safeguarding against systematic risks of the People's Bank of China. The report of the 19th National Congress of the Communist Party of China in October 2017 formally proposed to improve the "twin pillar" policy framework comprising monetary policy and macro-prudential policy. Macro-prudential Assessment (MPA) is exactly a significant exploration and practice under the twin pillar policy framework. In 2007, MPA was adjusted in a few aspects as follows.

(1) The off-balance sheet activities of banks were formally incorporated in the broad credit index. There was a lack of oversight over the off-balance sheet activities of banks. The off-balance sheet business of banks grew fast due to the presence of supervision arbitrage, which led to rapid accumulation of risks. The People's Bank of China formally brought MPA into the scope of broad credit index in the first quarter of 2017, with the requirement that the deviation of broad credit growth from targeted M_2 growth should not exceed 20 percentage points.

(2) In the third quarter of 2017, MPA incorporated assessment of green credit into "credit policy implementation", which would provide a positive incentive for banks, direct credit funds to ecological protection, clean energy, and recycling economy, and other fields.

(3) It was announced that MPA assessment in the first quarter of 2018 brought negotiable certificate of deposits into the proportion index of interbank liability, to assess the negotiable certificate of deposits issued by banks with assets above RMB 500 billion, and to monitor those issued by banks with assets below RMB 500 billion. Concretely, 25 scores (full score) will be obtained when the proportion of interbank liability of bank is no more than 25%, 10-15 scores will be obtained when not exceeding 33%, or zero otherwise.

(4) Macro-prudential management policy for the full-caliber cross-border financing was improved. In September 8, 2017, the People's Bank of China lowered the foreign exchange risk reserve ratio to zero, and abolished the penetrating supervision over overseas financial institutions' deposit reserves in China. This was a measure to shift the previous counter-cyclical macro-prudential management measure issued to inhibit the foreign market's pro-cyclical fluctuations to neutrality.

(5) Macro-prudential management for housing finance was intensified. Given the escalation of real estate price in 2016, the People's Bank of China strengthened macro-prudential management of the real estate market. On the principle of "applying policies according to cities", the mortgage interest rate of the first suite has seen a rise from 20% to 10% off benchmark interest rate to 5% to 20% above the benchmark interest rate. The increase in the housing loan interest rate contained real estate speculation, and avoided irrational growth

of residential mortgage loans (household debt). The trend of sharp rise in real estate price was suppressed in 2017; some cities saw steady decline of housing price.

3. Deepened the Reform of Interest Rate Liberalization

The benchmark interest rate system was developed in the financial market. The tightened monetary policy in 2017 was manifested mainly in the rate hike of open market operations, SLF and MLF of the People's Bank of China, rather than increase in the benchmark interest rate of loans and deposits. It reflected the orientation of the People's Bank of China to dredging monetary policy transmission mechanism by cultivating the intermediate target of market interest rate, and that the reform of interest rate liberalization will be further deepened. On May 31, 2017, National Interbank Funding Center launched the interbank fixing repo rate (FDR, including overnight, seven-day and fourteen-day terms) and interest rate swap product that takes FDR007 as reference, which has further improved the benchmark interest rate system in the interbank market. In terms of market-based pricing of interest rate, the People's Bank of China announced a definite statement that the offering period of negotiable certificate of deposits may not exceed one year in an effort to steer regulated and ordered development of the market of negotiable certificate of deposit. Besides, market interest rate self-discipline mechanism has further expanded its scope of members, and provincial-level self-discipline mechanism has also been further improved.

4. Positioned Monetary Policy Supporting Inclusive Finance

(1) The policies on targeted reserve requirement ratio cuts were applied to inclusive finance. In September 2017, the People's Bank of China declared that the original targeted reserve requirement ratio cuts towards small and micro businesses, and "agriculture, rural areas and farmers" would expand and extend to other inclusive finance fields like poverty alleviation and business startups and innovation. The policy standards for the original targeted reserve requirement ratio cuts were optimized. Focus was on "real small and micro businesses" and "real inclusive finance", directing loans to small and micro businesses with single customer credit below RMB 5 million; business loans to individual businesses and small and micro business owners; and loans to farmers' production and operation, venture guarantee, archived impoverished people, and student loans, etc. to enhance precision of policy.

(2) Credit policy supported key fields and weak links of national economy. Specifically, the People's Bank of China employed credit policy, such as re-lending, rediscount and PSL, and led financial institutions to intensify support for the key fields and weak links of national economy such as small and micro businesses, "agriculture, rural areas and farmers", and renovation of

shanty towns, etc. In a move to lead financial institutions to intensify credit support for small and micro businesses and green economy, the People's Bank of China gave priority to loans to small and micro businesses and green loans that conform to criteria as guarantee of credit assets.

5. Renewed Currency Swap Agreement

The People's Bank of China renewed the currency swap agreement (three-year) with the central banks or authorities of 10 countries or regions totally all through 2017, with total amount up to RMB 1475 billion. The currency agreements were signed centrally in November. The currency swap agreements were renewed in the same month respectively with Qatar, Canada, Hong Kong China, Russia and Thailand. Among the others, the currency swap agreement signed with Hong Kong China reaches the maximum amount, RMB 400 billion, accounting for 27.12 percent of the total amount of agreements signed in 2017. The amount of agreement with Korea comes second, i.e. RMB 360 billion, holding 24.41 percent. The People's Bank's support for currency swap for the purpose of bilateral trade and investment will make for evading the fluctuation risk of exchange rate, serving entity economy, facilitating bilateral trade and investment, and giving impetus to the RMB internalization.

(ii) Implementation Effect of & Assessment on Monetary Policy in 2017

Under the circumstance of steady economic growth at home and improvement of the external environment, rate hike prevailed in domestic market, which reflected the orientation of policy to the precaution against financial risks. With the rise of reverse repo rate from 2.25% at the beginning of the year to 2.5% at the end through open market operations, the interest rate in the financial market has increased accordingly. R007 increased around 70 basis points, up from 2.77% in January to 3.45% in December. DR007 was relatively stable, but also rose from 2.47% in January to 2.87% in December, with an increase of as many as 40 basis points. The rate of return on government bonds with varied terms also went up 80-100 basis points. As the changes in the monetary market rate also spread to the credit market, the weighted average interest rate on loans ascended from 5.27% at the end of 2016 to 5.74% at the end of 2017. This indicates that the cost of capital of real economy has lifted in the context of precaution against systematic risks, which is conducive to inhibiting excessive growth of debts. Moreover, residential mortgage interest rates rose from 4.52% at the end of 2016 to 5.26% at the end of 2017. The medium and long-term loans of new resident households dropped by 6.69% on a year-on-year basis (with year-on-year rise of 86.23% in 2016), which indicates that the trend of sharp increase in housing loans has been contained. Aggregate social financing saw steady growth by

9.22% in 2007, in which new RMB loans increased by 11.3%. The balance of M2 supply saw a year-on-year rise of 8.1% in December 2017, a historically lowest level of M2 supply growth rate in 2017. Prices rose moderately in 2017. Consumer price index (CPI) increased by 1.8% on a year-on-year basis, which shows no sign of remarkable deflation or inflation risk.

In terms of inclusive finance, the balance of relending to agricultural support nationwide stood at RMB 256.4 billion by the end of 2017, which included RMB 92.9 billion to small and micro businesses, RMB 161.6 billion to poverty alleviation, and RMB 182.9 billion to rediscount. The People's Bank of China gave a total of RMB 635 billion of PSL to State Development Bank, the Export-Import Bank of China, and Agricultural Development Bank of China in 2017, with the ending balance of PSL of RMB 2687.6 billion, to back up the three banks' loans to renovation and major water conservancy projects and RMB's "going global", etc.

(iii) Outlook and Suggestion for Monetary Policy in 2018

In the first quarter of 2018, major economies around the world continued the upward trend of 2017, and inflation is also expected to lift moderately. Both International Monetary Fund (IMF) and Organization for Economic Cooperation and Development (OECD) lifted their expectations for the global economic growth in 2018. According to the market expectation, the Federal Reserve will raise interest rate for two to four times this year. Nevertheless, there is still great uncertainty about whether the prospect of global economic growth will continue, as a major challenge comes from America's trade policy. In case of outbreak of a trade war, both China and America will lift respective tariffs remarkably, which will not only reduce volume of trade, and encumbers China and America's economic growth, but also exerts pressure on price hike. In the context of highly globalized industrial chain at present, the influence of trade war will spread all over the world. It means that it is still uncertain whether global economy will continue steady growth in the latter half of 2018 and that inflation will likely go up beyond expectation. Since economic outlook is very unclear, it remains to be observed about whether the monetary policies of developed economies will continue its normal momentum.

In China, precaution against systematic risks will be a subject of economic work in 2018. It means that to contain debt expansion will still be the focus of macro-economic policies this year; monetary policy might not be loosened. The new aggregate financing slightly downscaling in the first quarter was manifested in the drop of off-balance-sheet financing, which mirrors the effect of previous supervision over off-balance-sheet activities. The economic growth remained to be steady in the first quarter, but may be encumbered in the next half year by trade environment change. Besides, infrastructure investment, subject to local governments' debt reorganization will be faced with a great downward pressure in 2018. In general, the economic growth driver at home might weaken in 2018, and the continuous recovery in the external environment might suspend under the influence of America's policy adjustment.

Under the background of precaution against financial risks, the monetary policy in 2018 will likely remain to be on tightening footing like now. But confronted with uncertainty in the domestic economic growth and price tendency, the monetary policy will need to be flexible in its stand. Meanwhile, considering interbank market liquidity structure in China, monetary policy will require refining operations tailored to stabilize market expectations for liquidity and interest rates.

1. Increase tolerance for fluctuations in exchange rate of RMB against USD. As the trend of global economic situation is complicated and confusing in 2018, the USD index might see drastic fluctuation under the impact of America's tax reform and trade policy. The exchange rates of RMB against a basket of currencies may keep at a relatively stable level with the existing exchange rate mechanism, but the exchange rate of RMB against USD may witness a great change. In case that policy-making body shows less tolerance to the fluctuation of exchange rate of RMB against USD, it might reduce the flexibility of China's monetary policy. For example, reverse repo rate through open market operations lifted as America raised its interest rate in the fourth quarter of 2017 and the first quarter of 2018, which reflects that a less flexible exchange rate laid restraints on monetary policy. China will be faced with the risks of declining investment and external environment in 2018. Domestic economy will be in more need of a flexible, effective monetary condition.

2. Focus on the effects of bank regulations and MPA on market interest rates and improve the implementation of monetary policy. In an effort to safeguard against systematic risks, China Banking Regulatory Commission intensively issued, in the second quarter of 2017, oversight documents, i.e. targeted measures for interbank activities, financial services and bond investment of banks, which triggered fluctuation in the interbank market, and led to R007's rising by more than 150 basis points without any change of monetary policy. It reveals a lack of effective coordination among monetary policy, macro-prudential policy and bank supervisory regulations, and the difficulty for monetary policy to fine tune the target interest rates.

3. We shall determine a target benchmark interest rate, further bring into play the function of interest rate corridor, and stablize market interest rates. Shibor, R007 and DR007 were all once regarded as candidates of benchmark interest rate by the People's Bank of China, but the Bank has never defined one as a benchmark of the intermediate target. SLF is considered the ceiling of interest rate corridor, but R007 repeatedly broke through SLF in 2017, which

indicated that the ceiling of interest rate corridor did not give play to its function. This is partly due to unduly narrow scope of both SLF's operation objects and qualified pledges. Considering the character of layered structure of interbank market in China, monetary policy tools need to be consolidated in order to stablize market expectations for liquidity supply. Moreover, the use of MLF remarkably surpassed SLF, and hence short-term policy rates coexist with the medium ones. Multiple policy rates would send mixed policy signals to the disadvantage of stabilizing market expectation.

Column

"Twin Pillar" Framework of Monetary Policy and Macroprudential Policy①

In October 2017, in the 19th CPC National Congress report, General Secretary Xi Jinping formally proposed to improve the twin-pillar policy framework of monetary policy and macro-prudential policy. Macro-prudential policy has been discussed in academic circles for a long time, but it has not been widely implemented and applied at the policy level of various countries until the aftermath of 2008 financial crisis. China has also experienced a process from exploring macro-prudential management, to implementing macro-prudential assessment, to upgrading the macro-prudential policy system into a twin-pillar framework parallel to the monetary policy system.

After the global financial crisis in 2008, countries realize that the stability of individual financial institutions is not equal to the overall stability, nor is price stability equal to financial stability. The pro-cyclicality of financial institution behaviors and risk contagion in the financial system may aggravate the overall market instability and generate systemic risks. Monetary policy aims to stear aggregate demand, not specifically target asset prices and financial markets, while traditional financial regulation is directed only at individual institutions and its negligence of the spread of risk across institutions, markets and sectors that lead to the collapse of the subprime mortgage market and finally results in a global financial crisis. Therefore, there is a gap for the guard against systemic risk left by monetary policy and micro-prudential supervision. And macro-prudential policy is specifically designed to fill this gap.

After 2008, many central banks in the world began to incorporate financial stability into central banks' policy objectives. Monetary policy stabilizes growth (employment) and inflation

---

① Author: He Xiaobei, researcher at the Finance and Development Research Center, Tsinghua National Institute of Financial Research.

through policy interest rate, while macro-prudential policy plays a role in maintaining financial stability. And both of them need to coordinate with each other. The core instruments of macro-prudential policy include requirement for counter-cyclical capital adequacy ratio, and additional capital requirement for systemically important institutions, as well as counter-cyclical regulations for specific financial markets, such as LTV for real estate market, and the macro-prudential management of capital flows and external debt in emerging markets.

After the financial crisis broke out in 2008, the People's Bank of China also began to explore and introduce macro-prudential policy. In the third quarter of 2009, the People's Bank of China put forward for the first time that "the macro-prudential management system should be incorporated into the macroeconomic control framework". In 2011, the People's Bank of China introduced the system of dynamic adjustment of differential reserves, and included foreign exchange liquidity and cross-border capital flows into the scope of macro-prudential management. Since 2016, the People's Bank of China has upgraded the dynamic adjustment mechanism of differential reserves to a macro-prudential assessment system (MPA). MPA focuses on seven aspects, including capital and leverage, assets and liabilities, liquidity, pricing behavior, asset quality, foreign debt risk, and credit policy implementation, among which the capital adequacy ratio is the core of the assessment system. From 2016, MPA no longer focused on loans in the "narrow" sense, but expanded to pay attention to general credit, including loans, bond investments, equity and other investments, buying back the sale of financial assets, and other types of use of funds. With the prevalence of regulatory arbitrage and the rapid expansion of off-balance-sheet business, the People's Bank of China formally incorporated off-balance-sheet activities into the general credit range in the MPA in the first quarter of 2017 in order to strengthen the risk management of off-balance-sheet business. Macro-prudential policy covers not only regulations, but also policy objectives, assessment, tools, policy implementation and transmission mechanism, and governance structure, etc. It is a policy system juxtaposed with monetary policy. The National Financial Work Conference held in July 2017 stressed that prevention and control of financial risks should be regarded as one of the three important tasks of financial work. It proposed to strengthen the construction of macro-prudential management system, establish the Financial Stability and Development Committee of the State Council, and strengthen the macro-prudential management and systematic risk prevention responsibilities of the People's Bank of China. In the report of the 19th CPC National Congress in October 2017, General Secretary Xi Jinping formally proposed to improve the twin-pillar policy framework of monetary policy and macro-prudential policy, and confirmed that two macro-policy systems should be under the overall arrangement of the People's Bank of China, which provided an institutional basis for better coordination between monetary policy and macro-prudential policy.

Appendix

Important Events of Monetary Policy in 2017

Date	Content	Note
January 13	The People's Bank of China issued the *Circular on Matters Concerning Macro-prudential Management of Full-caliber Cross-border Financing.*	Further improve the framework of the macro-prudential management of full-caliber cross-border financing of domestic and foreign currency integration.
January 23	The People's Bank of China, China Banking Regulatory Commission, China Security Regulatory Commission, China Insurance Regulatory Commission and the State Council Leading Group Office of Poverty Alleviation and Development issued *Notification on Conducting Effectiveness Evaluation of Targeted Poverty Alleviation Policies by financial means.*	Give play to the positive role of financial services in targeted poverty alleviation.
February 3	The reverse repo interest rate (7 days) of open market operations rose from 2.25% to 2.35%	Prevent systemic risks and implement a stable and neutral monetary policy.
February 27	The People's Bank of China dynamically adjusted the deposit reserve ratio of financial institutions based on the related system of targeted reduction of deposit reserve ratio and the results of relevant financial institutions supporting "rural areas, agriculture and farmers" and small and micro businesses in 2016.	Support "rural areas, agriculture and farmers" and small and micro businesses
March 7	The People's Bank of China issued *Guiding Opinions on Financial Support for the Construction of A Manufacturing Great Power* together with Ministry of Industry and Information Technology, China Banking Regulatory Commission, China Security Regulatory Commission and China Insurance Regulatory Commission.	Further establish and improve a diversified financial service system and vigorously promote innovation in financial products and services.
March 11	The *Opinion on Carrying out Work of Credit Policies in 2017* was issued by the General Office of the People's Bank of China	Efforts will be made to improve the targeted and structural adjustment function of credit policies.
March 16	The SLF (7 days) raised the interest rate from 3.35% to 3.45%.	Prevent systemic risks and implement a stable and neutral monetary policy.
	The reverse repo interest rate (7 days) of open market operation rose from 2.35% to 2.45%	

Continued

Date	Content	Note
May 2	The People's Bank of China issued *Work Program of Special Action Plan for Financing of Receivables of Small and Micro Businesses (2017-2019)* together with Ministry of Industry and Information Technology, Ministry of Finance, Ministry of Commerce, State-owned Assets Supervision and Administration Commission of the State Council, China Banking Regulatory Commission and State Administration of Foreign Exchange.	Actively promote financing of receivables, effectively revitalize small and micro businesses' stock assets, and open up financing bottlenecks for small and micro businesses through multiple channels.
May 19	The People's Bank of China and the Reserve Bank of New Zealand renewed the agreement for bilateral currency swap. The scale of the agreement is RMB 2.5 billion / NZD 5 billion, which is valid for 3 years.	
June 20	Cooperated with the Ministry of Finance to carry out national debt market making support operations and officially launched the national debt market making support mechanism to promote improvement of the yield curve of national debts.	Deepen the reform of interest rate liberalization.
July 1	Released Announcement No. 7 [2017] of the People's Bank of China and promoted eligible domestic and overseas credit rating agencies to carry out credit rating services in the interbank bond market to promote the healthy development of the credit rating industry.	
July 6	The People's Bank of China and State Bank of the Mongolian People's Republic renewed the agreement for bilateral currency swap. The scale of the agreement is RMB 15 billion / MNT 5.4 trillion, which is valid for 3 years.	
July 18	The People's Bank of China and Central Bank of Argentina renewed the agreement for bilateral currency swap. The scale of the agreement is RMB 70 billion / ARP 175 billion, which is valid for 3 years.	
July 21	The People's Bank of China and Swiss National Bank renewed the agreement for bilateral currency swap. The scale of the agreement is RMB 150 billion / CHF 21 billion, which is valid for 3 years.	
August 30	The Announcement No.12 [2017] of the People's Bank of China was released. In order to guide the regular and orderly development of the negotiable certificate of deposit market, it stipulated that starting from September 1, 2017, financial institutions shall not issue new negotiable certificate of deposit with a term of more than one year (exclusive).	Deepen the reform of interest rate liberalization.

Continued

Date	Content	Note
September 8	The *Notification of the People's Bank of China on Adjusting Foreign Exchange Risk Reserve Policy* (YF [2017] No. 207) was announced, which announced that starting from September 11, 2017, the foreign exchange risk reserve ratio was lowered to zero.	Further improve the framework of the macro-prudential management of full-caliber cross-border financing of domestic and foreign currency integration.
September 8	The People's Bank of China canceled the penetrating management of overseas RMB business participating banks to deposit deposit-reservation in domestic agent banks.	Further improve the framework of the macro-prudential management of full-caliber cross-border financing of domestic and foreign currency integration.
September 13	RMB was introduced to KHR interbank market regional transactions in the Guangxi Autonomous Region.	
September 30	The People's Bank of China announced that since 2018 it has expanded and optimized the current targeted reduction policy towards small and micro business and "agriculture, rural areas and farmers" to commercial banks that meet the requirements of macro-prudential operations and achieves a certain percentage of loans in the inclusive finance sector.	Monetary policy supports inclusive finance.
October 11	The People's Bank of China and the Bank of Korea renewed the agreement for bilateral currency swap. The scale of the agreement is RMB 360 billion / KRW 64 trillion, which is valid for 3 years.	
October 13	The People's Bank of China and China Banking Regulatory Commission jointly released the revised *Administrative Measures for Auto Loans* to further regulate car loan behavior. Meanwhile, they jointly released *Notification on Adjusting Auto Loan Policy* (YF [2017] No. 234), increasing the maximum issuance ratio of self-use and commercial new energy new car loans from 80% and 70% to 85% and 75% respectively and increasing the maximum issuance ratio of second-hand car loan from 50% to 70%.	To enhance the financial support of automobile consumption.
October 26	The People's Bank of China and the China Securities Regulatory Commission jointly released the *Guidelines for Green Bond Assessment and Certification (Interim)* to improve the green bond assessment and certification system.	To promote the development of green bond market and green finance.
November 2	The People's Bank of China and the Qatar Central Bank renewed the agreement for bilateral currency swap. The scale of the agreement is RMB 35 billion / QAR 20.8 billion, which is valid for 3 years.	
November 8	The People's Bank of China and the Bank of Canada renewed the agreement for bilateral currency swap. The scale of the agreement is RMB 200 billion / CAD 30 billion, which is valid for 3 years.	

Continued

Date	Content	Note
November 17	The *Guidelines on Regulating the Asset Management Business of Financial Institutions (Exposure Draft)* was released and public opinions were solicited.	
November 22	The People's Bank of China and the Hong Kong Monetary Authority renewed the agreement for bilateral currency swap. The scale of the agreement is RMB 400 billion / HKD 470 billion, which is valid for 3 years.	
November 22	The People's Bank of China and the Central Bank of Russia renewed the agreement for bilateral currency swap. The scale of the agreement is RMB 150 billion / RUB 1325 billion, which is valid for 3 years.	
December 13	The Announcement No.18 [2017] of the People's Bank of China was released, which announced that the new *Administrative Measures for Automatic Pledge Financing Business* was implemented on January 29, 2018, to optimize the automatic pledge financing business and further play its role in improving the efficiency of payment settlement and safeguarding payment and liquidation security.	
December 14	The SLF (7 days) raised the interest rate from 3.45% to 3.50%.	Interest rate rose under the background of rate hike by the Federal Reserve.
	The reverse repo interest rate (7 days) of open market operations rose from 2.45% to 2.50%	
December 15	The People's Bank of China issued *Opinions on Financial Support for Lifting Poverty-stricken Areas Out of Poverty* together with China Banking Regulatory Commission, China Security Regulatory Commission and China Insurance Regulatory Commission, insisting that the newly added financial capital preferentially meeting deep poverty-stricken areas and the newly added financial services preferentially deploy in deep poverty-stricken areas to provide important support for deep poverty-stricken areas to win the fight against poverty.	Give play to the positive role of financial services in targeted poverty alleviation.
December 19	The People's Bank of China issued the *Notification on Promoting the Pledge of Credit Assets and the Internal (Corporate) Rating of the Central Bank of China*. The pledge of credit assets and the internal (corporate) rating of the Central Bank of China would be promoted to the whole country.	
December 22	The People's Bank of China and the Bank of Thailand renewed the agreement for bilateral currency swap. The scale of the agreement is RMB 70 billion / THB 370 billion, which is valid for 3 years.	

Continued

Date	Content	Note
December 29	The People's Bank of China issued *Notification on Regulating the Bond Transaction of Bond Market Participants* to urge various market participants to strengthen internal control and risk management and standardize bond trading behavior together with China Banking Regulatory Commission, China Securities Regulatory Commission and China Insurance Regulatory Commission.	
December 29	The People's Bank of China decided to establish a "CRA". Before and after the Spring Festival of 2018, any national commercial bank that meets the requirements of macro-prudential management and has a relatively high cash contribution may use a legal reserve deposit of no more than two percentage points if they have temporary liquidity gaps. The use period is 30 days.	

II. Policy on Exchange Rate & International Balance of Payments①

In 2017, the People's Bank of China and the State Administration of Foreign Exchange further improved the market-based RMB exchange-rate in a self-initiated, controllable, and gradual manner to keep the RMB exchange rate basically stable at an adaptive and equilibrium level. Following the People's Bank of China's clarification of the "closing rate + exchange-rate movements against a basket of currencies" of RMB and USD parity mechanism in February 2016, the foreign exchange market self-regulatory mechanism in May 2017, arranged the quotation banks to add a "counter-cyclical factor" in the quotation models with a view to hedge the pro-cyclicality of the foreign exchange market the willingness of enterprises to settle foreign exchange increases; cross-border capital flows and supply and demand in the foreign exchange market tend to balance. At the end of 2017, the balance of foreign exchange reserve in China is USD 3139.9 billion, representing an increase of USD 129.4 billion, and breaking the decline situation of two consecutive years.

(i) Outline on RMB Exchange Rate and International Balance of Payments in 2017

1. RMB exchange rate remains stable

At the end of 2017, the CFETS RMB exchange-rate index published by China Foreign Exchange Trade System closed at 94.85, rising by 0.02 % all around the year; the RMB exchange-rate index based on the Bank for International Settlements (BIS) basket and the SDR basket

① Author: Zhao Qingming is Deputy Director and chief economist of CFFEX Institute for Financial Derivatives.

closed at 95.93 and 95.99 respectively, declining by 0.32 % and 0.51 % respectively. According to calculations by the BIS, the NEER and REER of the RMB depreciated by 0.64 % and 0.99% respectively in 2017. From the RMB exchange-rate reform in 2005 to December 2017, the NEER and REER of the RMB appreciated by 36.50 % and 45.67 % respectively.

2. The flexibility of the RMB exchange rate against the USD was further strengthened with an upward trend in two-way fluctuations

From early 2017 to the end of May, the exchange rate of RMB against USD showed a trend of the slight appreciation, keeping stable at 6.90, and there is still a strong expectation of depreciation in the market. At the end of May, the introduction of the "countercyclical factor" in the exchange rate pricing of the RMB against the US dollar began to increase the volatility of the RMB against the US dollar. In the context of the depreciation of the US dollar against major currencies in the international foreign exchange market, the exchange rate of the RMB against the US dollar also showed a trend of appreciation. By the end of 2017, the central parity of the RMB against the USD was 6.5342, an appreciation of 6.16 % compared to the last year. From the reform of the RMB exchange-rate in 2005 to the end of 2017, the RMB gained 26.66 % against the USD.

In 2017, the highest and lowest central parities of the RMB against the USD were 6.4997 and 6.9526 respectively. During the 244 trading days, the RMB appreciated for 123 days and depreciated for 121 days. The biggest daily appreciation and the biggest daily depreciation were 0.93 % (639 bps) and 0.86 % (594 bps) respectively. On the whole, after the introduction of the "countercyclical factor" at the end of May, the exchange rate of the RMB against the US dollar has increased flexibility, showing a trend of appreciation in two-way fluctuations. After the devaluation of the previous two years or so, the expected haze basically dissipated.

3. The RMB exchange rate appreciated and depreciated against the euro, the Japanese yen, and other major currencies

At the end of 2017, the central parity of the RMB against the euro and the Japanese yen stood at RMB 7.8023 per euro and RMB 5.7883 per 100 yen, depreciating 6.35 % and appreciating 2.95 % respectively from the end of 2016. From the exchange-rate reform in 2005 to the end of 2017, the RMB appreciated by a cumulative 28.35 % against the euro and 26.22 % against the yen.

4. The balance of payments presents a "double surplus"

In 2017, the current accounts had a surplus of USD 172 billion, 1.4% of the gross domestic product (GDP) over the same period, and remained within a reasonable range; the non-reserve financial account had a surplus of USD 82.5 billion, compared to the deficit of USD 475.2 billion in 2016. As of the end of 2017, the balance of foreign exchange reserves was USD 3.1399 trillion. However, judging from the balance of payments, the net outflow of "net errors and omissions" in 2017 reached USD 221.9 billion.

The scale of foreign debt continued to grow steadily, and the risk of external debt was generally controllable. As of the end of September 2017 and the end of 2017, China's total foreign currency (including foreign and domestic currency) balance of foreign loans was 1,680,017,106,000,000 US dollars. From the term structure, it has increased by 294.8 billion U.S. dollars from the end of 2016. At the end of 2017, China's debt ratio (external debt balance/GDP) was 14%, and its debt ratio (external debt balance/export income from goods and services trade) was 71%. The debt service ratio (middle and long-term foreign debt balance was US$586.1 billion, accounting for 35%; The balance of debt service and short-term foreign debt was US$1,099.3 billion, accounting for 65%, and the sum of interest payments/export income from goods and services was 7%, and the proportion of short-term foreign debt remained stable. In the short-term foreign debt balance, 37% of trade-related credits and foreign exchange reserves accounted for 35%. All the above indicators are within the internationally recognized safety line.

5. Cross-border RMB receipts and payments fall on a year-on-year basis generally

In 2017, cross-border receipts and payments in RMB totaled RMB 9.19 trillion, a year-on-year decrease of 6.7 %. In particular, RMB receipts and payments registered at RMB 4.45 trillion and RMB 4.74 trillion respectively, resulting in a net outflow of RMB 0.29 trillion and a receipt-to-payment ratio of 1:1.1, more balanced in inflow and outflow. RMB cross-border receipts and payments under the current account posted at RMB 4.36 trillion, a year-on-year decrease of 16.6 %. In particular, settlements of trade in goods registered at RMB 3.27 trillion, whereas settlements of trade in services and other items under the current account registered at RMB 1.09 trillion. Cross-border RMB receipts and payments under the capital account totaled RMB 4.83 trillion, a year-on-year increase of 4.5 %.

6. Direct trading between the RMB and other currencies is promoted continually

In 2017, direct trading was buoyant on the inter-bank foreign-exchange market, with an obvious increase in market liquidity, which lowered the currency conversion costs for micro economic participants, and promoted bilateral trade and investment. In 2017, the inter-bank foreign exchange spot market reached 23 RMB foreign currency transactions, one less than the previous year. The annual trading volume was RMB 43.18 trillion, an increase of 9.2% over the previous year. Among them, RMB-USD transactions The proportion accounted for 96.68%, which represented a slight decrease compared with the previous year.

At the end of 2017, under the bilateral currency swap agreements between the People's Bank of China and foreign monetary authorities, the latter utilized a total of RMB 22.150 billion and the PBOC used foreign currencies equivalent to USD 1.614 billion. These swap agreements have played a positive role in promoting bilateral trade and investment.

(ii) Analysis of Policies on Exchange Rate and International Balance of Payments in 2017

1. Further improving the central parity mechanism for the RMB exchange rate against the USD

In May 2017, foreign exchange market self-regulatory mechanism, on the basis of the RMB/USD parity mechanism "Exchange Rate Close + Exchange Rate Change of a Basket of Currencies" , arranged the quotation banks to add a "Reverse Cycle Factor" in the quotation models with a view to hedge the pro-cyclicality of the foreign exchange market and avoid possible "Herd Effects". The establishment of the central parity mechanism of "Close + Exchange Rate Change of a Basket of Currencies" has enabled the further enhancement of the flexibility of the exchange rate of the RMB against the USD, getting away from the slight fluctuation around 6.90/USD since the year beginning, and more distinctive two-way fluctuation characteristics. Especially since the second half of 2017, the Chinese economy has maintained steady and rapid growth, the expectation of RMB exchange rate tends to be divided; the willingness of enterprises to settle foreign exchange increases; cross-border capital flows and supply and demand in the foreign exchange market tend to balance; and previously, the pro-cyclical depreciation expectation in the foreign exchange market has converged substantially.

2. Steadily promote the opening up of the financial market and RMB convertibility under the capital account

In 2017, the most important measure for the opening up of China's financial market was the "Bond Connect". The People's Bank of China formulated and promulgated the *Interim Measures for the Management of Connectivity Cooperation between the Mainland and Hong Kong Bond Markets*, successfully launched the connectivity cooperation between the mainland and Hong Kong bond markets (referred to as "Bond Connect"), and stipulated the supporting related foreign exchange policies for the "Bond Connect". "Bond Connect" has enriched the investment channels of foreign investors and further promoted the opening up of the interbank bond markets. As of the end of 2017, 249 institutions have entered the interbank bond markets through the "Bond Connect", and their bond holdings have exceeded RMB 80 billion.

In addition, there are two important initiatives in the management of capital projects. The first is to improve cross-border financing management. On January 13, the People's Bank of China issued the "Circular on Macro-prudential Management of Cross-border Financing" to further improve the macro-prudential framework for cross-border financing of foreign currency integration. The second is to expand the opening up of the foreign exchange market. On February 27, the State Administration of Foreign Exchange issued the "Notice of the State Administration of Foreign Exchange on Relevant Issues Concerning Foreign Exchange Risk Management of Overseas Institutional Investors in the Interbank Bond Market", allowing foreign investors in the interbank bond market to participate in the domestic foreign exchange derivatives market, thereby realizing Integrated management in the bond market and foreign exchange market.

3. Maintaining a healthy order in the foreign exchange market with multiple actions

The first is to strengthen system construction and information collection, on-line foreign currency cash deposit and withdrawal systems and foreign exchange management systems for bank card overseas trading. The second is to improve the foreign exchange management of goods trade, open electronic customs declaration information to banks, and facilitate the review of bank trade documents. The third is to improve personal foreign exchange management. Improve the quality of personal foreign exchange data declaration, strengthen the management of the authenticity of individual purchases of foreign exchange, and highlight the true reporting obligations and legal responsibilities for declarations of individual purchase of foreign exchange. The fourth is to maintain a high-pressure attack against the underground banks, jointly work with other departments to crack down on foreign exchange violations, strengthen the notification of typical cases and publicize warning education.

4. Measures were adopted to facilitate trade and investment

The first is to carry out in-depth legislative and document cleanup work in key areas and update the *Catalogue of Currently Effective Foreign Exchange Administrative Measures*. The second is to actively guide the healthy development of new trade formats, and develop and expand foreign exchange payment pilots for cross-border e-commerce and tourism procurement as well as third-party payment agencies. The third is to improve the foreign exchange management of overseas investment, further guide and standardize the direction of overseas investment of enterprises, and support domestic competent and qualified enterprises to actively and steadily carry out overseas investment activities. The fourth is to legally support and guarantee the international payment and transfer of real current accounts that are truly compliant, and optimize the foreign exchange management of foreign direct investment in

China.

5. Improving counter-cyclically adjusting macro-prudential policies

On September 8, 2017, the People's Bank of China announced the adjustment of the foreign exchange risk reserve policy and the policy of implementing normal reserve ratio for domestic deposits of overseas financial institutions. The proportion of foreign exchange risk reserve was reduced to zero, with the cancellation of penetrating management of the domestic reserve funds deposit of overseas financial institutions. Both policies were introduced in the context of the unusual fluctuations in the RMB exchange rate and the pro-cyclicality of capital flows in the previous two years, and they are aimed at making counter-cyclical adjustment to the pro-cyclicality of the foreign exchange market through macro-prudential policy instruments, which have effectively stabilized the market expectations. Since 2017, China's economic structure has been speeding up with adjustment and the new kinetic energy for development has increased, with the stability and coordination of economic growth being further enhanced. At the same time, the market's view on the movement of major currencies is reasonably divided, with a stable tendency of expectation. Boosted by the fundamentals, cross-border capital flows and foreign exchange supply and demand are more balanced; the exchange rate of the RMB against the USD fluctuates in both directions and is basically stable to a basket of currencies. In a situation where the market environment has turned to neutrality, it is necessary to turn the counter-cyclical macro-prudential management measures introduced to curb the pro-cyclical fluctuations in the foreign exchange market to neutrality, strengthen the price discovery function of the foreign exchange market, and improve market liquidity, better serving the real economy and promoting the sustainable, coordinated and stable development of the economy.

(iii) Outlook for the Policies During the Next Stage

In July 2017, the Fifth National Financial Work Conference clearly stated that deepening the reform of the RMB exchange rate formation mechanism, steadily promote the internationalization of the Renminbi, and steadily realize the convertibility of capital projects; actively and steadily promote the opening up of the financial industry and rationally arrange the opening order; Market system mechanism. The Nineteenth Congress once again clearly emphasized the deepening of the market-oriented exchange rate reform.

In summary, in the next phase, the People's Bank of China and State Administration of Foreign Exchange will have the following key tasks in the exchange rate and international balance of payments: the first is to continue to deepen the reform of RMB exchange rate formation mechanism, improve the managed floating exchange rate mechanism based on market supply and demand and making adjustments in reference to a basket of currencies, allow a greater role of the market in determining exchange rate, increase the two-way floating flexibility of the RMB exchange rate, and maintain the general stability of the RMB exchange rate at an adaptive and equilibrium level. The second is to have the development of the foreign exchange market accelerated. In accordance with the principle that finance should serve the real economy, exchange rate risk management services will be provided to exporters and importers with authentic needs. The third is to have measures taken to support the use of the RMB in cross-border trade and investment. Direct trading of the RMB against other currencies will be promoted to facilitate cross-border use of the RMB and service settlement business development. The fourth is to have the policy framework and infrastructure for the cross-border use of RMB to be improved, and reform development and risk prevention need equal emphasis. The fifth is to closely watch the impact of international developments on capital flows and macro-prudential management of cross-border flows will be improved.

Column

Starting Reform Again and Speeding up the Construction of Shanghai International Financial Center①

The construction of Shanghai International Financial Center is a major strategic decision made by the CPC Central Committee and the State Council. Shanghai, adhering to the goal of "basically building itself into an international financial center by 2020 that is compatible with China's economic strength and the international status of RMB," have made important progress in speeding up the construction of an international financial center, with the construction of the financial market system as the core, the financial reform, innovation and opening up as the first trial and the creation of a sound financial development environment as the focus.

I. Entering a new era, the construction of Shanghai International Financial Center has reached a new level

In recent years, Shanghai has further consolidated its position as a domestic financial center with the financial market system as the core, and has initially formed a global RMB product innovation, trading, pricing and clearing center. And its ranking in the 2017 Global Financial

① Author: Shanghai Financial Service Office.

Center Index (GFCII) rose to 6th in the world.

First, it has become one of cities with the most complete financial markets in the world. Currently, Shanghai has gathered a variety of national financial factor markets, including stocks, bonds, currencies, foreign exchange, bills, futures, gold, insurance, trust and others. The annual transaction amount of Shanghai financial market is over RMB 1300 trillion, and 85% of the total direct financing in China comes from Shanghai financial market.

Second, it has become an important gathering place for domestic financial institutions. A number of important financial institutions or organizations, such as the BRICS New Development Bank, the Association of Global Clearing Central Counterparty (CCP12), the RMB Cross-border Payment System (CIPS) and China Insurance Investment Corporation, have established representative offices in Shanghai. By the end of 2017, there were 1,537 licensed financial institutions in Shanghai.

Third, it has become the forefront of domestic financial opening up. By the end of 2017, the total number of foreign-funded financial institutions in Shanghai has reached 435, accounting for nearly 30% of the total number of financial institutions in Shanghai. The scope of financial opening to the outside world has continuously expanded, with the introduction of gold "international board", securities "Shanghai-Hong Kong Stock Connect", "Bond Connect", and crude oil futures, etc.

Fourth, it has become the leading area of domestic financial reform and innovation. By actively servicing "Belt and Road" construction, free trade experimental zone, construction of science and technology center, and other national strategies, and taking the lead to be the first pilot in cross-border RMB business, investment and loan linkage in China, Shanghai has become the richest and most concentrated city of financial products in China.

Fifth, it has become one of regions with the best financial development environment in China. Shanghai has witnessed the establishment of the financial court, the financial procuratorial office (branch), the financial arbitration court, and the financial dispute mediation center one after another. The system of financial professional service institutions has been continuously improved, and the planning and construction of financial agglomeration areas have achieved remarkable results. It has set up Financial Innovation Award, and became the first to establish the financial industry federation, and successfully held the ninth Lujiazui Forum.

II. Starting a new journey and fostering new connotations in the construction of Shanghai International Financial Center

The construction of Shanghai International Financial Center is required by socialism with Chinese characteristics in the new era. In order to implement the spirit of the party's 19th CPC

National Congress and the national financial work conference, the municipal party committee and the municipal government issued the *Opinions on the implementation of Shanghai's Financial work in the New era to accelerate the construction of an International Financial Center*, which should be carried out with the determination and courage of reform and opening up, so as to strive to achieve a new breakthrough at a new starting point. We must "ensure that by 2020, an international financial center commensurate with China's economic strength and the international status of RMB will be basically established, and we will continue to promote the construction of an international financial center dominated by RMB products and with strong financial resource allocation capacity and global radiation capacity."

One is to focus on the financial services for real economy. We will strengthen the construction of the Financial Services Science Innovation Center, deepen the pilot projects of joint investment and lending, and promote the establishment of investment function subsidiaries by the pilot banks. We will actively develop the Technology Innovation Board of the Shanghai Equity Trusteeship Exchange Center. We will develop shipping finance and trade finance, develop shipping financial derivatives in an orderly manner, and make innovations in trade finance products and service models.

Second, improve the local financial supervision system. We will improve local financial supervision institutions, set up local financial supervision bureaus in accordance with the spirit and requirements of the national financial work conference, enrich the professional strength of financial supervision, and strengthen the responsibility for handling risks in dependent areas. We will improve the coordination mechanism for local financial work, set up a joint meeting mechanism on financial stability and development, coordinate and promote Shanghai's financial work in the new era, and speed up the construction of an international financial center.

Third, increase financial risk prevention and disposal. We will strengthen financial risk monitoring and early warning, speed up the construction of a new monitoring and analysis platform for financial practices in Shanghai, and further implement early identification, early warning, early detection and early disposal. We will form a joint effort to prevent and control financial risks, continue to improve the working mechanism of the municipal leading group for cracking down on illegal financial activities, further clarify the working scope, and enhance the quality and effectiveness with each performing their own functions.

Fourth, deepen the reform and opening up of the financial sector. We will deepen financial reform and innovation in the free trade zone, further expand the function of free trade accounts, and strengthen financial support for the construction of free trade ports. We will enhance the ability of financial markets to allocate domestic and foreign resources, expand market pricing power and international influence, and enhance the breadth and depth of financial markets. We will improve the financial institution system and financial infrastructure, support the agglomeration of all kinds of headquarters and functional financial institutions, and support the establishment of branches of domestic and foreign financial institutions in Shanghai. We will expand the opening up of the financial sector to the outside world and provide better financial service to "Belt and Road" initiative.

Fifth, optimize the financial development environment. We will strengthen the construction of the financial rule of law environment, promote the establishment of the Shanghai Financial Court, and coordinate the construction of the local legal system of financial supervision and control. We will promote the development of professional service institutions and support the standardized development of professional service institutions such as accounting and auditing, legal services, credit rating, asset evaluation, investment consulting, credit services, and financial information.

Appendix

Summary of Main Policy on Exchange Rate and International Balance of Payments in 2017

Date	Main Policy Contents	Remark
January 13	The People's Bank of China issued the *Circular on Macro-prudential Management of Full Caliber Cross-border Financing* (YF [2017] No. 9) to further improve the macro-prudential management framework for full caliber cross-border financing of domestic and foreign currency integration.	Improve cross-border financing management
January 19	The State Administration of Foreign Exchange updated the *List of Current Major Regulations on Effective Foreign Exchange Management.*	Update relevant regulations directory
January 20	*Circular of the General Department of the State Administration of Foreign Exchange on the Adjustment of the Statistical Statements of Bank settlement and Sale of Foreign Exchange*: Adjust RMB statistical statements on foreign exchange derivative products, improve statistics on bank's foreign exchange settlement and sale, and promote the transparency of foreign exchange market data	Adjust sales statistics

Continued

Date	Main Policy Contents	Remark
January 26	*Circular of the State Administration of Foreign Exchange on further Promoting the Reform of Foreign Exchange Management and Perfecting the Examination of Authenticity and Compliance*: Expand the scope of domestic foreign exchange loan settlements; allow funds under the internal guarantee foreign loans to be transferred back to domestic use; further facilitate the centralized operation and management of foreign exchange funds of multinational corporations; allow the foreign exchange accounts of foreign institutions within the free trade pilot zones to settle foreign exchange; further standardize the foreign exchange management of goods trade; improve overseas statistics on current account foreign exchange earnings; continue to implement and improve foreign exchange profit management policies for direct investment; strengthen the authenticity and compliance review of overseas direct investments.	Improve foreign exchange business compliance audit
February 23	State Administration of Foreign Exchange released List of Trade Credit Investigation Companies for 2017	
February 27	State Administration of Foreign Exchange issued *Circular of the State Administration of Foreign Exchange on Relevant Issues of Foreign Exchange Risk Management for Foreign Institutional investors in the Interbank Bond Market*, which conditionally supported the participation of foreign investors in the domestic foreign exchange market and carried out integrated management of the bond and foreign exchange markets.	Expand the opening up of the foreign exchange market
March 1	State Administration of Foreign Exchange released the *Assessment Contents and Scoring Standards for Banks to Implement Foreign Exchange Control Provisions (2017)*, which adjusted the risk assessment index value.	Improve the Bank's Foreign Exchange Business Risk Assessment
April 4	*Circular of the State Administration of Foreign Exchange on Facilitating Banks' Work in Conducting Trade Documents Audits*: To further facilitate banks in conducting trade authenticity audits and improve trade facilitation, according to the Regulations of the People's Republic of China on Foreign Exchange Control and other regulations, the State Administration of Foreign Exchange decided to open the electronic customs declaration information to the bank.	Trade Facilitation Measures
May 16	The People's Bank of China and the Hong Kong Monetary Authority jointly issued the *Joint Announcement of the People's Bank of China and HKMA* and *Q & A of "Bond Connect" between Mainland and Hong Kong*, agreeing that the China Foreign Exchange Trading Center and the National Inter-bank Borrowing Center, Central Government Bonds Registration and Clearing Co., Ltd., Interbank Market Clearing Co., Ltd., Hong Kong Exchanges and Settlement Co., Ltd., and Hong Kong Debt Instrument Central Clearing System were responsible for connectivity cooperation between Hong Kong and the mainland bond markets.	Bond Connect

Continued

Date	Main Policy Contents	Remark
May 19	The People's Bank of China and the Reserve Bank of New Zealand renewed bilateral exchange agreements for local currency swaps, with the scale of the agreement amounting to RMB 25 billion / NZD 5 billion and a validity of 3 years.	Currency swap
May 23	The People's Bank of China issued the *Administrative Measures on RMB Cross-border Receipt and Payment Information Management System* (YF [2017] No. 126) to strengthen the management of RMB cross-border receipt and payment information management system and ensure that the RMB cross-border receipt and payment information management system runs safely, stably and effectively.	RMB cross-border payment and payment information management system
June 2	The State Administration of Foreign Exchange issued the *Circular of the State Administration of Foreign Exchange on the Submission of Information of Offshore Transactions of Bank Cards by Financial Institutions* to improve the bank card cross-border transaction statistics and maintain the bank card overseas transaction order. The withdrawals and consumption transaction information of domestic bank cards occurring outside China do not include overseas transactions provided by non-bank payment institutions based on bank cards. The collection scope of overseas consumption information of bank cards is a single consumption transaction equal to or more than RMB 1,000 (exclusive) for domestic bank cards in foreign entities and special network merchants; the scope of withdrawal information is cash withdrawal of domestic bank cards at the counters of overseas financial institutions and from ATM and other locations and equipment.	Improve bank card overseas transaction management
June 21	The People's Bank of China and Bank of China (Hong Kong) Limited renewed the *Clearing Agreement on RMB Business*. The People's Bank of China issued the *Interim Measures for the Management of Connectivity Cooperation between the Mainland and Hong Kong Bond Market*: Foreign investors can use their own RMB or foreign exchange for investments. The People's Bank of China, together with the foreign exchange administrative department, supervises and manages the purchase and sale of RMB, remittance of funds, foreign currency risk hedging, information statistics, and submissions under the "Northbound Connect".	Introduce bond support measures
July 4	With the approval of the State Council, the quota of Hong Kong's RMB Qualified Foreign Institutional Investors (RQFII) has been extended to RMB 500 billion.	Expand RQFII quotas
July 6	The People's Bank of China and Bank of Mongolia renewed bilateral exchange agreements for local currency swaps, with the scale of the agreement amounting to RMB 15 billion/MNT 5.4 trillion and a validity of 3 years.	Currency swap

Continued

Date	Main Policy Contents	Remark
July 12	The State Administration of Foreign Exchange updated the *List of Current Major Regulations on Effective Foreign Exchange Management* as of June 30, 2017	Update relevant regulations directory
July 18	The People's Bank of China and Central Bank of Argentina renewed bilateral exchange agreements for local currency swaps, with the scale of the agreement amounting to RMB 70 billion / ARS 175 billion and a validity of 3 years.	Currency swap
July 21	The People's Bank of China and Swiss National Bank renewed bilateral exchange agreements for local currency swaps, with the scale of the agreement amounting to RMB 150 billion / CHF 21 billion and a validity of 3 years.	Currency swap
August 3	The State Administration of Foreign Exchange issued the *Circular of the General Department of the State Administration of Foreign Exchange on the Launch of the Foreign Exchange Management System for Bank Card Offshore Transactions*, HZF [2017] No. 81, which arranged the joint adjustment, acceptance and trial operation of introducing overseas bank issuing financial institutions into the foreign exchange management system for overseas bank card transaction.	Improve bank card overseas transaction management
August 11	RMB against MNT interbank market regional transaction was launched in Inner Mongolia Autonomous Region	Expand the internationalization of RMB
September 8	The People's Bank of China issued YF [2017] No. 207 to cancel the penetration management for the RMB deposit reserve in the domestic agent bank by banks engaging in Overseas RMB business.; from September 11th, the proportion of foreign exchange risk reserves has been reduced to zero.	Improve foreign exchange market management
September 13	RMB against Cambodia Riel interbank market regional transaction was launched in Guangxi Autonomous Region.	Expand the internationalization of RMB
September 21	The People's Bank of China and Bank of China Macau Branch renewed the *Clearing Agreement on RMB Business.*	Expand the internationalization of RMB
October 11	The People's Bank of China and Bank of Korea renewed bilateral exchange agreements for local currency swaps, with the scale of the agreement amounting to RMB 360 billion / KRW 64 trillion and a validity of 3 years.	Currency swap
November 2	The People's Bank of China and Qatar Central Bank renewed bilateral exchange agreements for local currency swaps, with the scale of the agreement amounting to RMB 35 billion / QAR 20.8 billion and a validity of 3 years.	Currency swap

Continued

Date	Main Policy Contents	Remark
November 8	The People's Bank of China and Bank of Canada renewed bilateral exchange agreements for local currency swaps, with the scale of the agreement amounting to RMB 200 billion / CAD 30 billion and a validity of 3 years.	Currency swap
November 22	The People's Bank of China and Bank of Korea renewed bilateral exchange agreements for local currency swaps, with the scale of the agreement amounting to RMB 400 billion / HKD 470 billion and a validity of 3 years; People's Bank of China and Bank of Russia renewed bilateral exchange agreements for local currency swaps, with the scale of the agreement amounting to RMB 150 billion / RUB 1.325 trillion and a validity of 3 years	Currency swap
November 29	State Administration of Foreign Exchange issued *Circular of the General Department of the State Administration of Foreign Exchange on Matters Relating to Foreigners Holding Permanent Residence Identity Cards for the Purpose of Foreign Exchange Settlement and Sale*, which stipulated that the foreigner's permanent residence ID card can be used as a valid identity document for the settlement and sale of foreign exchange business; and foreigners holding a permanent residence ID card are eligible to an annual facilitation quota of USD 50,000 for foreign exchange settlement and purchase.	Improve individual management of sales and purchases
November 30	General Affairs Department of the State Administration of Foreign Exchange issued *Business Guidelines on External Financial Assets, Liabilities and Transactions Statistics (2017 Edition)*, which further standardized the foreign financial assets, liabilitics, and transaction statistics reporting business, guided the reporting entity to more accurately understand the specific requirements for reporting, and improved the data quality of statistical declaration.	Improve foreign exchange business statistics management
December 7	The State Administration of Foreign Exchange issued the *Circular of the State Administration of Foreign Exchange Concerning the Annulment of 6 Normative Documents for Exchange Administration.*	Repeal related regulations
December 22	The People's Bank of China and Bank of Thailand renewed bilateral exchange agreements for local currency swaps, with the scale of the agreement amounting to RMB 70 billion / THB 370 billion and a validity of 3 years.	Currency swap
December 27	The General Office of the People's Bank of China approved China Foreign Exchange Trading Center to introduce overseas banks to participate in regional transactions in the interbank foreign exchange market.	Expand the opening up of the foreign exchange market
December 30	The State Administration of Foreign Exchange issued the *Circular of the State Administration of Foreign Exchange on Standardizing the Large Amount of Cash Withdrawal Transactions Overseas with Bank Cards* (HF [2017] No.29), which standardized the large-scale cash withdrawals by bank cards abroad and improved the supervision over cross-border anti-money laundering.	Improve bank card overseas transaction management

CHAPTER 6

Financial Market Development Policy

I. Banking Market Development Policy①

In 2017, under the influence of marked improvement of global economy and promotion of domestic supply-side structure reform, China's economy operates entirely stable with obvious shrinking fluctuation range and real economic environment for operation and development of commercial banks gets better. China banking ran steadily with constantly deepening comprehensive operation, differential management and constantly improving product innovation ability, rapid development in internet financial fields, stabilized recovery of growth on net margin, narrowing decrease of net interest margin, relieving pressure of non-performing loan and steerable overall risks. The regulators have placed prevention of financial risks on more prudent and important positions with tighter financial regulations. The trend of banking capitals invested in virtual economy from the real economy was controlled. With continuous enhancement of risk and compliance awareness, the quality and effects serving the real economy were constantly improved.

(i)Highlights of Banking Market Development Policy in 2017

In 2017, China's banking industry achieved good results in improving the quality and efficiency of financial services, supporting supply-side structural reform, developing inclusive finance and digital transformation, etc.. The achievement of reform and development of banking industry benefited from strong support of the state and regulatory authorities and implementation of a series of important policies, which promoted the sound and stable development of the banking industry.

---

① Authors: Zhou Kunping, Deputy General Manager of Research and Development Department (Financial Research Center),Bank of Communications; Zhao Yarui, Senior Researcher of Research and Development Department (Financial Research Center),Bank of Communications.

1. Continuous power generation of supply-side structural reform to contribute to high-quality economic development

2017 was the year of deepening supply-side structural reform. Relevant policies intensively implemented; the power point further expanded; and substantial progress has been made in various fields.

Giving play to the guidance role of policies and supporting for cutting overcapacity. On April 17, twenty three ministries including National Development and Reform Commission and PBOC issued *Opinions on Make a Good Job of Resolving Overcapacity of Steel and Coal Industry to Realize Poverty Alleviation Development in 2017* to promote the resolution of overcapacity of steel and coal industry and make a good job of de-capacity. On July 26, sixteen ministries including National Development and Reform Commission and PBOC jointly issued *Opinions on Promoting Supply-side Structural Reform to Prevent Risks of Coal Power Overcapacity* to solidly and effectively cut capacities and improve the efficiency of coal power industry to make room for the development of clean energy. On December 19, twelve ministries including National Development and Reform Commission and PBOC jointly issued *Opinions on Further Promoting Merger, Reorganization, Transformation and Upgrading of Coal Enterprises* to promote the merger, reorganization, transformation and upgrading of coal enterprises, continue to increase high-quality coal supply and improve the quality of supply to ensure energy security. A number of these policies had been implementing to jointly prevent and control the risk of overcapacity.

Steadily promoting debt-to-equity swap and supporting deleverage. On July 15, National Development and Reform Commission issued a *Notice on Relevant work of Giving Play to the Contribution by Government, Investment of Industry and Guidance of Funds to Promote Market-oriented Banking Debt-to-equity Swap* to increase the support for market-oriented debt-to-equity swap and accelerate the supply-side structural reform. On August 8, CBRC issued *Regulations on Administration of Commercial Banks Newly Establishing Debt-to-equity Implementing Institution (Trial)* (Exposure Draft) to regulate the behavior of commercial banks newly establishing debt-to-equity swap implementation institutions and promote healthy and orderly debt-to-equity development of market-oriented banks.

Improving the guidance role of credit and supporting new drivers. In 2017, regulators introduced multiple policies to optimize the credit structure, and transferred more resources that are effective into full support for major national strategies. On March 11, PBOC issued *Opinions on Making a Good Job of Credit Loan Policies* in 2017 to focus on improving the directional structure adjustment function of the credit policy, and promote substantive progress in the supply-side structural reform. On March 29, five departments including PBOC jointly issued the *Guidance on Financial Support for Construction of Power Manufacturing*, emphasizing that we should attach great importance to and continuously improve the financial support and services for "made in China 2025", and strive to strengthen the financial support for manufacturing science and technology innovation, transformation and upgrading. On May 4, the State Administration of Taxation and CBRC jointly issued *Notice on Further Promoting Work of "Interaction between Bank and Taxation*, increasing the "interaction between bank and taxation" to promote the development of enterprises and supporting the supply-side structural reform. On October 26, People's Bank of China and CSRC jointly issued *Guideline on Appraisal and Certification Behavior of Green Bonds (Temporary)*, standardizing the green bond assessment and certification behavior and promoting the healthy development of the green bond market to better serve the green development of the real economy.

Strengthening management to support cost reduction. In 2017, as the supply-side structural reform continued to advance in depth, with a number of comprehensive efforts from relevant departments, costs reduction were still advancing. On April 4, State Administration of Foreign Exchange issued *Notice on Relevant Work of Facilitating Banks to Develop Trade Documents Audit*, improving the level of trade facilitation, reducing the cost of import and export enterprises, and serving the real economy. On June 16, four ministries including National Development and Reform Commission and PBOC jointly issued the *Notice on Main Work of Cutting Costs in 2017* to promote specific requirements for the critical implementation of the 25 policy measures and make clear division of tasks for the development of high quality power. In addition, on June 30, National Development and Reform Commission and CBRC jointly issued *Notice on Cancelling and Suspending Collection of Part of Basic Financial Service of Commercial Banks*, to cancel and suspend some basic financial service charges of commercial banks, effectively reducing the burden on customers.

2. Promoting reform of industrial system and mechanism to promote financial quality and effects

Since 2017, the regulatory authorities have vigorously promoted the reform of the banking financial institutions system and mechanism, and improved the system construction to better support the development of the real economy.

Improving the institutional framework, strengthen the top-level design. On April 7, CBRC issued *Guidance on Improving Quality and Effects of Banking Industry Serving the real economy*, which put forward 24 policy measures, requiring the banking industry to promote supply-side structural reform around "three cuttings, one drop and one supplement", and improve the capacity of the real economy by promoting the reform and innovation of banking system and mechanism. On July 14, three ministries including Ministry of Finance and CBRC issued *Notice on Temporarily Exempting Regulating Fee of Banking Industry*, further reducing the burden on enterprises and promoting the development of the real economy.

Strengthening the construction of special system and constructing long-term mechanism. In strengthening the top design at the same time, the regulatory authorities to implement a number of special systems and accelerate the improvement of the system and mechanism. On October 13, PBOC and CBRC revised *Regulations on Administration of Automatic Loan* to further support the promotion of automobile consumption and standardize the management of automobile loan business. On October 30, PBOC issued *Registration Methods of Pledge of Receivables* to in-depth meet the needs of market development in line with the current business reality, better service of the real economy. On November 15, CBRC issued three regulations of *Regulations on Supervision of National Developing Bank, Regulations on Supervision of Export-Import Bank of China* and *Regulations on Supervision of Agricultural Development Bank of China* to comprehensively build the regulatory rules system of the development bank and the policy bank from the capital constraint mechanism and other aspects as well as to increase support for key areas and weak links in the economic and social sectors. On December 21, PBOC issued *Guidance on Optimizing Account Opening Service of Enterprises* to strengthen the management of enterprise account opening, help create a good business environment and promote the development of high quality enterprises.

3. Enlarging opening-up and steadily promoting internationalization

Under the background of deepening the opening to the outside world, a series of substantial progress was made in 2017 under the impetus of various policies. On January 9, CBRC issued *Guidance on Regulating Service Enterprises in Banking Industry Going Out and Enhancing Risk Prevention and Control* for supervising banking financial institutions to strengthen credit risk, country risk, compliance risk and other aspects, standardizing the going out operation behavior of banking service enterprises, and improving the ability to support enterprises to go out of service. At the same time, the development of foreign banks in China has entered a new stage. On March 10, CBRC issued *Notice on Relevant Matters of Foreign Banks Developing Part of Business*, specifying that foreign banks in China can carry out internal business cooperation with their parent bank groups, and foreign legal person banks in China can invest in domestic banking financial institutions in accordance with the law. It is seen that the service focus of foreign banks from meet the financial needs of multinational companies in China investment enterprises, but also gradually turned to play the advantages of foreign banks in the international network, to provide comprehensive financial services for "going out" of Chinese enterprises. The national financial work conference held in July 2017 pointed out that financial opening should be expanded, the reform of RMB exchange rate formation mechanism should be deepened, RMB internationalization should be steadily promoted, and capital account convertibility should be steadily realized. On August 4, four ministries including National Development and Reform Commission, PBOC jointly issued *Notice on Guidance on Further Leading and Regulating Overseas Investment Direction* to standardize the foreign investment of Chinese enterprises. On December 28, CBRC issued *Decisions on Modifying "Implementing Measures on Administrative Permission Matters of CBRC to Foreign Banks" (Exposure Draft)*, further expanding the opening up to the outside world, and continuously promoting the reform of the administrative examination and approval system.

Overall, under the impetus of a number of policies, the current financial opening to the outside world further expanded, and the opening level of banking financial institutions is constantly improving. Large multinational financial institutions have taken strategic cooperation with Chinese banking financial institutions through the establishment of branches. And Chinese banking financial institutions also achieved a series of results in the field of corporate governance, risk management and information technology through the introduction of foreign capital, intelligence, lead system, deepen cooperation with foreign financial institutions, which improved the overall management efficiency and business innovation ability of the industry.

4. With convey of multi-layer policy measures, inclusive financial construction accelerated the speed.

China has always attached great importance to the development of inclusive finance. In 2017, China formulated a series of strategic plans and policy measures to promote the development of inclusive finance, and continuously promoted the development of inclusive finance to enter a new stage.

Strengthening the construction of inclusive financial institution system. On March 5, in the *Government Work Report*, it proposed to encourage large and medium-sized commercial banks to set up inclusive finance division. On May 3, the executive meeting of the State Council made it clear that large commercial banks should complete the establishment of inclusive finance division within 2017. On May 25, CBRC announced *Implementation Plan of Large and Medium-sized Commercial Banks Setting Inclusive Finance Business Division*. On June 9, Guo Shuqing, the chairman of CBRC, reiterated that large banks should complete the establishment of Pratt & Whitney finance division within this year. By the end of June, the Pratt & Whitney financial division of the head office of the five state-owned commercial banks of industry, agriculture,

China, construction and delivery had been officially listed, and the construction of Pratt & Whitney financial system had entered a new stage.

Increasing policy support for weak areas of "farmers, agriculture, rural areas" and small and micro enterprises. On the one hand, through the guiding role of policy tools such as differential deposit reserve and increase the intensity of directional control. On February 16, People's Bank of China issued *Notice on Make a Good Job of Adjustment Job of Targeted Cuts to Required Reserve Ratios and Dynamic Examination*, which implemented the preferential deposit reserve ratio for commercial banks that met the requirements of prudent operation and meet the standards for loans to "agriculture, rural areas and farmers" or small and micro enterprises through the assessment of the loan investment of banks. On September 27, the executive meeting of the State Council proposed that financial institutions should be encouraged to further increase their support for small and micro enterprises by means of directional lowering of standards. On September 29, PBOC issued *Notice on Implementing Targeted Cuts to Required Reserve Ratio to Inclusive Finance*, encouraging and guiding financial institutions to increase financial support for poverty-stricken areas and other key areas of the national economy and weak links through targeted reduction.

On the other hand, through the issuance of a number of special policies, to increase the support of preferential policies. With regard to small and micro enterprises, seven ministries including PBOC jointly issued *Working Scheme of Specific Project of Receivables Financing of Small and Micro Enterprises (2017 to 2019)* on April 25, which launched a three-year special action for financing accounts receivable of small and micro enterprises nationwide to increase financial support to the real economy and small and micro enterprises. In view of the "agriculture, rural areas and farmers", on January 23, five ministries including PBOC issued *Guidance on Developing Effect Evaluation of Targeted Poverty Alleviation by Financial Means*, from both qualitative and quantitative aspects of the annual assessment of the national poverty-stricken counties and its area of banking financial institutions. On February 17, the State Council issued *Guidance on Investment and Financing System and Mechanism of Innovative Rural Infrastructures*, to take innovation of rural infrastructure investment and financing system mechanism, accelerate the pace of rural infrastructure construction. On July 25, five ministries including the State Council Leading Group Office of Poverty Alleviation and Development, CBRC jointly issued *Notice on Facilitating Sound Development of Micro Credit for Poverty Alleviation*; On December 15, four ministries including PBOC jointly issued *Guidance on Financial Support for Poverty Alleviation of Deeply Poor Areas*. These policies have effectively improved the effectiveness of the national agriculture policy and the use of funds for agriculture from many aspects, and provided important support for winning the battle against poverty.

5. Wider application of scientific finance and accelerated digital transformation

The state attaches great importance to the work of financial science and technology, supervision departments actively deployed, accelerate the development of the use of financial science and technology. On June 27, PBOC announced "13th *Five-year Plan*" *Development Planning of Information Technology in China Financing*, which actively supported commercial banks from the financial information security under the premise of legal compliance and risk control, accelerated the development of advanced manufacturing industry, promoted the internet, big data, artificial intelligence and real economy deep integration. On July 20, the State Council issued *Development Planning of New Generation of Artificial Intelligence*, emphasizing the innovation of intelligent financial products and services, the development of new financial formats; Encourage the financial industry to apply intelligent customer service, intelligent monitoring and other technologies and equipment; The establishment of financial risk intelligent early warning and prevention and control system. In response to the call of the policy, banking financial institutions adopt various ways to use financial technology in depth to promote the transformation and development of the banking industry. The five large commercial banks establishing diplomatic relations between workers and peasants have established cooperation with Alibaba, Baidu, Tencent and other internet platforms. Banking and internet financial platform deep integration, on November 18, by Citic bank and Baidu Company launched the establishment of Baixin bank officially opened in Beijing, become China's first independent legal form of direct selling bank. The banking industry has used financial technology in a variety of ways to reduce operating costs, improve service efficiency, optimize business processes, strengthen risk management and control, and to innovate business models. The two sides complement each other's strengths, cooperate and win-win, comprehensively improve the financial service ability, and promote the transformation and development of the banking industry.

6. New financial instrument accounting standards to be implemented facilitating the steady operation of commercial banks

On April 6, 2017, Ministry of Finance issued financial instrument account standards, including *No. 22 of Financial Instrument Account Standards – Recognition and Measure of Financial Instrument*, *No. 23 of Financial Instrument Account Standards – Financial Assets Transfer* and *No. 24 of Financial Instrument Account Standards – Hedge Accounting*. At the same time, it issued the implementing time of new standards of different types of companies, which marked that related regulations of accounting standards of China's enterprise moved in synchrony with IFRS 9. The execution of IFRS9 in Chinese version changed financial assets into "three classifications" from "four classifications" and changed impairment accounting into "expected loss" from "incurred loss", which made the measure more fair and transparent and solved problems of much too complex and strongly subjective accounting treatment for financial instruments exposed in international financial crisis in 2008. The revised accounting standards was improved on accounting information quality, intensified on dependency and prudence, which was favorable of better understanding of banking operation condition for statement users. In general, under multiple actions of profits fluctuation, impairment increase and strict regulations, assets structure of banks may be adjusted and tend to more prudential assets allocation, which is good for more steady operation of banks.

7. Improving regulation measures for payment to facilitating sound development of internet finance

Based on special rectification in 2016, the internet finance in 2017 stepped into the stage of comprehensive intensification of regulation. In May, PBOC established Financial Science and Technology Committee to enhance the research planning and overall cooperation of financial science and technology work, and proposed to bring internet finance business with larger scale and features of systemic importance into Macro prudential appraisal system (MPA) in *Operational Report of Regional Finance in China*. Within the year, regulation policies for payment were launched in succession.

On January 23, PBOC issued *Enhancing Quality Audit and Risk Monitoring of Trading-floor Special Traders and Strictly Prohibiting Providing Payment and Settlement Service for Illegal Trading Floors*, which required payment institutions and commercial banks to strictly prohibit the provision of payment and settlement services for illegal trading places, to strengthen the management of relevant accounts in trading places and strengthen the risk monitoring and management of payment business. On February 23, PBOC issued *Notice on Stopping Providing Payment and Settlement Service for Illegal Trading Floors within Time Limit*, requiring all commercial banks and non-bank financial institutions to strengthen the qualification examination and management of trading places and related platform special merchants, the deadline to stop the "micro" trading platform, illegal trading places to provide payment and settlement services. On May 12, PBOC issued *Notice on Enhancing Account Opening Management and Subsequent Controlling Measures for Suspected Trading Report*, strengthening account opening management and effectively preventing illegal opening, trading and payment of bank accounts. On November 13, PBOC issued *Notice on Further Enhancing Rectification of Unlicensed Payment Business* to crack down on undocumented business payment business related work based on further promoting the relevant work, a comprehensive inspection of licensed institutions illegal for undocumented business payment and business institutions to provide payment and clearing services. On December 13, PBOC issued *Notice on Regulating Innovative Payment Business* to strengthen the interface management of payment services. On December 15, PBOC issued *Regulations on Administration of Automatic Pledge of Financing Business of People's Bank of China* to further optimize the automatic pledge financing business, improve the efficiency of payment and liquidation, and prevent the risk of payment and liquidation. On December 25, PBOC issued *Specification for Barcode Payment Business (Trail)* to standardize the bar code payment business, promote the healthy and sustainable development of mobile payment business. On December 29, PBOC issued *Notice on Adjusting Concentrated Lodgment Ratio of Provisions for Customers of Payment Institutions*, further strengthening the management of customer reserves of payment institutions, and better promoting the sustained and healthy development of the payment service market.

(ii)Effects of Banking Market Development Policy in 2017

In 2017, national banking system firmly carried out important decision and arrangements of the Party Central Committee and the State Council. Pushed by multiple policies, various work obtained significant achievements. Banking industry began to develop from high-speed growth to the high quality development. Ownership structure basically realized diversification and basically built the modern operation concept. The trend from the real economy to virtual economy initially curbed. And the ability to serve the real economy improved. China's banking industry had emerged three positive changes as follows:

Firstly, slightly expanding net interest margin and steadily improving the profit growth rate. In 2017, overall operation of domestic commercial banks had a steady rise. China's commercial banks accumulatively achieved RMB 1747.7 Billion net profits with a year-on-year increase of 5.99% and a year-on-year growth increase of 2.44%. Focused on high-yield credit in newly increased asset structure, part of existing loan would improve interest rate after re-pricing. At the same time, banking assets configuration preferred consumer finance business with higher yield, which jointly contributed to higher rate of interest-bearing assets. In the circumstance where monetary policies kept steady and neutral, banking liability costs kept relatively stable, both of which jointly promoted slightly extension of net interest margin. Stabilized and slight recovery of net interest margin was the major driving factors of steady improvement of net profits growth; tax reduction and exemption policies would drive increase of net profits; quality of assets improved gradually; provisions took back feeding of profits, which had a certain positive effect on increase of net profit.

Secondly, visible effects of risk resolution and quality of assets in stable with good momentum. In 2017, non-performing assets of China's commercial banks slowed down the growth. Up to the end of 2017, the balance of non-performing loan had been RMB 1705.7 Billion, increasing RMB 193.5 Billion than in the beginning of the year, with a year-on-year less growth of RMB 44.3 Billion; the non-performing loan rate was 1.74%, holding the line in 2016 and keeping stable for five consecutive quarters. Special-mentioned loan only increased RMB 56.8 Billion all over the year with visible less growth of RMB 410.2 Billion than in the previous year and the quality of assets presented the trend of stabilized state with good momentum. The provisioning level continued to improve slightly. The provision coverage rate and loan provision rate were respectively 181.42% and 3.16%.

Thirdly, off-balance-sheet assets gradually being into the balance sheet and the trend “from the real economy to virtual economy” initially curbed. In 2017, asset liability structure of commercial banks had obvious changes with significant change of external environments of gradually stabilizing economic operation, monetary policies from easing towards the neutral, continuous promoting financial deleverage and stricter financial supervision. The growth of total banking assets in RMB and foreign currencies had dropped to 8.7% in the end of 2017 towards 15.8% in the end of 2016, which declined 7.1%. Influenced by removing channel, maturity mismatch and restraining interest arbitrage, commercial banks significantly compress allocation of non-credit assets including trade assets and receivables investment. The off-balance transferring the on-balance, the non-standard transferring standard had increased, in which the proportion of on-balance credit was improved further.

Despite relatively sound development in banking industry in the previous year, the domestic and abroad environment faced by reform and development of banking industry remained severe and system design of related business stilled needed further improvement and supplement.

Firstly, the appraisal of impact of policy implementation remained to be enhanced. The issue of financial supervision policies is favorable of steady operation of commercial banks in long term, but the implementation of part of supervisory measures may had a certain impact on operation and management of commercial banks. It's necessary to notice the implementation steps of policies and the short-term influence after the policies are implemented, such as the new financial instrument account standards to be implemented. In the long run, the implementation of standards is favorable of steady operation of commercial banks. However, in short term, the enlargement of measuring range of fair value may facilitate increase of banking profit fluctuation. The application of new impairment model proposed higher requirements for valuation and related data, which will bring certain challenge for operation and management of banks.

Secondly, improving weak links had significant effects, but regulatory system in part of fields remained improved. In 2017, regulatory authorities issued multiple policies to facilitate the development of banking market, which obtained significant achievements. However, with increase of products of banking financial institutions and product innovation, the current regulatory system doesn't match rapid, large-scale and diversified development of various businesses. The regulatory system in part fields needs further follow-up and improvement. For example, virtual currency has attracted global attention in recent years. Various virtual currencies absorb private capital and floated outside of financial regulations, in which, problems including money laundering and support for illegal economic activities specially need paying close attention. On payment regulation, behaviors, such as the authenticity of signed commercial tenant, limitation of payment merchants on payment methods and engagement in unfair competition, have often happened with increasing payment methods and payment scale. Therefore, the authenticity approval of payment agencies and signed merchants as well as effect of regulation of compliance operation remained enhanced. In addition, with increasing going-abroad payment agencies, the regulations on overseas payment market remained further improvement.

Thirdly, development of new financial technology brought press for banking transition and innovation. The in-depth integration of internet technology and financial business exerted profound effects on business, operation method and profit pattern of traditional banks. The customer shunt, capital shunt and business shunt brought huge pressure on commercial banks. In addition, due to difference between commercial banks and internet enterprises on prevention concepts of information safety, part of internet financial technology risks would be conducted to banking system, causing more joint legal risks and reputation risk of banks instead of new technology risk, which needed causing alarm and attention. In the future, the regulatory authorities need to focus on enhancing the mechanism construction of new financial technology and strengthen combination and leading in those fields.

(iii) Overlook and Suggestion for Banking Market Development Policy in 2018

Looking ahead to 2018, China's banking industry will extend the thought of preventing and resolving financial risks to serve the real economy. In a period ahead, the main tone of the work remains main line of serving supply-side structural reform striving to prevention and control of financial risks, comprehensively promoting the reform and opening up to help the economic transition from high-speed growth to high-quality development. It is suggested to focus on following aspects of related policies for banking market development in 2018:

Firstly, issuing and improving detailed rules and regulations of related supervisory policies. On the one hand, MPA is one of dual-pillar supervision systems. It is suggested to add the appraisal indicators of MPA to further improve macro prudential appraisal. For example, we should consider bringing green credit loan into MPA appraisal to encourage commercial banks to adjust credit structure positively. On the other hand, in order to effectively regulate and promote the development of innovative business, such as money management and assets management products, it is suggested to issue more specific detailed rules and regulations of money management, assets management, trust and liquidity.

Secondly, promoting the development of emergence fields of artificial intelligence and consumer finance. In the background that China is taking economic transformation from investment pulling towards consumptive stimulation, the consumption becomes one of critical links of "three carriages" driving economic growth and the major driving force contributing to economic growth. For banks, consumption loan has both features of light capital, high return and broad market space, which will become an important breakthrough for bank retail transformation. It is suggested to issue more policies to promote sound development of this field. China's banking is quietly changed with catalyzing of artificial intelligence, but, currently, artificial intelligence remained in the stage of primary applications, where the further application in banking market remained to be regulated; legal supervision and industrial positioning still needs specifying and the effectiveness of model needs improving. It is suggested that regulatory authorities improve the arrangement of related system in those fields.

Thirdly, deepening reform and opening-up of banking system. Based on reform and opening-up of banking institutions in early stage, the future regulatory policies should focus more on leading banking financial institution to improve the corporate governance and exploring modern financial enterprise system with Chinese characteristics. Meanwhile, one of future regulatory focuses should be researching the implementation of new opening-up measures of to promote reform with opening-up and motivate market vitality to push forwards the formation of new pattern of overall opening in banking industry.

Column 1

Large banks set up Inclusive Finance Divisions①

1. A number of policies promote the establishment of Inclusive Finance Divisions in large banks

Report on the *Work of the Government(2017)* proposed to encourage large and medium-sized commercial banks to set up Inclusive Finance Divisions. A meeting of the State Council held in May called on large commercial banks to complete the establishment of the Inclusive Finance Divisions within 2017. On this basis, the Ministry of Finance issued a *Circular on the Allocation of Special Funds for Inclusive Financial Development in 2017*, the PBOC implemented the policy of targeted quota reduction for inclusive finance, and the CBRC successively issued documents such as

Implementation Plan for the Establishment of the Inclusive Finance Division in large and Medium-sized Commercial Banks and *Circular on Promoting the Establishment of Inclusive*

Finance Divisions in large Commercial Banks and other documents. By the end of August 2017, five major state-owned commercial banks, namely, ICBC, Agricultural Bank of China, Bank of China, China Construction Bank, Bank of Communications, had made substantial progress in taking the lead in promoting the establishment of Inclusive Finance Divisions. At the level of the board of directors, the five major banks had all set up a special Inclusive Finance Business Development Committee; the head offices of the banks had all been officially launched; the establishment and downward extension of Inclusive Finance Divisions in the provincial and municipal branches were also steadily advancing. As an organizational structure and institutional reform, the core of the division is to establish a professional and independent institutional mechanism to ensure that there are specialized institutions, personnel, and resources for inclusive financial business.

2. Remarkable results achieved in inclusive finance with banking support

With the increasing efforts made by banking financial institutions in inclusive finance, especially the financial division of inclusive finance set up by the banking financial institutions, which constantly give full play to their respective professional service advantages, develop innovative and differentiated financial products and services with the aid of financial technology

---

① Authors: Zhou Kunping, Deputy General Manager of Research and Development Department (Financial Research Center),Bank of Communications; Zhao Yarui, Senior Researcher of Research and Development Department (Financial Research Center),Bank of Communications.

and other technical applications, vigorously expand the breadth and depth of inclusive financial services, remarkable results have been achieved. By the end of 2017, the balance of loans made by banking institutions for small and micro enterprises and agricultural loans had reached RMB 31 trillion, up 15.1% and 9.6% respectively from the same period last year. Loans for affordable residential projects increased by 42.3% from a year earlier, 29.9% higher than the average growth rate of various loans.

But on the general, banking institutions still face some challenges in promoting inclusive finance. On the one hand, there are challenges in terms of the commercial sustainability for banks to develop inclusive finance. Clients of inclusive financial services lack information, such as small and micro enterprises, "farmers, agriculture, rural areas", etc. Their general low credit level and the lack of collateral resulted in obstacles in financing. And the banks have to undertake high costs and risks for providing services to them. And they lack of internal motivation. The policy support for the inclusive finance needs to be strengthened. On the other hand, the financial infrastructure needs to be improved. There's a relatively lack of credit information of the clients of inclusive financial services, the legislation in some areas is missing or the level is insufficient, and some credit financing innovation has no supporting mechanism.

3. The Future Development Trend of Inclusive Finance

With the promotion of inclusive finance and emphasis on Internet finance, the foundation of inclusive financial system will be improved gradually in the future. In particular, the legal payment and supervision policies related to Internet finance, the social credit system, which is the core element of financial transactions, and the Internet and big data, which are important technical means of science and technology finance, are the foundation and key of inclusive financial development. All of them will be further improved in the future. Small and medium-sized enterprises, merchants and consumer finance will be the key areas for the future development of inclusive finance. Especially in the field of consumer finance, the Internet consumer financial services are limited to digital products, daily consumption and so on. In the future, there will be lots of space for expansion in the fields of education, medical treatment, and tourism, etc. In order to improve the service ability of inclusive finance, the Inclusive Finance Divisions of large banks should make constant improvement in five mechanisms, including the comprehensive services, statistics and settlement, risk management, resource allocation, assessment and evaluation.

Column 2

"Three Three Four Ten" General Cleaning to Eliminate the Root Cause①

"Three Three Four Ten" is a special action of banking supervision and governance in 2017, is an important part of comprehensive management of financial supervision. In order to implement the directive of the central government on strictly observing the bottom line of risk, maintaining financial stability and ensuring the security of national development, the state financial supervision departments have taken joint actions to carry out a major investigation on the entire financial sector for fundamental governance from the beginning of 2017. The special action has demonstrated to the global financial market and international financial regulators the firm determination and strong confidence of China's national financial regulatory authorities to "strengthen supervision and strict regulation".

I. "Three Three Four Ten" with supplementing system disadvantage to establish long-term mechanism as the "principle"

"Three Three Four Ten" is the short name for the "four documents" issued by the China Banking Regulatory Commission at the end of March and the beginning of April.

2017, namely, the *Circular on the Implementation of the Special Administration for the Bank's Behavior that Breaks Laws, Rules and Regulations-*, *Circular on the Special Governance of Banking "Regulatory Arbitrage, Idling Arbitrage and Related Arbitrage" -*, *Circular on Regulating "Improper Innovation, Improper Trading, Improper Incentives, Improper Charges" in the Banking Industry-*, and *Circular on the Centralized Rectification of Banking Market Malpractices-*. "Three violations" refer to "violations of financial laws, violations of regulatory rules and violations of internal regulations". "Three arbitrages" refer to "regulatory arbitrage, idling arbitrage, and related arbitrage". "Four improper" refers to "improper innovation, improper trading, improper incentives, and improper charges." "Ten malpractices" refers to "ten aspects" of financial market malpractice, including "equity and foreign investment, institutions and executives, rules and regulations, business, products, personnel behavior, industry corruption risk, supervision and discharge of duties, internal and external collusion crime, and illegal financial activities"."Three Three Four Ten" special administration and "two enhancements, two containments" strictly adhere to the bottom-line principle, that is, setting the "military order" of no systemic risk, aimed at increasing the real economy services, and effectively safeguarding the rights and interests of financial consumers.

① Author: Ma Qiang, Director of Policy and Regulation Division of China Banking Regulatory Commission Shanghai Office.

Compared with "two enhancements, two containments", the "Three Three Four Ten" special administration aims to make up for the deficiency of the supervision and management system, and to promote the management of financial market chaos at the source. In August 2016, China's banking industry carried out a large-scale risk investigation and governance for enhancing internal control, enhancing external supervision, containing illegal management, containing illegal crimes. The China Banking Regulatory Commission requested to mainly investigate into the areas of deposit, credit, bill, interbank, financial management and sale on a commission basis, which have a high incidence of illegal and criminal activities. In addition to banks, financial institutions involved in the investigation also included financial asset management companies, trust companies, financial leasing companies, and money brokerage companies, etc. "Three Three Four Ten" special administration is a general cleaning focusing on comprehensive assessment of violations of laws and regulations by financial institutions, and other system shortcomings. China Banking Regulatory Commission requested to investigate ten behaviors, including illegal handling of bills, signing drawer agreements, weak execution of loan "three checks", illegal private sales of flight orders and agency sales, misleading or inducing the purchase of investment products; acting as a financial broker to participate in private lending and illegal fund-raising, etc. In order to implement the directive of central government, the "Three Three Four Ten" special administration searched for weaknesses in regulatory systems and banking regulatory systems in a comprehensive way to improve the financial regulatory effectiveness, serve the real economy and safeguard the rights and interests of financial consumers. The "Three Three Four Ten" special administration covers all levels of top-level design, regulatory planning and grass-roots practice, and includes corporate governance such as shareholder supervision, financial innovation and other institutional behaviors, credit guarantee and other employee behaviors, performance avoidance, other regulatory norms and multiple dimensions.

In early April 2017, the China Banking Regulatory Commission took the initiative to disclose 26 shortcomings of regulatory systems. It involves key aspects, including shareholder equity supervision, asset management business, capital supervision, cross-industry financial products, liquidity risk supervision, credit quality and efficiency, information disclosure and so on. By the end of 2017, several regulations had been developed and issued or released for public consultation.

II. "Three Three Four Ten" special administration with cracking down on chaos as the "objective"

The CBRC Chairman Guo Shuqing pointed out that regulators should perform the duties of "gatekeepers and night watchmen" and adhere to the "three iron" principles (iron books, iron abacus and iron regulations); "Three Three Four Ten" special administration is to focus on the main conflicts of financial supervision and find the entry point of risk prevention. In order to ensure the normal operation of the economy and society, the supervision strategy of special governance is to address both symptoms and root causes, and to regard solving the market malpractice in the banking industry as a regular and important task for banking financial institutions.

Due to regulatory overlap and gaps, in recent years, along with the trend of large-scale asset management, amid the business crossover and mixed operation, product multi-layer nesting and excessive innovation lead to risk overlap and cross-infection. "Three Three Four Ten" is a panoramic description of the typical risks, serious problems and development difficulties faced by the banking industry. The "Three Three Four Ten" special administration focuses on the cross-financial risks, which is a obstacle that is hard to overcome, and has fully implemented and embodied the concept of combing supervision by law, supervision for the people and international supervision.

The "Three Three Four Ten" special administration is targeted at the actions of all banking financial institutions, all banking business activities, and all banking practitioners, and the direct responsibility for internal management of banking financial institutions and the joint liability for market cooperation. In the process of implementation, the "Three Three Four Ten" special administration adheres to the combination of comprehensive investigation and immediate investigation, the combination of rectification, accountability and conscious compliance (awe rules), and the combination of problem orientation and risk orientation. In the on-site inspection, the supervision department adopts the "double random" inspection method to find out the key institutions, key risks and key businesses of the line in the region; makes overall plans to determine the object, scope and proportion of the inspection; in a targeted and accurate manner, ensures the pertinence and effectiveness of inspections; takes serious actions against lack of attention to insurance, slow action, poor implementation and even formalism, and to pursue accountability; exchanges experience to timely correct the problems of indefinite solution, unclear situation, malpractices, frequent cases, loose and soft punishment and so on.

At the end of 2017, the special administration of "Three Three Four Ten" campaign found 597,000 problems, involving question money RMB 17.65 trillion , leading to 3,452 administrative penalties, involving 1,877 institutions, with RMB 2.932 billion of fines, and 1,547 problematic corporate bodies who were disqualified, with a total of RMB 37.594 million of fines. And all together 270 relevant liability personnel were canceled banking and senior-level qualifications for a certain period to a lifetime.

III.The economic and social impact of "Three Three Four Ten"

"Three Three Four Ten" special administration was described by the media as the "new regulatory policy." A number of major cases were seriously investigated and dealt with by the administration, which not only hit the "big tiger" of financial law violations, but also kill the "small flies" of financial risk. The "Three Three Four Ten" special administration has demonstrated the authority of supervision, exerted the warning effect, purified the financial industry environment, and promoted the financial market confidence.

It is the fundamental goal of "Three Three Four Ten" special administration to "moving from virtual economy to real economy", while to enhance the sense of access to the whole society's financial services is its concept of action. The "Three Three Four Ten" special administration has three goals, with the development goal of promoting supply-side structural reform, which has effectively reduced the financial leverage of the banking sector and contributed to the reduction of corporate leverage and the decline of household leverage; its reform goal is to eliminate the weakness of the supervisory race system, to deal with financial cases as well as to improve financial regulations; and its regulatory goal is to warn and guard against the Minsky crisis. It aims to prevent both black swan and gray rhinoceros. The "Three Three Four Ten" special administration has effectively solved various outstanding credit problems as well as many sharp financial contradictions, maintained the banking industry's steady progress and achieved strong results. First, it increased the financial support of the banking industry to the real economy. Loans grew faster than assets for the first time since 2015, achieving a significant increase in the proportion of new assets in the same period compared with that of the same period of 2016. The growth rate of manufacturing loans changed from negative to positive and maintained positive growth. The growth rate of loans for small and micro enterprises, affordable housing projects and infrastructure industries is higher than the average growth rate of loans. Secondly, it curbed irrational behaviors such as excessive leverage and excessive innovation. In recent years, banking financial institutions have had serious problems such as engaging in interbank, increasing leverage and off-balance-sheet business, as well as holding financial products on behalf of each other among banks. Statistics show that at the end of 2017, the financial management of the same sector decreased significantly, and outsourcing investment dropped greatly. Third, "shadow banking" was contained, with the growth rate of off-balance-sheet business dropping sharply. For the first time since 2010, commercial interbank assets and liabilities have shrunk, and entrusted loans to financial institutions have fallen compared with the previous year.

Appendix

China's Banking Market Development Policy in 2017

Date	Policy Name	Issued by
January 6	Supplementary Notification on Relevant Issues to Value-Added Tax Policies for Asset Management Product (CS [2017] No. 2)	Ministry of Finance and SAT
January 9	Guidance on Standardizing the Banking Service Enterprises to Go Out to Strengthen Risk Prevention and Control (YJF [2017]No. 1)	CBRC
January 13	Opinions on Development Financing Support for Construction of Characteristic Town (City) and Promotion of Poverty Alleviation (FGGH [2017] No. 102)	NDRC and CDB
January 23	Notification on Conducting Effect Appraisal of the Targeted Poverty Alleviation Policies by Financial Means (YF [2017] No. 19)	Five Ministries Including PBOC and CBRC
January 23	Strengthening Qualification Inspecting and Risk Monitoring of Special Merchants in Trading Floors and Strictly Prohibiting Providing Payment and Settlement Services for Illegal Trading Floors	PBOC
February 16	Notice on Make A Good Job of Adjustment Job of Targeted Cuts to Required Reserve Ratios and Dynamic Examination	PBOC
February 17	Guidance on Investment and Financing System and Mechanism of Innovative Rural Infrastructures (GBF [2017] No. 17)	General office of the State Council
February 23	Notice on Stopping Providing Payment and Settlement Service for Illegal Trading Floors Within Time Limit (YBF [2017] No. 35)	PBOC
March 10	Notice on Relevant Matters of foreign Banks Developing Part of Business (YJBF [2017]No. 12)	CBRC
March 11	Opinions on Making A Good Job of Credit Loan Policies (YBF [2017] No. 48)	PBOC
March 29	Guidance on Financial Support for Construction of Power Manufacturing (YF [2017]No. 58)	Five ministries including PBOC, CBRC
April 4	Notice on Relevant Work of Facilitating Banks to Develop Trade Documents Audit (HF [2017] No. 9)	Administration of Exchange Control
April 6	Notice on Issue and Revise of *No. 22 of Financial Instrument Account Standards – Recognition and Measure of Financial Instrument*	Ministry of Finance
April 6	Notice on Issue and Revise of *No. 23 of Financial Instrument Account Standards – Financial Assets Transfer*	Ministry of Finance
April 6	Notice on Issue and Revise of *No. 24 of Financial Instrument Account Standards – Hedge Accounting*	Ministry of Finance
April 7	Guidance on Improving Quality and Effects of Banking Industry Serving the Real Economy (YJF [2017]No. 4)	CBRC

Continued

Date	Policy Name	Issued by
April 17	Opinions on Make A Good Job of Resolving Overcapacity of Steel and Coal Industry to Realize Poverty Alleviation Development in 2017 (FGYX [2017] No. 691)	Twenty Three Ministries Including NDRC, PBOC and CBRC
April 25	Notice on Printing and Distributing the Work Plan of Special Action for Financing Accounts Receivable of Small and Micro Enterprises 2017 - 2019 (YF [2017] No. 104)	Seven ministries including PBOC, Ministry of Finance, CBRC
May 4	To Further Promote the "Silver Tax Interaction" Expansion and Upgrading (SZF [2017] No. 56)	SAT and CBRC
May 12	Notice on Enhancing Account Opening Management and Subsequent Controlling Measures for Suspected Trading Report (YF [2017] No. 117)	PBOC
May 25	Implementation Plan of Large and Medium-Sized Commercial Banks Setting Inclusive Finance Business Division (YJF [2017] No. 25)	CBRC
June 16	Notice on Main Work of Cutting Costs in 2017 (FGYX [2017] No. 1139)	NDRC, Ministry of Industry and Information Technology, Ministry of Finance and PBOC
June 27	"13th Five-year Plan" Development Planning of Information Technology in China Financing (YF [2017] No. 140)	PBOC
June 30	Notice on Related Questions of Value-Added Tax of Assets Management Products (CS[2017]No. 56)	Ministry of Finance and SAT
June 30	Notice on Cancelling and Suspending Collection of Part of Basic Financial Service of Commercial Banks (FGJGG[2017]No. 1250)	NDRC and CBRC
July 5	Decision on Amending the Measures for the Implementation of Administrative Licensing Matters of Chinese Funded Commercial Banks (YJHL[2017] No. 1)	CBRC
July 14	Notice on Temporarily Exempting Regulating Fee of Banking Industry (YJF [2017]No. 40)	Ministry of Finance, NDRC CBRC
July 15	Notice on Relevant Work of Giving Play to the Contribution by Government, Investment of Industry and Guidance of Funds to Promote Market-Oriented Banking Debt-to-Equity Swap (FGBCJ [2017] No. 1238)	NDRC
July 20	Development Planning of New Generation of Artificial Intelligence (GF [2017] No. 35)	the State Council
July 25	Notice on Facilitating Sound Development of Micro Credit for Poverty Alleviation	Five Ministries Including Poverty Relief Office of the State Council, CBRC, Ministry of Finance and PBOC

Continued

Date	Policy Name	Issued by
July 26	Suggestions on Promoting Structural Reform on Supply Side to Prevent and Resolve the Risk of Excess Coal and Power Capacity (FGNY [2017] No. 1404)	Sixteen Ministries Including NDRC, Ministry of Finance, PBC and CBRC
August 4	Notice on Guidance on Further Leading and Regulating Overseas Investment Direction (GBF [2017] No. 74)	NDRC, Ministry of Commerce, PBC and Ministry of foreign Affairs
August 4	Notice on Transferring Non-Bank Payment Institution Network Payment Service From Direct Connection Mode to online Platform for Processing (YZF [2017] No. 209)	PBOC
August 7	Notice on Further Risk Prevention in the Field of Corporate Bonds to Strengthen Supervision and Service Work Related to the Real Economy (FGBCJ [2017] No. 1358)	NDRC
August 8	Regulations on Administration of Commercial Banks Newly Establishing Debt-To-Equity Implementing Institution (Trial) (Exposure Draft)	CBRC
August 29	Opinions on Improving the Supervision System and Mechanism of Anti Money Laundering, Anti Terrorist Financing and Anti Tax Evasion (GBH [2017] No. 84)	General office of the State Council and PBOC
September 29	Notice on the Implementation of Targeted Policy of Lowering Standards for Inclusive Finance (YF [2017] No. 222)	PBOC
October 13	Regulations on Administration of Automatic Loan (ZGRMYH and YJHL [2017] No. 2)	PBOC and CBRC
October 30	Registration Methods of Pledge of Receivables	PBOC
November 13	Notice on Further Enhancing Rectification of Unlicensed Payment Business (YBF [2017] No. 217)	PBOC
November 15	Regulations on Supervision of National Developing Bank (ZGYJHL [2017] No. 2)	CBRC
November 15	Regulations on Supervision of Export-Import Bank of China (ZGYJHL [2017] No. 3)	CBRC
November 15	Regulations on Supervision of Agricultural Development Bank of China (ZGYJHL [2017] No. 4)	CBRC
November 17	Guidance on Regulating Assets Management Business of Financial Institutions (Exposure Draft)	PBOC
November 24	Notice on Improving foreign Exchange Management of Banking offshore Financing Against Domestic Guarantee (HZF [2017] No. 108)	Comprehensive Division of SAFE
November 28	Notice on Expanding the Scope of the Pilot Work of the Mortgage Loan of the Right to Use the Construction Land for Rural Collective Business	CBRC, Ministry of Land and Resources

Continued

Date	Policy Name	Issued by
December 8	Announcement on Amending the Rules for the Disclosure of Information on Debt Financing Instruments of Non - Financial Enterprises in the Inter - Bank Bond Market (JYSXHGG [2017] No.32)	NAFMII
December 13	Notice on Regulating Innovative Payment Business (YF [2017] No.281)	PBOC
December 15	Guidance on Financial Support for Poverty Alleviation of Deeply Poor Areas (YF [2017] No.286)	Four ministries including PBOC and CBRC
December 15	Regulations on Administration of Automatic Pledge of Financing Business of People's Bank of China (GG [2017] No.18)	PBOC
December 19	Opinions on Further Promoting Merger, Reorganization, Transformation and Upgrading of Coal Enterprises (FGYX [2017] No. 2118)	Twelve Ministries Including NDRC, PBOC and CBRC, etc.
December 21	Guidance on Optimizing Account Opening Service of Enterprises (YF [2017] No.288)	PBOC
December 25	Notice on Issuing the "Bar Code Payment Business Specification (Trial)" (YF [2017] No.296)	PBOC
October 26	Guideline on Appraisal and Certification Behavior of Green Bonds (Temporary)	PBOC and CSRC
December 28	Decisions on Modifying "Implementing Measures on Administrative Permission Matters of CBRC to foreign Banks" (Exposure Draft)	CBRC
December 29	Notice on Adjusting Concentrated Lodgment Ratio of Provisions for Customers of Payment Institutions (YBF [2017] No.248)	PBOC

II. Stock Market Development Policy①

(i) Overview of China's Stock Market in 2017

In 2017, regulators mainly worked on risk prevention and further deepening supply-side structural reform. From the view of supervision, it mainly includes three aspects: resolving major risks in the capital market, regulating investor behavior and promoting the opening of the capital market. From the perspective of execution of supervision, intensified regulation, deleveraging and guidance to value investment were still the mainline of the year.

Against this background, value investment dominated market style in 2017 and value-based blue chips became the main rallying line for the whole year. In 2017, the Shanghai index

① Author: Zhang Yulong, the group leader of China Securities Strategy Group and is the Finance PhD of Guanghua School of Management,Peking University.

rose 6.56 per cent for the year, Shanghai 50 stock index rose 25.08% and the Shanghai Shenzhen 300 rose 21.78%, well above the yield of the Shanghai index. In contrast, the growth enterprise index fell 10.67% for the year, reflecting the "20% vs 80%" situation in the market in 2017. In terms of annual trading volume, Shanghai stock index reached RMB 4,360.776 billion, Shanghai Shenzhen Index reached RMB 2,649.239 billion, growth enterprise index reached RMB 877.38 billion, and Shanghai 50 stock index reached RMB 721.115 billion.

From the perspective of estimate value, the overall price earnings ratio of China A-share rosein 2017, as the valuation of Shanghai Shenzhen 300 index rising from 13.04 times to 14.3 times, Shanghai 50 stock index fell from 15.92 times to 15.63 times, and growth enterprise market dropped from 42.61 times to 41.34 times. The data highlighted the structural market of mega-cap blue chips. Value stocks continued to prevail in putting emphasis on the prevention of financial risks at policy level, and liquidity being subject to prudent and neutral monetary policy.

On June 21, 2017, A-share broke through MSCI index, being successfully incorporated into MSCI Emerging Market Index. MSCI planned to include 222 large-cap A-shares initially, which accounted for some 0.73% weight of the MSCI Emerging Market Index.

(ii) Analysis of Stock Market Development Policy in 2017

1. Regulation on financing activities

Barrier lake phenomenon of IPO eased, but examination is tending to be rigid. The regulators continued to carry forward IPO examination and approval in 2017, but compared with 2016, IPO examination tended to be rigid and the listed companies' quality were improved. A total of 466 IPO programs were examined in 2017, including 380 approved and 86 rejected. Funds raised through IPO reached as much as RMB 230.109 billion all year round. Although the funds raised this year failed to excel former years, the number of companies making a success in IPO reached a record high in the history of China's capital market. Meanwhile, it is hard for the traditional industries to dominate in the scale of financing. In terms of numbers, the top four industries were respectively electronics, chemicals, mechanical equipment, and biomedicine industries, which were 48, 48, 43 and 42 respectively in the amount of IPO financed. From the financing amount,electronics, chemicals, biomedicine and auto industries were ranked in the top four at 27.672 billion, 21.527 billion, 19.805 billion and 19.606 billion, respectively, accounting for 38.51% of the total IPO financing.

While the number of IPO peaked in 2017, the adoption rate was 79.33% in 2017, ranked the third-lowest since 2007. The IPO "barrier lake" issue accumulated over the years has been greatly alleviated with the IPO speed up, and the increasingly rigid examination and approval of IPO, and decline in the adoption rate of approval have driven IPO enterprises in queue to polarize. Enterprises with preferable qualification and fundamentals, sound internal control, and normative operations were speeding up the process of IPO rapidly by virtue of expedited issue of new shares; on the other hand, enterprises that have problems with their qualifications delay the process of IPO and even try their best to get out of the IPO to avoid punishment, which greatly improves the quality of listed companies.

On September 8, Shanghai Securities Exchange released the *Guidelines of the Shanghai Stock Exchange for the Issuance and Listing of Securities* (revised in 2017). On September 11, China Securities Regulatory Commission issued the decree No. 135 the *Decision on Amending the Administrative Measures for Securities Issuance and Underwriting*, which includes allocating at least 40 % of off-line allotment to public funds, social security funds and pensions; adjusting ways of subscribing bonds such as convertible corporate bonds etc.; changing fund subscription to credit subscription to solve freezing of large amount of money; When the online investor fails to pay the full amount after winning the contract for 12 consecutive months, the online investor has failed to pay the full amount of money after winning the contract for 3 consecutive months, he/she may not take part in the subscription of new shares, convertible corporate bonds, and exchangeable corporate bonds in six months; and improving underwriters' ability to underwrite risk management etc.

Reinforcement of refinancing management & reorganization of market chaos.

Regulators got tough in regulating refinancing activities in 2017 to reorganize chaos in the refinancing. Accompanying wild growth of refinancing market, the chaotic phenomena behind appeared frequently. Management released new regulations on refinancing to standardize market, eliminate risks and to strengthen oversight over refinancing.

China Securities Regulatory Commission issued the *Decision on Revising the Detailed Implementation Rules for the Non-public Offering of Listed Companies* (hereinafter referred to as the *Non-public Offering Decision* for short) on February 17. The *Non-public Offering Decision* eliminates the announcement dates of board resolutions and resolutions of stockholders' meetings as the base days of pricing of non-public offering stocks of listed companies, and makes it clear that the base day of pricing can be only the first day of offering period of non-public offering stocks this time, i.e. market-based pricing of directional add-issuance. China's A-share market is widely criticized for the large price differences between the first and second-tier markets. New regulations on refinancing form a complete set with the current promotion of the entire IPO. According to experience, most mature markets set a relatively low threshold for IPO, and a strict threshold for refinancing. The Decision on Non-Public Offerings would significantly dampen speculation that does not pay dividends, is not profitable, waits for a high share price to reduce or is borrowed.

On February 17, China Securities Regulatory Commission improved *Q&A of Issuance Regulation – Regulatory Requirements Regarding Guiding and Regulating Listed Companies' Financing Activities* (hereinafter referred to as the *Q&A of Issuance Regulation*). The *main contents are as follows*: First, for listed companies that apply for non-public offering stocks, the proposed number of shares may not exceed 20 % of the general capital issued before. Second, when listed companies apply for additional issue, allotment of shares, and non-public offering stocks, the interval between the board resolution day of the issue this time and the day of fully funded placement last time may not less than 18 months. Third, when listed companies (except financial enterprises) apply for refinancing, there may not, in principle, such situations as holding large-amount long-term trading and saleable financial assets, lending to others, and trust financing. The main function of *Q&A of Issuance Regulation* is to solve some prominent problems in the refinancing system by means of regulations on the scale of directional add-issuance, refinancing cycle and purpose of refinancing, including the tendency of excessive financing by some listed companies, a big arbitrage space in the pricing mechanism of non-public offering stocks, and structural imbalance of refinancing varieties, to further raise service efficiency of capital, and promote capital to move from virtual economy to real economy.

2. Protection of small and medium investors' interests

Measures were taken to intensify regulation on major shareholders' shareholding reduction behaviors to protect small and medium investors' interests.

"Bridge reduction" and "clearance type reduction" still exist in the market of 2017. Under such circumstance, China Securities Regulatory Commission revised regulations on reduction of shareholding and strictly regulate shareholding reduction behaviors in the market to protect investors' interests and prevent major shareholders from misusing their dominant positions and information superiority.

On May 31, 2017, China Securities Regulatory Commission issued the announcement No. 9 titled *Several Provisions on the Reduction of Shares Held by the Shareholders, Directors, Supervisors, and Senior Executives of the Listed Companies*. Compared with *Several Provisions on the Reduction of Shares Held by the Shareholders, Directors, Supervisors, and Senior Executives of the Listed Companies* issued before, the new provisions have an extended range of application, which is manifested in the following points. 1. The range of shareholders is extended. Major shareholders that participate in IPO and private placement but hold more than 5% of shares, and pass block trade acquisition are included in the new regulations on reduction of shareholding. 2. The bounded types of means of reduction have extended. The new regulations on reduction of shareholding add supplementary quantitative limits to investors who take part in non-public offering in centralized trading, and quantitative limit standards for block trade. 3. Types of share restriction were extended. Exchangeable debt-equity swap and equity swap are included into the scope of restriction. Besides, the new regulations on reduction of shareholding further explain some ambiguous points in the old one, such as how to compute holdings in multiple accounts. The new regulations on reduction of shareholding released by China Securities Regulatory Commission has strictly regulated shareholders' reduction behaviours, improved regulatory and monitoring arrangements for block trade "bridge reduction", and regulations on reduction of shareholding after embargo on non-public offering stocks was lifted, which release a positive signal to the market, and mitigate the risk of staged sell-off in the stock market, and the risk of moving from real economy to virtual economy.

Shanghai Stock Exchange and Shenzhen Stock Exchange also issued supporting policies before and after the new regulations on reduction of shareholding were introduced. Shanghai Stock Exchange revised *Trading Rules of the Shanghai Stock Exchange* and *Detailed Implementation Rules of the Shanghai Stock Exchange for Bonds Trading* on April 14, and issued on May 27 the *Detailed Implementation Rules of the Shanghai Stock Exchange for Shareholding Reduction by Shareholders, Directors, Supervisors and Senior Executives of Listed Companies*. Shenzhen Stock Exchange released *Detailed Implementation Rules of the Shenzhen Stock Exchange for Shareholding Reduction by Shareholders, Directors, Supervisors and Senior Executives of Listed Companies* and *Guidelines of the Shenzhen Stock Exchange for Handling Business Relating to Shareholding Reduction by Shareholders of Listed Companies* on May 27, and *Special Provisions of the Shenzhen Stock Exchange on Business during Delisted Restructuring Periods* on June 29. As front-line regulators, stock exchanges issued the policies above in response to the adjustment of the application scope of new regulations on shareholding reduction, which expands the scope of restricted shareholders, ways of restricted reduction, and restricted stock types; and prohibits holding shareholders, actual controllers, senior executives, and persons acting in concert from reducing shareholding to prevent shareholders' from illegal reduction of shareholding through loopholes of new regulations.

Clarifying market risk rating and improving investor protection mechanism

Regulators strengthened investor protection and improvement in 2017. Domestic investor protection mechanism is mainly divided into two parts, one is investor suitability management and the other is accredited investor access. Financial institutions were matched with ordinary investors via the established risk rating systems. To improve this mechanism, China issued many policies in 2017.

On December 1, the Shanghai Stock Exchange (SSE) issued the *Business Rules of the Shanghai Stock Exchange, the Shenzhen Stock Exchange and the China Securities Depository and Clearing Corporation Limited for Controlling Front-end Risks for Securities Trading Funds.* The *Business Rules* noted that without affecting the normal market transactions, the responsible unit will implement the total control over the amount purchased and declared by the relevant marketing unit on the day in order to enhance the risk management of related institutions and maintain market fairness.

Based on experience of mature markets, the investor suitability system is a fundamental system for investor protection, and also one of the cornerstones of the whole capital market. In 2017, China issued many policies relating to investor suitability management. On April 26, the Shenzhen Stock Exchange issued the *Guidelines of the Shenzhen Stock Exchange on the Administration of the Structured Fund Business*, mainly including investor suitability management, risk warning measures and investor education. On June 28, the Shanghai Stock Exchange issued the *Administrative Measures of the Shanghai Stock Exchange for Stock Trading on the Risk Alert Board (Revised in 2017)*, the *Guidelines of the Shanghai Stock Exchange for Administration of Investor Suitability for the Stock Option Pilot (Revised in 2017)*, and the *Guidelines of the Shanghai Stock Exchange on the Suitability Management of Investors for Shanghai-Hong Kong Stock Connect (Revised in 2017)*; on June 28, the Securities Association of China (SAC) issued the *Implementation Guidelines for the Suitability Management of Investors in Securities Trading Institutions (For Trial Implementation)* (hereinafter referred as to the *Guidelines*); on July 1, the *Measures for the Suitability Management of Securities and Futures Investors* issued by the China Securities Regulatory Commission (CSRC) was performed formally.

Provisions in the *Guidelines* therein have substantial influence. The *Guidelines* provides that operating institutions shall take into comprehensive consideration multiple factors such as financial status and investment experience of investors in addition to the *Risk Profile Questionnaire* and divide ordinary investors into five levels based on risk tolerance. At the same time, it also provides that securities institutions shall put forward suitability match suggestions to ordinary investors on the premise of following laws, regulations and rules according to their risk tolerance rating when these institutions sell products or offer services to the investors. However, it puts an emphasis that the suitability suggestions of the securities institutions to investors do not indicate that they make substantial judgments or guarantees on the risks and benefits of the products or services. This means that ordinary investors are still the main body of investment that will independently make investment decisions and assume investment risks on their own in reference to the suitability match suggestions of securities trading institutions.

On September 5, the China Securities Regulatory Commission issued the *Guiding Opinions of the China Securities Regulatory Commission on the Valuation Business of Securities Investment Funds.* The "*Guiding Opinions*" requires that the Asset Management Association of China can establish a fund valuation working mechanism for raising the reasonableness and reliability of the valuation and can provide valuation guidance on investment products that do not have an active market or that do not have the same characteristics of assets or liabilities quotation in active markets after fully soliciting opinions from the industry and fulfilling the filing procedures. The legal rights and interests of fund shareholders are protected by institutionalizing fund valuation methods, processes, and penalties.

3. Defining institutional supervision responsibility

Market regulator's responsibilities were further defined and intensified in 2017. In order to maintain steady development of stock market and protect investors' interest, besides the CSRC, market institutions such as stock exchanges, industry associations, and registration computing companies should also act as strong supervisors and make use of their flexibility to contain behaviours that make chaos in the market and to reflect the authority and professionalism of supervision.

The China Securities Regulatory Commission released the revised *Measures for the Administration of Stock Exchanges* on November 17. The revised *Measures for the Administration of Stock Exchanges* has been improved by perfecting the internal governance structure of stock exchanges, and promoting stock exchanges to further perform first-line supervisory responsibilities and to bring into play their role in self-discipline management. The revision involves improving the internal governance structure of stock exchanges; adding the board of supervisors to further define the function and power of general meeting, board of directors, board of supervisors, and general manager; giving prominence to stock exchanges' self-discipline management; making it clear that the business rules legally formulated by stock exchanges will lay restriction on all subjects participating in securities trading activities; strengthening stock exchanges' first-line supervisory responsibility for securities trading activities; defining stock exchanges' self-discipline management measures for abnormal trading activities and illegal shareholding reduction behaviors; strengthening stock exchanges' first-line supervisory responsibility for members; establish and improve a trading behaviour supervision system centred on its members, and further clarify the rights and obligations of its members;

strengthening stock exchanges' first-line supervisory responsibility for listed securities companies; and requiring stock exchanges to perform their self-discipline management responsibility for information disclosure, and suspension and resumption of trading, etc. On the part of domestic situation, stock exchanges, as legal institutes, must make use of flexibility of the rules and pay close attention to the abnormal fluctuations of market. As far as foreign markets are concerned, MSCI formally introduced A-share market in 2017. MSCI has to step up the existing capital market system by means of improving market regulation and protecting investors' legal rights and interests in order to make A-share an international investment market. Therefore, stock exchanges must serve as qualified first-line supervisors.

Exchanges strengthened requirements for information disclosure.

On May 5, 2017, the Shenzhen Securities Exchange issued the *Evaluation Measures for Information Disclosure of Listed Companies on the Shenzhen Stock Exchange (Revised in 2017).* The revision involves two parts: firstly, the assessment methods are optimized; secondly, relevant assessment content and negative inventory indicators are revised. In combination with the new conditions of the capital market and regulatory practices and in the light of influence that different considerations of information disclosure of different companies may have on the assessment results, the new *Evaluation Measures for Information Disclosure of Listed Companies on the Shenzhen Stock Exchange* incorporated several indicators such as the supplementation and correction of ratio of company's information disclosure, the cooperation of the information disclosure obligors such as shareholders, the protection of investors' rights and interests, and the cooperation of the company or its related personnel with the supervision of the exchanges, as the administrative supervision measures taken by the Securities Regulatory Bureau are included in the assessment factors.

4. Regulating investors' activities

Strengthening the Supervision of Intermediary Service Agencies.

As a "new type of financial industry", intermediary service agencies play a pivotal role in the market, increasing transaction opportunities, reducing transaction costs and substantially improving financing efficiency. However, there are still some problems in the supervision of intermediary services in the aspects of recommendation and underwriting responsibilities.

On November 24, the Securities Association of China issued the revised *Detailed Administration Rules for Off-line Investors in Initial Public Offerings*. The content of this revision includes three main aspects. First, recommendation responsibilities of securities companies are strengthened. Under the relevant part of the *Measures for the Management of Suitability of Securities and Futures Investors* promulgated by the China Securities Regulatory Commission, recommendation responsibilities of securities companies have been further strengthened by adding new content that the securities companies shall set up the suitability management systems for off-line investors and launch self-inspection of on-line investors' suitability on a regular basis. Second, reporting responsibilities of principal underwriters are clarified. A Principal underwriter shall report the off-line investors' violation information and related materials (including explanation of noncompliance and rectification report, etc.) to the off-line investor management system of the Securities Association of China within 10 working days after program issuance and listing. If i the principal underwriter has concealed, reported fraudulently or failed to report in a timely manner, such data above, the Securities Association of China will take self-discipline measures against it. Third, punishment systems for self-discipline are perfected. In the event that the allotment object of an offline investor has not made subscription or payments for the first time in a natural year, which has not caused any obvious adverse consequences and where the object has made rectification and submitted rectification report, it shall be exempted from punishment. Under a condition specified in Article 45 and Article 46 of the *Code of Business* within a natural year except for the violations that were exempted from punishment after rectification, the offline investor or allotment object will be blacklisted by the Securities Association of China for six months; under the above situation for twice or more in a natural year, it will be blacklisted for twelve months. Behaviors of the allotment object failing to make subscription or payments on a business day shall be deemed as one violation.

In order to strengthen regulation on intermediary service agencies, regulation and guidance policies for existing institutions have been revised accordingly: the China Securities Regulatory Commission issued the announcement No. 11 titled *Decision of Amending the Provisions on the Classified Supervision of Securities Companies* on July 6, which mainly involves improving the evaluation indicator system of risk management ability and compliance and lead focuses of the industry on main business on the premise of ensuring that the existing classification and regulation framework remains unchanged; the revised *Guidelines for Private Equity Financing in the Inter-agency Quotation and Service System for Privately Offered Products (For Trial Implementation)* on March 3, aiming to continuously regulate the private equity financing business of quotation systems; the *Measures for Stock Pledged Repo Transactions and the Registration and Settlement Business (For Trial Implementation) (Revised in 2017)* on June 30, further clarifying the qualification conditions for securities companies to conduct business and requiring securities companies to establish continuous risk management mechanism of the incorporation party's credit and tracking mechanism for fund use; the *Opinions on Further Regulating Relevant Behaviors of Securities Companies Employing the Third-Party Institutions in*

Investment Banking (Exposure Draft) were issued on December 25.

Along with strengthening regulation, some reformswere introduced to change the status quo where the intermediary agencies have ensured the orderly operation of the system at the expense of the efficiency due to the regulation of the license: the China Securities Regulatory Commission issued the [Decree No. 137] *Decision on Amending the Seven Regulations including Administrative Measures for Securities Registration and Settlement* on December 7. Many provisions of the original *Administrative Measures for Securities Registration and Settlement* have been modified in this reform. In many provisions, the words "be reported to the China Securities Regulatory Commission for approval" are replaced by "be reported to the China Securities Regulatory Commission", a major change has been made at the institutional and procedural levels.

Enhancing the compliance of securities fund management institutions to promote their self-discipline

On June 6, 2017, the China Securities Regulatory Commission issued the *Measures for the Compliance Management of Securities Companies and Securities Investment Fund Management Companies* (hereinafter referred to as the *Measures*); on September8, the Securities Association of China issued the *Guidelines for Implementation of the Compliance Management of Securities Companies*. Highlights of the *Measures* are as follows: Firstly, eight principles are introduced for the standardized operation of various businesses. Secondly, the compliance of all employees is further strengthened by clarifying the compliance management responsibilities of the board of directors, senior managers, and responsible persons for compliance. Thirdly, the compliance management organization system is optimized by producing the basic standards for compliance system of securities fund operating agencies. Fourthly, the professionalization level of compliance officers is strengthened and professional experience and legal quality requirements are raised. Fifthly, the performance guarantee of the responsible persons for compliance is improved by taking measures to safeguard their independence, authority, rights to know and remuneration. Sixthly, the supervision and management are enhanced by holding the securities fund operating agencies and their senior management personnel, compliance officers accountable for illegal behaviors of failing to effectively implement compliance management in accordance with laws. The *Measures* aims to gradually improve and optimize the compliance system, safeguard the performance of compliance officers of securities fund operating agencies, enhance the company's compliance level, and promote the sustainable and standardized development of securities fund operating agencies.

(iii) Outlook and Assessment for Stock Market Development Policy in 2018

In 2017, the stock market push hard for supply-side structural reforms, deleveraging of non-financial companies and a focus on the rule by law, and adhering to market principles. At the same time, efforts were made to deepen the reforms of stock issuance, advance reforms of registration systems, improve the dividend systems, improve the construction of a multilevel capital market and develop professional intermediary service agencies. Looking forward to 2018, policy highlights may include the following aspects:

1. In the construction of fundamental systems, the quality of listed companieswill be improved constantly and cost of illegality will be increased; IPOs remain stringent by strictly screening companies in queue.

2. More rigorous regulation mechanisms will be established to improve the regulation model of trading behaviors "member-centered". Furthermore, cooperation of various regulations will be promoted and integrate front-line supervision and intermediary service agencies supervision, creating a healthy capital eco-environment.

3. Regulatory departments shall establish regulatory channels matching with international institutional investors to reduce the impact of policy changes on international investors, and develop A-share into an international capital market by virtue of A-share's inclusion into MSCI.

4. Investor protection systems shall be improved by establishing relevant laws, regulations and self-discipline regulations for investor protection in various markets of stocks, futures and funds, with a view to build a sound investment environment for investors. Investment risks shall be clarified to ensure healthy development of the market.

Column

A-share Included into MSCI[①]

In the course of the gradual opening of China's capital market, after four years of effort, A-shares were successfully incorporated into MSCI in June 2017. The inclusion of A-shares in MSCI will not only enhancethe international recognition of the A-share market, but also effectively attract international investors to participate in the A-share market. A-share's previous improvement is not only for the inclusion in MSCI, but more importantly it aims to take this opportunity to achieve capital market reform, and improve the level and efficiency of the capital

① Author: Zhang Yulong, chief strategic analyst, Research Department of CSC.

market operation.

On June 21, 2017, MSCI first included A-shares in MSCI Emerging Market Index and the MSCI Global Benchmark Index, with an initial stocks included in the index. After the new framework was introduced, the number of index stocks dropped from 459 to 222, and then expanded to 239 after quarterly adjustments, accounting for half of the market value of A-shares, mainly concerned in the financial, consumption and other industries.

On October 23, 2017, MSCI released the MSCI China A-share Inclusion Index, which is a transitional index that reflects the movement of A-share stocks that are included in the MSCI Emerging Markets Index. According to the documents released by MSCI, the five steps for the inclusion of A-shares into MSCI are as follows: (1) On December 1, 2017, the "MSCI China A-share Temporary Stock Market Index" was renamed the "MSCI China A-share Stock Market Index", which was scheduled to join the MSCI Emerging Market Index in June 2018; (2) in the first quarter of 2018, detailed help document for A-share inclusion into MSCI was released; (3) On March 1, 2018, the "MSCI China A-share Index" was renamed the "MSCI China A-share Onshore Index", while the range of stocks tracked by newly released "MSCI China A-share Index" was narrowed to the interconnected targets; (4) On June 1, 2018, A-shares will be formally included in the MSCI Emerging Market Index by 2.5% inclusion factor；(5) On September 3, 2018, the A-share inclusion factor will be raised to 5%.

According to the current MSCI scheme, MSCI's share of the emerging markets index, the Asian index (excluding Japan) and the global market index is only 0.73%, 0.83% and 0.1% respectively with the inclusion factor of 5%, which is seriously inconsistent with the proportion of A-shares. With the further improvement of various systems in China's securities market, especially in the areas of freer and more efficient capital flows, more internationalized systems, looser investment restrictions and more open and transparent data, MSCI is expected to further increase the ratio of inclusion factor. According to international practice, the process from admission to full inclusion takes about 5-10 years, and usually the incorporation factor increases gradually from the initial 5% to 100%.

Appendix

China's Stock Market Development Policy in 2017

Date	File Name	Issued by
February 13	*No. 4 Administrative Provision for the Registration of Private Asset Management Plans by Securities and Futures Institutions*	Asset Management Association of China

Continued

Date	File Name	Issued by
February 17	*Q&A of Issuance Regulation– Regulatory Requirements regarding Guiding and Regulating Listed Companies' Financing Activities*	China Securities Regulatory Commission
March 2	*Guiding Opinions of the China Securities Regulatory Commission on Supporting the Development of Green Bonds*	China Securities Regulatory Commission
March 3	Revised *Guidelines for Private Equity Financing in the Inter-agency Quotation and Service System for Privately Offered Products (For Trial Implementation)*	Securities Association of China
April 14	Revised *Trading Rules of the Shanghai Stock Exchange* and *Detailed Implementation Rules of the Shanghai Stock Exchange for Bonds Trading*	Shanghai Stock Exchange
April 17	[Announcement No. 7] *Decision on Cancelling Items subject to Administrative Examination and Approval including Futures Companies' Incorporation and Acquisition and Equity Participation in Overseas Institutions of Futures Business*	China Securities Regulatory Commission
April 18	[Decree No. 131] *Measures for the Administration of Risk Control Indicators of Futures*	China Securities Regulatory Commission
May 5	*Evaluation Measures for Information Disclosure of Listed Companies on the Shenzhen Stock Exchange (Revised in 2017)*	Shenzhen Stock Exchange
May 26	[Announcement No. 9] *Several Provisions on the Reduction of Shares Held by the Shareholders, Directors, Supervisors, and Senior Executives of Listed Companies*	China Securities Regulatory Commission
May 27	*Detailed Implementation Rules of the Shanghai Stock Exchange for Shareholding Reduction by Shareholders, Directors, Supervisors and Senior Executives of Listed Companies*	Shanghai Stock Exchange
May 27	Revised the individual articles of the *Administrative Measures for Securities Issuance and Underwriting*	China Securities Regulatory Commission
May 27	*Detailed Implementation Rules of the Shenzhen Stock Exchange for Shareholding Reduction by Shareholders, Directors, Supervisors and Senior Executives of Listed Companies* and *Guidance on Handling Relevant Business of Shareholding Reduction by Shareholders of Listed Companies in Shenzhen Stock Exchange.*	Shenzhen Stock Exchange
June 6	[Decree No. 133] *Measures for the Compliance Management of Securities Companies and Securities Investment Fund Management Companies*	China Securities Regulatory Commission
June 19	*Guidelines of the Shenzhen Stock Exchange for Confirmation of Listing Conditions of Asset-backed Securities*	Shenzhen Stock Exchange
June 20	*Guidelines of the Shanghai Stock Exchange for Confirmation of Listing Conditions of Asset-backed Securities*	Shanghai Stock Exchange
June 23	*Evaluation Measures for Information Disclosure of Listed Companies on the Shanghai Stock Exchange (Revised in 2017)*	Shanghai Stock Exchange

Continued

Date	File Name	Issued by
June 28	*Administrative Measures of the Shanghai Stock Exchange for Stock Trading on the Risk Alert Board (Revised in 2017), Guidelines for Administration of Investor Suitability for the Stock Option Pilot of the Shanghai Stock Exchange (Revised in 2017)*, and *Guidelines of the Shanghai Stock Exchange on the Management of the Suitability of Investors for Shanghai-Hong Kong Stock Connect (Revised in 2017)*	Shanghai Stock Exchange
June 28	Notice on Issuing the *Implementation Guidelines for the Suitability Management of Investors in Securities Trading Institutions (For Trial Implementation)*	Securities Association of China
June 29	*Guidelines of the Shanghai Stock Exchange on the Management of the Suitability of Investors for Shanghai-Hong Kong Stock Connect*, and *Special Provisions of the Shenzhen Stock Exchange on Business during Delisted Restructuring Periods*	Shenzhen Stock Exchange
June 30	*Measures for Stock Pledged Repo Transactions and the Registration and Settlement Business (For Trial Implementation) (Revised in 2017)*	Shenzhen Stock Exchange and China Securities Depository and Clearing Corporation Limited
July 1	Official implementation of *Measures for the Suitability Management of Securities and Futures Investors*	China Securities Regulatory Commission
July 6	[Announcement No. 11] *Decision on Amending the Provisions on the Classified Supervision of Securities Companies*	China Securities Regulatory Commission
September 5	[Announcement No. 13] *Guiding Opinions of the China Securities Regulatory Commission on the Valuation Business of Securities Investment Funds*	China Securities Regulatory Commission
September 8	*Guidelines of the Shanghai Stock Exchange for the Issuance and Listing of Securities (Revised in 2017)*	Shanghai Stock Exchange
September 8	*Guidelines for Implementation of the Compliance Management of Securities Companies*	Securities Association of China
September 11	[Decree No. 135] *Decision on Amending the Administrative Measures for Securities Issuance and Underwriting*	China Securities Regulatory Commission
September 21	[Announcement No. 14] *No. 26. Of Contents and Format of Information Disclosure of Companies Issuing Securities - Major Assets Reorganization of Listed Companies (Revised in 2017)*	China Securities Regulatory Commission
October 19	*Guidelines of the Shenzhen Stock Exchange for Confirmation of Listing Conditions of Asset-backed Securities for Programs of Public-Private Partnerships (PPP)*	Shenzhen Stock Exchange
November 17	*Measures for the Administration of Stock Exchanges*	China Securities Regulatory Commission
November 24	Revised *Detailed Administration Rules for Offline Investors in Initial Public Offerings*	Securities Association of China

Continued

Date	File Name	Issued by
December 1	*Business Rules of the Shanghai Stock Exchange, the Shenzhen Stock Exchange and the China Securities Depository and Clearing Corporation Limited for Controlling Front-end Risks for Securities Trading Funds*	Shanghai Stock Exchange
December 7	[Decree No. 137] *Decision on Amending the Seven Regulations including the Administrative Measures for Securities Registration and Settlement*	China Securities Regulatory Commission
December 18	*Guidelines of the Shenzhen Stock Exchange for the Confirmation of Listing Conditions for Asset-backed Securities Based on Enterprises' Accounts Receivables* and *Guidelines of the Shenzhen Stock Exchange for Information Disclosure for Asset-backed Securities Based on Enterprises' Accounts Receivables*	Shenzhen Stock Exchange
December 25	*Opinions on Further Regulating Relevant Behaviors of Securities Companies Employing the Third-Party Institutions in Investment Banking (Exposure Draft)*	China Securities Regulatory Commission

III. Insurance Market Development Policy①

The insurance sector underwent critical challenge and yet embarked on a new stage of development in 2017. Given the complexity of domestic and international economic and financial conditions, the insurance sector kept to the policies and arrangements made by the CPC Central Committee and the State Council , approached all risks and challenges with composure and was back on the right track as expected by the party and the people, with continued efforts on and concrete progress in preventing risks, tightening reins on malpractices and serving the real economy. First, risk prevention and mitigation proved effective. Risks of the industry were effectively reined in. Incremental risk was under control. Risks were addressed in a well-organized manner, and there was no incidence of systemic risk. Second, efforts to clamp down on market malpractices were intensified. As a result, market order was reestablished, insurance institutions made solid progress in improvement actions, aggressive investment behaviors such as irrational tender offers, overseas acquisitions that were widely reviled, were dampened down and malpractices seen in some business fields were contained. Third, progress was made in serving the real economy. Policy-driven credit insurance made breakthrough in serving "the Belt and Road Initiative". A combination of insurance-aided poverty alleviation models took shape and contributed to targeted poverty alleviation. Continued improvement

① Author: Liu Tao, post-doctoral, China Insurance Regulatory Commission.

was made in expanding the coverage, elevating the level and varying the portfolio of agricultural insurance. Pilot programs of catastrophe insurance and weather index-based insurance were launched. Efforts were redoubled to meet the challenge of pollution control. Tax preferential policies for taxpayers with personal health insurance were expanded nationwide.

(i) Highlights of Insurance Market Development Policy in 2017

The competent authorities introduced a basket of policies in the year to discipline market players and bolster growth of the industry. As a result, the insurance sector managed to maintain healthy and strong growth in spite of all the risks and challenges.

1. To streamline administration and delegate powers, motivate market players and optimize allocation of insurance resources in Beijing, Tianjin and Hebei Province

To put into effect *The Outline of the Plan for Coordinated Development of Beijing, Tianjin and Hebei* and *Guiding Opinions of the China Insurance Regulatory Commission for The Insurance Sector to Serve Coordinated Development of Beijing, Tianjin and Hebei*, the China Insurance Regulatory Commission formulated *Pilot Administrative Measures for the Record-filing of Cross-regional Business Operations of Insurance Companies in Beijing, Tianjin, and Hebei* and *Pilot Administrative Measures for the Record-filing of Cross-regional Business Operations of Insurance Agents in Beijing, Tianjin, and Hebei* (referred to as *Pilot Measures* hereinafter) and decided to pilot the record-filing of cross-regional business operations of insurance companies and national insurance agents in Beijing, Tianjin and Hebei in 2017.

The *Pilot Measures* requires insurance companies involved in cross-regional operations to put in place a management system for cross-regional services and a location-based service system covering consulting, application, surrender, claim, inquiry and complaint handling, optimize service processes, innovate service methods, and provide efficient and accessible client services. The pilot period of record-filing of cross-regional business operations of insurance companies in Beijing, Tianjin and Hebei is two years. During the pilot period, insurance companies with no branch in Beijing, Tianjin and Hebei are encouraged to open branches in Hebei Province first, and qualified capital resources are supported to establish national insurance agents in Hebei Province. In this way, the burden on Beijing can be eased. Insurance companies with province-level branches in Beijing, Tianjin and Hebei are disallowed to undertake cross-regional operations under the Pilot Measures. Those who already have two province-level branches in these three places may appoint one province-level branch in charge of cross-regional operations. The premium income derived by insurance companies and business income by national insurance agents from cross-regional operations will be included in that of the place of operation.

The *Pilot Measures* has specified the eligibility for record-filing of cross-regional operations. The headquarters of an insurance company applying for record-filing should get a comprehensive risk rating (classified regulation) of no lower than class B and meet the regulatory requirement for solvency in the prior year and for two consecutive quarters immediately preceding the application, and be free from major administrative sanctions imposed by financial regulators over the last two years. The business units or province-level branches of the headquarters of insurance companies applying for cross-regional operations should have been running for a minimum of one year and be free from major administrative sanctions imposed by financial regulators over the last two years.

The *Pilot Measures* has also specified the exit mechanism for cross-regional operations. The insurance regulator at the place of record-filing has the right to order an insurance company to discontinue cross-regional business, if falsified materials have been provided for record-filing, the department responsible for cross-regional operations fails to keep running, there have been three defaults in submitting reports, files and materials required by the insurance regulator at the place of record-filing over a period of twelve months, major administrative sanctions have been imposed by the insurance regulator at the place of record-filing, or there have been two or more occurrences of complaints from 50 persons or more arising from an infringement upon consumers' legitimate rights and interests over a period of two years.

The pilot program of cross-regional operations of insurance companies and national insurance agents in Beijing, Tianjin and Hebei marks an important move taken by the China Insurance Regulatory Commission to drive the insurance sector to serve coordinated development of these places, and a concrete step to streamline administration and delegate powers, and motivate market players. This policy can help promote integration of the insurance market and coordinated development of the insurance sector in these three places; and explore replicable and applicable experience in regional integrated development of the insurance market. Meanwhile, differentiation in policies and a policy-guided inflow of insurance resources into Hebei can help strengthen the short slab, build up the ability of Hebei as the "moat of the capital" and optimize the allocation of insurance resources in Beijing, Tianjin and Hebei.

2. To watch out for credit risk associated with offshore reinsurers and make offshore reinsurance transactions safer

The ceding business volume of offshore reinsurance has been expanding consistently in the country over recent years, giving rise to growing credit risk associated with offshore reinsurers. The China Insurance Regulatory Commission released the *Circular on Matters*

Related to Safety of Reinsurance (BJF [2017] No.112) and *the Circular on Matters Related to Reinsurance Registration Management* (BJF [2015] No.28) in 2007 and 2015. International credit rating has been adopted as a key tool to prevent credit risk posed by offshore reinsurers. Regulatory practices, however, have proven that international credit rating has a time lag in the assessment of reinsurer credit risk. It is impossible to prevent offshore reinsurer credit risk effectively by means of international credit rating alone. The China Insurance Regulatory Commission released *the Circular on Matters Related to the Provision of Security Measures by Offshore Reinsurers* (The *Circular*) in February 2017, with a view to make offshore reinsurance transactions safer, prevent offshore reinsurer credit risk and protect the legitimate rights and interests of domestic insurance companies as the ceding party.

The *Circular*, as a sequel to *Regulatory Rules on Solvency of Insurance Companies* (BJF [2015] No. 22), sets out requirements for the provision of security measures by offshore reinsurers in terms of the application subject, scope, and scope and form of security, requirements for and use of security measures. Domestic insurance companies may request offshore reinsurers to provide security measures to the extent of ceding amount receivable and cession margin receivable, among other reinsurance credit risk exposures. Security measures acceptable under the *Circular* include deposits, Standby Letter of Credit and other measures recognized by the China Insurance Regulatory Commission. The deposits as means of security must be held on an account of the reinsurer with a commercial bank in the PRC. The Standby L/C as means of security must be irrevocable, clean, unconditional and free from any constraint other than Standby L/C, with claims and settlements taking place in the PRC. The Standby L/C must be issued by a commercial bank founded under the laws of the PRC, with a capital adequacy ratio of no lower than 11% or credit rating of no lower than AA-, and unrelated to the ceding company or the ceded company. Where the issuer fails to qualify under the *Circular*, the Standby L/C must be confirmed by a commercial bank meeting the abovementioned conditions. The counterparty default risk exposure should be limited to the total amount of security measures provided by the offshore reinsurer for the reinsurance contract in question that satisfy the requirements of the *Circular*, when a secured risk factor is applied to calculating minimum capital required for counterparty default risk at the time of solvency evaluation of domestic insurance companies.

The *Circular* has introduced an offshore reinsurer margin system officially and put an end to the situation of relying on international credit rating as the sole means to prevent offshore reinsurer credit risk. At the same time, it has helped to perfect the reinsurance regulatory system, prevent cross-border financial risk transfer from abroad via reinsurance transactions and foster steady and healthy development of the reinsurance market.

3. To tighten public supervision and improve transparency of regulation and company governance

As the insurance sector gains influence, it also attracts more attention from the public. It is increasingly important for insurance companies to establish transparency. The China Insurance Regulatory Commission has released *Administrative Measures for Information Disclosure by Insurance Companies* and the *Circular on Matters Related to Further Strengthening Equity Information Disclosure by Insurance Companies*, among other regulatory documents, to intensify supervision over information disclosure. The rapid advancement of Internet technologies has revolutionized the way information is disseminated. The public has a strong desire to know, get involved and be a watchdog, and expects more keenly the regulators and insurance companies to respond to public concerns in a timely manner. To put into effect *Administrative Measures for Information Disclosure by Insurance Companies* and *Administrative Measures for Equity of Insurance Companies*, and tighten public supervision, the China Insurance Regulatory Commission released *the Circular on Matters Related to Perfecting the Open Inquiry Regulatory System* (The *Circular*) in March 2017.

According to the rule of "Openness, Transparency and Enhanced Disclosure", the *Circular* urges insurance companies and relevant parties to improve compliance by making the most of the open inquiry mechanism. About the scope of inquiry, the *Circular* says inquiry may be about events that are the focus of attention of the media, concern public interests or events may pose material risks, including company governance, conduct of business, use of funds, and other matters the regulators and the media are interested in. About the inquiry subject, inquiry may aim at any subject attracting the attention of the regulators and the public, including actual controllers, shareholders, investors and their related parties and persons acting in concert, directors, supervisors and senior management of insurance companies, as well as other stakeholders. About the inquiry form, inquiry is mainly in the form of a letter of inquiry sent to an insurance company and posted on the official site of the China Insurance Regulatory Commission, followed by a reply in writing returned to the China Insurance Regulatory Commission and posted on the official site of the China Insurance Regulatory Commission and other sites designated thereby. About the responsibility, any person receiving an inquiry is required to give a truthful, accurate and clear reply, and if facts are concealed or false information is provided deliberately, may be added to a black list by the China Insurance Regulatory Commission, and if a breach of rules is committed, may be openly condemned, be ordered to make improvements or to restrict their shareholders' rights.

The *Circular* is another critical step taken by the China Insurance Regulatory Commission to tighten supervision, respond to concerns of the public timely and effectively and drive transparency. First, it helps vary the ways and tools of regulation and make regulation more effective. Second, it is intended to strengthen information disclosure and public supervision, improve transparency of examination and establish external constraints. Third, it is a powerful spur for insurance companies to enhance governance, practice self-discipline and improve compliance.

4. To tighten and improve insurance regulation and maintain stable and sound growth of the insurance sector

To carry out the directives on financial work announced at the Sixth Plenary Session of the 18th CPC Central Committee, the Central Economic Work Conference and by President Xi Jinping, and implement the anti-risk arrangements for the financial sector mapped out by the CPC Central Committee and the State Council, the China Insurance Regulatory Commission released the *Circular on Further Tightening Insurance Regulation and Maintaining Stable and Sound Growth of the Insurance Sector* (The *Circular*) on April 20, 2017. The *Circular* has presented a complete analysis of the situation of the insurance sector and clearly set out key tasks and general requirements at present and in the foreseeable future in order to tighten insurance regulation, redress market malpractices, strengthen the short slab and prevent risks.

Key tasks for insurance regulation at present and in the foreseeable future are clarified in the *Circular*. The insurance regulatory system should think and act on the requirements and arrangements of the CPC Central Committee and the State Council for the finance and insurance sectors and discharge their duties to prevent risks and foster healthy growth of the insurance sector. First, it should tighten regulation and make continued efforts to combat market malpractices. "Relentless" actions should be taken to prevent, manage and control illegal and non-compliant dealings in the insurance market. The regulators should inquire into misuse of funds, false capital injection by shareholders, ineffective company governance and fraudulent information disclosure with an iron hand. Those institutions that have a bad reputation and have committed wrongdoings repeatedly will be subject to the highest level of penalties. Illegal dealings such as use of premiums in false capital injection and infringement upon companies' interests with connected transactions will be referred to the court. Second, the short slab should be strengthened and any gap in regulation should be filled. The systems and processes should be reshaped to identify and calibrate defects. Concerted and consistent regulation of different fields should be enhanced to rule out the possibility of regulatory arbitrage. The rules should be fine-tuned, to lift the control over the front-end and keep a firm grip on the back-end.

Third, the bottom-line should be defended and risks controlled strictly. The goal of risk control should be clearly defined, that is, to minimize existing exposure and keep a lid on incremental exposure. It is important to keep a close eye on key companies, key fields and key products and prevent individual risk from evolving into local risk and then into industry-wide risk. A bunch of risk exposures should be dealt with properly. Contingency plans for potential secondary risks should be made. Fourth, innovations in the systems and mechanisms are required to enable the insurance sector to serve the real economy better. The insurance sector should seize the opportunities coming with "the Belt and Road Initiative", coordinated development of Beijing, Tianjin and Hebei and the Yangtze River Economic Belt, among other state-level strategies. Use of insurance funds to invest in national major projects, support de-leveraging and serve SMEs is encouraged. In this way, financial capital and the real sector can complement with each other. The role of insurance in risk management and coverage should be brought into full play, and innovative insurance products and business models should be created to contribute to public governance and social security system.

General requirements for insurance regulation are further elaborated in *Circular*. The insurance regulatory system should have a high sense of political responsibility and mission, adopt a global approach to tighten regulation, contain malpractices, strengthen the short slab, prevent risks and serve the real economy, always adhere to the concept of "Insurance industry is for insurance, Insurance Regulatory Commission is for regulation", be courageous to face the music, be enthusiastic and working hard, and be resolute in enforcing all policies. First, the regulators should perform their duties and do well in insurance regulation in support of reform and development of the insurance sector. The regulators should strengthen leadership and accountability, unite forces and make ideological preparation, policy reserve and work preparation for all potential risks. The sources of risks should be uprooted, and the reforms should be deepened and the systems should be optimized to guide the insurance sector to focus on main business, follow a solid pace and play its unique role in supporting transformation and upgrade of the real economy. Second, the work must be effective. In light of the requirements and master plans of the China Insurance Regulatory Commission, feasible action plans appropriate under the circumstances should be mapped out. Insurance institutions are required to benchmark the regulatory system and convert regulatory requirements into their day-to-day business management practices, to put into effect every rule and policy. Third, accountability should be emphasized. A risk liability and accountability system should be established and constantly fine-tuned, to impose stricter control, penalties and accountability on insurance institutions committing gross breaches of the laws and rules. Insurance institutions should be advised on internal accountability methods so as to enforce risk prevention responsibilities. The regulators themselves should be supervised and disciplined as well, to prevent collusion that may undermine the effectiveness of regulation.

5. To support "the Belt and Road Initiative" and serve the overall interests of the country

The China Insurance Regulatory Commission unveiled *Guiding Opinions on Serving "the Belt and Road Initiative" by the Insurance Sector* (The *Guiding Opinions*) in April 2017, with a view to carry out the important policies and plans made by the CPC Central Committee and the State Council under "the Belt and Road Initiative" and drive the insurance sector to serve "the Belt and Road Initiative" in every way.

In the *Guiding Opinions*, the insurance sector is required to recognize the importance to serve "the Belt and Road Initiative" in the best interests of the country and become a powerful bolster by satisfying all funding and assurance needs arising from "the Belt and Road Initiative". Concerted efforts should be made to improve the penetration and coverage of insurance services to "the Belt and Road Initiative" in terms of products, capital, institutions and talent. Open market operations and sustainable growth should be maintained to provide better services and support to "the Belt and Road Initiative". Openness, innovation, and win-win cooperation are core values to be upheld. The community of common interests will be enlarged by implementing "the Belt and Road Initiative" and the insurance sector will broaden opening-up and cooperation.

The *Guiding Opinions* called for an insurance system in support of "the Belt and Road Initiative", in particular, developing export credit insurance and outbound investment insurance. Projects exposed to controllable risks should be insured as much as possible, so as to accelerate the implementation of national major projects and assure unblocked trade along the "Belt and Road". Innovative insurance products and services should be rolled out constantly to meet special risk overage needs under "the Belt and Road Initiative" and allow critical projects to be plain sailing. Insurance institutions are encouraged to use their insurance funds creatively and invest in major projects under "the Belt and Road Initiative" through multiple channels and by varied means, so as to boost mutual growth and prosperity. "the Belt and Road Initiative" may serve as a spur to globalization and connectivity of the insurance sector. The insurance sector is encouraged to bolster up "the Belt and Road Initiative" by developing an overseas service network capable of offshore underwriting, claim settlement and rescue. An exchange and cooperation platform should be built, mechanisms of parallel progress should be put in place, strategic alliance should be formed, and international insurance and reinsurance communities and investment communities along the "Belt and Road" should be explored to build up overall capacity of the insurance sector to serve "the Belt and Road Initiative". Connectivity of insurance regulation should be enhanced to export insurance regulatory standards and technologies and heighten the influence of the country on international regulatory rules. The insurance sector should strengthen organization, do well in execution, have a high sense of responsibility and mission and give first priority to "the Belt and Road Initiative" in deepening reforms. All resources available should be combined to strengthen policy alignment and business collaboration and provide a whole set of one-stop financial and insurance services to major projects under "the Belt and Road Initiative". The mechanisms should be optimized with focus on long-term effect. Insurance services should support international and regional cooperation in greater breadth and depth. Meanwhile, efforts should be redoubled to study international landscape and macroeconomic situation, keep abreast with latest developments of rules and laws in countries and regions along the "Belt and Road", and keep a lid on risks.

6. To broaden service fields, innovate service methods and constantly improve the quality and efficiency of insurance services to the economy and the society

Since the 18th National Congress of the CPC, the China Insurance Regulatory Commission has stuck to the goal of serving the real economy and introduced a raft of policies designed to guide and support the insurance sector to give full play to insurance products and funds, broaden the scope of services, innovate the way of services and play an active role in social security, disaster rescue, risk management and modern finance. In 2016, the insurance sector provided total risk coverage of RMB 2,372 trillion and paid out RMB 1.05 trillion. As of the end of March 2017, insurance funds invested directly in national key infrastructure construction, elderly communities and shanty town redevelopment in the form of equity investment plans, equity funds and trusts aggregated more than RMB 4 trillion. However, under the combined effect of international and domestic economic performance and factors of the financial market, the financial sector has met with numerous risks and challenges in serving the real economy lately. High leverage, too many layers of subordination, long chain, "self-circulation" and an "undue preference for the virtual economy" are some problems seen. On May 4, 2017, the China Insurance Regulatory Commission released the *Guiding Opinions on the Insurance Sector's Role in Support of the Real Economy Development* (The *Guiding Opinions*), to put into practice the policies and arrangements made by the CPC Central Committee and the State Council for financial services to the real economy and guide the insurance sector to give full play to its role in risk management and coverage and broaden channels of injecting insurance funds into the real economy.

The *Guiding Opinions* has outlined general requirements and guidelines for the insurance sector to serve the real economy. Firstly, the insurance sector should be committed to serving national strategies and the real economy and bring into full play the unique advantage of insurance products and funds. Second, reform-driven innovation should be an unchangeable doctrine. The insurance sector should meet varied needs of real economy development by deepening reforms, boosting innovations, returning to its nature and focusing on main business. Third, the market should play a decisive role in resource allocation. Business sustainability can be achieved by compliant, specialized and market-based operations.

The *Guiding Opinions* has enumerated four key points. First, establish a risk coverage system for the real economy, develop liability insurance for environmental pollution and food safety, launch a pilot program of individual tax-deferred endowment insurance, introduce special agricultural product insurance, explore an agricultural product income insurance system, and support agriculture and small businesses with insurance funds. Second, channel insurance funds to serve national development strategies, give play to the role of insurance funds in financing and guiding, support supply-side structural reforms, involve insurance funds in market-based debt-to-equity swap, and encourage insurance funds to serve "the Belt and Road Initiative", national and regional economic development strategies, civil-military integration, Made in China 2025 and PPP projects by varied means. Third, innovate the way in which insurance serves the real economy, make substantial progress in industrial poverty alleviation investment foundation and poverty alleviation charity foundation funded by the insurance sector, and overcome the challenge of poverty elimination. Develop reinsurance and catastrophe insurance, drive securitization of catastrophe risk, pilot patent insurance, and deepen the pilot program of first major technical equipment. Fourth, make continued improvement in regulation, fine-tune and optimize ratios and capital regulation in a dynamic and prudent manner and explore differentiated regulation and the negative list of insignificant equity investments with insurance funds. Encourage and bias policies towards investments of insurance funds in major projects in line with national development strategies and directions.

7.To give play to the function of insurance, drive integration of the insurance market and serve coordinated development of Beijing, Tianjin and Hebei

In accordance with major policies and arrangements made by the CPC Central Committee and the State Council to push coordinated development of Beijing, Tianjin and Hebei, the China Insurance Regulatory Commission has unveiled *Guiding Opinions for The Insurance Sector to Serve Coordinated Development of Beijing, Tianjin and Hebei, Pilot Administrative Measures for the Record-filing of Cross-regional Business Operations of Insurance Companies in Beijing, Tianjin, and Hebei* and *Pilot Administrative Measures for the Record-filing of Cross-regional Business Operations of Insurance Agents in Beijing, Tianjin, and Hebei* since 2015. These have been of help to give full play to the function of insurance, drive integration of the insurance market, serve coordinated development of Beijing, Tianjin and Hebei, propel coordinated development of the insurance sector and enhance policy alignment.

The China Insurance Regulatory Commission then released the *Circular on Further Carrying Out Relevant Policies to Relieve Beijing of Non-capital Functions* (The *Circular*) on June 14, with a view to fulfill the requirements of the CPC Central Committee and the State Council for relieving Beijing's non-capital functions, carry out the arrangements made by the leadership group of coordinated development of Beijing, Tianjin and Hebei and drive the insurance sector to serve for the policy of relieving Beijing's non-capital functions.

The *Circular* has highlighted six points. First, motivate insurance corporations to settle in Tianjin and Hebei so as to ease the pressure on Beijing. Second, plan for optimal distribution of insurance agents, and support qualified capital resources to open national insurance agents in Hebei. Third, encourage insurance companies to optimize the distribution of their branches and support insurance companies without branches in Beijing, Tianjin and Hebei to open branches in Hebei first. Fourth, guide insurance companies to downsize and transfer subordinate service entities based in Beijing, and ban the opening of new data centers, call centers, telemarketing offices and telemarketing centers in Beijing. Fifth, encourage insurance companies to locate service entities outside Beijing and support the opening of IT, audit and other shared service subsidiaries, as well as data centers and call centers, among other subordinate service entities. Sixth, encourage insurance companies to deploy insurance-related sectors outside Beijing, and support the development of insurance-related sectors in Tianjin and Hebei, including elderly care, healthcare, auto services, modern agriculture and new-type commerce and trade.

The *Circular* has given a spur for the insurance sector to fulfill the strategic arrangements made by the CPC Central Committee and the State Council for coordinated development of Beijing, Tianjin and Hebei and relieve Beijing of non-capital functions and to continue to contribute to relieving Beijing of its non-capital functions.

8. To provide channels of injecting insurance funds into the real economy and support key sectors of vital importance to the country and the people

On May 16, 2017, the China Insurance Regulatory Commission issued the *Circular on Matters Related to the Investment of Debt Investment Plans in Major Projects* (The *Circular*), announcing support to the investment of insurance funds in major projects that may add fuel to the macro economy and regional economy under the condition of controllable risks.

The *Circular* has expressly given policy support to the investment of insurance funds in major projects in the form of debt investment plans. First, the credit enhancement arrangement is optimized. The credit enhancement requirement is waived when a debt investment plan invests in major projects endorsed by the State Council or the investment regulator under the State Council and the debtor has a long-term credit rating of class AAA. These projects are mainly concentrated in irrigation works, energy, transportation, high-tech and advanced manufacturing and are characterized by huge investments and the potential to stimulate regional economy and the society. Strict review and regulation by relevant authorities are present at the stage of project feasibility study, initiation and approval, so the investment risk is controllable. The credit enhancement arrangement may be optimized duly to simplify the investment process, lower the cost of funding and enlarge effective investments without adding material risks. Second, registration procedures are made more efficient. Debt investment plans in major projects under national development strategies, such as "the Belt and Road Initiative", enjoy an exclusive green access and priority in registration, so as to meet the deadline and efficiency required by major projects.

The *Circular* marks an important move by the China Insurance Regulatory Commission to drive the insurance sector to support the real economy. It has been of help to channel insurance funds into key sectors of vital importance to the country and the people, improve the accessible channels of injecting insurance funds into the real economy and create a pro-real economy financial environment.

9. To support PPP projects and achieve both benefits of the industry and growth of the real economy

On May 4, 2017, the China Insurance Regulatory Commission released the *Circular on Matters Related to the Investment of Insurance Funds in PPP Projects* (The *Circular*), with a view to support the investment of insurance funds in eligible PPP projects through infrastructure investment plans, stimulate innovations in the way of financing PPP projects and bolster up the real economy.

The *Circular* has promised unreserved support to policy innovations specific to PPP project firms. First, it has decided to widen the channels of investment and expressly given permission to insurance funds to finance PPP project firms in the form of infrastructure investment plans. Second, it has called for innovations in the way of investment. Equity and debt investments can be combined to meet the funding needs of PPP project firms. Third, it has introduced improvements to regulatory standards by abolishing the compulsory requirements for eligibility, credit enhancement and other things applicable to PPP project firms as Special

Purpose Vehicle. These are now at the discretion of market players. Fourth, a green access has been established to give priority to PPP projects that fit into "the Belt and Road Initiative", coordinated development of Beijing, Tianjin and Hebei, the Yangtze River Economic Belt, poverty elimination and the blueprint of Xiongan New Area, Hebei.

Being supportive to the investment of insurance funds in PPP projects, the *Circular* has also put emphasis on investment risk control. First, it has specified regulatory requirements for PPP projects, main private investors and government parties, to assure compliance and control risks in the construction and operation of projects. Second, it has toughened management of investment plans, defined the management responsibilities of the fiduciary, transferred risk management responsibilities to market players and optimized the exit mechanism of insurance funds. Third, an external expert risk evaluation mechanism and concerted regulation mechanism have been established to disclose and detect investment risks adequately.

The *Circular* has provided an effective road map for insurance funds to get involved in PPP project investment. It has been of help to resolve the bottleneck of financing to PPP project firms and to drive PPP projects. Meanwhile, the *Circular* has fulfilled the requirement for allocation of insurance funds and achieved both benefits of the industry and growth of the real economy.

10. To promote good practices in sales and services, protect the rights and interests of consumers and foster healthy and sustainable growth of the insurance sector

Insurance is a system arrangement based on utmost good faith. Good faith is the cornerstone of the insurance sector. Insurance sales form a key part of insurance services. Misleading and fraudulent practices seen in insurance sales constitute a gross breach of the rule of utmost good faith, an infringement on the right of consumers to know and choose and are one of the worst problems plaguing and undermining the basis of sustainable development of the insurance sector. Over the last couple of years, the China Insurance Regulatory Commission has launched a lot of countermeasures intended to clamp down on fraudulent and misleading practices in insurance sales, which have proven effective more or less, but there is still a huge gap from the expectation of the society and the justified demand of consumers. To promote good practices in insurance sales and services, solve the problem of defrauding or misleading consumers, optimize the insurance consumption environment and improve recognition by the society, the China Insurance Regulatory Commission unveiled *Interim Administrative Measures for Traceability of Insurance Sales Activities* (The *Administrative Measures*) on June 28, 2017.

By traceability of insurance sales activities defined in the *Administrative Measures*, it means insurance companies and intermediaries may record and preserve the process of insurance sales by collecting audio-visual records and electronic data. This approach can help uproot misleading sales pitches and protect the legitimate rights and interests of consumers.

The *Administrative Measures* is made up of 18 articles, which mainly address the application and approach of traceability, the content of administration, information safety responsibility, and internal and external regulatory and administrative measures. First, it has specified the application and approach. Insurance companies and intermediaries are required to audiotape the whole process of telemarketing of all insurance types; and to abide by the rules applicable to Internet insurance marketing if it is involved and manage traceability. Where life insurance products that have duration of more than one year are sold through part-time insurance agents (including self-service terminals placed in the business premises of part-time insurance agents), insurance companies are required to make audio-visual records of key activities. Where insurance is sold via other channels, life insurance products that have duration of more than one year are sold to applicants aged 60 or above, or investment-linked insurance products are sold, audio-visual records of key activities must be kept. Second, it has specified the content of traceability management. Whole-process audiotaping is required for telemarketing. For the purpose of traceability of other sales methods, key activities should be audiotaped or videotaped (presentation of IDs and other relevant documents by insurance salespersons, performance of the obligation of reminding and explaining, signature of the applicant and insured). Meanwhile, the rule of "the one who keeps the records is responsible for quality control" applies. The requirement for quality test of traceability materials has been specified to assure the quality of audio-visual records. Third, it has specified information safety responsibility. Insurance companies and intermediaries must strictly abide by the laws and regulations, protect the privacy of the applicant and insured, treat all audio-visual materials and electronic data in strict confidentiality, and never disclose, reproduce or use these materials or data for any other business purposes without prior permission. At the same time, insurance companies and part-time insurance agents in the banking sector should develop administrative measures for audio-visual records, and define management responsibility and access procedures. Audio-visual records should be preserved for a minimum of five years for policy period of less than one year and for a minimum of ten years for policy period of more than one year, starting from the day of expiration of insurance contracts. In the case of consumer complaints or legal disputes, these records should be kept for another two years at least following settlement of such disputes. Fourth, it has defined internal and external regulatory and administrative measures. Insurance companies are required to establish accountability for traceability of sales activities and specify the obligation to interrogate and punish delinquents through effective internal control. Insurance regulators should take actions against insurance companies and intermediaries that breach the *Administrative Measures*.

The *Administrative Measures* has materialized the financial consumer protection policy in insurance regulation. It is a requirement to clamp down on fraudulent and misleading practices and protect consumer interests, and also to enable the insurance regulators to cope with consumer complaints more effectively. Traceability of insurance sales activities has two realistic values:

On one hand, it can effectively contain fraudulent and misleading practices in sales, one of the worst problems harmful to the interests of consumers widely blamed by market players in recent years. Life insurance contracts usually have a long duration. Insurance salespersons usually introduce these insurance products to their clients and close the deal face to face. To push sales, salespersons tend to drumbeat insurance products in the name of other financial products, exaggerate yield or conceal important facts, while consumers rarely know the importance to retain relevant evidences at the time of purchasing and do not find out material discrepancies between what it is really and what is told by salespersons until a dispute over cover or loss (claims) arises. They may have difficulty in defending their rights since it was long time ago and there might have been changes in sales personnel. The insurance regulators exert themselves to investigate into these complaints about fraudulent and misleading sales that are not supported by evidences, but fail to deliver satisfactory results and protect consumer interests effectively as it is impossible to recreate the sales process and prove the alleged malpractices. This problem can be effectively resolved by establishing traceability of insurance sales activities. Audio-visual records of key steps of insurance sales can fix (and recreate) the truth, make it possible to replay sales behaviors, ascertain the facts, establish liability, provide convincing evidences to help consumers defend their rights and the regulators inquire into malpractices, combat malpractices and protect insurance consumer rights and interests effectively.

On the other hand, insurance companies and intermediaries are urged to perform their obligations under the *Insurance Law* to remind consumers of and explain clearly the disclaimer. Traceability of insurance sales requires insurance companies and intermediaries to gather and fix the following facts by audiotaping/videotaping key activities and other techniques. First, they should tell the applicant the name of the insurance product being purchased, the name of the underwriter, way and amount of payment, payment period, policy period, insurance liabilities, and the risk of loss from surrender after the cooling-off period. Second, when it comes to innovative life insurance products, they should warn the applicant of the uncertainty of returns from the policy. Third, when it comes to health insurance products, they should tell the applicant the waiting period, renewal terms and conditions and designated medical institutions. Audio-visual records must contain the applicant giving definite reply or response to these reminders.

The *Administrative Measures* has tightened reins on sales activities of insurance institutions, emphasized their "statutory obligation to give clear reminders and explanations" at key steps of insurance sales, and therefore made the sales process more transparent and trusted by consumers. Meanwhile, traceability of insurance sales can enable the insurance regulators to address complaints more efficiently, improve insurance consumer protection and foster healthy and sustainable growth of the insurance sector.

(ii) Effects of Insurance Market Development Policy in 2017

In 2017, under the correct leadership of the Party Central Committee and the State Council and joint endeavor of insurance regulators and insurance institutions, the insurance industry had a steady development and growth, which play a more and more important role in serving development of the real economy, social governance and people's livelihood guarantee.

1. Remarkable results in serving the real economy

Focused on "The Belt and Road", the insured amount of policy-type credit insurance in 2017 broke through USD 500 billion for the first time. In 2017, the pilot of insurance compensation mechanism for first piece (set) of important technical equipment provided RMB 135.9 billion of risk guarantee for 731 projects, the first batch of pilot of application insurance compensation mechanism for key new materials provided RMB 8.76 billion of risk guarantee for 279 enterprises, and scientific and technological insurance provided RMB 1.2 trillion of risk guarantee for scientific and technological innovation. The services fought hard the targeted poverty alleviation and explored to form multiple modes of insurance for poor alleviation. It continued to promote agricultural insurance to enlarge the coverage, enhance the standard and increase the quality and drove pilots of insurance for disasters and insurance for weather index. The insurance for disasters had been launched in 200 food-growing counties of 13 main cereal production provinces with average improvement of 30% of coverage in pilot areas. The agricultural insurance provided RMB 2.79 trillion of insurance guarantees for 213 million household times of farmers with a year-on-year increase of 29.2%. The service fought hard pollution prevention and control and the environmental pollution liability insurance provided RMB 30.6 billion of risk guarantees for 16000 enterprises. Pilots of preferential policy for personal health insurance income tax were promoted all over the country. Projects of critical illness insurance that had been finished renewal totally covered 1 billion urban and rural residents. By close combination of local development demands, different insurance regulatory bureaus and branches guided the insurance institutes to return to the origin and served local economic and social development, which obtained good achievements.

2. The effects of investments from virtual economy to the real economy appearing progressively

The insurance industry provided RMB 4154 trillion risk guarantees for the entire society with a year-on-year increase of 75%; the investment-type business sharply shrank; and the size of premium of ordinary life insurance accounted 47.2% of life insurance business, which increased 11.1 percentages than the previous year. The development of insurance market was generally steadily. The annual premium income was RMB 3.66 trillion and estimated profits of insurance companies was RMB 256.72 billion, with a year-on-year increase respectively being 18.2% and 29.7%. Newly increased number of guarantee slip was 17.5 billion pieces with a year-on-year increase of 84%. The insurance industry was developed in stable with good momentum and combined the balance of speed and quality, effectiveness.

3. Steady development of market business

Main market players have been increased to 222 companies. Currently, there are 84 property insurance companies, 86 life insurance companies, 11 reinsurance companies, 12 insurance group (holding) companies, 24 insurance assets management companies and 2647 professional intermediaries for insurance. The market players in different business types and multiple organizational forms have been increasingly rich and the market pattern of professional work division and cooperation has been initially established. The premium scale increased to RMB 3.66 trillion from RMB 124.7 billion; total assets of insurance industry increased to RMB 16.75 trillion from more than RMB 200 billion; and insurance compensation and payment expenses increased to RMB 1.12 trillion from RMB 51 billion. Insurance business related to national economy and the people's livelihood has been growing stronger, including agricultural insurance, catastrophe insurance, critical illness insurance, liabilities insurance, endowment insurance and health insurance. The fund application size has increased to RMB 14.92 trillion from RMB 181.7 billion; insurance employees has reached 9.25 million people; and the service ability in insurance industry has been significantly improved.

(iii) Outlook and Suggestion for Insurance Market Development Policy in 2018

The year of 2018 marks the beginning to put into practice the policies introduced at the 19th National Congress of the CPC and celebrates the 40th anniversary of reform and opening up of the country. The insurance sector needs to better serve to overcome "three challenges", that is, the prevention and mitigation of material risks, targeted poverty alleviation and pollution control, and fulfill "three tasks", that is, serving the real economy, preventing and controlling financial risks and deepening financial reforms. In this way, the insurance sector can become more competitive, provide better services, protect the rights and interests of consumers effectively and grow into a modern insurance industry that is able to meet diversified needs of the public. Consumer rights and interests must be protected, a modern insurance service industry should be developed at a quick pace and a new trail of insurance regulation should be blazed. First, it is necessary to prevent and mitigate risks and defend the bottom-line with greater efforts. Risk control should be given first priority. Restrictive and directive measures should be combined, both symptoms and root causes treated, and key fields, key companies and key activities given special attention. In three years, industry-wide risk management will be taken to the next level, with no chance of systemic risk. Second, it is advisable to take the opportunity arising from reshaping insurance regulation to clamp down on market malpractices, improve consumer protection and unite forces to drive concerted regulation. Third, it is important to deepen insurance reforms and usher in a new era of opening-up. Fourth, the insurance sector should serve national key strategies and support modern economy and social governance system. It should serve targeted poverty alleviation, pollution control, supply-side structural reforms and other major strategies designed for a bright future of the country, the wellbeing of the people and better governance of the society.

Column

Insurance: Introducing "1+4" Documents to Strengthen Supervision[①]

(i) Overview of "1+4" Documents

In April 2017, China Insurance Regulatory Commission ("CIRC") introduced a number of documents, including CIRC Notice on Further Strengthening Insurance Regulation and Maintaining Stable and Healthy Development of the Insurance Industry (CIRC [2017] No.34), CIRC Notice on Further Strengthening the Risk Control of the Insurance Industry (CIRC [2017] No.35), CIRC Notice on Strengthening Insurance Regulation, Cracking Down on Illegal Activities and Violations and Rectifying Market Irregularities (CIRC [2017] No.40), CIRC Guidelines for Supporting Real Economy by the Insurance Industry (CIRC [2017] No.42, and CIRC Notice on

① Author: Tan Liang, Managing Partner of Insurance Industry Risk Advisory, Deloitte China.

Filling Regulatory Gaps and Building Strict and Effective Insurance Regulatory System (CIRC [2017] No.44), collectively referred to as "1+4" regulatory documents, in which, "1" refers to CIRC [2017] No.34, specifying CIRC's overall supervisory logics in the new stages and "4" refers to CIRC [2017] No.35, No.40, No.42 and No.44, setting forth the specific tasks and requirements for preventing risks, rectifying irregularities, filling gaps, and serving the real economy.

(ii) Significant Impact on and Changes to the Market and Industry

1. The regulatory system's significant self-reflexive transformation

• Expressly specifying the keynote of the higher level and sticking to the principle of "the insurance industry and regulatory authorities perform their own functions;"

• Field inspections and off-site big data analysis are beginning to be integrated closely. Since the publication of "1+4", a number of special inspections on the market have been performed by the regulatory authorities, such as corporate governance and learning the real situations to prevent data fraud, sales and claim settlement irregularities, illegal expense defrauding, and related party transactions. Meanwhile, the regulatory authorities are actively carrying out the upgrading of the regulation reporting system and beginning to discuss how to fully utilize the data on stock, so as to strengthen the synergetic interflow of information data and application sharing.

• A number of regulatory requirements have been reviewed and trimmed, including, among the most important ones, the announcement of the construction of C-ROSS Phase 2 and the publication of Regulations on Utilization of Insurance Funds and Interim Procedures for Insurance Assets and Liabilities Management.

• The regulatory authorities have begun to actively consider regulatory coordination, in order to systematically cope with the mixed financial holding groups with insurance arms. Since the 19th NCCPC, the jointly established China Banking and Insurance Regulatory Commission has become, to a certain extent, an important milestone of the regulatory authorities' self-reformation and self-improvement after "1+4".

2. Liquidity risk management has been paid more attention

Liquidity risk was the major blasting fuse causing the global financial crisis in 2008. The insurance regulatory authorities have already been aware of it and made systematic arrangements in No.12 C-ROSS document published in 2015. However, as the liquidity risk is unable to be covered by capital and unable to be reliably calculated (relating to public panic), the writer thinks it is extremely necessary to pay the highest attention again to preventing the liquidity risk by "1+4".

• It is required for the first time to strengthen the shareholders' responsibilities for managing liquidity risk. Insurance companies shall pass the pressure and responsibilities of and regulatory requirements for the liquidity management to their shareholders and regularly inform them of the liquidity risk situation. The shareholders shall mitigate the risk in a timely and reasonable manner.

• It is stressed again to fully implement the C-ROSS liquidity regulation rules. The duties and responsibilities of board of directors, management and related departments in the liquidity risk prevention shall be further specified from top to bottom. The targets, risk tolerance, and risk limits of liquidity risk management shall be established and the strategies and systems for management of liquidity risk shall be developed.

• The matching of business development with fund plans is emphasized. Insurance companies shall develop feasible business development plans and fund application plans and establish an asset structure matching their business characteristics and liability structures.

• Liquidity management and monitoring are stressed again. Insurance companies need to make self-inspections on various pressure scenarios and factors such as sales suspension, business shrinking, policy cancellation and maturity payment, and track and analyze external situations such as the trends and changes in the micro economy, stock markets, securities markets, and public opinions.

• The emergency response mechanisms need to be improved continuously. Insurance companies shall develop effective liquidity emergency response plans, provide capital provisions, make cash-flow predictions and develop response plans.

3. Management of investment-side and product-side is strengthened comprehensively

• Problem oriented: illegal fund utilization related transactions are prohibited. With regard to fund purposes, investment ratio, reporting and information disclosure, insurance companies shall not hide or transfer funds through multi-layer nesting, get around regulatory requirements with "drawer agreements" or "black-white contracts", and tunnel interests to shareholders or related parties via various fund applications.

• Prevent the investment risks in key areas. Insurance companies must complete the decision-making processes for the equity investments such as stocks and shares of unlisted companies based on their risk tolerance to prevent the risks in real estate investment; track the investment in key areas and major projects; prevent foreign investment risks; research and promote differential regulation and develop the negative list system for non-major share investments of insurance funds; and encourage the insurance companies to invest in the major projects conforming to national strategies and orientations.

• Substantially strengthen the management on fund utilization. Insurance companies have been required to strictly comply with the laws, regulations and regulatory requirements related to the utilization of insurance funds, establish and complete investment systems and internal control, strengthen the construction of investment capacity and management of risk responsible person, and reinforce the management on investment capacity registration. Strengthen the timeliness, accuracy, and completeness of the reporting of fund utilization information.

• Vigorously rectify inappropriate product innovations and resolutely reject defective products. Insurance companies are required to be equipped with corresponding business logic justification and operation capacity for high risk products, such as credit guarantee insurance and various innovative insurances in the Internet era.

• Further strengthen the management on assets and liabilities, including the construction of asset and liability management structure and mechanism. It is encouraged to develop long-term and steady asset allocation strategies, set up reasonable investment risk preferences, and put them into practice in the investment decision-making process. In making investment decisions in the future, insurance companies need to make comprehensive assessment with regard to risks, revenues, terms, and funds.

4. Paying great attention to corporate governance and construction of internal control

• Further strengthen the construction of the internal control of top-level design related to corporate governance. Insurance companies are required conduct self-inspection and rectification and cooperate with regular inspection and monitoring with regard to the governance team's responsibilities, competency, operational rules, assessment and incentive, and supervision and accountability, as well as management's eligibility, approval and granting, and regular audit during and after tenure.

• Comprehensively strengthen the internal control and operational risk construction at the process level. According to Basic Norms for Internal Control of Insurance Companies and the operational risk construction and assessment set forth in C-ROSS, comply with the requirements of various special inspections and thoroughly and comprehensively improve the internal control system with regard to strategy planning, marketing management, fund utilization, eligibility assessment and claim examination, finance, human resources, information system, and management of subsidiaries.

• Strengthen the internal control over regulatory reports and data. Insurance companies are required to establish and complete the internal control system, improve the information system, and establish internal data auditing mechanism, so as to ensure the timeliness, accuracy, and completeness of information reporting.

(iii) Comments and Outlook

• The insurance industry will continue to face the complicated situations with multiple risk superpositions. The first is market risk with complex environment of interest rate and exchange rate and more difficult asset allocation; the second is liquidity risks. Some companies radically pursue active mismatch of assets and liabilities, causing larger liquidity risk; the third is governance and operation risk. Imperfect governance structure and unsound internal control system in some companies cause problems of fake capital injection of shareholders and insider override; the fourth is strategy risk. Some companies blindly make cross-cutting and cross-market merger with multilayer nest of assets management products, which is easy to produce risk contagion and enlargement.

• New Banking Insurance Regulatory Commission will be capable of making concerted efforts to prevent, resolve and dispose all above risks. It reflects in several aspects: first, making full use of supervision experience of each other and good supervision measures, such as in-office and exit/tenure audit experience of executives, and joint application of on-site special fly-in inspection and analysis on off-site big data, etc.; second, further mutual communication of technological standard, such as deepening of new capital requirements in banking industry and engineering construction of C-ROSS Phase II; third, the integration of regulator branches causing consolidation of regulatory power and enlargement of regional coverage area, etc..

• We look forward that the Insurance Regulatory Commission is capable of more effectively responding to overall layout of national deleverage and supporting national policies of national financial opening-up to obtain the effect of "releasing the front end and controlling the rear end" in a new comprehensive platform of CBRC and CIRC.

Appendix

China's Insurance Market Development Policy in 2017

Date	File Name	Issued by
January 5	*Pilot Administrative Measures for the Record-filing of Cross-regional Business Operations of Insurance Companies in Beijing, Tianjin and Hebei*	China Insurance Regulatory Commission
January 5	*Pilot Administrative Measures for the Record-filing of Cross-regional Business Operations of Insurance Agents in Beijing, Tianjin and Hebei*	China Insurance Regulatory Commission
January 5	*Guidelines for Calculation of Product Fee Rates by Property Insurance Companies*	China Insurance Regulatory Commission
January 24	*Circular on Matters Related to Further Tightening Regulation of Equity Investments with Insurance Funds*	China Insurance Regulatory Commission
February 23	*Circular on Matters Related to the Provision of Security Measures by Offshore Reinsurers*	China Insurance Regulatory Commission

Continued

Date	File Name	Issued by
March 9	*Circular on Matters Related to Perfecting the Open Inquiry Regulatory System*	China Insurance Regulatory Commission
April 20	*Circular on Further Tightening Insurance Regulation and Maintaining Stable and Sound Growth of the Insurance Sector*	China Insurance Regulatory Commission
April 21	*Circular on Further Strengthening Risk Prevention and Control in the Insurance Sector*	China Insurance Regulatory Commission
April 24	*Guidelines for Articles of Association of Insurance Companies*	China Insurance Regulatory Commission
April 27	*Guiding Opinions on Serving "the Belt and Road Initiative" by the Insurance Sector*	China Insurance Regulatory Commission
May 4	*Guiding Opinions on the Insurance Sector's Role in Support of the Real Economy Development*	China Insurance Regulatory Commission
May 4	*Circular on Matters Related to the Investment of Insurance Funds in PPP Projects*	China Insurance Regulatory Commission
May 16	*Circular on Matters Related to the Investment of Debt Investment Plans in Major Projects*	China Insurance Regulatory Commission
June 14	*Circular on Further Carrying Out Relevant Policies to Relieve Beijing of Non-capital Functions*	China Insurance Regulatory Commission
June 23	*Circular on Matters Related to Further Strengthening Administration of Connected Transactions of Insurance Companies*	China Insurance Regulatory Commission
July 28	*Interim Administrative Measures for Traceability of Insurance Sales Activities*	China Insurance Regulatory Commission
June 30	*Scope of Regulation of Involvement of Insurance Funds in the Shenzhen-Hong Kong Stock Connect Pilot Program*	China Insurance Regulatory Commission
July 26	*Circular on Soliciting Comments on Regulatory Rules on Insurance Assets and Liabilities Management and Conduct of Industry-wide Test*	China Insurance Regulatory Commission

IV. Bond Market Development Policy①

The bond market of the PRC presented stable performance throughout 2017. The market opened up further, product innovations kept emerging, many new systems and rules were launched, and significant progress was seen in institution building. As a result, the market was

① Author: Rong Yihua, Deputy Director-General of Financial Market Management Department of the People's Bank of China (Shanghai Head Office).

better placed to maintain sound growth and bolster up the real economy.

(i)Market Development Overview

First, the yield of bonds trended up on the whole, while the price index retreated. The yield of the bond market kept climbing up steadily throughout the first nine months and then shot up in early October. The yield of all treasury bond categories of key maturity, that is, one year, three years, five years, seven years and ten years, recorded significant increases, by 92bp on average. To be more specific, the yield of 10-year treasury bonds peaked at 3.99% in late November and then declined and closed at 3.88% by the year-end, gaining 78bp compared with that at the year-beginning. The credit spread between class-AAA enterprise bonds and treasury bonds of one-year, three-year, five-year, seven-year and ten-year maturity reached a high level in March and then inched down, but hit a record high following a strong rally from November. By the end of the year, the average spread in the categories of key maturity widened to 152bp from 43bp.

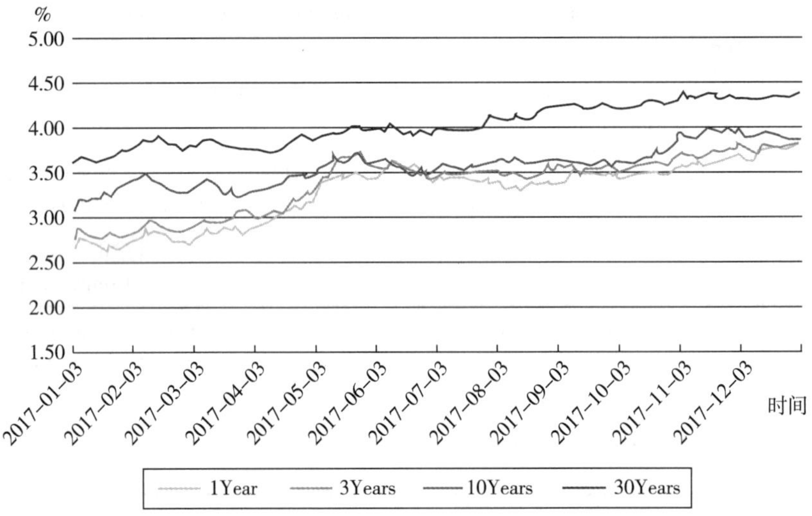

The price index fell. The China Bond aggregate net price (aggregate amount) index stood at 116.69 points at the year-beginning, declined to 112.81 points by May and then rebounded slightly. After that, it fluctuated and closed lower at 111.20 points, down 4.7% from the year-beginning.

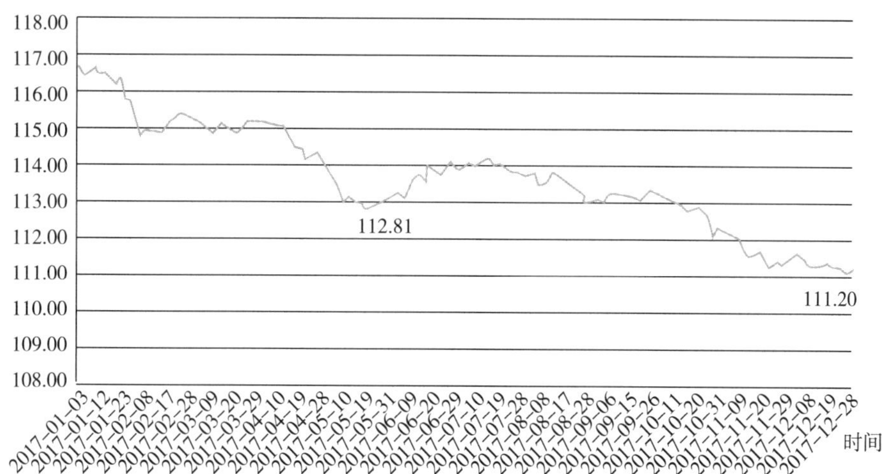

Source: CHINA CENTRAL DEPOSITORY & CLEARING CO., LTD.

Second, growth of bond issuance cooled down. In 2017, the issuance amount of all bond types grossed RMB 40.82 trillion, up 12.9% year on year. To be more specific, the issuance amount of the interbank bond market came in at RMB 36.77 trillion, up 14.2% year on year, and took up 90.1% of the total; while the issuance amount of the exchange market was RMB 4.05 trillion, representing 9.9% of the total. The top three bond types in terms of issuance amount were interbank certificate of deposit, financial bond and local government bond, with issuance amount at RMB 20.19 trillion, RMB 5.02 trillion and RMB 4.36 trillion, respectively.

Third, trading volume shrank. In 2017, the cumulative cash bond transaction volume stood at RMB 108.39 trillion, down 18.0% year on year. To be more specific, the cumulative cash bond transaction volume of the interbank bond market was RMB 106.10 trillion, down 19% year on year, and took up 95.0% of the total. The cumulative turnover rate of cash bond transactions in the interbank bond market was 156.3%, down 63.8 percentage points year on year. Except interbank certificates of deposit, all main bond types saw liquidity weakening to varying degrees. The cumulative cash bond transaction volume of the exchange market was RMB 5.56 trillion, up 8.4% year on year, and represented 5.0% of the total.

Fourth, occurrences of default events in the bond market lessened. Defaults happened to 40 bonds, worth RMB 32.274 billion in total, issued by 19 entities in 2017. Nine of them were non-financial enterprise debt financing instruments, worth RMB 24.562 billion combined. Six were issuers of corporate bonds equivalent to a total worth of RMB 3.870 billion. The rest four issued enterprise bonds worth RMB 2.840 billion. The majority of defaulting issuers were private entities operating mainly in construction and engineering, industrial machinery, coal and consumption fuel, and iron & steel.

(ii) Main Policies

1. Expand Opening up of market

(1) The "Bond Connect" program was launched. In May, the People's Bank of China and Hong Kong Monetary Authority jointly released a statement, announcing the kickoff of the mainland-Hong Kong "Bond Connect" program (Bond Connect). On June 21, the People's Bank of China issued *Interim Administrative Measures for the Connectivity and Cooperation of the Bond Markets in the Mainland and Hong Kong*, giving the green light to the "Bond Connect" program. On July 2, the People's Bank of China and Hong Kong Monetary Authority released another statement jointly, giving permission to the official commencement of northbound trading of "Bond Connect" on July 3. After that, the People's Bank of China, Shanghai Headquarters, China Foreign Exchange Trade Center, China Central Depository & Clearing Co., Ltd and Shanghai Clearing House introduced a set of business rules and operational guides on eligibility record-filing, trading, registration, depository, clearing and settlement. State Administration of Foreign Exchange released the *Circular on Foreign Exchange Risk Management for Foreign Institutional Investors in the Interbank Bond Market* and the *Circular on Foreign Exchange Administration for Foreign Institutional Investors in the Interbank Bond Market*, giving permission to foreign institutional investors in the interbank bond market to do RMB and foreign currency derivatives transactions at qualified domestic financial institutions.

(2) The rating industry opened up to the world. On July 4, the People's Bank of China released Bulletin No.7 in 2017, giving access to the interbank bond market to domestic and foreign credit rating agencies. This marked a big step towards opening-up of the rating industry. The bulletin gave permission to wholly-foreign-owned rating agencies and offshore rating agencies to rank the credit worthiness of onshore Chinese interbank bonds subject to some conditions, and defined relevant regulation and self-discipline requirements. Opening-up can spur inclusive and robust growth of the credit rating industry and drive opening-up and growth of the bond market.

2. Optimize Bond Issuance Mechanism

(1) The treasury bond underwriting and issuance system was further optimized. In August, the Ministry of Finance promulgated *Administrative Measures for the Formation of Treasury Bond Underwriting Syndicate*. The *Administrative Measures* incorporated some refinements to the draft version, *Interim Administrative Measures for the Formation of Treasury Bond Underwriting Syndicate* released in 2014. To name a few, earlier notice of formation of syndicate

is required, more time is given to participants to make preparations, and the Third-party Expert Review Indicator System for Treasury Bond Underwriting Syndicate is refined and elaborated.

(2) Local government indebtedness was reined in. In view of incremental issuance and outstanding debt, on March 23, the Ministry of Finance released *Interim Administrative Measures for New Local Government Debt Quota Allocation,* in which new quota allocation methods are specified; on April 26, the Ministry of Finance issued the *Circular on Further Regulating Debt Financing Activities of Local Governments*, refining the governance of debt financing activities of local governments and requesting malpractices in debt financing to be put to rights within the specified deadline. Regarding the regulation of special-purpose bonds, on May 16, the Ministry of Finance and the Ministry of Land and Resources jointly released *Administrative Measures for Land Reserve Bonds of Local Governments (For Trial Implementation),* in which definite and specific rules on quota management, budget preparation, budget execution and final accounting, supervision and division of duties are detailed. At the same time, if permitted by the conditions, local governments are encouraged to issue special-purpose bonds in some profitable fields of commonweal.

(3) The registration and issuance mechanism of non-financial enterprise debt financing instruments was refined. On September 1, National Association of Financial Market Institutional Investors released the revised *Rules and Procedures for the Registration of Debt Financing Instruments of Non-Financial Enterprises for Private Placement,* and amended *Registration Documents and Forms for Debt Financing Instruments of Non-Financial Enterprises for Private Placement*, *Private Placement Agreement for Debt Financing Instruments (For Reference)* and information disclosure rules, worked on standard version of distribution agreement and promoted online signing, further optimized the registration and issuance mechanism, streamlined registration and issuance procedures, made information disclosure more complete and pertinent and improved offering and distribution efficiency.

(4) Green bond issuance rules were unveiled. On March 2, the China Securities Regulatory Commission released *Guiding Opinions on Supporting Green Bond Development*, in which green corporate bonds, green industries and projects are clearly defined. On December 29, the People's Bank of China unveiled *Code of Conduct for Evaluation and Certification of Green Bonds (For Trial Implementation)* to regulate green bond evaluation. National Association of Financial Market Institutional Investors released *Business Guidelines for Green Debt Financing Instruments of Non-financial Enterprises* and supporting forms for information disclosure, in which the core mechanism of green debt financing instruments is detailed.

3. Govern Bond Trading

(1) Governance of bond trading was tightened. In December, the People's Bank of China, the China Banking Regulatory Commission, the China Securities Regulatory Commission and the China Insurance Regulatory Commission jointly released the *Circular on Regulation of Bond Trading by Bond Market Participants*, in which rules governing investment and trading activities of bond market participants are specified and some acts that are banned are reiterated, such as lending and borrowing accounts, tunneling, insider trading, market manipulation, and evasion of internal controls or regulation. It is emphasized that market participants should conclude transactions and sign contracts and master agreements on the designated trading platforms when trading any bond in the bond market. Market participants should apply the Substance Over Form principle. Where it is agreed upon under the contract that the bonds traded are held by others temporarily and are to be resold in the end or held for others temporarily and to be repurchased in the end, a buy-out repo transaction should be concluded, the applicable accounting standards should be followed, and this should be counted in the computation of the risk control indicators. Market participants should lay down internal controls and the criteria of risk control indicators. Furthermore, requirements for segregation of front-office duties and centralized management of middle-office and back-office functions are specified. Personnel qualifications are also proposed. Meanwhile, market participants are encouraged to adopt appropriate incentives and prevent distorted behaviors and undue speculation caused by slackness of management, such as outsourcing or contracting by departments. In terms of control leverage, market participants are required to properly control their bond trading leverage ratio based on the rule of prudence and to report to the financial regulators once the bond trading leverage ratio exceeds certain level. The *Circular* is intended to urge all market participants to toughen internal controls and risk management, refine all internal controls related to bond trading, regulate the conduct of bond trading, keep the leverage at an appropriate level and rule out the possibility of market risk.

(2) Operations supporting treasury bond market making were launched. On September 30, the Ministry of Finance and the People's Bank of China unveiled *Treasury Bond Market Making Supporting Operation Rules*, giving support to the Ministry of Finance to carry out treasury bond market making by buying and selling bonds. This can heighten liquidity of the secondary treasury bond market and allow the treasury bond yield curve to better reflect supply and demand dynamics.

4. Develop Bond Price Index and Yield Curve

In December, China Central Depository & Clearing Co., Ltd launched Shanghai Key Yield

(SKY), with a view to make the treasury bond yield curve more readable and easier to use and strengthen its role as pricing benchmark. In 2017, China Central Depository & Clearing Co., Ltd. launched ChinaBond Treasury Bond and Policy Bank Bond Index, ChinaBond Corporate Bond Aggregate Index, ChinaBond China Railway Corporate Bond Index, ChinaBond Commercial Bank Investment Index and a series of sub-indices staged by term to maturity, to further expand the variety of ChinaBond price indices. Shanghai Clearing House launched Shanghai High-tech Enterprise Bond Index, Interbank Certificate of Deposit Index, Short-term Commercial Papers Index and Medium-term Notes Index.

As for the yield curve, China Central Depository & Clearing Co., Ltd launched ChinaBond Floating-Rate USD Policy Bank Bond (LIBOR-USD-3M) Spread Curve, to meet the market demand for valuation of onshore floating-rate USD bonds benchmarked against Libor.

5. Establish Investor Protection System

In June, Shanghai Stock Exchange and Shenzhen Stock Exchange released *SSE/SZSE Measures for Investor Suitability Management of Bond Market (Amended in 2017)*, with amendments to the criteria for qualified investors and the investment universe of individual investors, and additions of requirements for professional background of non-financial institutional qualified investors.

In 2017, National Association of Financial Market Institutional Investors promoted the practice and application of *Examples of Investor Protection Terms and Conditions* in the interbank market, aiming to provide investors with the basis to seek legal remedy before, in the middle of and after bond defaults and improve investor protection through credit risk warning, prevention and treatment.

(iii) Policy Review

1. The bond market delivered stable growth. Owing to the policy requiring optimization and governance of the bond issuance mechanism, the issuance amount of the bond market recorded insignificant growth and the market size was further enlarged. As of the end of 2017, the depository amount of the bond market stood at RMB 74.96 trillion, up 17.7% year on year. The depository amount of the interbank bond market was RMB 65.43 trillion, up 16.2% year on year; and that of the exchange market came in at RMB 9.53 trillion, up 21.6% year on year.

2. The market appeal was heightened with a growing investor base of greater diversity. The bond market has become more attractive, thanks to constantly improved institutional framework, progress in infrastructure development, orderly establishment of constraints and opening-up measures. As of the end of 2017, the interbank bond market had a total of 18,989

investment entities, adding 4,862, and the investor base was more diversified. Among the total, there were 2,665 domestic corporations, adding 336 to the number recorded at the end of last year, representing a year on year increase of 14.4%; there were 15,458 non-corporate entities, an increase of 4,067, or 35.7%, when compared with last year; and 866 were foreign investors, adding 459, or 112.8% compared with last year.

3. The market celebrated a boom in innovations. Policies were introduced to optimize and perfect the issuance mechanism. The investor protection mechanism was put in place and fine-tuned. In 2017, product innovations kept emerging in the bond market and were particularly active in asset-backed securities, high-tech startups supported by the bond market, poverty alleviation and environmental protection, among other debt instruments. In terms of asset-backed securities, in 2017, there were 33 issues of non-performing asset-backed securities cumulatively, with the issuance amount of RMB 28.6 billion, and RMB 87 billion worth of non-performing assets were disposed of. Two PPP asset-backed notes were registered. Green asset-backed notes, poverty alleviation asset-backed notes and supply chain asset-backed notes were launched. The first interbank Real Estate Investment Trust (REITs) fund made its debut. In terms of mass entrepreneurship and innovation bonds, business entities in startup and innovation resource clusters located in six provinces (cities) including Shanghai and Jiangsu registered special-purpose debt financing instruments worth RMB 17 billion and completed total issuance of RMB 4.95 billion; exchanges completed 23 issues of innovation and startup corporate bonds, at a total issuance amount of RMB 4.26 billion. In terms of poverty alleviation, 13 poverty alleviation notes finished registration or record filing, worth RMB 37.5 billion, and there were 12 issues with the total amount of RMB 13 billion. The proceeds are earmarked mainly for expressways, relocation projects and industrial poverty alleviation projects in poverty-stricken regions. Exchanges completed nine issues of corporate bonds and asset-backed securities under poverty alleviation programs and raised RMB 4 billion. In terms of green bonds, in addition to green medium term note, green private placement instruments, green perpetual notes and green bond-loan-fund portfolios, green asset-backed securities, green panda bonds and green sovereign bonds, among other innovative products, were offered in the interbank bond market. 16 entities registered 18 green debt financing instruments in 2017, with the registration amount of RMB 36.151 billion and the issuance amount of RMB 16.484 billion. Exchanges issued green bonds including ordinary corporate bonds, renewable corporate bonds, panda corporate bonds and asset-backed securities. In 2017, 24 green corporate bonds and 8 green asset-backed securities were issued via exchanges, raising about RMB 32.7 billion.

4. The number of overseas issuers increased. More and more overseas issuers were attracted

to China's bond market thanks to opening-up of the credit rating industry and constantly improved market institutional framework. In 2017, 35 panda bonds with the issuance amount of RMB 66.3 billion were issued by issuers widely distributed across Asia, Europe, and North America. 26 issues happened in the interbank bond market, with the issuance amount of RMB 60.3 billion, representing 91.0% of the total; and the rest 5 in the exchange market, with the issuance amount of RMB 6 billion, taking up 9.0% of the total.

(iv) Outlook

In 2018, the bond market will stick to the keynote set by the party at the 19th National Congress, as well as the arrangements adopted at the Central Economic Work Conference and the National Financial Work Conference, seek growth amid stability, uphold a new development philosophy, drive supply-side structural reforms, push ahead with reforms and opening-up of the financial market, further carry out three tasks, that is, serving the real economy, preventing financial risks and deepening financial reforms, and boost high-quality economic growth of the country. Institution building of the bond market will make progress step by step.

Column

The Launch of Bond Connect "Northbound Connect"①

(I) Simplify entry threshold and improve transaction efficiency

On July 3, 2017, Bond Connect "Northbound Connect" was officially launched, which allowed foreign investors to invest in the mainland interbank bond market through Hong Kong. And in the future, it will expand to "Southbound Connect". There is no quota limit for "Bond Connect". Bond Connect Co., Ltd. was established under "Northbound Connect", to guide investment institutions to put on records and enter the market, negotiate with international bond trading platform, and provide support for the smooth progress of bond connect. Before "Northbound Connect", foreign investors could invest in mainland bond assets through QFII, RQFII, and CIBM. Compared with these three approaches, the "Northbound Connect" has simplified the entry threshold, through which foreign investors can issue orders through overseas electronic trading platform to allocate bond assets without changing their business habits, thus improving the convenience of participation, reducing transaction costs and enhancing transaction efficiency.

---

① **Author**: Wu Ping ping, Financial analyst, Research Department, China Galany Securities Company.

(II) Facilitate the opening up of the bond market and the introduction of incremental funds

The opening degree of China's bond market and the participation rate of foreign capital are relatively low. The hosting volume of China's bond market is the third largest in the world, and foreign investors hold less than 2%, which is far lower than the average level of emerging markets and developed markets. The institutional arrangements of "Northbound Connect" has broken through the technical obstacles of connecting the domestic and foreign bond markets in the links of opening accounts, trading and clearing, which has realized the effective coupling of the domestic and foreign bond markets, accelerated the integration of the domestic bond market into the international system, and further opened up the domestic bond market. After the launch of "Northbound Connect", overseas funds will enter the mainland bond market through Hong Kong. In the short run, its impact on the bond market will be limited. In the long run, as the demand for RMB bonds in the overseas market increases, it will bring considerable incremental funds, increase the participation rate of foreign capital, and further promote the process of opening up the domestic bond market.

(III) Promote the mature development of the bond market and promote the internationalization of RMB

Before the launch of the "Northbound Connect", the main investors in the domestic bond market were foreign investors with a large volume. After the launch of the "Northbound Connect", foreign investors with a large number but a relatively small volume will also participate more in the domestic bond market investment. The diversification of the participants in the domestic bond market is conducive to the perfection of the pricing mechanism of the mainland bond market and the enhancement of its influence. In the meantime, the entry of foreign mature institutional investors will also promote the further development of China's bond market rating, information disclosure and other infrastructures.

The maturity of China's bond market can enhance the attractiveness of RMB assets and promote the internationalization of RMB. At the same time, after the launch of the "Northbound Connect", foreign investors can invest in the mainland bond market through Hong Kong. The improvement of market access policy is conducive to the inclusion of onshore RMB bonds into the international mainstream bond index (Bloomberg has announced the inclusion of RMB-denominated Chinese bonds into the Bloomberg Barclays Global Composite Index from April 2019). The increased demand for the allocation of domestic bonds and the inflow of incremental funds abroad can hedge the pressure of capital outflow, which is conducive to the steady international balance of payments and facilitate the RMB internationalization.

V. Fund Market Development Policy[①]

(i)Overview of Fund Market Development Policy

Statistics of Asset Management Association of China ("AMAC") show that as of the end of 2017, the assets managed by management companies of publicly offered funds and their subsidiaries, securities companies, futures companies and management institutions of privately offered funds were RMB 53.57 trillion, 3.4% higher than that of 2016. With stable and rapid development, the assets managed by publicly offered funds reached RMB 11.60 trillion, increasing 26.6% and the number of products offered were 4,841, rising 25.2%. Among the individual investors of the publicly offered funds, 70% of the investors had an after-tax annual income of below RMB 100,000 and the number of the effective individual accounts reached 420 million, providing hundreds of millions of households with inclusive investment and financing services. Meanwhile, as the principal entrusted investment asset manager of National Social Security Fund ("NSSF"), the management companies of publicly offered funds are managing over 40% of the assets of NSSF and making significant contributions to the value growth of NSSF. The privately offered funds have achieved rapid development under regulation: 22,446 managers of privately offered funds have registered with AMAC, rising 27.2%; 66,418 privately offered funds have been registered, increasing 42.8%; the assets managed reached RMB 11.1 trillion, growing 40.7%; among which, 13,200 were managers of private equity and venture capital investment funds, 13,099 private equity and venture capital investment funds were registered, and RMB 6.52 trillion of assets were managed. Moreover, 51,255 unlisted equity investment projects have been established with an original investment capital of RMB 3.34 trillion, giving strong support to economic transformation and innovative development. In 2017, the fund industry continued to strengthen its trustee duties by improving its capacity of active management, strictly controlling the channels, deleveraging and preventing risks. Great achievements have been made. The channel business has dropped 13% from its peak and the industrial structure has been significantly optimized.

(ii)Analysis of Fund Market Developmet Policy

The essence of asset management is that an asset manager entrusted by a client fulfills its trustee duties and manages the client's assets according to their contract while the client

① Author: Li Yan, board secretary of Guotai Junan Securities Asset Management Co., Ltd.

receives the investment revenue and undertakes investment risks according to the contract. In 2017, based on the core target of protecting the interests of investors, the industry regulation policies continued to pay more attention to seller's fulfillment of responsibilities and prevention of financial risks, encouraged the professional and differential operation of private equity funds while further regulating the investment operation, internal control, risk management, sales behaviors and information disclosure of the asset management institutions, so as to build a long-term and sustainable development ecology.

1.Paying more attention to seller's fulfillment of responsibilities and strengthening management of investor suitability

Protecting investors' interests has always been the core target of the industry's regulation. Although "buyer undertakes risks and seller fulfills responsibilities" has always been the principle of the industry's regulation, the regulatory policies introduced in 2017 obviously stressed "seller's fulfillment of responsibilities." On December 12, 2016, China Securities Regulation Commission ("CSRC") published Regulations on Appropriateness of Securities and Futures Investors, in order to regulate the appropriateness of the investors of Growth Enterprise Market, share transfer system, financial futures, securities margin trading and privately offered funds, strengthen the operating institutions' responsibilities of investor suitability, and specify the general classification of investors and basic standards of product grading. CSRC also requires the operating institutions to classify the investors in a scientific manner and establish understanding investors, understanding products, matching of investors and products and risk disclosure as their basic operating principles. On June 28, 2017, AMAC published Guidelines for Management and Implementation of Investor Suitability of Fund Raisers, in order to unify the specific requirements for the appropriateness management of publicly and privately offered funds and strengthen the fund raisers' responsibilities for appropriateness management. AMAC requires the fund raisers to classify professional and regular investors, grade their products and services, and establish appropriateness matching principles, and guides the operating institutions to raise their initiative of and awareness to protecting investors.

2. Paying more attention to risk prevention, particularly systematic risks

With the abnormal fluctuations of the stock market in second half of 2015, circuit breaking of the stock market in early 2016, and abrupt tightening of liquidity of the bond market in the end of 2016, the publicly offered funds suffered a huge redemption and an unprecedented liquidity risk challenge, only one step away from the eruption of systematic financial risks. On August 31, 2017, CSRC published Regulations on Management of Liquidity Risks in Publicly Offered and Open-ended Securities Investment Funds, setting forth the systematic and comprehensive requirements for the management of the liquidity risks in publicly offered and open-ended funds and requiring completing the indicator system for managing the liquidity risks in open-ended funds and establish the liquidity risk monitoring and warning system based on pressure tests. The regulations cover multiple aspects including product design, investment operation, redemption application management and information disclosure. With regard to product design, the newly established funds beyond the money market funds, in which the percentage an individual investor is allowed to hold exceeds 50% of the fund's shares, are required to be operated in a closed or regular opening manner and the opening period shall not be less than 3 months, and the funds shall be launched by fund managers and management. With regard to investment operation, it is required that the negotiable shares issued by one listed company held by all the open-ended funds managed by one individual fund manager shall not be over 15% of the listed company's total negotiable shares, the negotiable shares of one listed company held by all the portfolios managed by one individual fund manager shall not exceed 30% of the listed company's total negotiable shares, and that the total market value of the liquidity-limited assets actively invested by one individual open-ended fund shall not exceed 15% of the fund's net worth.

As of the end of 2017, the funds on the money market reached RMB 6.7 trillion, rising 56% year-on-year and accounting for 58% of the total publicly offered funds. If the money market funds suffer a huge redemption, the valuation method of amortized cost may lead to a chain reaction and the consequent liquidity drain may cause a systematic risk to the financial market at any time. In light of this, Regulations on Management of Liquidity Risks in Publicly Offered and Open-ended Securities Investment Funds sets forth specific regulations on the liquidity risk control of the money market funds, requiring that the month-end net asset value of the money market funds calculated with the amortized cost method and managed by one individual fund manager shall not exceed 200 times of the month-end balance of the risk allowance of such fund manager; the newly established money market funds with an individual investor holding over 50% of shares shall not be calculated with the amortized cost method and the scope of investment shall be strictly limited; and that the fund managers shall strictly monitor and manage the concentration of the shareholders of the money market funds and the concentration of money market funds held by the first 10 holders shall be set by layers to limit the average remaining maturity of investment portfolios. These systematic arrangements are conducive to ensuring the stable operation of the money market funds, preventing the liquidity risks of the money market funds, and avoiding systematic financial risks.

As of February 2017, there were 151 domestic guaranteed funds with a market value of

RMB 320 billion. The guaranteed funds have played a role in enriching fund products and satisfying the diversified needs of the investors. In the meantime, however, the potential risks cannot be ignored. As domestic guaranteed funds adopt a guarantee system of joint liability and most guarantors have an unconditional right of recourse, the fund managers may take the final responsibilities for the risks exposed to the principals of the guaranteed funds, which may endanger the operation and even the survival of the fund management companies. On January 24, 2017, CSRC published Guidelines for Hedging Strategy Funds, changing the name of the guaranteed funds to hedging strategy funds, in order to avoid misleading the investors to have the expectations of implicit guarantee. The Guidelines also requires that the investment ratio for the investment objects by the hedging strategy funds shall match the investment targets and strategies, the percentage of steady assets invested by the hedging strategy funds shall not be lower than 80% of their net worth, the average remaining maturity of such steady asset portfolios shall not exceed the hedging strategy period, and that the size of the hedging strategy funds shall be moderately controlled.

3. Further completing the "7+2" system of self-discipline rules and promoting the regulated development of private placement

In 2017, AMAC further completed the "7+2" system of self-discipline rules based on the core target of protecting investor interests and building industrial credit, in order to promote the entrusted money management culture of "buyer undertakes risks and seller fulfills responsibilities" and investor interests first, and build an ecological environment for the sustainable development of the private placement industry. On March 1, 2017, AMAC published Regulations on Private Investment Fund Services, to clarify the service categories, focusing on regulating the three business duties of fund shares, fund evaluation and information technology system and implementation requirements, regulating the legal relations between the service institutions and managers of the privately offered funds, introducing the exit mechanism of the service institutions, guiding the fund service institutions to provide the fund managers with the comprehensive services of integrating into the life cycles of funds, supporting the characteristic and differential development of the managers of the privately offered funds, reducing operation cost, strengthening the core competitiveness and building favorable industry ecology. In January 2018, AMAC published Rules on Reporting the Credit Information of the Members Managing Privately Offered Securities Investment Funds (Trial Version), stipulating that the report on member credit information shall be updated every quarter, in order to continuously and dynamically accumulate the credit records of the members managing privately offered securities investment funds, build the industry on credit, promote self-credit regulating in the industry, and urge the managers of privately offered securities investment funds to improve the operational stability and transparency and the expertise of investment operation. On June 26, 2017, AMAC published Notice on Management of Qualifications of Fund Practitioners, specifying examination subjects and qualification registration, arrangements of extending the periods of recognizing examination scores, and implementation and arrangements of the qualification registration of fund marketing personnel, so as to successfully carry out the qualification registration of privately offered practitioners.

(iii) Outlook for Fund Market Development Policy

Unified supervision of asset management has been widely recognized by the regulatory authorities and the market and the implicit guarantee, regulatory arbitrage, multilevel nesting and channel business depending on the institutional (separate) regulation mode will disappear with the industry returning to its original nature of asset management. The offering of publicly offered FOF products indicates that China's industry of publicly offered funds is entering a new stage of development. The implementation of *Guidelines for Pension-based Securities Investment Funds (Trial Version)* will usher in a new era in which China's industry of publicly offered funds serves individual needs for pension fund management. Meanwhile, the principle of responsible investing (ESG: Environmental, Social and Governance) has been widely accepted by pension funds and mutual funds, among other institutional investors worldwide and has significantly improved risk control and long-term yield of asset portfolios. Along with fast growth of the Chinese economy and advancement of the society, all market participants need to assume greater social responsibilities. Systematic and institutionalized regulation is wanted to drive ESG investing in the asset management sector.

Column 1

ESG Responsible Investing Around the Corner[①]

ESG responsible investing is a driver to sustainable growth of the real economy. Currently, the Chinese economy is at a critical moment of transition from high-speed growth to high-quality growth. Better quality and efficiency and pursuit of perfection are dominant themes today.

---

① Author: Cai Hengpei, Chief Officer, The Asset Management Association of China. ESG responsible investing is an investment strategy that weighs the Environmental, Social and Governance performance of the investment target in the investment decision-making process.

"With the skin gone, to what can the hair attach itself?" To serve the real economy and fuel high-quality growth is an essential requirement for the asset management sector. Financial capital to economy activity is like blood to human body. Incorporating ESG factors into investment decision-making can help eliminate "chicken ribs" and build up inner strength of the real economy. On one hand, ESG responsible investing highlights energy efficiency, environmental protection, social responsibility and governance and naturally repels companies that cause serious pollution, have backward production capacity, and provide low-quality growth and poor sustainability. These companies will be forced to change their growth patterns. On the other hand, ESG responsible investing can mobilize investment resources in the market to pick out businesses that are committed to energy efficiency, environment friendliness, technical innovations, excellent governance and high-quality growth and show long-term value growth potential. If these businesses get funded and even benefit from the effect of resource integration, and therefore become bigger and stronger, and more capital is pumped into fields of the real economy that need funding the most, and are of the highest efficiency and best quality, then new growth momentum will be fostered, a sound circulation mechanism boosting interactions and mutual development of the capital market and the real economy will take shape and sustainability will be achieved.

ESG responsible investing will make a fresh start in long-term value investment. "Lucid waters and lush mountains are invaluable assets" not only points to the importance of "green" development, but also suggests a green environment can produce material economic benefits. ESG responsible investing incorporates environmental, social and governance factors into the investment decision-making process. It is like neither charity, nor compulsory obligations. Instead, it pursues long-term value and growth potential of the investment target, and seeks to improve risk control and long-term yield of asset portfolios so as to help investors reap reliable long-term returns. It is an investment instrument that can effectively avoid risks and deliver long-term stable excess returns. International experience also proves that ESG investing provides good risk tolerance and stable long-term yield. Many countries and regions have launched ESG policies. In Europe and the USA particularly, ESG investing has become a prevailing investment strategy.

The fund industry of China has made explorations and attempts in ESG. In 2008, Aegon-industrial Fund Management Co., Ltd launched the country's first ESG fund— Aegon-industrial Fund Social Responsibility Equity Fund. As of mid-April 2018, its annualized ROR was 15.11%, according to Wind data. An industry survey conducted by the Asset Management Association of China earlier on shows that institutions are putting ESG responsible investing into practice to varying degrees and a consistent investment decision-making mechanism and culture are yet to take shape across the industry. Rome was not built in a day. On the whole, institutional investors are quite enthusiastic about ESG, as 90% of them endorsed the adoption of the ESG principle as one of the basic rules governing investment portfolio strategies. The Asset Management Association of China has noticed the tremendous significance of ESG responsible investing to boost the power and long-term capital formation ability of institutional investors in the capital market and is actively selling ESG responsible investing to the asset management sector.

Column 2

Private equity fund management scale exceeds RMB 11 trillion①

Both direct and indirect investment modes serve the transformation and upgrading of the real economy. In 2017, the private equity fund industry developed rapidly in the regulation. By the end of 2017, there were 22,446 private equity fund managers filed with theAsset Management Association of China, an increase of 28.8% over that of 2016; 66,418 registered private equity funds, an increase of 42.8%; and RMB 11.1 trillion of assets under management, up by 40.7%. Private equity funds meet the financing needs of physical enterprises through direct and indirect investment. Direct investment includes domestic equity investment and bond investment. Indirect investment mainly includes investment in public private equity fund, asset management plan, bank financing, trust plan, insurance asset management plan, etc. By the end of 2017, the scale of direct investment in private equity funds was about RMB 6.6 trillion, accounting for 54%; indirect investment activities in China were about RMB 2.7 trillion, accounting for 22%; and cash management assets amounted to RMB 1.2 trillion, accounting for 10%. The proportion of other investments in various derivatives and overseas investments was RMB 1.8 trillion, accounting for 14%② of the total. All kinds of private equity funds ranking the top five in terms of the number of enterprises investing (not completely withdrawing)are: computer use, capital goods, raw materials, medical biology, and other finance, with proportion of 27.8%、12.2%、5.9%、5.6%、5.4% respectively. The top five industries in terms of invested book value are capital goods, real estate, other finance, computer application and transportation which account for 15.9%、15.7%、10.6%、9.0%、7.2% respectively.

"7 + 2" self-regulatory rule system ensures the orderly development of private equity fund industry. In 2017, the Asset Management Association of China continued to improve the "7 + 2"

---

① Author: Li Yan, board secretary of Guotai Junan Securities Asset Management Co., Ltd.

② The statistics here are according to the use of funds, while those of the source of funds may be slightly different.

self-regulatory system[①] by focusing on the core goals of protecting the interests of investors and building industry credit, in order to promote the private equity industry to adhere to "seller fulfills responsibilities and buyer undertakes risks" and the entrusted financing culture of prioritizing interests of investors, to create a sustainable private equity industry ecological environment. In view of the unclear obligation of appropriateness of institutional investors in market operation, the lack of uniform and clear requirements of regulatory bottom line, and the fact that some institutions in practice do not implement the system of appropriateness in place, at the end of 2016, the China Securities Regulatory Commission issued the *Regulations on Appropriateness of Securities and Futures Investors*, which focused on assessing investors' risk bearing capacity and product risk levels, to fully reveal risks, and put forward matching opinions, etc. It clarified the unified appropriate management regulations for securities and futures, standardized the classification standards, stipulated the institutional obligations, and ensured the implementation of all appropriate requirements to protect the legitimate rights and interests of investors. On June 28, 2017, the Asset Management Association of China, issued the *Guidelines for Management and Implementation of Investor Suitability of Fund Raisers,* which unified the standards for the implementation of appropriate management of public private equity funds and strengthened the protection of investors. In view of the problems such as unclear division of powers and responsibilities between private equity fund service organizations and managers, unclear requirements for performance of duties, lack of exit mechanism, and so on, on the basis of the *Guidelines on Outsourcing of Fund Services (Trial)* implemented in February 2015, the China Securities Investment Fund Industry Association issued the *Private Equity Investment Fund Service Business Management Measures*, to clarify the legal relationship between private equity fund service agencies and private equity managers, comprehensively categorize service business types, and focus on making responsibilities and accountability requirements for three kinds of business: fund share, fund valuation and information technology systems. It put forward the boundary of various kinds of business duties, defined the level conditions and self-discipline management requirements, introduced the exit mechanism of service organizations, guided all parties in the market to fulfill their duties, encouraged the special and differentiated development of the managers of private equity investment funds, reduced the operating costs, improved the core competitiveness and created a good ecological environment for the industry. In terms of

① 7+2 self-regulatory system refers to seven management methods and two guidelines involving private equity fund registration and filing, fund raising, fund custody, internal control, personnel management, contract guidance, information disclosure, investment advisory and intermediary services.

overheated investment in real estate and liquidity risks in the bond market, the Asset Management Association of China, issued *Management Plan Record Standard No. 4 for the Private Asset Management of Securities and Futures Institutions* to implement the spirit of the Party Central Committee and the State Council on real estate regulation and control; *drafted Management Norms No. 5 for Private Equity Management Plan Filing*, to guard against bond market risks.

Column 3

Publicly Offered FOFs Usher in China's New Era of Publicly Offered Funds①

The offering of publicly offered FOFs marks the beginning of a new era for the development of China's publicly offered funds.

On September 11, 2016, China Securities Regulation Commission ("CSRC") published Fund of Funds Guidelines – Guidelines for Operation of Publicly Offered Securities Investment Funds No.2 (CSRC [2016] No.20). On September 8, 2017, six publicly offered funds of funds ("FOF") from six fund companies were allowed by CSRC to be offered. After raising a considerable sum of fund (RMB 16.6 billion in total) within a short period of time, the six publicly offered FOF products began to operate.

As a portfolio investment of main categories of assets achieved with publicly offered funds, the mainstream publicly offered FOFs realize the allocated investment of main category assets through different but definite allocation proportions. As an important category of the publicly offered funds, FOFs have provided the investors with an effective solution of asset allocation and addressed a problem for non-professional investors, which is the discipline of asset allocation. Theories and practices have proven that asset allocation has significant advantages, which, however, can only be fully demonstrated in a long run. For non-professional investors, the execution of the discipline of asset allocation has been proved to be a huge challenge. FOFs are designed to solidify the discipline of asset allocation in the form of products and allow the ordinary investors to gain long-term returns by allocation proportions through the ups and downs of the capital market and within the risk limits that they can tolerate. As the advantages of FOF for asset allocation investment gradually emerge, more and more investors will accept the concepts of long-term investment and asset allocation and China's fund industry and capital markets will also be going through a tremendous transformation.

---

① Author: Wang Yi, Chief Strategy Officer of Hua An Fund Management Co.,Ltd and specially-invited expert for The Thousand Talents Plan.

Three-level regulations ensure the standard operation of publicly offered FOFs. The Law of Securities Investment Fund of PRC, effecting on June 1, 2013, regulates that unless otherwise specified by the securities regulation management agency of the State Council, any fund property shall not buy or sell any shares of any other funds. A space has been reserved for the publicly offered FOFs on the legislative level. Later on, Article 30.4 of Regulations on Operation of Publicly Offered Securities Investment Funds published by CSRC on July 7, 2014 states that a fund that invests over 80% of its assets in the shares of other funds shall be a fund of funds, giving a definition to the publicly offered FOFs. Fund of Funds Guidelines – Guidelines for Operation of Publicly Offered Securities Investment Funds No.2 specifies that the main investment object of the publicly offered FOFs shall be the shares of the publicly offered funds approved or certified by CSRC, setting a specific limit for the investment of the publicly offered FOFs to prevent the concentrated holding risks, the investment objects' own risks, and the liquidity risk and regulating the expenses of the publicly offered FOFs to avoid double dipping. The Guidelines also sets forth other requirements for the operation of the publicly offered FOFs, including strengthening information disclosure, specifying the evaluation principle and regulating the business structure, to ensure the standard operation of the publicly offered funds and protect the interests of the investors.

Publicly offered FOFs are an economical and practical investment tool for individuals.

Facing the huge challenges imposed by China's rapidly aging society, the Chinese government currently is speeding up the construction and improvement of the multi-level pension system. The pension system with the three pillars of the government, employers and individuals has been widely recognized. The value created by the long-term investment of individual retirement savings will significantly strengthen the foundation of the social pension security. Practice shows that the publicly offered funds are an economical and effective choice for the long-term investment of individual retirement savings. In the United States, for example, nearly a half of the asset of individual retirement accounts is invested in mutual funds and achieves good performance in long-term value appreciation. In light of the development of current domestic capital markets and maturity degree of the individual investors, the publicly offered FOFs based on asset allocation with further diversified risks will be a more appropriate tool for the investment of individual retirement savings compared to other fund products.

Appendix

Fund Market Development Policy in 2017

Date	Major policies	Introduced by
January 24, 2017	Guidelines for Hedging Strategy Funds	CSRC Notice (2017) No.3
February 14, 2017	Practices for Record Management of Private Asset Management Programs of Securities and Futures Operating Institutions No.4	AMAC
March 1, 2017	Regulations on Private Investment Fund Services	AMAC
May 4, 2017	Guidelines for Evaluation of Fund of Funds (Trial Version)	AMAC
June 6, 2017	Regulations on Compliance of Securities Companies and Securities Investment Fund Companies	CSRC Order (No.133)
June 26, 2017	Notice on Management of Qualifications of Fund Practitioners	AMAC
June 28, 2017	Guidelines for Management of Investor Suitability of Fund Raisers (Trail Version)	AMAC
August 31, 2017	Regulations on Liquidity Risk Management of Publicly Offered and Open-ended Securities Investment Funds	CSRC Notice (2017) No.12
September 5, 2017	CSRC Guidelines for Evaluation of Securities Investment Funds	CSRC Notice (2017) No.13
September 6, 2017	Guidelines for Evaluation of Restricted Shares Invested by Securities Investment Funds (Trial Version)	AMAC
September 13, 2017	Practices for Compliance Management of Securities Investment Fund Management Companies	AMAC
October 18, 2017	Guidelines for Management of Investor Suitability of Fund Raisers (Trail Version)	AMAC
December 29, 2017	Instructions on Evaluation of VAT Calculation of Securities Investment Funds	AMAC
January 12, 2018	Instructions on Registration of Privately Offered Funds	AMAC
January 12, 2018	Rules on Reporting the Credit Information of the Members Managing Privately Offered Securities Investment Funds (Trial Version)	AMAC
January 25, 2018	China Fund Evaluation Standards	AMAC
February 11, 2018	Guidelines for Pension-based Securities Investment Funds (Trial Version)	CSRC Notice (2018) No.2

VI. Monetary Market Development Policy[①]

With the steady progress of the monetary market system and infrastructure construction, further improvement of bond storage, standard tickets conversion and settlement risk systems on the repurchase market of exchanges, standardization of bond repurchase by bond market participants, standard and orderly development of the negotiable certificate of deposit ("NCD") market guided by the amended Interim Measures for Management of Inter-bank Borrowing, continuous improvement of the infrastructure construction of the bill market, and further improvement of the supporting rules for trading, China's monetary market was generally stable in 2017. Moreover, the operating efficiency of the monetary market and the financial capacity of the service entities have been further improved.

(i) Inter-bank borrowing market

In 2017, China's inter-bank borrowing market was generally stable. Under the circumstances of loosening market access, stricter regulation on trading, and greater efforts on risk control, the number of the participants of the inter-bank borrowing market has been growing with a decreased trading scale and a tight balance of market funds.

1. Operation of the inter-bank market in 2017

(1) Reduced trading scale with significant short-term characteristics. In 2017, the transaction volume of China's inter-bank market was RMB 79 trillion, with an average daily transaction of RMB 314.7 billion, down 17.65% year-on-year. Among the total transaction volume, RMB 68 trillion was contributed by the overnight transactions, accounting 86.07% of the total transaction volume, up 1.48% than that of the previous year; the seven-day inter-bank transactions accounted for 10.02%, up 0.52%; the inter-bank transactions of 14 days to 3 months accounted for 3.57%, increasing 0.96%; and the inter-bank transactions of over 3 months accounted for 0.16%, same as the previous year.

(2) Rising closing interest rates with increasing fluctuations. In the same year, the weighted average interest rate of inter-bank borrowing was 2.77%, up 59.41 base points. Within the year, the daily weighted interest rate reached its highest point of 3.6668% on September 30 and its lowest point of 2.1948% on January 9 respectively. The maximum difference was 147.20 base points, 60.23 base points higher than that of the previous year.

(3) Active trading among banking institutions with higher costs for non-banking

① Author: By Zhu Yongxing from Financial Market Management Department, Shanghai Headquarters of PBOC.

institutions. Banking institutions are the first and foremost trading participants on the inter-bank borrowing market, contributing 87.26% of the total trading volume each year. Among non-banking institutions, the securities companies and finance companies are the most active. With regard to financing cost, the weighted average interest rate of the non-banking institutions for borrowing funds was 3.02%, 24.95 base points higher than that the average interest rate on the market, and 32.11 base points higher than that of the banking institutions, 10.16 base points and 12.34 base points higher than those of in the previous year respectively.

2. Policies of regulation on the inter-bank borrowing market and analysis

(1) Policy background. In 2017, the global economy began to recover with the normalization of the monetary policies of the major developed economies. The Federal Reserve raised its interest rate for three times in a year and began to cut back its balance sheet from October. Bank of England raised its interest rate for the first time over the past decade. The gradual returning of the monetary policies all around the world pushed the rising of global financing cost. In the meantime, with the stable, improved and better than expected economy, China maintained a prudent and neutral monetary policy and an overall low level of excessive reserve ratio of depository financial institutions with a minor increasing of market interest rate. The reports of the 19th NCCPC, National Financial Work Conference and Central Economic Work Conference have all proposed to improve the financial supervision system, prevent and mitigate material risks and stick to the principle of avoiding systematic financial risks. With the increasing uncertainty of global economy and finance and the rising of market interest rates, the prevention of liquidity risks has become increasingly significant.

As one of the key areas for the liquidity management of financial institutions, the inter-bank borrowing market has been developing steadily in recent years, featuring improved infrastructure, standard and transparent trading among market participants, gradual promotion of streamline administration and institute decentralization, and orderly strengthening of opening up, providing a more convenient channel for the liquidity management by the financial institutions and laying a solid foundation for the construction of the benchmark interest rate of the monetary market. In the meantime however, the inter-bank borrowing market also has problems such as over concentration of trading participants on banking institutions, short term transactions and shortage of mid-and-long term continuous trading prices. The launch of NCD at the end of 2013 has provided a real basis reference for the pricing of funds over 1 month, effectively remedied the defaults in the trading term structure of the inter-bank borrowing market, and provided a reference for the pricing of the mid-and-long term inter-bank borrowing transactions. From 2014 to 2016, the NCD launch market had been growing rapidly with an annual average growth rate of over 100%. However, the leverage addition of NCD and investment of high risk assets by some financial institutions have led to idle arbitrages of funds inside the financial institutions, reduced the financial support to the real economy, deviated from the original intention of making NCD a monetary tool of liquidity regulation, and increased the market risks. The NCD business became one of the regulatory focuses in 2017.

(2) Major regulatory policies. In March 2017, China Banking Regulatory Commission ("CBRC") issued Notice on Launching Special Governance on Illegal and Rule-breaking Behaviors of Banking Institutions (CBRC [2017] No.45), Notice on Launching Special Governance on Regulatory Arbitrages, Idle Arbitrages, and Related Arbitrages by Banking Institutions (CBRC [2017] No.46) and Notice on Launching Special Governance on Improper Innovations, Transactions, Incentives and Charges of Banking Institutions (CBRC [2017] No.53), to investigate and rectify relevant misconducts, particularly the inter-bank arbitrages and expansion and misuse of funds.

In April, 2017, CBRC issued Notice on Launching Centralized Governance on Irregularities in the Banking Industry (CBRC [2017] No.5), requiring the financial institutions to perform self-inspection on the 10 irregularities in the banking industry.

In the same month, CBRC published Guidelines for Risk Prevention in the Banking Industry (CBRC [2017] No.6), setting forth the regulatory requirements for the risk prevention in the 10 key areas including the liquidity risk and requiring a reasonable control over the scale of inter-bank financing such as NCD.

In August, People's Bank of China (PBOC) published the report on monetary policy implementation in Q2, planning to include the NCDs within 1 year issued by the banks with a capital of over RMB 500 billion into MPA inter-bank liability ratio index for assessment.

In the same month, PBOC issued its No.12 (2017) announcement, stipulating that the NCDs with a term of no more than 1 year, such as 1 month, 3 months, 6 months, 9 months and 1 year, may be calculated by fixed or floating rates and priced according to Shanghai Interbank Offered Rate of the same term, and that the financial institutions shall not issue the NCDs of over 1 year starting from September 1, 2017.

In September, China Securities Regulatory Commission ("CSRC") issued Regulations on Liquidity Risk Management of Public Offering and Open-end Securities Investment Funds (CSRC [2017] No.12), imposing stricter risk control over the monetary market funds' investment in the financial instruments including NCDs.

In November, PBOC, CBRC, CSRC, Insurance Regulatory Bureau ("IRB"), and State

Administration of Foreign Exchange ("SAFE") jointly published Guidelines for Standardizing Asset Management of Financial Institutions (Draft for Comment), aiming to set up the standards of classifying asset management products, reduce the risks of shadow banks and liquidity risks, abolishing implicit guarantee, control the leverage level of asset management products, limit multi-layer nesting and channel business, and substantially strengthen regulation and coordination.

In December, CBRC published Regulations on Liquidity Risk Management of Commercial Banks (Draft for Comment), to introduce the net stable funding ratio, adequacy ratio of high quality liquid assets and liquidity matching ratio, further complete the liquidity risk monitoring system and specify relevant requirements for liquidity risk management.

(3) Analysis of policy effects

① Market regulation. In 2017, a number of regulations were issued by the financial regulation authorities and the risk prevention and de-leveraging had been consistently intensified so as to substantially reduce the financial risks and stick to the principle of avoiding systematic financial risks. The special governance on "three violations", "three arbitrages" and "four misconducts" as well as "10 major industrial irregularities" carried out by CBRC put forward the regulatory requirements specifically to the inter-bank business. Under such circumstances, the self-inspection on the inter-bank business by the financial institutions was strengthened, with higher thresholds for credit granting and more prudent internal control, the internal capital leverage was lowered within the financial system, and the internal stability of funds was improved. However, the financial institutions became reluctant to lend their funds due to the changes of strength and continuity of subsequent regulatory policies expected by the market. Moreover, the adjustment of assets and liabilities made by the financial institutions encouraged to a certain extent the fluctuations of the supply and demand of short term funds. The transactions on the inter-bank borrowing market dropped significantly in Q2 while the closing interest rate was rising.

CBRC has vowed to inspect and rectify the NCD business in a number of its documents and put forward the notion of assessing whether the inclusion of NCD into the inter-bank liability balance exceeds 1/3 of the total bank liabilities. PBOC ruled that the financial institutions shall not issue new NCDs of over 1 year starting from September 1 and that the NCDs of within 1 year issued by the banks with a capital of over RMB 500 billion shall be included into the MPA inter-bank liability ratio index for assessment, showing a trend of stricter regulation on the NCDs by the regulatory authorities. Under the influence of these policies, the balance of NCDs in the second half of 2017 dropped in fluctuations, turning the trend of steady rising in the previous year. By the end of 2017, the balance of the NCD market was RMB 8.03 trillion, RMB 0.41 trillion lower than the peak value in August 2017.

② Market development. In the past two years, the implementation of streamline administration and institute decentralization and opening up of China's inter-bank borrowing market have been strengthened. Since the State Council abolished the approval process for entering China's inter-bank borrowing market in February 2016, PBOC has simplified the market entrance procedures to provide the market participants with convenience. As of the end of 2017, there were 1,958 institution participants on the inter-bank borrowing market, 233 more than the previous year. The market participants are diversified, with 10 categories in 2017 compared with the 9 categories in 2016. Four consumer finance companies entered the inter-bank borrowing market as a new category of financial institutions as of the end of 2017. In addition, 10 foreign RMB clearing banks have become participants of the inter-bank borrowing market, playing a significant role in connecting the domestic and overseas RMB markets.

The time of publishing SHIBOR was changed to 11:00 in the morning from the original 9:30 since January 3, 2017 according to relevant working schedule of the self-regulatory mechanism of market interest rate pricing, to follow the requirements for deepening the reform of the interest rate market, further complete the generation and control mechanisms of market-oriented interest rates. The adjustment of publishing time is helpful to fully reflect the degree of tightness of the funds on the market, strengthen the instructive role of SHIBOR offers, and better reflect and guide the interest rates on the market. Meanwhile, the ruling that the terms of NCDs shall not exceed 1 year by PBOC is conducive to lessening the dependence of some banks on NCDs, reducing the risks of term mismatching and liquidity, guiding NCD back to its nature of monetary market tool and promoting the regulated and orderly development of the NCD market. The ruling that NCDs may be calculated by fixed or floating interest rates and be in accordance with Shanghai Interbank Offered Rate of the same term is conducive to laying a solid foundation for mid-and-long term SHIBOR offers, expanding its usage, and further solidifying its role of the benchmark interest rate.

3. Outlook

The Central Economic Work Conference has specified that promoting a high quality development is a fundamental requirement for determining development strategies, developing economic policies, and implementing micro-economic regulatory and control both for now and for a long time to come. The inter-bank borrowing market will be further opened up and its major structure will be optimized. Moreover, banking industry needs to consistently improve the market's infrastructure, complete its monitoring and management system, focus on micro and prudent risk control, strengthen the supervision and management during and after relevant events, and effectively prevent market risks.

(ii) Repurchase market

In 2017, With the continuous improvement of the construction of market systems and infrastructure, continuing expansion of the repurchase market, rising repurchase interest rates, increasing of the percentage of mid-and-long term transactions, and optimization of the structure of the asset-backed securities pledged by repurchase parties, the bond repurchase market was generally stable.

1. Policies introduced

On April 7, China Securities Depository and Clearing Co., Ltd ("CSDC") published Notice on Issuing Guidelines for Qualification Standards of Pledge-style Repurchase and Standard Coupon Discount Coefficient Evaluation (2017 revision) (CSDC [2017] No.47), revising Guidelines for Qualification Standards of Pledge-style Repurchase and Standard Coupon Discount Coefficient Evaluation (2016 revision) and raising the standards of bill credit repurchase based on the principle of time demarcation to facilitate the continuous optimization of the structure of the asset-backed securities pledged by repurchase parties.

On August 10, CSDC published Notice on CSDC's Interim Procedures for Temporary Halting of Pledge-style Bond Repurchase (CSDC [2017] No.100), to regulate the settlement of the temporarily halted pledge-style bond repurchase and state that the procedures become effective On January 22, 2018.

On November 17, CSDC, Shanghai Stock Exchange and Shenzhen Stock Exchange jointly developed and published Guidelines for Reporting Data of Financing Participants of Pledge-style Bond Repurchase (CSDC [2017] No.153) and Statement of Reporting Date of Financing Participants of Pledge-style Bond Repurchase (CSDC [2017] No.152), to establish the repurchase data reporting and risk monitoring mechanism, comprehensively strengthen dynamic monitoring of the market participants and warning, and safeguard the healthy development of the repurchase market.

On December 29, PBOC, CBRC, CSCR and China Insurance Regulatory Commission jointly published Notice on Regulating Bond Trading Business of Bond Market Participants (PBOC [2017] No.302), to further specify the internal control and risk management of the repurchase transactions, regulate repurchase trading behaviors, control the leveraging at a reasonable level and set up a one-year interim period.

2. Policy assessment

In April 2017, Xi Jinping, general secretary of CPC Central Committee, pointed out on the 40th collective learning meeting of Political Bureau of the CPC Central Committee that the economy is active and stable if the finance is active and stable and that the finance and financial safety should be well guarded. On the 5th National Conference on Financial Work held in July, 2017, Xi Jinping further noted that the financial regulation and control need to be innovated and completed based on the three tasks of serving the real economy, preventing financial risks and deepening the financial reform. Proactively preventing and mitigating systematic financial risks have been given a greater emphasis.

In 2017, the bond repurchase market had paid great attention to strengthening standardized requirements and preventing and mitigating repurchase risks. The rules and regulations issued by the exchange markets such as Guidelines for Qualification Standards of Pledge-style Repurchase and Standard Coupon Discount Coefficient Evaluation (2017 revision), Guidelines for Reporting Data of Financing Participants of Pledge-style Bond Repurchase and Statement of Reporting Date of Financing Participants of Pledge-style Bond Repurchase, are conducive to strengthening the risk management of the pledge-style repurchase on the exchange markets and promoting the healthy development of the exchange bond market. Among these regulations, the amendment by Guidelines for Qualification Standards of Pledge-style Repurchase and Standard Coupon Discount Coefficient Evaluation (2017 revision) includes raising the standards for debenture repurchase based on the principle of time demarcation and further improve the proactive management on collateral securities of repurchase and the basis of dynamic adjustment rules. Notice on Regulating Bond Trading Business of Bond Market Participants published by PBOC, CBRC, CSRC, and CIRC was developed to address the trading irregularities on the bond market, aiming to urge various market participants to strengthen internal control and risk management, complete various internal control systems related bond transactions, regulate bond trading behaviors, and control the self-leveraging at a reasonable level.

The operation of the bond repurchase market in 2017 has four characteristics. First, the overall repurchase trading volume increased slightly. The trading volume of the bond repurchase market in 2017 was RMB 854.2 trillion, with a year-on-year growth rate of 4.5%. Among the total transactions, the inter-bank bond repurchase was RMB 616.4 billion, with a year-on-year growth rate of 2.5%; and the pledge-style repurchase on the exchange bond repurchase market was RMB 256.7 trillion, 11.2% higher than that of the previous year. On the inter-bank bond repurchase market, the pledge-style repurchase was RMB 588.3 trillion, with a year-on-year growth of 3.5% and the buyout repurchase was RMB 28.1 trillion, 14.9% lower than that of the previous year. Second, most transactions were in short term. On the inter-bank bond repurchase market, the pledge-style repurchase of within 7 days and the buyout repurchase of within 7 days accounted for 93.7% and 9.8% respectively. On the exchange repurchase market, the short-term repurchase of within 7 days accounted for 98.1%. Third, the level and fluctuation of the repurchase interest rates were higher than those of in the previous year. The annual weighted average interest rate of the pledge-style repurchase on the inter-bank bond repurchase market was 2.92%, 73 base points higher than that of the previous year. The weighted average interest rate of the buyout repurchase was 3.32%, 77 base points higher that of the previous year; and the average 7-day fixing repurchase rate on the exchange repurchase market was 4.07%, 140 base points higher than that of the previous year. The maximum interest rate difference of the pledge-style repurchase on the inter-bank bond repurchase market was 268 base points, rising 160 base points from the previous year. Fourth, the structure of the asset-backed securities pledged by the repurchase participants was optimized. The interest rate liabilities and AAA credit liabilities accounted for 76.3%, 9.6 percentage points higher than that of the previous year, among which, the interest rate and AAA credit liabilities accounted for 22.2% and 54.1% respectively.

3. Outlook

As the 40th anniversary of China's reform and opening-up, 2018 is the beginning of implementing the spirit of the 19th NCCPC and a crucial year for successfully building a moderately well-off society in an all-round way and executing the Thirteenth Five-year Plan. Guided by Xi Jinping Thought on Socialism with Chinese Characteristics for a New Era and in accordance with the requirements for high quality economic development, China's repurchase market will stick to the general principle of seeking improvement in stability, substantially carry out the three major tasks of serving the real economy, preventing financial risks and deepening the financial reform, vigorously promote the reform and opening-up of the repurchase market, and stimulate the stable and healthy development of the repurchase market. It is expected that the transaction size of the inter-bank bond repurchase market will grow steadily and the number and category of the market participants will be further expanded. As the overall leveraging level of the exchange bond repurchase market steadily goes down, the structure of the asset-backed securities pledged by the repurchase participants is expected to be further optimized. The research on the third party repurchase business is expected to be strengthened to enrich the bond repurchase market system and better serve various investors.

(iii) NCD market

In 2017, the offering and trust scale of the NCD market increased significantly with consistently rising offering interest rate, characteristic short-term offering, and active trading on the secondary market.

1. Policies introduced

On August 31, PBOC published the No.12 notice of 2017, amending the regulations concerning the offering period in Interim Procedures for Management of NCD. Article 8 "The term of the deposit certificates with fixed rate shall be in principle no more than 1 year, as 1 month, 3 months, 6 months, 9 months, and 1 year, and the pricing shall be in accordance with SHIBOR. With regard to the deposit certificates with floating rate, the interest rate shall be calculated according to SHIBOR and the term shall be in principle over 1 year, including 1 year, 2 years, and 3 years" in Interim Procedures for Management of NCD (PBOC Notice [2013] No.20) was amended to "The term of NCDs shall not be over 1 year, as 1 month, 3 months, 6 months, 9 months, and the interest rate may be calculated by fixed or floating rate and in accordance with the SHIBOR of the same period." Taking effect on September 1, 2017, the notice also regulates that the financial institutions shall not issue the NCDs of over 1 year (excluded) since September 1, 2017 and the NCDs of over 1 year (excluded) issued before this date may exist until their maturity.

2. Policy assessment

The electronic and standard negotiable certificates of deposit ("NCD") with strong fluidity and high transparency have achieved a rapid development and become an important active liability tool for small and medium banks over the past two years. Since the beginning of 2017, as the implementation of the policies such as de-leveraging and preventing financial risks by China, NCDs have received great attention from the regulatory authorities as an important leveraging tool on the financial market. The amendment on the regulations concerning offering term in Interim Procedures for Management of NCDs is beneficial to guiding the regulated and orderly development of the NCD market.

With the increasing of monetary market interest rate and bond yield and the policies guiding NCD's return to its original nature as a tool on the repurchase market, it was apparent that the offering term of NCDs had a tendency to be short in 2017. The offerings of 1 month, 3 months, and 6 months accounted for 21.1%, 40.6% and 21.1% of the total offerings, up 4.0, 12.9 and -4.1 percentage points respectively. The offerings of 9 months, 1 year, and over 1year accounted for 4.7%, 12.1% and 0.4% of the total offerings, down 1.7, 10.8 and 0.2 percentage points respectively.

In addition, the NCD market in 2017 demonstrated the following four characteristics. First, the scale of offering and trust increased significantly. The total offerings of NCDs in the year were RMB 20.2 trillion, rising 54.9% year-on-year; the balance of NCDs by the end of the year was RMB 8 trillion, up 27.5% year-on-year. Second, the offering rate was increasing continuously. As of the end of 2017, the average interest rate of the NCDs of 3 months offered by joint-stock commercial banks increased to 5.4% by 120 base points compared to that of in the beginning of the year, and the offering rates of other products all increased by various degrees. Third, the offering rate of NCDs was fluctuating basically around SHIBOR. Take the joint-stock commercial banks for example. Except a few time points such as the beginning of the year, end of Q2 and beginning of Q3, the difference between the offering rate of NCDs and the SHIBOR of same period was basically maintained at within 25 base points. Fourth, the liquidity of the second NCD market was high. The yearly accumulated trading volume was RMB 112.9 trillion, increasing 61.0% year-on-year, among which, the trading in cash was RMB 37.1 trillion, 87.4% higher than that of the previous year.

3. Outlook

As NCDs are going back to its original nature of adjusting the internal capital surplus and deficiency within the financial system, the NCD market in 2018 will grow in a stable and healthy manner. With the high cardinal utility and prudent and neutral monetary policy, the growth of NCD offering might be slowed with appropriately shortened offering terms. Meanwhile, as the strengthening of the reform and opening-up of the financial market, the number of the participants on the secondary NCD market will be growing with more diversified investors.

(iv) Bill market

With the increasing improvement of its infrastructure and supporting trading rules, high level of market regulation, and more prudent operation by the institutions, China's bill market in 2017 was running smoothly with a slightly contracted scale.

1. Operation of the bill market in 2017

The transaction of bill acceptance decreased in general. In 2017, the commercial bills issued by enterprises were RMB 17.0 trillion, down 6.1% year-on-year; the undue commercial bills by the end of the term were RMB 8.2 trillion, 9.5% lower than that of in the previous year; and the volume of bill acceptance has decreased for two years in a row. As of the end of 2017, the inventory of the undiscounted bank acceptance was RMB 4.44 trillion, increasing 13.7% year-on-year, and the increment of undiscounted bank acceptance was RMB 536.4 billion, RMB

2.49 trillion higher than that of the previous year.

The financing with bills slightly decreased. The total discount by the financial institutions of the year was RMB 40.3 trillion, down 52.4% year-on-year; the balance of term-end discount was RMB 3.9 trillion, decreasing 28.9% year-on-year; the inter-bank discount was RMB 44.48 trillion, RMB 1.32 trillion lesser and 2.89% lower than that of the previous year; and the pledge-style repurchase increased RMB 3.54 trillion to RMB 6.92 trillion, 104.9% higher than that of the previous year. The balance of the financing with bills accounted for 3.2% of total loans, down 1.9 percentage points year-on-year.

The interest rates on the bill market fell down after reaching the peak and began to rise again by the end of the year. The bill market in 2017 was generally ascending. In the first half, the market rates were continuous climbing and the discount rate achieved the highest increase. In the second half, the interest rates of bills were stable after a significant dropping and began to rise again by the end of the year. The yearly weighted average interest rates of discount, inter-bank discount and pledge-style repurchase of electronic bills were 4.89%, 4.28%, and 3.85% respectively, 157, 128 and 88 base points higher than those of the previous year.

2. Regulatory polices introduced and analysis

(1) Policy background. 2017 was a special year for the development of the bill market. With the frequent occurrence of risk events and operation troubles on the bill market over the past few years, the bill operation institutions' awareness to risks has been significantly raised and the measures to prevent risks have been continuously strengthened. Particularly, the central government has given an unprecedented attention to the financial safety and clearly stated to further deepen the financial reform, strengthen financial regulation, and maintain a financial stability. The financial regulation authorities have maintained intensive and comprehensive monitoring on the financial business as well as the bill business in particular, and the financial institutions have also demonstrated a strong willingness to conduct self-inspection and rectification.

The three major tasks of serving the real economy, preventing financial risks, and deepening financial reform were proposed on National Financial Work Conference, which requires the financial work to go back to its original nature, serve the economic and social development, and take serving the real economy as its starting point and objective.

Meanwhile, with the publication and implementation of Regulations on Management of Bill Business in 2016 and establishment of Shanghai Commercial Paper Exchange Corporation Ltd.("SCPECL"), a number of breakthroughs have been made in the construction of the systems and infrastructure of the bill market. The national bill exchange platform provides the market participants with exchange, register, trust, clearing and settlement, and data information services, and laid a solid foundation for the upgrading and development of the bill market with the integrated operation of register, trust, exchange and clearing. Promoted by policy support and market expectations, the bill exchange has been going through transformation and the electronic bills have been greatly developed.

(2) Major regulatory policies. In March, CBRC published Notice on Launching Special Governance on Illegal and Rule-breaking Behaviors of Banking Institutions (CBRC [2017] No.45), Notice on Launching Special Governance on Regulatory Arbitrages, Idle Arbitrages, and Related Arbitrages by Banking Institutions (CBRC [2017] No.46) and Notice on Launching Special Governance on Improper Innovations, Transactions, Incentives and Charges of Banking Institutions (CBRC [2017] No.47), to rectify relevant misconducts.

In April, CBRC published Guidelines by CBRC for Improving the Quality and Effectiveness of the Services Provided to the Real Economy by the Banking Industry (CBRC [2017]No.4), Notice on Launching Centralized Governance on Irregularities in the Banking Industry (CBRC [2017] No.5), Guidelines for Risk Control of the Banking Industry (CBRC [2017] No.6), and Notice on Substantially Filling Regulatory Gaps and Improving Regulatory Effectiveness (CBRC [2017] No.7), requiring the banking industry to deepen reform, proactively make innovations, go back to its original nature, focus on its principal business and further improve its capacity and level of serving the real economy based on the principle of supply-side structural reform. CBRC also requires the banking industry to promote their level of serving the real economy and continuously improve the level of financial services for agriculture, rural areas, and rural residents, as well as small and micro businesses based on the principle of "three eliminations, one reduction, and one supplement". Moreover, CBRC requires the industry to conduct self-inspection on the 10 industrial irregularities and makes regulatory requirements for the risk control in the 10 major areas and filling the regulatory gaps.

In July, PBOC published Notice on Strengthening Management of Electronic Commercial Bill Exchange (PBOC [2017] No.165), regulating that the exchange of electronic commercial bills shall follow the requirements of Regulations on Management of Bill Exchange on August 28, 2017. The notice also specifies that the exchange of the discounted electronic commercial bills shall be switched to the exchange system of Shanghai Commercial Paper Exchange Corporation Ltd. from October 1, 2017 to October 7, 2017, and that the discounted service function of the original Electronic Commercial Draft System (ECDS) shall be shut down.

In July, Ministry of Finance and State Administration of Taxation jointly published Notice on Pilot Policies of Implementing Value-added Tax in Construction Service Industry

(MOF [2017] No.58), regulating that the interest income from the bills held by the financial institutions performing discount and inter-bank discount transactions shall be included into the value-added tax as one of the loan service sales.

In addition, SCPECL published a number of supporting exchange rules, including Rules for Bill Exchange at SCPECL, Operating Procedures for Exchange of Paper Commercial Drafts at SCPEL, Rules for Bill Register, Trust, Clearing, and Settlement at SCPECL, and Master Agreement of Bill Exchange.

(3) Analysis of policy effectiveness

① Market regulation. In 2017, a number of regulations were issued by the financial regulation authorities and the regulation had been consistently intensified so as to substantially reduce the financial risks and stick to the principle of avoiding systematic financial risks. From the official inclusion of the off-balance wealth management into the general credit by PBOC in Q1, 2017 to the instructive requirements for serving the real economy, improving financial risk prevention capacity, and uplifting financial regulation level put forward by CBRC in the beginning of the year, from the special governance on "three violations", "three arbitrages" and "four misconducts" as well as "10 major industrial irregularities" carried out by CBRC to CSRC's all-out ban on channel business, as well as CIRC's de-leveraging, de-nesting, and de-channel guiding, such measures have played a direct role in restricting the financial institutions' high risk business, and indicated a right course for optimizing corporate governance, regulating business operation, preventing financial risks and improving service levels by the financial institutions.

With the continuous implementation of the regulatory measures, the self-inspection made by the financial institutions has been carried out continuously. With regard to the bill exchange business, violations such as gaining cash deposits by faking acceptance drafts without real trading, faking bill exchange, increasing loan scale or transferring credit quota by fake bills, illegal cooperation with agents, and illegal reduction of capital employed, have been effectively controlled, the overall risk management awareness and compliance of the financial institutions have been significantly raised, and the financial institutions have been more prudent in business operation. With regard to the market exchange, various sectors of the bill market have experienced declines of various degrees, with the discount transactions suffering the biggest dropping of over 50%. In the short period, the support to the real economy has been weakened. In the long run however, the regulated operation ideas and improved internal control mechanism are beneficial to the healthy development of the bill market.

② Market development. According to Notice on Regulating and Promoting Electronic

Commercial Drafts (PBOC (2016) No.224), every single commercial draft of over RMB 3 million must be issued via the electronic bill system since January 1, 2017 and every commercial draft of over RMB 1 million should in principle be issued via the electronic bill system since January 1, 2018. In 2017, PBOC further promoted the integration of paper bills and electronic bills, which facilitated the integration of the bill exchange systems and sped up the process of electronic bill market. All year round, the exchange of electronic bills on the bill market increased significantly, with the acceptance of electronic bills accounting for 88.99% of the total acceptance transactions at the commercial paper exchange, the discount of electronic bills accounting for 97.1%, and the inter-bank discount of electronic bills and pledge-style repurchase accounting for 98.51% respectively.

On the other hand, the reform of the taxation system has also made a significant impact on the bill transactions. Notice on Pilot Policies of Implementing Value-added Tax in Construction Service Industry jointly published by Ministry of Finance and State Administration of Taxation states that the interest income from the bills held by the financial institutions performing discount and inter-bank discount transactions shall be included into the value-added tax as one of the loan service sales, which is in accordance with the principle of "the one who holds and benefits from the bills shall be the one who pays taxes" and beneficial to the stable and healthy development of the bill market.

③ Infrastructure. Since the opening of SCPECL in December 2016, the system, rules, standards and platform have been initially unified with the gradually improved system functions and exchange rules and the basic operating needs for register, trust, exchange and settlement of the market participants have been basically satisfied. An effective, convenient and safe electronic operating platform is conducive to eliminating the information barrier and regional limit of the bill market, enhancing the transparency of market information and business activities, improving the efficiency of bill circulation, as well as preventing the irregularities in the bill business and controlling market risks.

3. Outlook

The bill market is an important channel to effectively connect the monetary market and the real economy. At present, China's bill market has experienced a significant reform. The gradual improvement of the market's infrastructure, upgrading of bill transaction mode and transparent market information will be beneficial to regulating the business activities of various market participants and promoting the healthy development of the bill market. Based on a higher starting point and bigger platform, the bill market will play a bigger role in serving the real economy and promoting the transformation and upgrading of the economic structure by continuously expanding the intension and extension.

VII. Trust and Wealth Management Market Development Policy①

(i) Market Development Overview in 2017

According to the data released by the China Trust Industry Association, as of December 31, 2017, the assets under management in China's trust industry have reached RMB 26 trillion, a year-on-year increase of 29.8%. In 2017, under the influence of various factors such as the macroeconomic level, capital structure adjustment and macro-control policies, the scale and growth rate of asset management in the trust industry have maintained a growth trend, with the following general characteristics:

1. Significant growth in transactional business

A transaction management trust refers to such trust business as a consignor entrusts its funds or assets to a trust company, and requires the trustee to only undertake payment accounting and other transactional management work. Normally the role of the trust company in the trust channel business is basically the same as that of the transaction manager, so the channel business is generally classified as the transaction management trust. In 2017, due to the continuous tightening of other types of channels, a large number of channel products had to turn back to the use of the trust channel, resulting in a significant reverse growth in transactional (channel) business. Data shows that the growth rate in the first three quarters of 2017 was 14%, 8.71% and 8.01% respectively.

2. Startup of business supervision classification

In 2017, the China Banking Regulatory Commission officially launched a pilot program for the classification of business supervision, dividing the trust business into eight basic categories including, among others, claims trust, equity trust and standard trust. After various preparations in the previous period, a total of 10 trust institutions, including Foreign Trade Trust, Anxin Trust and Ping An Trust, participated in the preliminary pilot program. The business supervision classification is an important market development policy, the classification of trust business helps to clarify the boundaries of the trust business and restructure the trust business model so as to promote the return of the trust to its origin.

3. Rapid development of new business

Under the guidance of the regulatory agencies' policy of continuously pushing the

① Author: Li Qingyun, President of Shanghai Tongsheng Asset Management Co., Ltd.

trust back to business, each trust company continued to expand its new trust business in 2017. Specifically, the new business has achieved certain development in the areas of asset securitization, family trusts and charitable trusts. In the area of asset securitization, trust asset-backed notes (ABN) and PRE-ABS have developed rapidly; in the area of family trusts, trust companies turned to lower their business barriers and expanded their audiences to cultivate potential markets; in the area of charitable trusts, several trust companies achieved business breakthroughs due to the further clarification of their management policies.

(ii) Assessment of Main Policies Effect in 2017

With the gradual emergence of potential risks in the trust business, the regulators have introduced a number of important policies centering on the central task of preventing financial risks while promoting the industry's return to the origin of "Entrusted by People and Financing for People". Throughout 2017, while continuously improving the trust industry system and infrastructure construction, the regulatory agencies have vigorously strengthened the inspection and rectification of violations and irregularities, presenting a distinctive characteristic of the coming of the "strong supervision" era for trust.

In general, China's trust and wealth management market development policy achieved the following major results in 2017:

1. Business Foundation Related Policies

(1) Establishment of trust registration system. In order to improve the transparency and standardization of trust product information, prevent and resolve the operational risks of the trust industry, the China Banking Regulatory Commission issued the *Circular on Issuance of Trust Registration Administrative Measures* (YJF [2017] No. 47) on August 25, 2017, with the landmark *Measures for Management of Trust Registration* (hereinafter referred to as the "Registration Measures") coming into force on September 1.

According to the general principles of "centralized registration, legal operation, standardized management and effective supervision", the *Registration Measures* has detailed provisions on the content, process and beneficiary rights accounts of trust registration, marking the key step for building a unified trust registration system in China. According to the *Registration Measures*, the main contents of product registration are: trust product name, trust category, trust purpose, trust term, trust parties, trust property, trust interest distribution and other trust products as well as beneficiary rights information and changes. For registration of beneficiary rights, the *Registration Measures* has defined the trust beneficiary right account as the beneficiary's bookkeeping account, and any civil entity may open only one trust beneficiary right account, so that the beneficiary information may be collectively managed in the registration institution.

The registration system established by the *Registration Measures* is of fundamental importance to the development of the trust industry, specifically in:

① Effectively fill the system gap. A unified trust registration system is the basic system for the long-term, standardized development of the trust industry. A complete trust registration system should include key links such as property registration, product registration and registration of beneficial rights. Due to a variety of reasons, our country's trust registration system has been left blank, presenting great restrictions on the development of the trust industry. The registration system established by the *Registration Measures* helps define the elements of trust and clarify the relationship between the rights and obligations of the parties in the course of business operations, enabling the full play of the advantages of the trust system and deepening the development of the trust industry. Although the *Registration Measures* failed to solve the problem of the lack of a registration system as a whole, it effectively eliminated the gaps in the product registration process, and initially formed an institutional framework for the registration of beneficiary rights, showing its significant role in filling up the gaps.

② Form a unified information platform. According to the *Registration Measures*, the collection of trust products and some property rights trust products require information disclosure. From the perspective of business operations, product information is uniformly registered and publicized by institutions with high credibility, which greatly contributes to the improvement of trustworthiness of trust products. Previously, due to the lack of unified registration agencies, product information was often issued by different agencies or platforms, resulting in even false product information due to lack of effective supervision. Through the centralized public disclosure of information in China Trust Registration Co., Ltd., the above-mentioned problem of false information dissemination may be fully prevented.

③ Help improve supervision efficiency. According to the *Registration Measures*, the massive dispersion of industry data may be effectively addressed after the centralized registration of the details of the trust products in China Trust Registration Co., Ltd., this will greatly improve the completeness, accuracy, and timeliness of product data for regulatory agencies. The complete information chain from the establishment, continuation management and liquidation of the registration process will help regulators to timely and accurately conduct regulatory pre-judgment, enhance the forward-looking nature of business supervision, and effectively guard against risk matters, thus improving regulatory efficiency.

In addition to the aforementioned values, the *Registration Measures* also lays an important foundation for the future development of the trust industry, namely the relevant provisions of the beneficiary right account. The introducing of the concept of a beneficial right account is one of the breakthrough points in the *Registration Measures*, allowing the consignor or beneficiary to voluntarily open a beneficiary right account. As is known to all, whether the consignor or beneficiary has a trust beneficiary right account is the basis for the development of the beneficiary rights circulation transaction. The *Registration Measures* suggests that the consignor or the beneficiary can open a trust beneficiary right account voluntarily, which will provide an important institutional basis for conducting future trust beneficiary rights circulation transactions and trust beneficiary asset securitization businesses.

(2) Trust business supervision classification. In April 2017, the China Banking Regulatory Commission issued the *Implementation Plan for the Supervision and Administration of Trust Business Pilots* and the *Explanation of Trust Business Supervision Classification (Trial)* (hereinafter referred to as the *Classification Explanation*).

In the *Classification Explanation*, the regulatory agency has defined the criteria for the division of active and passive trust management services. According to the *Classification Explanation*, an active management trust refers to a trust where the trust company has all or part of the discretionary power to manage and dispose the trust property. Passive management trusts refer to the fact that trust companies do not have the discretion to use trust assets, but trusts are managed and disciplined according to the consignor's instructions or the instructions of a person who is authorized by the consignor. In addition to the active and passive business classifications, the *Classification Explanation* classifies existing trust businesses according to the types of assets, management practices, and purposes of trust, etc., into eight categories: claims trusts, equity trusts, standard trusts, interbank trusts, property trusts, asset securitization trusts, charity trusts and transaction trusts. *Classification Explanation* classifies the different levels of trust business, and it is an important basic norm with great significance for the long-term development of the trust industry.

① Help the operation of the passive management trust business. Passive management trusts occupy a significant share of the current trust business and are of great significance to the current operating state of trust institutions. After the regulators clearly defined the classification standards and core elements of the passive management trust, it is very beneficial for the trust companies to carry out risk control and management accordingly. At the same time, from a regulatory prospect, the clear definition of the criteria will also help the regulatory agency to identify and supervise the business.

② Beneficial to improve the professional level of trust companies. Through the accurate classification of trust business, it is conducive to the trust market participants to more accurately understand the trust elements of the trust purpose, property types, management practices and the parties' rights and responsibilities, which is favorable for the deepening development of the trust business. In particular, under the supervision environment of trust business classification, trust companies can conduct business positioning based on their own resource endowments, build their own core competitiveness, conduct in-depth work in market segments, and seek differentiated development directions, which in turn will improve the professional level of the trust company.

2. Business specification related policies

The bank-trust business has grown rapidly in recent years, with higher proportion in channel business, posing certain potential risks. In order to promote the healthy development of bank-trust business, prevent financial risks and protect the legitimate rights and interests of investors, the China Banking Regulatory Commission issued the *Circular on Regulating Bank-trust Business* (hereinafter referred to as "Document No. 55") on December 22, 2017, normalized the bank-trust business for both the commercial banks and the trust companies and further strengthened the regulatory requirements for the bank-trust business.

Document No. 55 is not only a centralized reiteration of previous regulatory requirements, but also with enhancement and improvement in many aspects, featuring in:

(1) Business scope full coverage. Document No. 55 clearly defines bank-trust cooperation as: "A commercial bank as a consignor entrusts a trust company with internal or external funds or assets (revenue rights), invests in or establishes a capital trust or property right trust, which is regulated, applied and disposed by the trust company in accordance with the trust document." And the bank-trust channel business is further defined as: "The action that a commercial bank as a consignor sets up a capital trust or property rights trust, the trust company only acts as a channel, and the management, application, and disposal of trust funds or trust assets are all determined by the consignor, and risk management responsibilities and risk losses caused by improper management are all borne by the consignor". Compared with Document No. 72 released in 2011, the coverage of bank-trust cooperation has increased substantially, and the full coverage of the business scope and the unified management within and outside the statements have been basically achieved, fully demonstrating the regulatory concept of preventing arbitrage by agencies.

(2) Counterparty list management. Document No. 55 requires commercial banks to implement a list management system for trust companies in the bank-trust cooperation business, and carefully select counterparties based on their risk management and professional

investment capabilities. Moreover, commercial banks should select trust companies and products that are suitable for them according to their own risk preference and affordability. Considering that most banks have adopted a white list cooperation mechanism in their actual operations, this requirement has little impact on the operation of the business, but it further embodies the requirements for trust companies to improve their active management capabilities.

(3) Trust business returns to its origin. Document No. 55 puts forward a clear business transformation requirement for trust companies, that is, they should not focus on the growth of channel business scale, but should "actively change the mode of development, and provide substantial financial services to the entrusting bank and support the development of the real economy on the foundation of the trust origin by actively changing development mode, exerting the advantages of the trust system and improving professional management capabilities,." This is a requirement that regulators constantly reiterate in their business supervision. Under the current background of emphasizing financial services for the real economy, strengthening this requirement is obviously more practical. Under the background of the systematic adjustment of the capital structure, the shrinkage of channel services of trust companies is an inevitable trend, and returning to the business origin is the fundamental way.

(4) Reaffirm the field of business restrictions. Document No. 55 has reaffirmed again the area of business restrictions and called for "implementing the national macro-control policies, complying with relevant laws and regulations, and refusing to transfer trust funds into regulated or prohibited areas such as real estate, local government financing platforms, stock markets and overcapacity." Historically, real estate trusts and political trust cooperative trusts have occupied a large proportion in the scale of trust business. With the continuous implementation of this requirement, it will inevitably have a certain impact on the scale of trust business and have a greater impact.

3. Charitable trust Related policies

The year 2016 marks the first year of China's charitable trust policy, with the *Charity Law* and the *Circular on Facilitating the Record-filing of Charitable Trusts* laying the institutional framework for charitable trusts and the full opening up of business development space. On this basis, a number of trust companies achieved breakthroughs in charitable trust products in 2017, and business development took its initial shape. With a scale of RMB 500 million, the "CITIC He Hengjian Charitable Foundation 2017 Shunde Community Charity Trust" established by CITIC Trust is the largest charitable trust in terms of entrusted amount.

In 2017, on the basis of the preliminary establishment of the policy environment, the charitable trust policy was further improved. On July 10, 2017, the China Banking Regulatory Commission and the Ministry of Civil Affairs jointly issued the *Measures for the Administration of Charitable Trusts* (hereinafter referred to as *Administrative Measures*). The promulgation of the *Administrative Measures* signifies the basic establishment of China's charitable trust policy system and is of great significance to the rapid and steady development of China's charitable trust industry, which is reflected specifically in:

(1) Improved operative specifications. In the previous operations of charitable trusts, the main policies were based on the *Charity Law* with a relatively high legal level and the *Circular on Completing the Work Related to the Record-filing of Charitable Trusts* promulgated jointly by the Banking Regulatory Commission and the Ministry of Civil Affairs, with strong systematical principles but less specification details, and as a result, there are still many ambiguities in the specific operations. The *Administrative Measures* promulgated this time focuses on specific operations and have stipulated more comprehensive and detailed regulations. The *Administrative Measures* consists of 9 chapters and 65 articles, covering the key links such as the establishment of charitable trusts, filing, and the disposal of property management, the termination of changes, promotion measures, supervision and management, information disclosure and legal responsibilities, with significant refining of specific operations of the charitable trust business. At the same time, considering that different departments had previously issued some relevant management methods, in order to fully eliminate the differences between policy clauses, the *Administrative Measures* also specifically provides: "In the event of any inconsistency between the previous related provisions of charitable trusts and those of these *Administrative* Measures, the latter will prevail." This has thus completely solved the problem of the consistency of policy regulations, and the operational standard of charitable trusts has been greatly enhanced.

(2) Clear division of supervision duties. As an inter-departmental management rule, how to coordinate supervision is an important content, and the *Administrative Measures* solves this problem well. Article 47 of the *Administrative Measures* has a clear division of the supervision duties between the banking supervision department and the civil affairs department, and stipulates that the China Banking Regulatory Commission shall be responsible for the "supervision and administration of the trust company's charitable trust business and the commercial bank charity trust account fund custody business", while the civil affairs department is responsible for the "filing of charitable trusts and related supervision and administration." The above division fully meets the characteristics of their respective fields of expertise and is a reasonable and effective arrangement. At the same time, on the basis of the rational division of supervision, the *Administrative Measures* has also made clear requirements for supervision and

coordination and proposed that "the civil affairs department and the banking supervision and management institution should establish a regular supervision and coordination mechanism to strengthen the supervision during and after the event in an effort to improve supervision effectiveness." The effective operation of supervisory division and cooperation will help provide institutional guarantees for the operation of charitable trusts.

(3) Property management methods achieve a breakthrough. The *Circular on Encouraging Trust Companies to Launch Public Trust Businesses to Support Post-disaster Reconstruction* in 2008 issued by the General Office of the China Banking Regulatory Commission (YJBF [2008] No. 93) stipulates the following in terms of the administration method of trust property: "investing in only government bonds with good liquidity and strong realization ability and policy financial bonds as well as other low-risk financial products approved by China Banking Regulatory Commission." Based on the above regulations, the property management methods of China's public charitable trusts have always been conservative. Although it helps safeguard the security of the trust assets, it is not conducive to raising the scale of trust assets through property income. A possible disadvantage is that if a specific trust does not have the capacity for continuous additional entrustment or the initial amount is limited, the trust is likely to end with the continuous depletion of the principal, which is not conducive to the continued existence or expansion of charitable effects. The *Administrative Measures* provided an exception clause in the way of property management, effectively remedying this deficiency. Article 30 of the *Administrative Measures* stipulates: "The use of charitable trust assets should follow the principles of legality, safety and effectiveness and can be applied to low-risk assets such as bank deposits, government bonds, central bank bills, financial bonds and money market funds, unless otherwise agreed by the consignor and trust company." The existence of the exception clause means that a particular trust can choose an investment management program with a certain level of risk. In fact, a cross-market multi-strategy investment method based on the concept of modern investment can achieve a more stable investment effect in the long-term, and this has been clearly evidenced by overseas experience. The use of investment income instead of principal to carry out charitable operations can not only achieve the purpose of the trust but also continuously increase the size of the principal, thereby enhancing the charitable implementation capability, allowing it to be a good long-term mechanism. The breakthrough of the *Administrative Measures* in the way of property management has obvious long-term value.

(4) Various business incentives. Promoting the development of charitable trusts is a consensus, but the policy environment needs to be further improved and coordinated, in which incentive is the key one. The *Administrative Measures* specifically includes a chapter on

"promotion measures" and once again provides clear provisions on incentives in key areas. Among them, it is particularly necessary to mention Article 45, which clearly stipulates that "a trust company that carries out charitable trust business exempts venture capital and is exempted from the subscription of a trust fund for the trust industry." This is the first official confirmation for the trust companies to enjoy free venture capital and exemption from subscription of trust industry protection fund with respect to the charitable trust business conducted by them. In addition, a certain number of charitable trust businesses also help to increase the supervisory rating. Trust companies carrying out charitable trust business can enjoy more substantial measures and encouragement, presenting a relatively significant support effect.

(5) Lack of tax policy. A particular note is that although the *Administrative Measures* in the chapter entitled "Promotion Measures" makes the following statement on tax incentives: "The consignors, trustees and beneficiaries of charitable trusts enjoy tax incentives in accordance with relevant state regulations." However, because the tax administration institution has not issued a special taxation policy for this situation, tax incentive support is in fact still blank. Considering the huge impact of tax factors on corporate donation behavior, the lack of tax policy is regrettable.

In general, the introduction of the *Administrative Measures* has fully defined the specific requirements of the operational level, and it has a positive significance for the standardization and development of the charitable trust business. It should also be noted that the effective development of the charitable trust business will help the return of the trust business to its origin. However, the absence of matching tax policies has not yet been changed, and there is obviously a certain restriction on the development of charitable trusts.

4. Other related policies

In 2017, various departments in the country issued a number of business rules and regulatory measures for integrated financial services, many of which involved the trust sector. Considering that the above policies have been described in the previous chapters, they are only briefly described here.

(1) "Four Improper" special governance. In order to further enhance the economic efficiency of banking services for real economy, standardize business operations, maintain financial order, and prevent and control financial risks, the China Banking Regulatory Commission released *Circular on the Special Administration of "Improper Innovation, Improper Trading, Improper Encouragement, and Improper Charging" of the Banking Industry* (Document No. 53) on April 6, 2017, deciding to carry out special governance on "Four Improper" of banking industry. As the financial institutions under the administration of China Banking

Regulatory Commission, trust companies are also included in the scope of governance. Document No. 53 put forward specific requirements for the special governance of trust business, and required inspection on whether there were any improper transactions in the following areas: firstly, within the trust company or between trust companies; secondly, between trust companies and banks; thirdly, between trust companies and other asset management institutions (securities fund futures institutions, insurance institutions and their licensed capital management subsidiaries); and fourthly, between trust companies and non-financial institutions. This special governance required trust companies to seriously investigate and clean up such aspects as innovation, transactions, incentives and fees, reflected the in-depth, comprehensive, and prudent working ideas of the regulatory agencies, and embodied the concept of supervision promoting the return of financial services to the real economy.

(2) Value-added tax policy of asset management products. On June 30, 2017, the Ministry of Finance and the State Administration of Taxation issued the *Circular on Issues Concerning Value-added Tax of Asset Management Products* ("Document No. 56"). According to Document No. 56, the asset-management product manager (hereinafter referred to as the "manager") pays value-added tax during the course of the operating its asset management products, and applies a simple tax calculation method to pay the value-added tax at the 3% levy rate, and it will be implemented on January 1, 2018. As an important category of managers, related asset management products of the trust companies - capital trusts (including collective fund trusts, single fund trusts), property rights trusts, etc., are subject to value-added tax as required. The issuance of Document No. 56 marked the end of the tax exemption period for asset management products. From the perspective of day-to-day operations, transaction costs increased slightly.

(3) Standardize local government financing. Six ministries including Ministry of Finance and State Development and Reform Commission jointly issued *Circular on Further Regulating Local Government Debt Financing Behavior* (Document No. 50). Document No. 50 proposes four "Nos" for local governments and their subordinate departments to participate in PPP projects and set up various government-funded investment funds, that is, "No promise in any way on repurchasing the investment principal of social capital party, no bearing in any way the loss of the investment principal of the social capital party, no promise in any way on the minimum income to the social capital party, and no additional terms for disguised debt for any equity investment such as limited partnership fund", and for a trust institution, participating in a PPP project through a trust plan must also comply with the above four "Nos", which means that some implicit rules must be withdrawn from business operations. This measure is

conducive to further preventing financial risks.

(iii) Outlook and Suggestions for Policy in 2018

The year 2018 is an important timeline for comprehensive deepening of leverage and a key point for comprehensive prevention of financial risks. Based on this background, it is suggested that the trust and wealth management market development policies continue to deepen in both standardization and development.

1. Regulatory policies continue to improve. The purpose of the regulation is to achieve deleveraging through the stringent requirements of business operations, so that the probability of occurrence of risks can be prudently reduced, and strict regulation should be a right thing to do.

2. Development policies continue to strengthen. The purpose of development is to continue to promote the return of the trust business to its origin through the guidance of business models so as to achieve a fundamental adjustment of the trust model.

Column 1

Asset Management New Rules for Comments[①]

In recent years, China's financial institutions' asset management business has developed rapidly and the scale has been rising, which has played an active role in meeting the wealth management needs of residents, optimizing the social financing structure, and supporting the financing needs of the real economy. However, due to the inconsistent supervision rules and standards of the same kind of capital management business, there are also some problems such as non-standard development of business, regulatory arbitrage, multi-layer product nesting, implicit guarantee, circumvention of financial supervision and macro-control, etc. On November 17, in order to regulate the asset management business of financial institutions, the People's Bank of China, together with the China Banking Regulatory Commission, the China Securities Regulatory Commission, the China Insurance Regulatory Commission, the State Administration of Foreign Exchange and other departments, drafted the *Guiding Opinions on Standardizing the Asset Management Business of Financial Institutions* (Exposure Draft) (hereinafter referred to as the *Guiding Opinions*) and publicly solicited comments.

---

①Author: Jiang Jianrong, deputy general manager and chief strategy researcher of Shenyin Wanguo Securities Research Institute Co., Ltd.

The *Guiding Opinions* follows five basic principles. Firstly, adhere to the bottom-line thinking of strictly controlling risks and preventing financial risks from being transmitted across industries, markets and regions. Secondly, adhere to the fundamental goal of serving the real economy. China should not only give full play to the investment and financing functions of asset management business, but also strictly regulate and guide them so as to avoid moving from real economy to virtual economy. Thirdly, adhere to the supervision concept of combining macro-prudential management with micro-prudential supervision, institutional supervision and functional supervision, so as to realize the comprehensive and unified coverage of all kinds of institutions' capital management business, and to strengthen the protection of financial customers. Fourthly, adhere to the targeted problem orientation and to unifying the standard regulations for the key issues of the capital management business. For financial innovation, we should persist in seeking advantages and avoiding disadvantages, divide them into two, and make room for development. Fifthly, we must persist in actively, steadily, and prudently advancing, combining risk prevention with orderly regulation, giving full consideration to the market's affordability, setting up a reasonable transition period, and strengthening market communication to effectively guide market expectations.

There are 29 articles in *Guiding Opinions*, which mainly includes the following contents. First, establish the classification standard of asset management products. Asset management products can be divided into two categories of public and private offering products according to different raising ways. According to the nature of investment, they can be divided into four categories: fixed income products, equity products, commodities and financial derivative products, and mixed products, which can meet different regulatory requirements, such as investment scope, leverage constraints, information disclosure, etc. And the concept of "suitable products sold to suitable investors" should be strengthened. Secondly, reduce the risk of shadow banking and guide the capital management business to return to its origin. Investment in assets of non-standardized creditor's rights should comply with the regulatory standards of the financial supervision and management departments, in terms of quota management, risk reserve requirements, and liquidity management, etc., avoiding from being reduced to disguised credit business. Thirdly, to reduce liquidity risk, financial institutions should strengthen liquidity management, abide by the management requirements of separate management, separate accounts and separate accounting, and strengthen the term matching of capital management products and investment assets. The fourth is to break the implicit guarantee rules. Asset management business is a financial service of "financial management for others with entrustment". Financial institutions should not undertake to maintain capital and profits when conducting asset management. The financial management department will impose appropriate penalties for implicit guarantee. Fifthly, the leverage level of asset management products should be controlled, to unify the leverage requirements of asset management products from the two aspects of debt and classification, make different provisions on the debt ratio (total assets/net assets) of public offerings and private equity products, and clarify the types of products that can be graded and separately unify graded ratios (priority shares/inferior shares). Sixthly, it is necessary to curb multi-layer nesting and channel business. Financial supervision and management departments provide fair access to asset management business to all kinds of financial institutions, and financial institutions should effectively perform their active management duties. It is forbidden to provide channel services to other financial institutions' capital management products to circumvent regulatory requirements such as investment scope and leverage constraints. Seventhly, it is necessary to effectively strengthen supervision and coordination, to strengthen macro-prudential management of asset management business, implement functional supervision on similar asset management products in accordance with unified standards, strengthen the behavior supervision of financial institutions, and establish a comprehensive statistical system covering all asset management products; eighth, set up a reasonable transitional period, give full consideration to the period of existence and market scale of stock asset management business, at the same time, set up transitional period by taking into account the rational issuance of incremental capital management business, and implement "new and old separation" policy, rather than "one regulation fits all".

The *Guiding Opinions* will be conducive to the unification of capital management products and regulatory standards, to break the implicit guarantee, but all kinds of products related to the nature of the legal relationship has yet to be adjusted and further clarified in the upper law.

Column 2

The Fintech Industry of the Capital City In The New Era①

Fintech, a key productive force to modern finance, is of significance to shape modern financial service models, improve efficiency and lower costs of the financial system, upgrade financial services and control systemic risks. Beijing is giving priority to Fintech development as a means to help serve the real economy better, prevent financial risks and deepen financial reforms.

---

① Compiled by He Haifeng based on relevant materials provided by Beijing Municipal Bureau of Financial Work.

I. Overview of Fintech Development in Beijing

Direct investments in the Fintech sector in China grossed RMB 56 billion and the amount of fund raising in the Fintech sector in Beijing was RMB 36.4 billion in 2016, outpacing Silicon Valley to become No.1 in the world for the first time, according to estimates by EY Consulting. Beijing has become a leading city in the world in terms of Fintech development. As the national financial administration center and technical innovation center, Beijing enjoys unrivalled advantages and the Fintech sector has started earlier and is bigger than other cities. Fintech in Beijing covers Internet payment, online lending, equity crowd funding, Internet fund distribution, Internet insurance, Internet trust and Internet consumer finance.

II. Beijing's Advantages in Fintech Development and Planning

The financial authority of Beijing is seeking to develop a Fintech ecosphere that integrates four districts of the capital city.

Haidian District is envisaged as a hub of Internet finance firms based on technical innovation, R&D innovation and application innovation. It is home to Zhongguancun Internet Finance Industrial Park, Internet Finance Center and National Technical and Financial Innovation Center, as well as to the first independent innovating demo park, Zhongguancun High-Tech Park. By dint of its innovation strength, Haidian District will drive the development of Fintech incubators and accelerators and become the city's cradle of Fintech firms.

Concentrated on application innovation and scenario innovation, Xicheng District has access to rich financial resources and is where the core financial regulators are located. With finance as a catalyst, it has a chance to realize Fintech advancement by leaps and bounds. By availing themselves of the financial resources available in Xicheng District, traditional financial institutions may embrace fusion and transition of technologies and develop new business models, such as Internet banking, Internet securities and Internet insurance.

Tongzhou District enjoys an advantage in wealth management and intelligent finance. It is a sub-center of the city, a hub of emerging financial resources, home to numerous wealth management firms and an important bolster to Fintech development. Moreover, it features the length and breadth of geographical space. The cluster of emerging financial resources may attract AI R&D institutes and wealth management firms to Tongzhou District. Fintech abilities may be exported to other regions in proximity to Beijing, Tianjin and Hebei to support the community of collaborative innovation in these three regions.

Fangshan District focuses on safety innovation. Home to Beijing Internet Finance Safety Demo Industrial Park, it enjoys many favorable policies. It is the pilot zone of regulatory sandbox Beijing Municipal Bureau of Financial Work aims to promote and a key zone in Beijing to implement the "Smoke Index" of Internet financial risk control. The favorable policies may attract market-based regulation high-tech entities to this district and provide support to compliance of Fintech firms and regulation and administration by the regulators.

III. Key Fields of Fintech Development in Beijing

Fintech development in Beijing covers 11 fields in two categories. First, the Fintech infrastructure layer includes financial cloud, big data risk control, AI, block chain and financial safety. Second, the Fintech upper application layer encompasses Internet financing, intelligent finance, third-party payment and settlement, Internet banking, Internet insurance and Internet securities.

IV. Advice for Support to Fintech Development

To further drive development of the Fintech sector in the capital city, seven priorities as follows are proposed. First, supportive policies should be introduced and consistent management should be strengthened. Second, underlying technologies should be developed and development should be driven by innovations. Third, intelligent finance and wealth management should be promoted. Fourth, regulation-related technologies should be developed and the risk bottom-line should be defended. Fifth, self-discipline should be enforced and the association should play an active role. Sixth, education and awareness efforts should be redoubled and financial consumer protection should be enhanced. Seventh, scientific planning should be emphasized and technical advantages should be developed.

Appendix

Trust Market Development Policy in 2017

Date	File Name	Issued by
April 6	*Circular on the Special Administration of "Improper Innovation, Improper Trading, Improper Encouragement, and Improper Charging" of the Banking Industry*	CBRC
Mid-April	*Implementation Plan for the Supervision and Administration of Trust Business Pilots* *Trust Business Supervision Classification (Trial)*	CBRC
May 3	*Circular on Further Regulating Local Government Debt Financing Behavior*	Ministry of Finance National Development and Reform Commission Ministry of Justice People's Bank of China CBRC China Securities Regulatory Commission

Continued

June 30	*Circular on Issues Concerning Value-added Tax of Asset Management Products*	Ministry of Finance State Administration of Taxation
July 10	*Measures for the Administration of Charitable Trusts* (YJF [2017] No. 37)	CBRC Ministry of Civil Affairs
August 25	*Circular on Issuing Administrative Measures for Registration of Trusts (YJF [2017] No. 47)*	CBRC
December 22	*Circular on Regulating the Bank-trust Business*	CBRC

VIII. Financial Derivatives Market Development Policy①

(i) Summary of Relevant Policies and Regulations in 2017

Related Policies, Regulations and Announcements for Financial Derivatives Market in 2017.

Date	Main content	Issued by
January 4	Notice on the revision of the *Detailed Rules for the Delivery of National Debt Futures Contracts of the China Financial Futures Exchange*	China Financial Futures Exchange
February 16 September 18	Notice on Adjusting the Handling Charge Standard of Stock Index Futures	China Financial Futures Exchange
February 16	Notice on the Adjustment of Stock Index Futures Trading Margin of Shanghai and Shenzhen 300, Shanghai Stock Exchange 50 and China Stock Exchange 500	China Financial Futures Exchange
March 29	Notice on adjusting the fixing (closing) curves quotation institution of interest rate swaps	China Foreign Exchange Trade System
March 31	Notice on revising the *Detailed Rules of the China Financial Futures Exchange* and the contract trading rules of the Shanghai and Shenzhen 300 stock index futures, the Shanghai 50 stock index futures, the China stock market 500 stock index futures, the 5-year treasury bonds futures and the 10-year treasury bonds futures	China Financial Futures Exchange

① Authors: Zhang Shengju (General Manager, Research Department of China Foreign Exchange Trading Center) and Zheng Lingyun (Deputy Director, Research and Development Department of China Financial Futures Exchange).

Continued

March 31	Notice on adjusting the maximum contract order amount of stock index futures and national debt futures each time	China Financial Futures Exchange
April 10	Notice on adjusting the calculation scheme of interest rate swap curve of CFETS	China Foreign Exchange Trade System
May 12	Notice on the issuance of the *Guidelines on OTC Derivatives Trading Business of the Inter-agency Private Quotation and Service System (Trial)* and the *Guidelines on the Trading of OTC Derivatives Format Contracts of the Inter-agency Private Quotation and Service system (Trial)*	China Securities Inter-Agency Quotation System Co., Ltd.
May 22	Notice on strengthening self-discipline management of OTC derivatives (ZZXF [2017] No.123)	Securities Association of China
May 27	Announcement on the introduction of Fixing Depository-institutions Repo Rate (FDR) and related interest rate swap services	China Foreign Exchange Trade System
June 26	Notice on issuing the fixing (closing) curve of FDR007 interest rate swap	China Foreign Exchange Trade System
June 28	Notice on the revision of the *Measures for the implementation of the Financial Futures Investor's Eligibility System* and the *Operational Guidelines on the Financial Futures Investor's Eligibility System*	China Financial Futures Exchange
July 21	Notice on augmenting products traded on X-Swap Platform with RMB interest rate swap contract with more than 5 years maturity	China Foreign Exchange Trade System
September 15	Notice on adjusting trading margin of Shanghai and Shenzhen 300 and Shanghai Stock Exchange 50 Stock Index Futures	China Financial Futures Exchange
September 27	Notice on strengthening the eligibility management of OTC derivatives of risk management companies (ZQXZ [2017] NO.83)	China Futures Association
November 28	Circular on service on unwinding of currency swap contracts in the inter-bank market	China Foreign Exchange Trade System

Source: summarized by the research group.

(ii) Relevant Popular Policy Effects

1. Currency swap business in interbank market moved onto the fast track

In 2007, the interbank market introduced currency swap transactions, which were poor at the beginning due to the relatively complex trading elements. But after 2015, RMB currency swap business has moved onto the fast track because of the deepening of RMB internationalization, the rapid expansion of overseas investment scale, the increasing two-way fluctuations of the RMB exchange rate, and the gradual increase in the opening-up degree of the inter-bank market, etc. The scale of currency swaps increased significantly, with the volume of currency swaps reaching USD 22.3 billion in 2016, a 1.2-fold growth from the same period of the previous year; and the transaction became more active in 2017, with a turnover of USD 57.2 billion for the year, a 1.6-fold increase over the same period of the previous year.

2. The products traded on X-Swap Platform of interbank market were enriched, and the market share increased

In order to better meet the market members' demand for risk management, in 2017, the interbank market introduced one after another interest rate swaps with Fixing Depository-institutions Repo Rate (FDR), 10-year treasury bonds yield (GB10), 10-year CDB debt yield (CDB10), the basis of 10-year CDB and GB yield (D10 / G10) and three-year short term note AAA and CDB yield basis (AAA3 / D3) as the references. The term of interest rate swap product contracts was extended to 10 years, the derivatives product sequence further enriched and the trading efficiency of derivatives market further improved. X-Swap market share increased significantly. In 2017, trading volume on X-Swap Platform was RMB 7.78 trillion and the market share was 54%, an increase of nearly 19 percentage over that of 2016.

3. The scale of derivatives unwinding in the interbank market increased significantly

In 2017, the inter-bank market organized 15 multilateral unwinding of interest rate swaps and 121 bilateral unwinding, totaling 42,000 contracts of interest rate swap with a nominal principal of RMB 2.77 trillion, accounting for 20.27% of the total volume of transactions this year. The scale of unwinding was 70.13% higher than that of the same period in 2016, the highest compared with those of the past years, with a monthly unwinding of more than RMB 400 billion in November and December, setting records for two consecutive months.

Since 2017, the inter-bank market has enriched derivative unwinding business, introduced foreign exchange options and foreign exchange currency swap unwinding. The interest rate swaps and foreign exchange swaps unwinding business continued to improve. The market scale of unwinding business increased significantly. Unwinding has been widely praised by market members for releasing credit quota of derivatives market participants, preventing and defusing the overall risks of the financial markets.

4. Trading Arrangement and Mechanism Adjustment in Stock Index Futures Market

In 2017, in order to improve market liquidity and operation quality, facilitate investor's hedging management, and better develop the function of the stock index futures market, the China Financial Futures Exchange (CFFEX), on the one hand, made two minor adjustments to the trading arrangements of stock index futures. That is to say, the standard of margin, the standard of handling charge and the limit of opening quantity were reduced moderately. On the other hand, the CFFEX continued to improve the trading mechanism, cancelled the order of any price dealing, and reduced the maximum order amount for each time.

In general, throughout the whole year of 2017, the future and spot market price of the stock index remained highly relevant, the operation quality of the stock index futures market has improved, the market efficiency has been enhanced, and the share of institutional investors in holding positions has increased. On the basis of maintaining the stable operation, the market continued to play the positive role in reducing the volatility, improving the efficiency and promoting the stable development of the stock market.

5. Newly added mode of DVP for treasury bond futures

Since April 1, 2017, the CFFEX added Delivery Versus Payment (referred to as DVP) for treasury bond futures in the original delivery mode, to optimize and improve the delivery process. As the prevailing mode of delivery of treasury bond futures in the global mature market and the current mainstream delivery mode of the spot bond market in China, the DVP mode strengthens the connectivity of the future and spot markets of treasury bond, which is conducive to reducing the risk of delivery, reducing the processing time of the delivery business, improving the turnover speed of bond funds, enhancing delivery efficiency, effectively activating the national debt resources, better meeting the needs of market participants, improving the enthusiasm of institutional investors to participate in trading and delivery, thus further promoting the function of treasury bonds futures.

6. Revision of the Financial Futures Investor Suitability System

From 1 July 2017, the financial futures market began to implement the revised *Measures for the Implementation of the Financial Futures Investor Eligibility System* and the *Operational Guidelines on Financial Futures Investor Eligibility System*. Adjustment and revision have been made in time limit for the verification of funds, the implementation plan for knowledge testing, and the implementation scheme of the eligibility system for the investors of futures company members and the relevant work system.

The investor eligibility system plays an important role in ensuring the legitimate rights and interests of investors, promoting the normal development of market function and realizing the smooth operation of the market. This revision has not only strictly followed the requirements of the CSRC's *Measures on the Eligibility Management of Investors in Securities and Futures*, but also referred to the content of the CFA's *Operational Guidelines on Investor Eligibility System in Future Business Institutions (Trial)*, so as to ensure that the revised financial futures investor eligibility system will not only give full play to its effectiveness, but also improve the efficiency as much as possible.

(iii) Prospects for Financial Derivatives Market Development

In the 19th CPC National Congress report, it is clearly proposed to "deepen the reform of the financial system, strengthen the real economic capacity of financial services, increase the proportion of direct financing, and promote the healthy development of the multi-level capital market". In the future, under the guidance of the Comrade Xi Jinping's idea of socialism with Chinese characteristics in the new era, the financial derivatives market will continue to take prevention and control of risks, serving the real economy and the development of the financial spot market as the principles, and continue to advance the reform and development steadily to better meet the needs of market risk management.

First, adhere to the new development concept, firmly guard against the bottom line of systemic risk, and steadily promote the development of the derivatives market. In 2018, as the monetary authorities of major international economies gradually withdraw from the monetary easing policy, cross-border capital flows will become more active, and the basic stability of the RMB exchange rate at a reasonable equilibrium level will face challenges; with the development of China's bond market, the reform of interest rate marketization is also advancing, and the demand for interest rate risk management of financial institutions is also increasing. At this backdrop, in accordance with the requirements of reducing leverage and preventing risks, the financial derivatives market will adapt to and serve the needs of the real economy, and meet the need of the reform and innovation of capital markets as well as the reform of interest rate marketization and exchange rate formation mechanism, in order to steadily promote product supply and help the main market players to guard against the risk of interest rate exchange rate fluctuations and market credit risks.

Second, further enrich and improve the supply of financial derivatives. On the basis of 5-year and 10-year bond futures, efforts should be made to speed up the marketing of other key term treasury bonds, improve the yield curve of national debt; accelerate the preparation of stock index option listing; explore the R&D of other new products such as stock index futures and foreign exchange futures, to better play the role of financial futures market to promote the healthy development of multi-level capital market by increasing the efficiency of capital market, improving the transparency of capital market and enhancing the stability of capital market; properly introduce interest rate options, standardized RMB foreign exchange options, foreign currency swaps and interest rate swaps, SDR currency swaps, and other products to meet the multi-level needs of different market players; promote market participants to use credit derivatives such as CDS, so as to improve the level of active management of credit risk.

Third, optimize the transaction rules and trading mechanism of financial derivatives market, and improve the quality of market operation. On the basis of strict control, the function of the stock index futures market should be further restored to meet the demand for risk management in the stock market; continue to optimize transaction rules and trading mechanisms, and comprehensively strengthen the construction of the treasury bond futures market; and in the inter-bank market, bilateral anonymous matchmaking trading mode will be further optimized and promoted.

Fourth, continue to promote and deepen the opening up of the financial derivatives market. Currently, the inter-bank exchange rate derivatives market has been opened to foreign central banks, sovereign funds, international financial institutions, offshore clearing banks and overseas banks engaged in the purchase and selling of RMB. And the inter-bank interest rate derivatives market has been unconditionally opened to foreign central bank sovereign funds and international financial institutions. Foreign financial institutions, investment products and medium and long-term institutional investors may participate in interest rate derivatives transactions based on hedging needs. In 2018, the process of RMB internationalization is showing signs of improvement. The domestic financial markets opening up, represented by Bond Connect and Shanghai-Hong Kong Connect, will continue, and the demand of foreign investors for exchange rate risk management will increase day by day. The depth and internationalization of China's financial derivatives market will be further improved. Efforts will be made to adhere to the two-way opening of the financial derivatives market, including "going out" and "bringing in", and expand the convergence of interests with countries along the "Belt and Road" initiative by means of equity cooperation, market opening, and product cooperation, so as to continue to be the vanguard of the opening up of China's financial markets.

IX. Commodity Futures Market Development Policy①

(i) Highlights of Commodity Futures Market Development Policy in 2017

1. Serving "Three Rural Issues" and serving national poverty alleviation program

In 2017, No. 1 central document *Several Opinions on Further Promoting Agricultural Supply-side Structural Reform and Accelerating the Cultivation of New Kinetic Energy*

① Author: Gan Zhengzai is the president of Yingda Futures Company.

Development for Agriculture and Village from CPC Central Committee and the State Council was issued, which specified to "further promote the construction of agricultural futures and options market, actively guide agricultural enterprises to use futures and options to manage market risk as well as steadily expand pilot of 'insurance + futures' ". The No. 1 central document included the construction of agricultural derivatives market, and proposed "steadily expanding the pilot of 'insurance + futures' for two consecutive years".

In the promotion process of agricultural supply-side structural reform, agricultural derivative market will play an irreplaceable role. With guidance of regulators, three domestic commodity futures exchanges have carried out pilot work of "insurance + futures" in succession. On April 18, 2017, Zhengzhou Commodity Exchanges issued a notice on *Construction Work of "Insurance + Futures" Pilots in 2017.* On May 5, 2017, Dalian Commodity Exchanges issued a notice on *Further Supporting Futures Companies to Develop "Insurance + Futures" Pilots Expansion.* On May 26, 2017, Shanghai Futures Exchange held a signing ceremony of "Insurance + Futures" Targeted Poverty Alleviation Pilots Project. China Futures Association proposed to enhance the cooperation between futures trading institutions and other financial institutions including insurance companies and banks, and to actively explore approaches to build linkage mechanism of agricultural subsidies, agriculture-related credit loan, agricultural insurance and agricultural futures and options in *Act Outline of Futures Trading Institution Serving Real Economy* on March 16, 2017. We should use futures ,options and other derivatives to explore various cooperation methods, actively participate in agricultural reform and pilot activities of contract farming, food banking and land transfer, etc., explore new modes for stabilizing agricultural production and guaranteeing farmers' income by providing price management and risk management services to agriculture managing bodies including agribusiness and rural cooperative. In order to refine and implement CSRC's strategic allocation of capital market serving poverty alleviation and make full use of futures market serving national poverty alleviation strategies, China Futures Association issued *Opinions on Futures Industry Performing Social Responsibilities of Poverty Alleviation* on March 29, 2017, which aimed at further clarified duties of related aspects of futures industries in poverty alleviation, focused on ways and methods of futures trading institutions developing poverty alleviation work to provide guidance for futures industry developing poverty alleviation work.

2. Promoting business innovation and enhancing the ability to serve the real economy

First, accelerating the development of new products. In 2017, with the target of serving real economy, "three rural issues" and national development strategies, Dalian Commodity Exchange listed soybean meal options and Zhengzhou Commodity Exchange listed sugar options, cotton yarn futures and apple futures. Listing of new products further expanded the field of serving the real economy.

Second, improving trade and regulation rules. Dalian Commodity Exchange promoted the continuous improvement of contract rules and systems for corn, soybean oil, plywood and iron ore, etc., by measures of adding more qualified delivery warehouse and improving delivery standards. Zhengzhou Commodity Exchange revised and improved the risk control measures, settlement rules, delivery rules and other business rules, which included the addition of volume and open interest limit system, improving the price limit system, the differentiated fee system, shortening the validity period of glass futures warehouse receipt, adding the procedure of weighting check of stock removal and more dealers' warehouses, adjusting delivery unit of ferrosilicon and manganese silicon futures, valid period of manufacturing warehouse receipt and time limit of warehousing production, issuing continuous active program of PTA and steam coal futures, took measures of reducing trading cost of specified contracts and introducing market makers to increase liquidity and thereby creating a better condition for industrial customers to manage risk. Shanghai Futures Exchange adjusted the procedure of applicating and using of hedging positions for industrial customers; revised futures contracts and delivery details of copper, aluminum and lead, etc.; improving the continuity of nickel futures contracts by reducing the comprehensive trading costs of illiquid contracts (contracts other than January, May and September) to attract industrial customers to trade specific contracts. Improvement of trade and regulation rules in these exchanges would meet more closely the industrial customers' demands and deepen the function of serving the real economy..

Third, developing OTC option pilot market. In the current circumstance where exchange-traded commodity options is still in the early stage of development, the OTC market enriches the risk management tools for real enterprise, and improve the ability of futures companies to serve the real economy. All three commodity futures exchanges, one after another, built OTC comprehensive business platforms. Zhengzhou Commodity Exchange has researched on OTC business and comprehensive business platform, which is about to enter the test stage of simulation trading. It plans to launch three types of businesses: warehouse receipt trading, OTC option trading and basis trading. The OTC business system project of Zhengzhou Commodity Exchange aims to realize the interaction between futures market and spot market as well as the organic integration of industrial chain resources through the development of warehouse receipt trading, OTC options, warehouse receipt swap and basis trading, etc.. Dalian Commodity Exchange built comprehensive service platform of OTC market consisting of warehouse receipt registration center, trading platform, clearing platform, index platform and information release platform so that businesses such as warehouse receipt swap, spot quotation, spot market makers, OTC options, agricultural product price insurance, etc. all can be carried out on this platform. In order to promote the combination of futures and spot, Shanghai Futures Exchange has set up trading platforms to provide services of warehouse receipt transactions, spot contracts, forward, swaps and spread trading, and gradually expand from the standard business to non-standard OTC business.

3. Timely issuing measures to ensure no occurrence of systematic risks

In 2017, the futures regulatory authorities put risk prevention in a more prominent position and firmly held the bottom line of no occurrence of systemic risk. All commodity futures exchanges continued to strengthen the front-line supervision of the futures market and build a first line of defense against risk to effectively maintain smooth operation of the market. Zhengzhou Commodity Exchange timely analyzed the market operation to identify potential risks and research risk prevention and disposal measures. For the temporary and potential risk arising from sugar and ferrosilicon futures market, it paid close attention to the regulation policy and market influence, tracked market dynamics of futures and spot, took measures of enhancing real-time monitoring, investigating the actual ownership of open interest, adjusting the margin rate, price limit range, volume limit and position limit, etc., to effectively resolve the market risk and keep the bottom line of no occurrence of system risk. Dalian Commodity Exchange timely adjusted price limits, trading margin and fee rates of various products including coking coal, coke and eggs, etc., and timely introduced trading quota measures. Shanghai Futures Exchange adjusted trading margin and fee rates of various products including rubber, rebar, lead, zinc, nickel, fuel oil and hot rolled coil, etc., based on the market situation, and introduced trading limits and other regulatory measures to timely resolve potential market risks.

4. Deepening overall tight regulation with the law to maintain market order

In 2017, it is stressed in the national conference on securities and futures supervision to overall tight regulation with the law to maintain the market order, and continue to improve regulatory capacity. Regulatory authorities made full use of regulatory cooperation advantages of "Five-in-one Plan", continued to strengthen the supervision and law enforcement in futures and other derivatives market and to regulate futures trading behavior. In mid-2017, CSRC issued *Guidance on Further Strengthening the Front-line Supervisory Function of Abnormal Trading of Futures Exchanges*, revised *Regulations on Risk Supervisory Indictors of Futures Companies*. Futures exchanges should implement front-line regulation, continue to promote the regulatory modes of trading behaviors "centered on regulated members", strengthen the ability of identifying and handling abnormal transactions, and build the first defensive line for preventing of regulatory risks of futures market. Each futures exchange should continue to improve the capability of regulation and risk control through the improvement of the monitoring index system and the establishment of dynamic adjustment mechanism for risk control measures, take comprehensive and strict supervision and crack down on market manipulation and insider trading to effectively protect the legitimate rights and interests of investors and achieve penetration management and merger management of actually-controlled account of the customer's funds, positions and product funds and holders. The centralized and unified penetration management functions of the margin supervisory center on actually-controlled accounts and asset management products further clarified the responsibilities of risk control and customer management of futures companies. Each agency should perform the regional regulatory duties to enhance on-going and post-event regulation for futures trading institution and enlarge strike force to laws and regulations violation behavior centered on margin and net capital regulation and orientation of questions and risks.

(ii) Effects of Commodity Futures Market Development Policy in 2017

1. Gradually improved product system and steadily operated market

China's commodity futures had up to 48 futures products and 2 commodity options, which basically formed a product system covering major economic sectors including agriculture, metal, energy and chemical engineering. Since 2009, the trading volume of China's commodity futures has ranked No. 1 in the world for many years. In Top 20 global agricultural products and metal futures, we respectively accounted half, which created a good foundation for risk management of enterprises. In 2017, the commodity futures market was slightly up-trending, but the market liquidity had lowered. The total trading volume in China's futures market was about 3.076 billion contracts with trading amount of RMB 187.90 trillion, which were respectively declined 25.66% and 3.95%. The total trading volume of commodity futures was about 3.051 billion with trading amount of RMB 163.31 trillion, which were respectively declined about 25.93% and 7.95%. In spite of reduced volume in commodity futures market, there was a qualitative upgrade in product innovation, market trading rules, serving real economy and enhancement of market regulation.

In 2017, the daily average trading volume soybean meal options was close to 38 thousand contracts and the daily average open interest was 224.4 thousand contracts. The daily average trading volume of white sugar option was 15.8 thousand contracts and the daily average open interest was 112.6 thousand contracts. The smooth operation of soybean meal and sugar options had further improved the domestic commodity pricing system, which provided a tool for fine management of enterprise risk, and provided a new solution for the contract continuity of futures market and OTC option hedging. After cotton yarn futures were listed, it formed a relatively complete textile raw material futures product system together with cotton futures and PTA futures. As the first global fresh fruit futures product and poverty alleviation futures product, the listing of apple futures helped ensure the stability of fruit farmers' income, serve the national poverty alleviation strategy, and achieve the goal of accurate poverty alleviation in major apple producing areas. In 2017, innovative businesses such as OTC options, swaps and benchmark trading experienced an explosive growth, and the nominal size of domestic OTC commodity options market was expected to exceed RMB 200 billion with a year-on-year growth of dozens of times.

2. Significant effects of "Insurance + Futures" serving "three agricultural issues"

All the three domestic commodity futures exchanges steadily enlarged the size of "insurance + futures" based on pilot foundation in front stage, which obtained good economic and social effects. In 2017, Zhengzhou Commodity Exchange totally examined and approved 24 "insurance + futures" pilots related to species of sugar and cotton in principle of "enlarging coverage, assisting targeted poverty alleviation, enriching pilot connation and close to farmers' demands", covering 5 provinces (regions) including Yunnan, Guangxi and Xinjiang and benefiting 14 national poor counties so that over 19 thousand farmers obtained an agricultural price insurance with zero or low premium and farmers' income risks were effectively reduced. In 2017, Dalian Commodities Exchange developed 32 "insurance + futures" pilot projects in 7 provinces and national regions by combination of 25 futures companies and 8 insurance companies. In addition to expansion of pilot size and pilot area, it innovatively increased income insurance and new modes of large-sized leading enterprises assisting insured farmers in basis tradings. The pilot totally involved 678.3 thousand tons of corn, 114 thousand tons of soybean and planting areas of 2068.7 thousand acres. Compared with 2016, pilot projects in 2017 had got considerable progress in model innovation, feasibility and maturity. Ability of rural support and benefiting farming policy and serving targeted poverty alleviation got further improvement. The pilot influence was increasingly enhanced. Shanghai Futures Exchange launched a "insurance + futures" pilot project on natural rubber for the accurate poverty alleviation, covering an area of about 400 thousand acres of natural rubber planting. The pilot project was concentrated in 14 poverty-stricken counties in Hainan and Yunnan provinces, 12 of which were national-level poverty-stricken counties. The project directly benefited poor households and poverty-stricken farmer of minority. The steady progress of "insurance + futures" mode had effectively improved the market operation quality of agricultural products, improved the depth of futures market serving "three rural issues", and created better conditions for industrial enterprises to use futures options to manage risks.

3. Legally implementing regulations comprehensively and strictly

In 2017, CSRC punished 3 illegal cases of futures market. Shanghai Futures Exchange had taken regulatory measures against 1010 abnormal trading activities throughout the year, and taken measures of announcements throughout the market and restricting position-opening for 47 of them. Shanghai Futures Exchange had also taken regulatory measures to limit the position-opening for 19 cases of overtrading limit behavior of actually-control relationship accounts. In terms of investigation of violations, Shanghai Futures Exchange carried out investigations and evidence collection on 23 suspected violations of trading, and handled 12 cases of violations. In 2017, Dalian Commodity Exchange totally investigated and treated 396 cases of abnormal trading behavior, including 195 self-transactions, 190 cases of frequent order-canceling and 2 cases of large-amount order-canceling and 9 cases of exceeding open interest limit and took measures to limit opening new positions. In 2017, Dalian Commodity Exchange strengthened market supervision and control, and strictly investigated and dealt with violations of laws and regulations such as bucketing, affecting prices and market manipulation. In 2017, it totally investigated and dealt with 146 violation cases of bucketing and affecting prices, punished 215, investigated and registered 16 cases and reported 2 cases to CSRC for investigation. In 2017, according to the market operation, it focused on monitoring illegal acts of account-grouping, off-limit trading, exceeding trading limit and market manipulation on products including corn, eggs, coking coal, coke, iron ore and polyvinyl chloride and actively took measures to prevent trade-clustering and delivery risk. In 2017, Zhengzhou Commodity Exchange handled 386 cases of abnormal trading and illegal trading clues, transferred 2 suspected illegal trading clues to the inspection bureau of CSRC, handled 66 illegal trading cases, and imposed disciplinary sanctions of warning and suspension of warehouse opening on 83 natural person clients and 17 legal person clients involved.

(iii) Outlook for Commodity Futures Market Development Policy in 2018

1.Innovation of new products to be further accelerated

In 2017, white sugar options, soybean meal options listed, cotton yarn futures, apple futures listed trading, 2018 domestic futures market product innovation is still worth looking forward to. Crude oil futures and other commodity options are expected to be listed in 2018. Zhengzhou Commodity Exchange will study and optimize existing products, promote the function of existing products better play at the same time, do a solid job in the research and development of red jujube futures, promote the early listing of red jujube futures to service the accurate poverty alleviation. At the same time, increase the research and development of new products including coffee, urea and other futures listing efforts, on the basis of doing a good job in sugar options market cultivation, actively promote PTA, cotton and other options new products of research and development listing, improve the risk management system of related industries. Dalian Commodity Exchange will actively promote pork, ethylene glycol, shipping and other products and corn, palm oil, iron ore and other options products research and development work. Shanghai Futures Exchange has been preparing for pulp, stainless steel, No. 20 standard rubber and natural gas futures for many years, and will actively promote the listing of copper and gold options.

2. Crude oil futures to be listed in Shanghai International Energy Exchange

China's crude oil futures listing plan has been prepared for more than five years since CSRC said it would launch crude oil futures in 2012. Crude oil futures will finally be traded at the Shanghai International Energy Exchange, a subsidiary of Shanghai Futures Exchange, on March 26, 2018. Crude oil futures is China's first international futures product, which is different from the current domestic futures products on platform construction, market participants, pricing methods and many other aspects. The most characteristic innovation of China's crude oil futures could be specified as the "international platform, clear price trading, and bonded delivery and RMB pricing". The "international platform" refers to the internationalization of transactions, delivery and settlement links, so as to facilitate free, efficient and convenient participation of domestic and foreign traders, as well as relying on the international crude oil spot market to introduce domestic and foreign traders, including multinational oil companies, crude oil traders, investment banks, etc., to participate to promote the formation of benchmark prices reflecting the supply and demand relationship in the crude oil market of China and Asia-Pacific region. "Clear price transaction" refers to the net price excluding customs duties and value-added tax, which is different from the current situation of domestic futures trading prices including tax. It's convenient to directly compare with the price excluding tax in the international market, and avoid the impact of tax policy changes on the transaction price. "Bonded delivery" refers to physical delivery relying on bonded oil depot, which mainly considers the price for bonded spot trade being net price excluding tax, little restriction to participants in bonded trade. The bonded oil depot can also be used as a link to the domestic and foreign crude oil market, which is conducive to the international crude oil spot and futures traders to participate in trading and delivery. "RMB pricing" refers to using RMB for trading and delivery and accepting the dollar and other foreign exchange funds as a deposit. After the listing of China's crude oil futures, it is conducive to the formation of a price system reflecting the relationship between supply and demand in the crude oil market of China and the Asia-Pacific region, and to let price play a basic role in the allocation of resources.

3. Legislative progress of Futures Law being expected to be accelerating

Regulations on Administration of Futures Trading implemented in 2007 and revised in 2012 remains the highest-level legislation in China's futures market, which has not been suitable for the further development requirements of futures and its derivatives market. In recent years, CRSC has been making great effort to promote the release of *Futures Law* as soon as possible, and actively cooperating with the legislature to promote the legislative process of the *Futures Law*. On May 2, 2017, the National People's Congress listed the *Futures Law* in the "legislative work plan of Standing Committee of the National People's Congress in 2017". The legislative conditions for China *Futures Law* in 2018 have been met; the legislation of *Futures Law* is expected to speed up.

4. Internationalization process of futures market to be accelerated

Firstly, accelerating the pace to introduce overseas traders to participate in domestic market. Put crude oil futures as the start of overall opening-up of China's futures market, and actively introducing of overseas traders for iron ore futures. Prepare the introduction of overseas traders for other products such as PTA. Support and encourage more overseas traders to participate in domestic commodity futures trading. Secondly, enlarge domestic and overseas delivery area. Continue to promote the normalization of bonded delivery and constantly increasing more products and area coverage of bonded delivery. Adapt the international demands for related futures products, support delivery warehouse and offices of futures exchanges established in overseas to provide various and fast overseas pricing and risk management services for substantial enterprises. Thirdly, accelerate to promote international development of futures operation institutions. It is planned to broaden the investment ratio limit of foreign capital invested future companies. The investment ratio limit of single or multiple foreign investors direct or indirect investing in futures companies will be limited to 51%. Fourthly, develop flexible cooperation with overseas exchanges. Focusing on surrounding "The Belt and Road" countries and regions along the line, support all exchanges to develop cooperation with exchanges along the line by combination of their own features and advantages and comprehensive application of multiple forms of equities, products and business.

Appendix

Futures Market Development Policy in 2017

Date	Policies	Issued by
December 31, 2016	*Some Opinions on Further Promoting Structural Reform on Agricultural Supply Side and Accelerating Cultivation of New Kinetic Energy of Agricultural and Rural Development*	the Central Committee of the Communist Party of China, the State Council
January 9, 2017	*Notice on Amending the Articles of Association of Dalian Commodity Exchange and the Trading Rules of Dalian Commodity Exchange*	Dalian Commodity Exchange
February 21, 2017	*Notice on the Relevant Amendments to the "Zhengzhou Commodity Exchange Futures Trading Risk Control Management Measures"*	Zhengzhou Commodity Exchange
March 14, 2017	*Notice on the Implementation of the "Dalian Commodity Exchange Iron Ore Warehouse Receipt Service Management Measures (Trial)"*	Dalian Commodity Exchange
March 16, 2017	*Notice on the Issuance and Implementation of the "Futures Trading Institutions Serving the Real Economy Action Plan (2017 - 2020)"*	China Futures Association
March 17, 2017	*Notice on Issuing the Soybean Meal Option Business Guide for Futures Companies and the Soybean Meal Option Market Maker's Business Guide*	Dalian Commodity Exchange
March 20, 2017	*Announcement on Printing and Distributing Amendments to 11 Futures Contracts Such As Zinc and Nickel and the Relevant Detailed Rules for the Implementation thereof*	Shanghai Futures Exchange
March 29, 2017	*Opinions on Futures Industry Performing Social Responsibilities of Poverty Alleviation*	China Futures Association
April 17, 2017	*Decisions on Matters of Cancelling Administrative Approval of Futures Companies Establishing, Acquiring and Sharing Overseas Futures-type Operational Institutions*	CSRC
April 18, 2017	*Regulations on Risk Supervisory Indictors of Futures Companies*	CSRC
April 18, 2017	*Guideline of Compiling and Submission of Risk Supervisory Statement of Futures Companies*	CSRC
April 18, 2017	*Construction Work of "Insurance + Futures" Pilots in 2017*	Zhengzhou Commodity Exchange
May 5, 2017	*Notice on Further Supporting Futures Companies In 2017 to Carry Out the "Insurance + Futures" to Expand the Pilot*	Dalian Commodity Exchange
May 19, 2017	*Notice on Issuing the Articles of Association of Zhengzhou Commodity Exchange and the Trading Rules of Zhengzhou Commodity Exchange*	Zhengzhou Commodity Exchange
June 9, 2017	*Notice on the Shanghai International Energy Trading Center Issued the "Shanghai International Energy Trading Center Futures Trader Suitability System Operation Guide (Provisional)"*	Shanghai Futures Exchange

Continued

Date	Policies	Issued by
June 14, 2017	*Notice on Collecting PTA, Power Coal Futures Market Makers*	Zhengzhou Commodity Exchange
December 7, 2017	*Reply on the Approval of Zhengzhou Commodity Exchange to Carry Out Cotton Yarn Futures Trading*	CSRC
July 31, 2017	*Notice on Supporting Futures Companies to Promote Base Trading Through Pilot Projects In 2017*	Dalian Commodity Exchange
August 14, 2017	*Notice on Zhengzhou Commodity Exchange Cotton Yarn Futures Contracts and Related Business Rules*	Zhengzhou Commodity Exchange
August 15, 2017	*Notice on the Adjustment of Fuel Oil Varieties Trading Margin Level and Transaction Fee Standard*	Shanghai Futures Exchange
August 24, 2017	*Notice on the Implementation of Trading Limits on Hot Rolled Coil Related Contracts*	Shanghai Futures Exchange
September 4, 2017	*Notice on the Adjustment of Nickel and Tin Varieties Related Contract Transaction Fees*	Shanghai Futures Exchange
September 6, 2017	*Notice on Amending the Fine Terephthalic Acid Futures Contract and the Zhengzhou Commodity Exchange Futures Delivery Rules*	Zhengzhou Commodity Exchange
September 21, 2017	*Notice on the Adjustment of Nickel Related Contract Flat today Warehouse Transaction Fee Collection Standard*	Shanghai Futures Exchange
September 22, 2017	*Notice on the Implementation of Trading Limits on Nickel-Related Contracts*	Shanghai Futures Exchange
September 25, 2017	*Notice on Adjusting Transaction Fee for Lead Related Contracts*	Shanghai Futures Exchange
October 17, 2017	*Notice on the Implementation of Trading Limits on Zinc-Related Contracts*	Shanghai Futures Exchange
October 17, 2017	*Notice on Adjusting Transaction Fee of Current Position of Zinc Related Contract*	Shanghai Futures Exchange
October 31, 2017	*Notice on Amending the Ferroalloy Futures Contract and Relevant Business Rules*	Zhengzhou Commodity Exchange
November 10, 2017	*Notice on Amending the "Zhengzhou Commodity Exchange Futures Delivery Rules"*	Zhengzhou Commodity Exchange
November 10, 2017	*Notice on Amending the "Zhengzhou Commodity Exchange Futures Trading Risk Control Management Measures"*	Zhengzhou Commodity Exchange
November 13, 2017	*Notice on the Implementation of the Newly Revised Articles of Association of the Shanghai Futures Exchange and the Trading Rules of the Shanghai Futures Exchange*	Shanghai Futures Exchange
December 8, 2017	*Notice on Issuing the "Zhengzhou Commodity Exchange Option Investor Suitability System Operating Guidelines"*	Zhengzhou Commodity Exchange

Continued

Date	Policies	Issued by
December 19, 2017	*Notice on the Zhengzhou Commodity Exchange Fresh Apple Futures Contracts and Related Business Rules*	Zhengzhou Commodity Exchange

X. Foreign Exchange Market Development Policy①

(i) Highlights of Foreign Exchange Market Development Policy in 2017

We have mainly collected the policies of the foreign exchange market authorities in 2017, and listed as follows:

Date of publication	Document No.	Title	Main content
January 20	HZF [2017] No.4	*Circular on the General Department of the State Administration of Foreign Exchange on the Adjustment of the Statistical Statements of Bank settlement and Sale of Foreign Exchange*	Adjust the statistical report of RMB against foreign exchange derivatives and improve the statistics of bank settlement and sale of foreign exchange
January 26	HF [2017] No.3	*Circular on the State Administration of Foreign Exchange on further Promoting the Reform of Foreign Exchange Management and Perfecting the Examination of Authenticity and Compliance*	Strengthen the verification of the authenticity and compliance of foreign direct investment; continue to implement and improve the management policy on the remittance of foreign exchange profits from direct investment
February 17	HZF [2017] No.31	*Assessment Contents and Scoring Standards for Banks to Implement Foreign Exchange Control Provisions (2017)*	Adjust the value of the risk assessment index
February 24	HF [2017] No.5	*Circular on the State Administration of Foreign Exchange on Relevant Issues of Foreign Exchange Risk Management for Foreign Institutional investors in the Interbank Bond Market*	Rules for the participation of foreign institutional investors in the domestic foreign exchange market

① Author: Chu Youyang, *Shanghai Finance* Executive Editor.

Continued

Date of publication	Document No.	Title	Main content
May 26	HF [2017] No.15	*Circular on the State Administration of Foreign Exchange on the Submission of Information of Offshore Transactions of Bank Cards by Financial Institutions*	Collect information on offshore transactions of bank cards and collect information of Chinese bank cards on cash withdrawal and consumer transactions occurring outside the territory of China, excluding the offshore transactions provided by non-bank payment institutions based on bank cards
July 4		According to the information of the central bank, there is no relevant policy or announcement. This information is only news of the day of the central bank.	With the approval of the State Council, the quota for RMB qualified foreign institutional investors (RQFII) in Hong Kong will be expanded to RMB 500 billion
July 29	HZF [2017] No.81	*Circular on the General Department of the State Administration of Foreign Exchange on the Launch of the Foreign Exchange Management System for Bank Card Offshore Transactions*	Chinese card issuing financial institutions have access to the foreign exchange management system of bank card offshore transactions for joint debugging, acceptance and trial operation
September 8	YF [2017] No. 206	*Notice on the Policy of Adjusting the Deposit Reserve in the Domestic Agency Banks by Banks Participating in the Overseas RMB Transaction*	Reduce the levy ratio of foreign exchange risk reserve to zero
September 8	YF [2017] No. 207	*Circular of the people's Bank of China on the Adjustment of Reserve policies for Foreign Exchange Risks*	Reduce the levy ratio of foreign exchange risk reserves to zero
November 29	HZF [2017] No.59	*Circular on the General Department of the State Administration of Foreign Exchange on Matters Relating to Foreigners Holding Permanent Residence Identity Cards for the Purpose of Foreign Exchange Settlement and Sale*	A foreigner's permanent resident identity card may be used as an effective identity document for settlement and sale of foreign exchange. Foreigners holding a permanent residence card shall apply an annual facilitation quota of USD 50,000 for foreign exchange settlement and purchase.
November 30	HZF [2017] No.106	*Business Guidelines on External Financial Assets, Liabilities and Transactions Statistics (2017 Edition)*	General principles of external financial assets, liabilities and transactions statistics, specific reporting methods, special business reporting requirements, and other reporting requirements

Continued

Date of publication	Document No.	Title	Main content
December 7	HF [2017] No.25	*Circular on the State Administration of Foreign Exchange Concerning the Annulment of 6 Normative Documents for Exchange Administration*	Abolish 2 and invalid 4 normative documents for foreign exchange administration
December 30	HF [2017] No.29	*Circular on the State Administration of Foreign Exchange on Standardizing the Large Amount of Cash Withdrawal Transactions Overseas with Bank Cards*	Since January 1, 2018, for individuals holding domestic bank cards to withdraw cash outside the country, his or her own bank cards (including subsidiary cards) in total must not exceed the equivalent of RMB 100,000 each natural year

(ii) Effects of Foreign Exchange Market Policy in 2017

1. *Circular on the General Department of the State Administration of Foreign Exchange on the Adjustment of the Statistical Statements of Bank Settlement and Sale of Foreign Exchange* was issued by the State Administration of Foreign Exchange on 20 January, 2017, with the main contents of enriching the statistical indicators for the business of derivative products, increasing forward balance delivery and swap transaction stock statistics; improving the electronic level of data reporting; and integrating statistical system management documents. By adjusting the statistical statements of RMB transactions against foreign exchange derivatives and further improving the statistics of settlement and sale of foreign exchange by banks, this requirement will help improve the statistical operation efficiency of banks and the State Administration of Foreign Exchange and further enhance the transparency of the data. Secondly, the State Administration of Foreign Exchange will monitor capital flows in a more timely way, which is conducive to reflecting the market's expectations of foreign exchange supply and demand and RMB exchange rate.

According to statistics, from January to December 2017, banks had an accumulated settlement of foreign exchange of RMB 11.0884 trillion, with cumulative sale of foreign exchange reaching RMB11.8532 trillion, and total deficit in settlement and sale of foreign exchange reaching RMB 764.8 billion. Among them, on behalf of customers, the banks had accumulated settlement of foreign exchange of RMB 10.5303 trillion, sold foreign exchange of RMB 11.0065 trillion in total, with accumulated deficit in settlement and sale of foreign exchange reaching RMB 476.2 billion; banks themselves had accumulated RMB 558.1 billion in foreign exchange settlement and RMB 846.7 billion in accumulated sale of foreign exchange, and the accumulated deficit in foreign exchange settlement and sale was RMB 288.6 billion. In the same period, the banks signed a cumulative forward settlement of RMB 999.3 billion on behalf of customers, a cumulative forward sale of RMB 1.1682 trillion of foreign exchange, and a cumulative sum of RMB 168.9 billion in net forward sale of foreign exchange.

2. *Circular on the State Administration of Foreign Exchange on further Promoting the Reform of Foreign Exchange Management and Perfecting the Examination of Authenticity and Compliance* was issued by the State Administration of Foreign Exchange on January 26, 2017. It regulated the scope of foreign exchange loans settlement at home and abroad, recycling of offshore funds against domestic guarantee, centralized operation of foreign exchange funds of multinational corporations, settlement of foreign currency NRA accounts in FTZ, remittance of direct investment foreign exchange profit, verification of the authenticity of foreign direct investment, full-caliber overseas lending and other aspects.

The Circular continues and embodies the regulatory policy direction of "controlling outflow, expanding inflow", which promotes two-way balance of cross-border capital flows between local and foreign currencies and a full-caliber macro-prudential management of cross-border financing of integrated local and foreign currencies, and emphasizes the verification of the authenticity and compliance of cross-border transactions and cross-border capital flows, especially bringing funds overseas. It is conducive to further deepening the reform of foreign exchange management, streamlining the decentralization of power, supporting the development of the real economy, promoting trade and investment facilitation, and establishing and improving the capital flow management system under the framework of macro-prudential management. In terms of its effectiveness at macro level, the implementation of the policy has promoted cross-border capital inflows. As of the end of September 2017, the balance of China's full-caliber (including local and foreign currency) foreign debt was USD 1.68 trillion, an increase of about 18% over the end of 2016, maintaining a growth trend for six consecutive quarters.

3. *Circular on the State Administration of Foreign Exchange on Relevant Issues of Foreign Exchange Risk Management for Foreign Institutional investors in the Interbank Bond Market* was promulgated by the State Administration of Foreign Exchange on February 27, 2017. It stipulates that foreign institutional investors in the interbank bond market are entitled to conduct business of RMB against foreign exchange derivatives in qualified domestic financial institutions and abide by the principle of real-need trading.

This circular will not only facilitate the management of foreign exchange risk by foreign institutional investors in the interbank bond market, but also promote the reform of the bond market and foreign exchange market to open to the outside world. It will help reduce the foreign exchange hedging costs for foreign investors and attract more foreign investment into the Chinese bond market.

In 2017, the interbank bond market continued to increase in the level of opening to the outside world. "Bond Connect" was launched successfully in July 2017, and the scale of bond holdings of foreign institutions rose steadily. At the end of 2017, foreign institutions held RMB 974.145 billion of bond, with a year-on-year increase of 25.08%, and 247 foreign institutional investors from 19 countries and regions, respectively entered the interbank bond market through the "Bond Connect". They were commercial banks, fund companies, asset management companies, securities companies, insurance companies, fund and capital management products, which mainly deal with treasury bonds, policy financial bonds, and negotiable certificates of deposit, and their trading activity constantly increased.

4. *Assessment Contents and Scoring Standards for Banks to Implement Foreign Exchange Control Provisions (2017)* was promulgated by the State Administration of Foreign Exchange on February 17, 2017, which stipulates that the value of the risk assessment index shall be adjusted from 2017, and all branches of the State Administration of Foreign Exchange shall be required to assess the implementation of foreign exchange control regulations by banks within their jurisdiction in a fair and impartial manner in accordance with the "Standards". The assessment includes business compliance, data quality, internal control management, risk indicators, and so on.

The introduction of the new scoring standards is conducive to strengthening the supervision and management of foreign exchange business, standardizing the foreign exchange business, reducing the risk of foreign exchange business violations, and further guiding banks to actively implement various foreign exchange policies and conduct supervision and self-inspection, so as to maintain a positive and healthy foreign exchange market environment. At the same time, the standardized scoring methods can reduce the working load of foreign exchange management departments to monitor the foreign exchange behaviors of banks, and improve the work efficiency as well as the transparency of regulatory work.

5. *Circular on the State Administration of Foreign Exchange on the Submission of Information of Offshore Transactions of Bank Cards by Financial Institutions* was issued by the State Administration of Foreign Exchange on May 26, 2017, and officially implemented on September 1, 2017. It requests to carry out the information collection of bank card overseas transaction, and that the domestic card issuing financial institutions need to submit to the State

Administration of Foreign Exchange the transaction information of domestic bank card in terms of all overseas cash withdrawal and single transactions over RMB 1000.

All bank card issuing financial institutions with the functions of overseas cash withdrawal and overseas consumption shall submit all the overseas cash withdrawals and overseas consumption records as required, and shall report zero if they do not occur. In terms of reporting channels, the collection of information about offshore transactions of bank cards will be completed through the foreign exchange management system for offshore transactions of bank cards, which was launched on September 1. The issuance of this circular will help improve the statistics of offshore transactions by bank cards, maintain the order of offshore transactions by bank cards, strengthen the management of illegal transactions of bank cards abroad, and make up for the loopholes in the supervision of overseas transactions. This circular can also improve the statistics of cross-border capital transactions, improve the efficiency of macro-and micro-prudential supervision of foreign exchange and capital flows, and facilitate the statistics of cross-border bank card transactions, which is also an important way to improve the quality and efficiency of statistics.

6. On July 4, 2017, the quota for RQFII in Hong Kong was expanded to RMB 500 billion with the approval of the State Council. This will help further meet the needs of Hong Kong investors for the allocation of RMB assets, promote the opening up of domestic financial markets, and strengthen economic and financial ties between the China mainland and Hong Kong.

RQFII will help bring offshore RMB back to China, provide the use and investment channels to offshore RMB, and promote the expansion of offshore RMB capital pool. Prior to the expansion of the RQFII quota in Hong Kong, the “Bond Connect” conducted its pilot operation, which allowed foreign investors to make institutional arrangements for connectivity between Hong Kong and mainland infrastructure institutions in the areas of trading, hosting, settlement, etc. On the basis of not changing business habits, Hong Kong's position as a bridgehead in opening up the financial market to the outside world has been further strengthened in an efficient and convenient manner of investing in in the interbank bond market in the mainland through Hong Kong. As of June 29, 2017, the cumulative amount of RQFII approved was RMB 543.104 billion, with Hong Kong leading the list with a total investment quota of RMB 270 billion. After the expansion policy, as of December 27, 2017, the total amount of RQFII investment in Hong Kong approved was RMB 305.637 billion and 82 organizations have been approved, which made Hong Kong remain the region with the largest RQFII quota overseas, thus highlighting Hong Kong's important role as an intermediary for the participation of international investors in the mainland financial markets.

7. *Circular on the General Department of the State Administration of Foreign Exchange on the Launch of the Foreign Exchange Management System for Bank Card Offshore Transactions* was issued by the State Administration of Foreign Exchange on July 29, 2017. It requests that domestic card issuing financial institutions shall be connected to the foreign exchange management system for the offshore transactions of bank cards for the joint adjustment, acceptance and trial operation. This is conducive to improving the statistics and maintaining the order of offshore transactions of bank cards, and preventing cross-border money-laundering and other criminal activities.

The current international balance of payments for offshore transactions of bank cards in China mainly adopts the gross statistics model. With the increase in the requirements for anti-money laundering, anti-terrorist financing, and dealing with the erosion of the tax base in international cooperation, the statistics of bank card cross-border transactions need to be further improved in terms of financial transaction transparency, statistical data quality and other aspects. Starting from August 21, 2017, all card issuers shall submit their bank card offshore transaction information within 24 hours of the previous day before 12:00 Beijing time in accordance with the collection specification requirements of the bank card overseas transaction data. If the issuing bank has the bank card overseas transaction business, it shall, in accordance with the provisions of the circular, connect to the bank card foreign exchange management system and report the bank card overseas transaction information to the State Administration of Foreign Exchange, which is conducive to preventing the risks of overseas transactions and increasing the transparency of overseas transaction information.

8. *Circular on the People's Bank of China on the Adjustment of Policies for Foreign Exchange Risk Reserve* was issued by the people's Bank of China on September 8, 2017, which stipulates that starting from September 11, 2017, the foreign exchange risk reserve ratio shall be adjusted from 20% to 0. It is beneficial to further improve macro-prudential policy, prevent macro-financial risks, strengthen the function of foreign exchange market price discovery, improve market liquidity, better serve the real economy, and promote the sustained, coordinated and stable development of the economy.

The spot exchange rate of the RMB against USD closed at 6.5969 on the onshore market on August 31, 2017, increasing accumulatively by 1321 basis points of that month, changing from 6.72 at the end of July to 6.59, breaking the threshold of 6.60.The appreciation reached 2%, the biggest monthly increase since July 2005, and it had increased for the fourth consecutive month. The spot exchange rate of RMB against USD had also risen to 4.24% since 2017. Since

September 11, 2017, as the central bank canceled foreign exchange risk preparation, against the backdrop of USD getting stronger (up 1.9% from September 8) and a seasonal foreign exchange purchase climax, the RMB exchange rate responded with a callback, with CNY and central parity rates reaching 6.50 one after another, and on September 25 it reached 6.60; by the end of September, it dropped by 2.8% and 2.0% respectively. In this period, CNH fluctuated around CNY in the direction of central parity rate depreciation.

9. On September 8, 2017, the People's Bank of China canceled the penetrating management of RMB deposit reserves deposited by participating banks of RMB business overseas in agent banks in China, which will help curb the short-term and excessive appreciation of the RMB exchange rate, and create conditions for the exchange rate to return to two-way market fluctuations; as RMB recovers again, some of the controlling measures previously taken to stabilize the RMB exchange rate expectations are withdrawing.

The spot exchange rate of RMB against USD closed at 6.5969 on the onshore market on August 31, 2017, increasing accumulatively by 1321 basis points of that month, changing from 6.72 at the end of July to 6.59, breaking the threshold of 6.60.The appreciation reached 2%, the biggest monthly increase since July 2005, and it had increased for the fourth consecutive month. The spot exchange rate of RMB against USD had also risen to 4.24% since 2017. After canceling the penetrating management of RMB deposit reserve deposited by the participating banks of RMB business overseas in agent banks in China and the foreign exchange risk preparation, a continuous callback occurred TO the central parity rate of RMB. On September 12, the central parity rate of RMB against USD fell 280 basis points compared with the previous trading day. On September 13, RMB fell again by 105 basis points against the USD to 6.5382. On September 12, RMB closed at 6.5350 at 16:30. On September 13, at 16:30 onshore RMB against USD closed at 6.5309.

10. *Circular on the General Department of the State Administration of Foreign Exchange on matters relating to foreigners holding permanent residence identity cards for the purpose of settlement and sale of foreign exchange* was issued by the State Administration of Foreign Exchange on November 29, 2017, which stipulates that the foreigners' permanent residence identity cards can be used as a valid identity document for the settlement and sale of foreign exchange. Foreigners holding permanent residence permits are eligible to annual foreign exchange settlement and purchase equivalent to USD 50,000. It will help further deepen the reform of permanent residence system for foreigners, strengthen the function of permanent residence permit for foreigners, facilitate the use of permanent residence permits for foreigners, and further improve the service level for foreigners who stay in China permanently.

11. *Business Guidelines on External Financial Assets, Liabilities and Transactions Statistics (2017 Edition)* was issued by the State Administration of Foreign Exchange on November 30, 2017. It covers the overall principles of external financial assets, liabilities and transaction statistics, and provides specific reporting methods and special service reporting requirements, and other requirements for reporting etc. It is a summary of solutions to the early-stage business problems and verification work, which further facilitates the reporting entity to more accurately understand the specific requirements for the reporting of international balance-of-payments statistics, and is of great significance to improving the quality of the statistics. Direct reporting covers a wide range of areas and is highly technical. Therefore, financial institutions should attach great importance to data submission and continuously improve the quality of directly reported data. The revision of the *External Financial Assets Liabilities and Transaction Statistics System* satisfies the requirements for statistical monitoring of cross-border capital flows. It has laid the foundation for further monitoring the activities of foreign-related economic entities and strengthening the prevention and control of financial risks, and it has further improved the quality of external financial assets liabilities and transaction statistics, and strengthened the transparency of China's macroeconomic data to ensure the validity and credibility of statistics.

12. *Circular on the State Administration of Foreign Exchange concerning the Annulment of 6 Normative Documents for Foreign Exchange administration* was issued by the State Administration of Foreign Exchange on December 1, 2017, which abolished two and invalidated four foreign exchange management regulatory documents, mainly involving the construction of personal foreign exchange business and foreign exchange system. The abolition or invalidation contents is according to current "multiple certificates as one" and other "deregulation, control and service" reform requirements, or new normative documents that have replaced related regulatory requirements, or phased work that is inconsistent with the current management. And it does not involve new policy adjustments. It is conducive to implementing the requirements of the State Council on deregulation, delegating power and strengthening regulation, and the optimization of service reform measures for further facilitation of trade policies.

13. *Circular on the State Administration of Foreign Exchange on Standardizing the Large Amount of Cash Withdrawal Transactions Overseas with Bank Cards* was issued by the State Administration of Foreign Exchange on December 30, 2017. There's quota limit on overseas cash withdrawals for individuals holding domestic bank cards. If exceeding the limit, the bank card will be suspended. Individuals may not evade or assist in evading overseas cash withdrawals by borrowing other's bank cards or lending out their own bank cards. According to statistics, in 2016, the cash withdrawn overseas by 81% of domestic bank cards was less than RMB 30,000.

The *Circular* stipulates that the annual quota for cash withdrawal amount abroad is RMB 100,000, which can satisfy the cardholder's normal requirement for cash withdrawal abroad, and can also prevent a small number of illegal and irregular personnel from withdrawing large amounts of cash. This is conducive to standardizing large-scale cash withdrawals by bank cards abroad. It is a necessary measure for anti-money laundering, anti-terrorism financing, and anti-tax evasion. It can further prevent illegal and criminal activities in the field of cash withdrawal by bank cards.

(iii) Prospect and Suggestion for Foreign Exchange Market Policy in 2018

2017 was a year to promote the overall development of the foreign exchange market. Under the strong leadership of the Party Central Committee with Comrade Xi Jinping as the core, the foreign exchange management departments have deepened the reform of foreign exchange management and expanded the opening up of the foreign exchange market, so as to effectively deal with foreign exchange market shocks, guard against the risk of cross-border capital flows, and provide support for the development of the real economy.

First of all, we persisted in the reform and innovation of foreign exchange management, pushed forward the reform of "deregulation, control and service", improved the openness and competitiveness of the foreign exchange market, and further facilitated the liberalization of cross-border trade and investment. Secondly, in order to reduce the risk of cross-border capital flows, efforts have been made to strengthen the macro-prudential management of cross-border capital flows, improve the establishment of a micro-regulatory framework for the foreign exchange market, and severely suppress illegal foreign exchange activities. Thirdly, under the premise of maintaining the safety and liquidity of foreign exchange reserves, we maintained and increased the value of foreign exchange reserves and provided support for the construction of "Belt and Road Initiative" and the cooperation of international production capacity and other national strategies. Finally, we further improved the quality of foreign exchange management officials, and new achievements have been made in the party's political, ideological, organizational, work style, discipline, and system construction. In 2017, the supply and demand of the foreign exchange market were more balanced, the foreign trade of the main body of the market tended to stabilize, the surplus of foreign exchange reserves and the exchange rate of RMB against USD rose steadily.

2018 marks the 40th anniversary of the reform and opening up, and is also a crucial year for the implementation of the 13th Five-Year Plan. Foreign exchange management will continue to expand the scope and levels of opening up, relax control over market access in an orderly manner, and strengthen foreign investors' confidence in China's capital market.

In the meantime, there are still many difficulties to overcome in the foreign exchange market management in 2018. One is that the major economies' monetary policy, trade protectionism and other factors may have an impact on international financial market and international capital flows. Second, the stability foundation of international financial market is still not firm, and there is the possibility for large volatility of cross-border capital. Third, risks still exist in some areas of domestic economy and finance, the corporate leverage ratio is still at a relatively high level, and we are still exploring solutions to various problems in local governments' hidden debt, real estate market, shadow banking, Internet finance and other aspects. The solving process may affect market confidence.

In 2018, the foreign exchange management department will continue to promote balanced management of cross-border capital flows:

First of all, it is necessary to further enhance the level of cross-border trade and investment liberalization and facilitation, support the innovative development of foreign trade, and steadily promote foreign exchange management pilot projects in the free trade experimental area; expand the two-way opening of the financial market; and steadily promote the convertibility of capital account, enrich the scope of trading tools and participants; strengthen risk education, guide the main body of the market to establish risk awareness, attach importance to exchange rate risk management, and control the risk of external shocks.

Secondly, we should improve the ability to supervise the foreign exchange market, strictly control financial risks, perfect the integrated management system of "macro-prudential management and micro-market supervision" for cross-border capital flows, and improve the cross-cycle stability, consistency and predictability of law enforcement standards, and severely crack down on all kinds of illegal foreign exchange activities.

Finally, we should strengthen infrastructure and improve the quality of foreign exchange management team. We should not only improve the laws and regulations of foreign exchange management, strengthen the basic work of international balance of payments statistics, but also build a "digital foreign exchange management" platform, establish a firm "safe foreign exchange control" system, and improve the efficiency and transparency of foreign exchange management. We will continue to provide foreign exchange support to "Belt and Road Initiative", international capacity cooperation and other national strategies.

XI. Gold Market Development Policy[①]

The year 2017 witnessed the complex international political and economic environment as well as the highly competitive global gold market. The gold market of China has developed healthily in the strong regulatory policy environment, the volume of gold transactions of the Shanghai Gold Exchange has steadily increased, while the growth rate has slowed down, and the volume of gold futures on the Shanghai Futures Exchange has declined. China's gold market has accelerated the process of opening up to the outside world, with constantly strengthened gold market system construction and risk prevention mechanism, as well as further improved market service function.

(i) Market Development Overview

Gold prices rose in volatility. In 2017, the domestic spot gold price was basically the same as the international gold price and grew in volatility. Shanghai Gold Exchange gold main contract Au99.99 opened at RMB 264.04 / g, with the highest price of RMB 300 / g and the lowest price of RMB 258 / g in the middle of the year, closing price of RMB 273 / g at the end of the year, an increase of 3.45% over the previous year.

The growth of the gold spot market slowed down and the trading volume of gold futures declined. In 2017, the trading volume of China's gold spot market kept growing, and the trading volume of gold futures declined significantly. The total turnover of gold on the Shanghai Gold Exchange reached 54,291.99 tons (two-side statistics), an increase of 11.54% over the previous year; the gold transaction amounted to RMB 14.98 trillion, an increase of 14.98% over the previous year. The total turnover of gold futures on the Shanghai Futures Exchange totaled 38.9562 million contracts (38,956.18 tons, two-side statistics), a decrease of 43.96% from the previous year; the cumulative turnover was RMB 10.84 trillion, a decrease of 41.99% from the previous year.

The gold inquiry market continued to develop rapidly. In 2017, the inquiry business of the Shanghai Gold Exchange continued to grow steadily, and the influence of the over-the-counter market gradually expanded. In the whole year, the total volume of inquiries in the market was 22,900 tons, an increase of 29.28% over the same period last year; the transaction amount was RMB 6.3 trillion, up 33.55% over the same period last year.

Domestic and foreign spot gold price spread widened. In 2017, the price spread among

---

① Author: Luo Jiang, deputy general manager of Research and Development Department of Shanghai Gold Exchange.

domestic gold spot, gold futures and those overseas has expanded. The average price spread between spot gold and London gold on the Shanghai Gold Exchange was RMB 2.18/g, an increase of 49.32%, equivalent to RMB 0.72/g, over the previous year. The average price spread between gold futures of Shanghai Futures Exchange and COMEX gold futures in New York increased by 54.92% from RMB 2.70/g in 2016 to RMB 4.18 /g.

China's demand for spot gold rose again. In 2017, domestic demand for physical demand rebounded, with 2,030.48 tons of gold out of storage on the main board of the Shanghai Gold Exchange, an increase of 3.05% over the same period in 2016.

(ii) Gold Market Development Policy

In 2017, China's gold market policy reflected the outstanding characteristic of risk prevention, emphasized more the steady development in course of standardization, market risk prevention measures continued to be introduced, infrastructure was effectively upgraded, and the process of opening up to the outside world continued to deepen.

1. The People's Bank of China issued the *Circular on Strengthening Anti-Money Laundering and Anti-terrorist Financing on Precious Metals Trading Floors* (YF [2017] No. 218). In September, in order to promote the healthy development of the gold market and enrich the existing risk management system, the People's Bank of China issued the *Circular on Strengthening Anti-Money Laundering and Anti-terrorist Financing on Precious Metals Trading Floors*. The *Circular*, in accordance with the regulations of the *Law of People's Bank of China*, the *Anti-Money Laundering Law*, the *Anti-Terrorism Financing Law*, etc., aims to prevent money laundering and anti-terrorist financing activities, curb money-laundering crimes and related crimes, and step up anti-money laundering and anti-terrorist financing on precious metals trading floors. The *Circular* requires precious metals trading floors and dealers engaged in precious metals transactions to attach great importance to the risks of money-laundering and terrorist financing in the area of precious metals transactions and actively fulfill their obligations of anti-money laundering and anti-terrorist financing. The People's Bank of China is required to strengthen its supervision and administration of anti-money laundering and anti-terrorist financing of trading floors and dealers.

2. In March, the Office of the Inter-ministerial Joint Conference on Clearing and Rectifying All Kinds of Trading Floors issued in March the *Circular on Work at the "Looking back" Early Stage concerning Clearing and Rectifying All Kinds of Trading Floors* (QZLB [2017] No. 31), the P2P Online Lending Risk Special Team Office issued in December the *Circular on the Acceptance of Regulation and Rectification of P2P Online Lending Risks* (WDZZBH [2017] No.

57). Both documents are clearly in accordance with the relevant provisions of document No. 38 of GF [2011] and document No. 37 GBF [2012]: "Without the approval of the relevant financial regulatory departments under the State Council, no trading floor shall be set up for trading financial products such as insurance, credit, gold, etc., and no other trading floor is allowed to engage in trading insurance, credit, gold and other financial products." The two documents made explicit provisions to combat the illegal gold market, especially the illegal gold trade on the Internet.

3. Perfect the market system and manage the market risk well. In 2017, the Shanghai Gold Exchange improved the trading system and made a comprehensive revision and adjustment of 29 trading processes, business rules, and operating systems of the corresponding rules and systems of the main board and international board, making the transaction system more systematic, orderly, normative and stable. The Shanghai Gold Exchange has revised its risk control and management measures to comprehensively strengthen the tracking and analysis of market indicators such as inventory, and to enhance the support of quantitative risk management analysis for decision-making. The risk monitoring system has been improved constantly by adding a number of risk management indicators, risk testing and stress testing functions, and a variety of risk alarming methods. The dynamic monitoring and early warning of daily transaction have been strengthened, and daily risk monitoring and risk checking have been emphasized, so as to improve the level of prevention and response to various risks.

4. Strengthen market supervision and management to protect investors' rights and interests. Shanghai Gold Exchange has established a long-term mechanism of member management, which has integrated member credit, management ability and compliance level into the assessment index, actively investigated business risks, explored industry self-discipline guidance, and provided decision-making reference for regulatory bodies. It has attached great importance to protecting the interests of investors, established customer mediation mechanism, standardized the process of complaint handling, and supported the reasonable demands of customers.

5. Standardize the gold leasing business and optimize the business structure. Based on the guiding principles of "prudential guidance, strict risk prevention, service entity and total quantity control", the Shanghai Gold Exchange has formulated internal management measures for gold leasing business. Commercial banks were guided to provide practical services to the entity enterprises through step-by-step examination and approval of the transfer of ownership. Under the market environment of regulation and control on both the total amount and margin of leasing, the leasing volume of the entity enterprises tends to be stable on the whole.

6. Promote the construction of trading system. In 2017, Shanghai Gold Exchange enhanced its technical support capability under detailed organization. The new generation of GEMS-2 trading system was officially online on schedule, the core system realized smooth switching, and the system operation index reached the advanced level in China. A batch of key projects has been advanced and launched on schedule, including one stage of GEMS-3 system of Shanghai Gold Exchange and its supporting international board function optimization, SGE APP upgrading, commercial code transformation of the inquiry trading system, the official website phase II construction and so on. The construction of disaster recovery system has been advanced in a comprehensive way. Shenzhen disaster recovery GEMS-2 was completed and launched online, and the objective of achieving Shenzhen backup trading center business functions was realized, which further improved the integrity of the technical security system.

7. In line with "Shanghai Gold" benchmark, introduce RMB gold option volatility curve for the first time and build an over-the-counter derivative application scenario system. In November, in order to further promote the development of the gold option market and improve the institutional construction of the option market, the Shanghai Gold Exchange organized the Bank of China, China Merchants Bank, Zhejiang Commercial Bank, and Guotai Junan Securities to participate in the quotation of the implicit volatility curve of the gold inquiry option, and release to interbank gold inquiry business participants the volatility curve calculated according to the quotation, in order to provide a fair reference price for the market, and reduce transaction negotiation costs. It is conducive to facilitating the risk control and management of participating institutes in the option market, and further promoting the option market risk hedging application to cluster on Shanghai gold pricing platform, so as to promote the construction of inquiry derivatives system linked with Shanghai gold.

8. The infrastructure of the over-the-counter inquiry market continued to improve. After the Shanghai Gold Exchange launched the market-maker system of interbank gold inquiry market in 2016, in 2017, it put forward the revision of the inter-bank inquiry market-maker management and assessment index system, and completed the market-maker adjustment of the interbank gold inquiry market according to the market-maker system. Besides, the long-term management mechanism of market-maker dynamic adjustment was formed to promote market makers to improve the ability and level of market making, and further enhance the ability of middle and long-term sustainable development of the market.

(iii) Policy Effects

1. Market regulation and development

(1) Actively carry out anti-money laundering in the gold market. After the People's Bank of China issued the *Circular on Strengthening Anti-Money Laundering and Anti-terrorist Financing on Precious Metals Trading Floors*, the Shanghai Gold Exchange closely cooperated with the State departments of tax, public security, auditing and other departments in their verification work. The linkage management of key links has been strengthened such as opening accounts, transactions, physical delivery, and invoice issuance, and the entry, delivery, and collection of invoices by enterprises that do not have real physical needs have been strictly prevented. The construction of a value-added tax management information system has been launched to severely crack down on criminal acts related to gold tax. The preparatory work of the People's Bank of China for the conduct of anti-money laundering in terms of precious metals trading has been implemented. The Shanghai Gold Exchange has set up a leading group on anti-money laundering to study and formulated relevant systems and business guidelines such as the *Management Measures for the Administration of Anti-Money Laundering*, to lay a good foundation for the establishment of anti-money laundering system in gold market.

(2) Stable and standardized development of gold business for banking institutions. In 2016, the People's Bank of China issued a *Circular on Matters Related to the Regulation of Gold Business for Accounts of Banking Institutions*, standardizing the gold business for the accounts of banking institutions, guarding against possible risks, and promoting the healthy, stable and sustainable development of the gold market. The *Circular* requires that the gold business of an account should be traded in full amount, and that 20% of the netting balance of the account gold holdings should be used for the purchase of physical gold, and stored as a reserve in the Shanghai Gold Exchange. The account gold business was developing within the framework of a sound and standardized system. In 2017, nine commercial banks across the country launched account gold business, with a cumulative turnover of 2,130.80 tons, and a total transaction value of RMB 583.51 billion, up by 1.34% and 3.49% respectively over the previous year.

(3) The gold inquiry market of the Shanghai Gold Exchange continues to maintain steady growth, and the influence of the over-the-counter market is gradually expanding. The participants of Shanghai Gold Exchange gold inquiry market further expanded and optimized, with the annual interbank gold price inquiry market participants of 61 institutions, a year-on-year increase of 10.91%. The total volume of transaction in the inquiry market was 22,900 tons, an increase of 29.28% over the same period last year, with a turnover of RMB 6.3 trillion,

an increase of 33.55% over the same period last year. The turnover volume of inquiry market accounted for 42.13% of the total volume of gold transactions in Shanghai Gold Exchange. Inquiry trading has become one of the important trading methods for institutional investors such as banks. Among all the term varieties in the inquiry market, spot, forward and swap transactions are respectively 5,643.72 tons, 1,574.70 tons and 15,653.54 tons, accounting for 24.68%, 6.88%, 68.44% of the market volume of inquiry market respectively. The market proportion of the medium and long-term varieties such as forward and swap varieties are rising steadily, promote the formation of medium and long-term price RMB gold, and play an active market role in the multi-level market system of our country's gold market.

(4) The Internet trading volume of gold market is growing rapidly. The launch of the Shanghai Gold Exchange mobile Internet product, "SGE", in December 2015, has enhanced the convenience of the market transaction and met the needs of investors, especially individual investors, to participate in gold trading through mobile terminals on their mobile phones. In 2017, the amount of transactions completed through SGE reached RMB 653.66 billion, an increase of 415% over the same period last year, and the number of individual accounts opened reached 75,000, an increase of 152% over the same period last year.

(5) The influence of "Shanghai Gold" pricing transaction has expanded. The formation of "Shanghai Gold" benchmark price is open and transparent, truly reflecting the demand of both sides, and better achieving the price discovery function of gold market. The main body of pricing market is more open and diversified, and the structure of participants is getting abundant. The participants to Shanghai Gold centralized pricing market have expanded to 30, including commercial banks, industrial and gold enterprises and other diversified market participants, as well as multi-regional market participants including domestic and international members. The scope of application of "Shanghai Gold" has further expanded, and the market service function has been highlighted. The benchmark price of "Shanghai Gold" has gradually been accepted by domestic gold enterprises and commercial banks, and the benchmark price of "Shanghai Gold" has been used more frequently in the fields of hedging settlement, lease settlement, new product design, etc. In 2017, the Shanghai Gold Exchange partnered with the Dubai Gold and Commodity Exchange to authorize it to use the Shanghai Gold benchmark price as its cash settlement price for the development of offshore RMB gold futures contracts. In the meantime, "Shanghai Gold" benchmark price has been applied widely in gold ETF, over-the-counter funds, and financial products.

2. Market opening up to the outside world

In 2017, the international board of the Shanghai Gold Exchange gained a good momentum of development, with 4,776.98 tons of gold traded on the international board, an increase of 19.67% over the same period last year, with a turnover of RMB 1.30867 trillion. The scale of the transaction was rising and the market influence was expanding. It has gradually become the main channel for the gold market to open to the outside world.

(1) Active participation by international members and increasingly expanding market capacity of the international board. By the end of December 2017, international board had recruited 69 international members and 71 international clients acting through international members. The scale of market participants further expanded, and market liquidity and trading participation were continuously improved.

(2) The role of international board as a channel of gold import is becoming increasingly obvious. Within the framework of the current gold import management system, the international board has set up delivery warehouses in the free trade zone, and the physical flow is in line with international standards, to provide international investment institutions with the services of storing, delivering and transferring accounts of standard physical gold, as well as services of physical registration, storage and transshipment for domestic gold importing banks. The FTA warehouse strictly restricts the entry of gold from the international conflict areas and ensures that the source of gold for delivery is clear and qualified. Since the start of the international board, physical delivery of gold has gone smoothly, with unimpeded import channels. By the end of 2017, the proportion of gold imported through the international board has reached 35.83% in all imported goods, and the international board has become one of the important import channels.

(3) Promote the implementation of the "Belt and Road Initiative" and constantly explore new space for cross-market cooperation. In 2017, international board focused on countries and regions along the "Belt and Road" to promote the depth and width of cross-market cooperation through multi-form and multi-carrier cross-border cooperation; through cross-market cooperation, diversified investment channels have been made for domestic and foreign investors, the open space of the market has continuously expanded, and different forms of cooperation have been explored according to the characteristics of different markets, and steadily promote cooperation with key exchanges. In 2017, several exchanges of the Shanghai Gold Exchange in countries along the "Belt and Road" conducted cooperative discussions to continuously expand the regional coverage of market participants and further enhance international influence; through cross-market cooperation, the application of "Shanghai Gold" benchmark price was expanded in overseas market.

(iv) Outlook

2018 is the beginning year of carrying out the spirit of the 19th CPC National Congress, the 40th anniversary of reform and opening up, as well as the crucial year of building a well-off society in an all-round way and carrying out the 13th Five-Year Plan. China's gold market is in the process of changing from high-speed growth to high-quality development. With the development of China's economic and financial reform and opening up and the internationalization of RMB, the gold market of China will make steady progress, strengthen the construction of the market system, deepen the construction of the gold international board and the pricing mechanism of the "Shanghai Gold". China's gold market will further open up to the outside world, promote the construction of a multi-level gold market system, and steadily enhance the pricing influence and comprehensive strength of gold, so as to better serve the gold industry and the national development strategy.

CHAPTER 7

Financial Regulatory Policy

I. Main Regulatory Policy of the People's Bank of China①

(i) Overview of Main Regulatory Policy of the People's Bank of China in 2017

The year of 2017 was a critical year to implement the "13th Five-Year" Plan and the reform-deepening year of supply-side structural reform. According to decisions and arrangements of the Party's Central Committee and the State Council, People's Bank of China actually enhanced "four consciousnesses", adhered to the general tone of promoting progress while maintaining stability by completing various management and service tasks of risk prevention, contributing tothe stable and sound development of the economy and finance system.

Firstly, dual-pillar adjustment framework of both monetary policy and macro-prudential policy was initially established. People's Bank of China enhanced and improved macro-prudential management, incorporated off-balance-sheet finance into generalized credit indication range and completed macro-prudential policies for full-aperture cross-border capital raising to promote even flow of cross-border capital.

Secondly, it continued to strengthen the regulatory measures on financial risk prevention and resolution. It contributed on the planning and coordination of financial regulation, accelerated to supplement short board of financial regulations and solidly completed various work of Office of Financial Stability and Development of the State Council. It actively promotes market-oriented debt-to-equity swap, properly handled the debts of enterprises in overcapacity industries, and effectively prevented and resolved high-leverage risk; prevented new risks of Initial Coin Offerings, etc., actively and steadily promoted the special rectification of internet financial risks, and promoted the construction of long-term mechanism of internet financial

① Author: Dr. ZHU, Xiaochuan, Associate Director of Shanghai Clearing House.

supervision and risk prevention; crack down on illegal and criminal activities of foreign exchange such as illegal private banks and online speculation in foreign currency; and timely adjusted the risk reserve policy for foreign exchange.

Thirdly, it formulated safe regulatory measures for financial opening-up. It formulated and published the overall plan of financial support for "The Belt and Road" construction, the interim measures for the administration of the connect and cooperation of bond markets between the mainland and the Hong Kong SAR, and the entry standards of foreign-funded rating agencies into the inter-bank market, and further opened and hyalinized outward foreign direct investment policies. Also, it participated in the formulation and implementation of global economic governance and international financial standards, developed in-depth bilateral and regional cooperation as well as financial cooperation with China's Hong Kong, Macao and Taiwan regions.

Fourthly, it deepened the reform in key areas of foreign exchange, and optimized policy environment. It improved the foreign exchange control system for overseas investment and perfected the formation mechanism of RMB exchange rate marketization. It continued to optimize the policy framework, promoted the cross-border cycling of RMB in trade settlement, direct investment, and financial market transactions.

Fifthly, it continued to improve the regulatory system of financial market. It deepened the reform of interest rate liberalization, standardized transactions in bond market, strengthened the supervision and coordination of bonds issued by enterprises, and guided the orderly development of market of certificates of deposit. Also, it steadily promoted market innovation, introduced "innovative and entrepreneurial" bonds issued by financial institutions and poverty alleviation bills, as well as took green financial reform pilot and green bond assessment and certification.

Sixthly, it continued to steadily improve financial regulation in other areas responsible by People's Bank of China. It improved the management system in payment and settlement industries, including improving the management mechanism of account classification of individual banks, implementing RMB bank account management of representative institutions of foreign non-governmental organization, deeply developed special rectification of unlicensed payment business, implementing centralized depository of customer reserves, formulating business norms for barcode payment, strengthening the management of large amount of cash and improving the service level of small denomination of RMB. It promoted the integration of market resources and jointly built market-oriented individual credit institutions, investigated and dealt with illegal activities in accordance with the law. It steadily promoted anti-money laundering and anti-terrorist financing work, strengthened account opening management, comprehensively improved the large-amount and suspicious transaction reports, strengthened the construction of monitoring standards of anti-money laundering transaction, implemented the relevant resolutions of the United Nations Security Council and coordinated tax related investigations. Also, it further strengthened the protection of inclusive finance including small and micro, "three rural issues", poverty alleviation and entrepreneurship and innovation as well as financial consumer rights and interests, implemented financial quality survey of consumers and established case library of typical financial consumers' rights and interests protection and regulatory information disclosure system. It developed on-site inspection and off-site regulation by special inspection and other forms aimed fields of banking cards, protection of personal information, banking agent insurance and disputes of deposit business.

(ii) Assessment on Main Regulatory Policy of the People's Bank of China in 2017

In 2017, major regulatory policies of People's Bank of China obtained the expected regulatory effects, which further consolidated the systematic foundation of financial stability and maintained the bottom line of no occurrence of systematic financial risks. In addition to effectively preventing and resolving financial risks and maintaining financial stability, it steadily enlarged financial opening-up and deepened reform in key fields of foreign exchanges; the international acceptance of RMB got further improvement and liquidity risk of cross-border funds got actual prevention; all aspects of work made overall progress, including regulation on financial market and payment settlement industry, construction of social credit system, improvement of anti-money laundry, anti-terrorist financing and anti-tax evasion regulatory system and mechanism, as well as promoting inclusive finance and financial consumers' protection, which created suitable financial environment for China's supply-side structural reform and high-quality economic development.

(iii) Outlook for Regulatory Policy of the People's Bank of China in 2018

The year of 2018 is the first year to carry out spirit of the 19th CPC National Congress, and the 40th anniversary of China's reform and opening-up. People's Bank of China will continue to implement regulatory policies according to comprehensive and in-depth practice of spirits of the 19th CPC National Congress, the Central Economic Work Conference and the National Conference on Financial Tasks, and will overall carry forward various work of stabilizing growth, promoting reform, adjusting structure, benefiting people's livelihood and preventing risks with guidance of socialism thoughts with Chinese characteristics in the new era, and will complete adjustment framework of macro-prudential policies, and will strive to prevent and resolve major financial risks and will continue to give great impetus to development of financial reform and opening-up to contribute to better service of finance for the real economy.

Regulatory policies of People's Bank of China in 2018 will mainly include contents as following:

Firstly, stabilizing macro lever and practically preventing and resolving financial risks. It will complete dual-pillar adjustment framework of monetary policy and macro-prudential policy to improve the ability of systematic risk prevention. It will strengthen and improve financial supervision, supplement the regulatory short board and conduct strict supervision and law enforcement. Also, it will issue basic system of prudential regulation including guidance for assets management business of financial institutions, guidance for non-financial enterprises investing financial institutions and regulations on financial holding company; improve the corporate governance of financial enterprises and financial regulation and control policies for real estate; improve the long-term mechanism of internet financial supervision and risk prevention, resolutely ban illegal financial activities, strengthen source control of financial risk, enhance management of financial sector access and clean up and rectify all kinds of unlicensed and out-of-scope financial business; as well as strengthen financial risk research and risk prevention and control in key areas, and improve the financial risk monitoring, assessment, early warning and disposal system.

Secondly, it will steadily promote financial reform in important areas and key links, and improve the market and regulatory mechanism so that the market plays a decisive role in the allocation of resources. It will further promote the reform of interest rate liberalization to form the benchmark interest rate system of financial market by efforts and improve the self-discipline mechanism of interest rate pricing in the market at the same time of releasing control of deposit and loan interest rate. It will also deepen the reform in other key areas, conscientiously conduct Deepening Reform Scheme of Party and National Scheme and deepen the reform of the financial supervision system to improve debt financing system of local government.

Thirdly, it will further expand the opening of financial markets in principle and make a good job of risk prevention and regulation work. The opening-up of financial industry will abide by the following principles: firstly, national treatment before access and negative list principle; secondly, the opening-up of financial industry will form mechanism reform with exchange rate and mutually cooperate with exchangeable process of capital project for joint promotion; thirdly, at the same time of opening-up, focusing on prevention of financial risk to match financial regulation ability with financial opening degree. Specifically, it will further loose up the restriction of proportion of share among banks, securities and insurance to specify the access requirements for foreign investment in payment institutions, continue to expand the opening degree of overseas transaction subjects and comprehensively implement negative list system for market permission. It will positively coordinate and promote exchange rate to form mechanism reform and exchangeable progress of capital projects and increase elasticity of RMB exchange; promote the launch of Cross-border Interbank Payment System (CIPS) Phase II. It will improve the degree of RMB freely usable, promote two-way opening of financial markets and implement the same prudential regulation on various ownership enterprises according to related laws. In addition, it will continue to take in-depth participation in international financial regulatory cooperation and global economic and financial governance.

Fourthly, it will continue to promote the sound development of financial markets, and comprehensively improve the level of financial services and management. It will promote release and access of the corporate credit bonds and classification and unification of information disclosure, and complete the disposal mechanism of bond default, do a good job in the management of bond market after expansion and opening up. It will perfect the housing financial system, establish and improve the rental housing financial support system. Also, it will continue to promote the new progress of work, such as rule of financial law, financial statistics research, financial consumer protection and inclusive finance.

Appendix

Main Regulatory Policy of the People's Bank of China in 2017

Date	Policy title	Issued by	Document No.
January 12	*Notice on the People's Bank of China on Matters Relating to the Macro Prudential Management of Full-Bore Cross-Border Financing*	People's Bank of China	YF[2017]No. 9
January 13	*Notice on the General office of the People's Bank of China on Matters Relating to the Implementation of Centralized Deposit and Management of Customer Reserves of Payment Institutions*	People's Bank of China	YBF[2017]No.10
January 23	*Notice on the Implementation of Financial Precision Poverty Alleviation Policy Effect Evaluation*	People's Bank of China, CBRC, CSRC, CIRC, Poverty Relief Office	YF[2017]No.19
February 21	*Guidance of the People's Bank of China on Continuously Improving the Standard and Promoting the Development of the Single Service Market*	People's Bank of China	YF[2017]No.45

Continued

Date	Policy title	Issued by	Document No.
March 23	*Notice on the Ministry of Public Security of the People's Bank of China on Doing A Good Job In the Management of RMB Bank Accounts on Behalf of Overseas Non-Governmental Organizations*	People's Bank of China, Ministry of Public Security	YF[2017]No.90
April 21	*Notice on the People's Bank of China on the Implementation Requirements of the Measures for the Administration of Large Transactions and Suspicious Transaction Reports of Financial Institutions*	People's Bank of China	YF[2017]No.99
May 2	*Notice on Printing and Distributing the Work Plan of Special Action for Financing Accounts Receivable of Small and Micro Enterprises (2017 - 2019)*	People's Bank of China, Ministry of Industry and Information Technology, Ministry of Finance, Ministry of Commerce, SASAC, CBRC, Forex Bureaus	YF[2017]No.104
May 3	*Notice on the People's Bank of China on Printing and Distributing the Guidelines on the Construction of Anti Money Laundering Transaction Monitoring Standards of Compulsory Institutions*	People's Bank of China	YF[2017]No.108
May 16	*Joint Announcement of the Hong Kong Monetary Authority of the People's Bank of China*	People's Bank of China, Hong Kong Monetary Authority	
May 19	*Measures for the Administration of Due Diligence on Tax Related Information of Non Resident Financial Accounts*	SAT, Ministry of Finance, People's Bank of China, CBRC, CSRC, CIRC	
May 23	*Notice on the People's Bank of China on Strengthening Account Opening Management and Follow-Up Control Measures for Suspicious Transaction Reports*	People's Bank of China	YF[2017]No.117
May 23	*Measures for the Administration of RMB Cross-Border Receipt and Payment Information Management System*	People's Bank of China	YF[2017]No.126
May 25	*Notice on the People's Bank of China on Issuing the Industry Standards for the Circulation of RMB Notes*	People's Bank of China	YF[2017]No.128
June 20	*Officially launched the Bond Market Support Mechanism*	People's Bank of China, Ministry of Finance	

Continued

Date	Policy title	Issued by	Document No.
June 21	*Interim Measures for the Administration of Interconnection and Cooperation Between the Mainland and Hong Kong Bond Markets*	People's Bank of China	PBOCL［2017］No.1
June 26	*Zhejiang Huzhou City, Quzhou City, the Construction of Green Financial Reform and Innovation Pilot Area Overall Plan*	People's Bank of China, The national development and reform commission, Ministry of Finance, Ministry of Environmental Protection, CBRC, CSRC, CIRC	YF［2017］No.153
June 30	*Memorandum of Understanding on Strengthening Regulatory Cooperation Between the People's Bank of China and the Hong Kong Monetary Authority Under the "Bond Link" Project*	People's Bank of China, Hong Kong Monetary Authority	
July 3	*Announcement on Matters Relating to Credit Rating In the Inter-Bank Market*	People's Bank of China	PBOC GG［2017］No.7
July 6	*Notice on the People's Bank of China on Issuing the Industry Standard of the Technical Specification for the Identification Ability of RMB Cash Machines and tools*	People's Bank of China	YF［2017］No.166
August 4	*Notice on Further Guiding and Regulating Overseas Investment Direction*	National Development and Reform Commission, Ministry of Commerce, PBOC, Ministry of Foreign Affairs	Transferred by General office of the state council，GBF［2017］No.74
August 13	*Notice on the People's Bank of China on the Implementation of the Relevant Resolutions of the United Nations Security Councile*	People's Bank of China	YF［2017］No.187
August 31	*In Order to Guide the Orderly Development of the Interbank Deposit Market, the Provisions Since September 1, 2017, Financial Institutions Shall Not Be Issued for More Than 1 Year (excluding) Interbank Deposit.*	People's Bank of China	PBOC GG［2017］No.12
September 7	*Notice on Preventing the Financing Risk of token Issuance*	People's Bank of China, Central web mail office, Ministry of Industry and Information Technology, State Administration for Industry and Commerce, CBRC, CSRC, CIRC	

Continued

Date	Policy title	Issued by	Document No.
September 8	*Notice on the People's Bank of China on Adjusting the Foreign Exchange Risk Reserve Policy*	People's Bank of China	YF[2017]No.207
November 14	*Measures for the Administration of Automobile Loans*	People's Bank of China, CBRC	
December 13	*Green Bond Assessment Certification Guidelines (Provisional)*	People's Bank of China, CSRC	People's Bank of China, Notice of the China securities regulatory commission[2017] No.20
December 14	*Measures for the Administration of Automatic Pledge Financing Business of the People's Bank of China*	People's Bank of China	PBOC GG[2017] No.18
December 15	*Notice on the People's Bank of China on Standardizing the Payment Innovation Business*	People's Bank of China	YF[2017]No.281
December 18	*Notice on Printing and Distributing the Detailed Rules for Due Diligence on Tax Related Information of Non-Resident Financial Accounts of Banking Deposit Financial Institutions*	People's Bank of China, SAT, SAFE	YF[2017]No.278
December 27	*"Notice on the People's Bank of China on Issuing the Barcode Payment Business Specification (Trial)", Supporting the Issuance of the "Barcode Payment Safety Technical Specification (Trial)"*and *"Barcode Payment Acceptance Terminal Technical Specification (Trial)"*	People's Bank of China	YF[2017]No.296, YBF[2017]No.242
December 29	Notice on Adjusting Deposit Rate of Stock Fund of Paying Agent Clients issued by the People's Bank of China	People's Bank of China	YBF[2017]No.248

source: website of People's Bank of China.

II. Main Regulatory Policy of the China Banking Regulatory Commission①

(i) Highlights of Regulatory Policy of the China Banking Regulatory Commission in 2017

In 2017, "financial supervision" became the core logic of the financial sector. The China

① Authors: Zhou Kunping, Deputy General Manager of Research and Development Department (Financial Research Center),Bank of Communications; Zhao Yarui, Senior Researcher of Research and Development Department (Financial Research Center),Bank of Communications.

Banking Regulatory Commission carried out various decisions and deployments by the Party Central Committee and the State Council, adopted a series of policy measures, launched a number of special governance and comprehensive governance, and made progress in many areas such as "risk prevention, malpractice correction, short board makeup, reform facilitation and services enhancement". Banking funds have been initially deterred from the trend of "moving from the real economy to virtual economy," and the awareness of risks and compliance has continued to increase. The quality and efficiency of servicing real economy have continued to increase.

1. Guide capital to "moving from the virtual economy to real economy", and promote banks to improve service economy efficiency

Firstly, a number of regulatory policies have promoted the implementation of inclusive finance. In 2017, the China Banking Regulatory Commission issued a number of regulatory policies focusing on the weak areas such as small and micro enterprises and "rural areas, agriculture and rural residents", and continuously promoted commercial banks to develop inclusive finance and improve service capabilities. On July 25, five ministries including CBRC issued the *Circular on Promoting the Sound Development of Microfinance for Poverty Alleviation*, which aims to promote and implement targeted poverty alleviation work by financial means at the institutional level. In March and May, the China Banking Regulatory Commission successively issued the *Circular on Facilitating Financial Services for Small and Micro Enterprises in 2017*, *Circular on Facilitating the Work of Finance Services for Rural Areas, Agriculture and Rural Residents in 2017* and *Circular on Improving the Efficiency of Credit Services for Small and Micro Enterprises, Reasonably Squeezing the Time for Obtaining Credit Implementation Plan*, strengthening policy guidance and support, and continuously improving the quality and efficiency of financial services for small and micro enterprises and *Rural Areas, Agriculture and Rural Residents*. On May 25, eleven ministries including China Banking Regulatory Commission issued the *Implementation Plan for Large and Medium-sized Commercial Banks to Establish Inclusive Finance Division* to promote the establishment of large and medium-sized commercial banks in inclusive finance business department focusing on small and micro enterprises, "rural areas, agriculture and rural residents ", entrepreneurship and innovation groups as well as poverty alleviation, with a view to improve coverage and availability of financial services.

Secondly, promote supply-side structural reforms and improve the quality and efficiency of servicing real economy. In 2017, the China Banking Regulatory Commission has built a more complete policy system to promote financial institutions to improve the level of services for the real economy. On April 7, the China Banking Regulatory Commission issued the *Guiding Opinions on Improving the Quality and Efficiency of the Banking Service for* Real *Economy* to guide the banking industry to return to its origin and focus on the main business, and to support the supply-side structural reform, and comprehensively improve the quality and efficiency of the financial services for real economy. On July 14, Ministry of Finance, National Development and Reform Commission and CBRC jointly issued *Notice on Temporary Exemption of Regulation Fee in Banking Industry* to further release burdens on enterprise and promote the development of the real economy. On August 8, the China Banking Regulatory Commission issued the *Measures for the Administration of Implementing Newly Established Debt-to-Equity Transfer Institutions for Commercial Banks (Trial)* (Exposure Draft) to promote the healthy and orderly implementation of debt-to-equity conversion of market-oriented banks, and effectively reduce the leverage ratio of enterprises. In addition, the China Banking Regulatory Commission has issued a number of policies to guide the fee reduction and profit concession of banks.

2. Cope with preventing and controlling financial risks and effectively control risks in key areas

Firstly, strengthen the control of credit risk and maintain the stability of the quality of banking assets. In 2017, the China Banking Regulatory Commission further improved risk management systems and measures. On February 23 and April 6, the China Banking Regulatory Commission issued the *Circular on Launching Special Investigation of Credit Risks in the Banking Industry* and *Circular on Further Investigating the Hidden Risks of Corporate Interconnection and Mutual Guarantee Loan Risks* in an effort to clarify the explicit or implicit credit risk assumed by banking financial institutions, and lay a solid foundation for effectively preventing and resolving credit risks. On April 7, the China Banking Regulatory Commission issued the *Guiding Opinions on the Risk Prevention and Control of the Banking Industry* and clarified the key areas of risk prevention and control of the banking industry including ten categories of risks as credit risk and liquidity risk and others. On April 26, the China Banking Regulatory Commission issued the *Circular on Issuing Guidelines for the Management of Commercial Banks' Collaterals* to guide commercial banks to regulate the collateral management and effectively prevent and resolve credit risks.

Secondly, raise awareness of risk and strengthen compliance management. In 2017, the China Banking Regulatory Commission promoted the establishment of a long-term mechanism for compliance management in various aspects. On February 14, the China Banking Regulatory Commission issued the *Circular on Further Strengthening Internal Control Compliance*

Management to Prevent the Case Risks, intensifying the internal control and compliance work of the operating organization, and improving the operation and management level. On March 15, the China Banking Regulatory Commission issued the *Circular on Further Strengthening the "Two Enhancements and Two Containments" to Look Back Rectification and Accountability* to further improve the internal control of banking financial institutions and effectively curb illegal business operations and crimes. On June 26, the China Banking Regulatory Commission issued the *Circular on Further Regulating the Behavior of Banking Financial Institutions Absorbing Public Funds Deposits* to rectify and standardize the behavior of bank financial institutions on absorbing public funds deposits, strengthen integrity, prevent moral hazard, and improve service levels. On August 24, the China Banking Regulatory Commission issued the *Circular of Interim Provisions on the Administration of Audio and Video Recording in the Sales Area of Banking Financial Institutions* to further standardize the behavior of banking financial institutions' wealth management and sales of entrusted products.

Thirdly, improve risk management and control and promote the standardized development of the Internet platform. With the increase of Internet financial risks, the Internet rectification work has been further advanced. In 2017, the China Banking Regulatory Commission also issued a number of policies on the control of Internet financial risks. On May 27, three ministries including the China Banking Regulatory Commission issued the *Circular on Further Strengthening the Management of Campus Loan Norms* to standardize the malpractices in the campus loan field as lending and collection behaviors of online lending platforms and so on. On August 24, the China Banking Regulatory Commission issued the Notice on Issuing Guidance on Information Disclosure of *Business Activities of Internet Lending Information Intermediaries*, establishing the supervision system and business rules for the online loan industry, marking the basic construction of "1+3" (one method and three guidelines) system framework for the online loan industry.

Fourthly, strengthen cross-related financial risks and other related risk management and control. In 2017, the management of cross-related financial risks was put to a more important position. The China Banking Regulatory Commission issued successively various prevention and control policies. On August 8, the China Banking Regulatory Commission issued the *Circular on Further Strengthening the Governance of the Bank's Interbank Business with Policy-based Banks* to strengthen the supervision of interbank business of policy-based banks and standardize the development of interbank business. On November 17, five ministries and commissions including the People's Bank of China and the China Banking Regulatory Commission jointly issued the *Guiding Opinions on Regulating the Asset Management Business of Financial Institutions (Exposure Draft)* to regulate the asset management business of financial institutions and effectively prevent and control financial risks. On November 22, the China Banking Regulatory Commission issued the *Circular on Regulating the Bank's Banking Business*, which regulates the banking information business and reduces risks and leverage. In addition, on November 24, the China Banking Regulatory Commission issued the *Management Guidelines for Banking Book Interest Rate Risk Management (Revised Exposure Draft)*, and on December 6, the China Banking Regulatory Commission issued the *Management Measures for Commercial Banks Liquidity Risk (Revised Exposure Draft)* to further strengthen the management and control on interest rate risk and liquidity risk.

3. Thoroughly rectify malpractices in the financial market and promote the standardized development of the financial market

In 2017, the focus of financial risk remediation lies on the banking system, particularly on risk prominent areas such as interbank, wealth management, off-balance-sheet and asset management businesses. The Banking Regulatory Commission issued a series of regulatory documents to rectify "three hedging, three violations, four improper, ten malpractices" and other financial malpractices. On March 23 and 30, the China Banking Regulatory Commission issued the *Circular on Conducting a Special Inspection on the Implementation of Risk Control Responsibilities of the 'Two Boards One Management' of Commercial Banks* and the *Circular on the Implementation of Special Evaluation and Inspection on the Implementation of 'Double Recordings' in the Sales Area*, focusing on the special assessment and inspection on the implementation of the risk control responsibility of the 'Two Boards One Management' of commercial banks and the implementation of 'Double Recordings' in the bank sales area. On March 29, the China Banking Regulatory Commission issued the *Circular on Conducting Special Administrative Work on Illegal, Infringement, and Irregular Conduct of the Banking Industry* and *Circular on Conducting Special Administrative Work on Regulatory Arbitrage, Idling Arbitrage and Related Arbitrage of the Banking Industry*, carrying out in the banking industry the special "Three Violations" and "three arbitrage" governance activities. On April 6, the China Banking Regulatory Commission issued the *Circular on the Special Administration of "Improper Innovation, Improper Trading, Improper Encouragement, and Improper Charging of the Banking Industry"*. Although this document overlaps with the contents of the "Three Arbitrage" self-examination, its focus is on the examination of the bank's risks on financial innovation business, operating conditions, and risk of innovation activities (Four Improper in short), so that financial innovation is limited to a controllable risk range. On April 7, the China Banking Regulatory Commission issued the *Circular on Centralizing the Remediation of the Banking*

Market malpractices, and organized the nationwide banking industry to conduct centralized rectification of market malpractices (Ten Malpractices in short).

4. Fill up the shortcomings of the supervision system and deepen the banking reform and opening up

Firstly, strengthen supervision and management of financial institutions. In 2017, the China Banking Regulatory Commission took steps to improve institutional supervision and promote the stable development of financial institutions. On July 5, the China Banking Regulatory Commission issued the *Decision on Amending the Measures for the Implementation of Administrative Licensing Matters of Chinese-funded Commercial Banks* and continued to promote the decentralization of government administration and enhance the banks' ability to withstand risks. On November 15, the China Banking Regulatory Commission issued three measures, the *Measures for the Supervision and Administration of the State Development Bank*, the *Measures for the Supervision and Administration of the Export-Import Bank of China*, and the *Measures for the Supervision and Administration of the China Agricultural Development Bank*, which comprehensively build and improve the regulatory system of development banks and policy-based banks from various aspects such as the capital constraint mechanism. On December 26, the China Banking Regulatory Commission issued the *Circular on Issuing the Administrative Measures for the Capital Management of Financial Asset Management Companies (Trial)* to strengthen capital supervision over financial asset management companies.

Secondly, improve the special system to make up for the shortcomings of supervision. In 2017, the regulatory authorities continued to establish and improve relevant rules and regulations and work processes, complement the shortcomings of the regulatory system, and effectively form a regulatory joint force. On February 22, the China Banking Regulatory Commission issued the *Guidelines for Depositing and Controlling Network Lending Funds* to regulate the depositing and controlling of network lending funds. On April 10, the China Banking Regulatory Commission issued the *Circular on Effectively Resolving the Shortcomings of Supervision and Enhancing the Supervision Effectiveness*, and proposed a series of specific regulatory requirements to further improve the quality and efficiency of supervision and promote the standardized operation of banking financial institutions. On August 25, the China Banking Regulatory Commission issued the *Circular on Issuing Administrative Measures for Registration of Trusts* and established a unified national trust registration system to further promote the sustainable and sound development of the trust industry. On October 13, the China Banking Regulatory Commission and the People's Bank of China issued the *Administrative Measures for Auto Loans*, on December 29, four ministries including the China Banking

Regulatory Commission issued a joint multi-departmental *Circular on Regulating the Bond Trading Business of Bond Market Participants*. These policies have strengthened the supervision of financial institutions, standardized the behavior of financial institutions, improved and rectified institutional shortcomings, and enhanced the effectiveness of supervision.

Thirdly, Strengthen equity management and corporate governance, and standardize the healthy development of banks. In recent years, banking financial institutions have developed rapidly, and the enthusiasm for the establishment, participation in, or acquisition of banking financial institutions by social capital has continued to increase. In this process, some investment behaviors that may bring risks also follow. In fact, there are certain financing needs for social capital to participate in bank behaviors in addition to obtaining investment returns. Many financing activities through equity control have potential negative impacts on the capital of other industries, and are not conducive to the "removal of funds" into reality and effective serving of the real economy. On July 15, the Fifth National Financial Work Conference emphasized that financial institutions should improve the modern financial enterprise system, improve the corporate legal person governance structure, optimize the ownership structure, establish an effective incentive and restraint mechanism, strengthen the risk internal control mechanism, and strengthen the external market constraints. On July 19, the China Banking Regulatory Commission issued the *Opinions on Strengthening the Management of Shareholders' Equity Management and Corporate Governance in Rural Commercial Banks*. On November 16, the China Banking Regulatory Commission formulated thc *Interim Measures for the Equity Management of Commercial Banks (Consultation Draft)* to further regulate and improve the equity management framework of banking financial institutions, resolving the possible financial risks from the root.

Fourthly, actively promote the opening up of the banking industry. In 2017, driven by a number of policy initiatives, the Chinese banking industry has entered a new phase of opening up to the outside world. On January 9, the China Banking Regulatory Commission issued the *Guiding Opinions on Regulating the Outward Going of Banking Service Enterprises and Strengthening Risk Prevention and Control*, and regulated the behavior of banking service companies going abroad. On March 10, the China Banking Regulatory Commission issued the *Circular on Matters Relevant to the Implementation of Certain Business Operations by Foreign-funded Banks* to increase the conditions, procedures, and application materials for permitting foreign-funded legal person banks to invest in and establish shares in domestic banking financial institutions, and provide a clear legal basis for the development of equity investments by foreign-funded legal person banks. On December 28, the China Banking

Regulatory Commission issued the *Decision on Amending Measures for the Implementation of Administrative Licensing of Foreign Banks of the China Banking Regulatory Commission (Exposure Draft)*, which aims to further expand the opening up of the banking industry.

(ii) Effects of Regulatory Policy of the China Banking Regulatory Commission in 2017

In 2017, driven by a number of regulatory initiatives, risks in shadow banking, cross-finance, internet finance, local government debt, and illegal fundraising were effectively contained; corporate governance, rural financial reforms, inclusive finance, and internal and external investments were effectively curbed. A number of regulatory systems such as opening up had been continuously improved. On the whole, the effectiveness of supervision have been continuously improved. Institutional supervision, corporate supervision, and behavior supervision have been continuously strengthened. Financial risks had been effectively prevented and controlled, and the banking industry have maintained its own sound operation.

However, the current economic situation at home and abroad is still complex and severe. Contradictions and pressures in the operation of the real economy are also continuously transmitted to the banking industry. While seeing progress and achievements, problems in the regulatory process and areas that need improvement should also be focused:

Firstly, Cooperation and coordination between regulatory agencies have been further strengthened, but they still need to be improved. In 2017, One Bank Three Commissions and other regulatory agencies conducted cooperation and coordination on asset management industries, banks, public offerings and insurance, and issued a series of financial supervision policies. To achieve better results, the overall leverage ratio has dropped, and the growth rate of bank asset expansion has returned to a level consistent with the needs of entities such as M_2 and credit; the micro-leverage of the bond market has dropped sharply; the expansion of assets by stock companies and small and medium-sized banks has slowed down. The shrinking of the scale, the inter-bank, financial management, non-standard and outsourcing operations have all shrunk; the shadow banking channels such as brokerage asset management and fund subsidiaries have contracted. However, in the current process of separate industry supervision, regulatory policies come from different institutions. The supervision of cross-cutting financial services requires the coordination of multiple departments. This will not only increase regulatory costs and coordination costs, but also result in duplication of supervision or lack of supervision. For example, savings insurance with both savings and insurance functions, financial holding companies with mixed operations, etc. These financial innovations present challenges to the existing subsector supervision and institutional supervision as well as higher requirements on the coordination level among regulatory agencies.

Secondly, the corporate governance of financial institutions has improved, but it still needs further improvement. Through unremitting efforts, China's banking corporate governance has made great progress. The basic structure of the property rights structure is diversified; the corporate governance structure of "Three Boards One Management" their own duties, the effective checks and balances and coordinated operations is preliminarily formed; the status and functions of the board of directors are gradually strengthened; the performance evaluation and the incentive and restriction mechanism are preliminarily established, and the internal audit of the independence and effectiveness of the company has improved, and corporate governance operating mechanisms have become more standardized; the banking industry has basically established a modern business philosophy of capital constraints; the risk management and internal control mechanisms of banking financial institutions have continued to improve, and comprehensive risk management strategies have generally been implemented. However, the corporate governance of China's banking financial institutions still has obvious deficiencies, especially the problems of small and medium-sized financial institutions are more prominent. It is mainly reflected in the fact that the equity relationship of some institutions is not transparent and non-standard, shareholder behavior is not compliant, nor prudent, the effectiveness of the performance of the board of directors is insufficient, there is a deviation in the positioning of senior management, supervision of the board of supervisors is not in place, strategic planning and performance evaluation are not scientific, and the Party's leadership and Party building urgently need to be further strengthened.

Thirdly, financial institutions' overseas compliance operations also face new problems and challenges. In recent years, the global supervision has been continuously strengthened, and the monitoring standards and expectations of large-scale mainstream banks by overseas territorial regulators have increased year after year. In particular, the judicial and regulatory agencies of the United States have significantly strengthened the anti-money laundering penalties imposed on international banks. Huge penalties have had a more serious negative impact on the bank's reputation and operating performance. EU financial regulatory agencies have also increased their efforts on the supervision and penalties in anti-money laundering and market manipulation. In this context, the compliance risks of Chinese-funded financial institutions in overseas credit, anti-money laundering, asset management, corporate governance, information systems, and other related businesses are becoming increasingly prominent, and the operating and management costs will also be greatly increased. On the other hand, regulators need to facilitate the institutional construction in these areas to encourage and support Chinese-funded financial institutions to better adapt to the new situation facing the implementation of the 'Going Global' strategy.

(iii) Outlook and Suggestion for Regulatory Policy of the China Banking Regulatory Commission in 2018

The year 2018 is the first year of the bank's insurance supervision and management. The formation of the Financial Supervision Framework of the One Committee (Financial Stability Development Committee of the State Council), One Bank (People's Bank of China) and Two Commissions (Securities Regulatory Commission, Banking Insurance Regulatory Commission) can effectively improve the coordination and consistency of supervision, eliminate regulatory gaps, and prevent systemic financial risks. The newly established China Banking Insurance Regulatory Commission will pay more attention to behavioral supervision and micro-prudential supervision of market entities in order to effectively cope with cross-market, cross-regulatory, and cross-business financial institutions. Specifically, it is recommended that the future regulatory measures under the new regulatory framework to be conducted in the following four aspects:

Firstly, continue to strengthen prevention and resolution of all types of risks. In the future, the China Banking Insurance Commission will continue to facilitate the prevention and elimination of risks in key areas. It is recommended to focus on strengthening risk prevention in key areas such as corporate leverage, shadow banking, illegal financial activities, and local government debt, which are still at risk. For example, crack down on various Ponzi schemes, illegal fund-raising and other illegal financial behaviors, curb the tendency of real estate bubbles, and coordinate with local government implicit debts. In the supervision process, it should pay more attention to considering market reactions and reasonably grasp the rhythm and intensity of work.

Secondly, facilitate structural deleveraging. While defusing financial risks, one of the key tasks of the China Banking Regulatory Commission will be to continue pushing forward deleveraging, especially it is in need for reducing the leverage ratio of local governments and enterprises, especially state-owned enterprises, and effectively controlling the excessive increase in the leverage ratio of residents' departments.

Thirdly, better support the construction of a modern economic system. Regarding the supply-side structural reforms, the future regulatory measures should further strengthen the coordination with local governments and enterprises, promote structural adjustment, mergers and reorganizations, support market-based legalization of debt-to-equity swaps, and pay more attention to enhancing differentiated service capabilities and effectively support the implementation of major national strategies such as rural revitalization, regional coordination, and innovation-driven; further implement inclusive finance, urge bank insurance financial institutions to return to their origins, focus on the main business, and continue to improve services for the small and micro enterprises as well as "rural areas, agriculture and rural residents".

Fourthly, speed up the establishment of a modern banking system with Chinese characteristics. The establishment and improvement of a modern corporate governance mechanism with Chinese characteristics is the key task of deepening the reform of the banking industry at this stage, and is the main guarantee for preventing and resolving various financial risks and achieving the sound development of financial institutions. It is recommended that regulators strengthen the shareholders' penetration supervision, regulate the operation of the board of directors and the board of supervisors, speed up the establishment of performance assessment mechanisms that are conducive to sustainable development and the implementation of strategic objectives, and improve the risk management mechanism.

Appendix

Main Regulatory Policy of the China Banking Regulatory Commission in 2017

Date	Name of the Policy	Issued by
		CBRC
		CBRC
January 9	*Guiding Opinions on Regulating Banking Industry's Servicing the Outward Going of Enterprises and Strengthening Risk Prevention and Control* (YJF [2017] No. 1)	CBRC
February 14	*Circular on Further Strengthening Internal Control Compliance Management to Prevent the Case Risks* (YJBF [2017] No. 10)	CBRC
February 22	*Guidelines for Depositing and Controlling Network Lending Funds* (YJBF [2017] No. 21)	CBRC
February 23	*Circular on Launching Special Investigation of Credit Risks in the Banking Industry* (YJBF [2017] No. 23)	CBRC
March 3	*Circular on Completing Three Rural Financial Service* (YJBF [2017] No. 31)	CBRC
March 10	*Circular on Matters Relevant to the Implementation of Certain Business Operations by Foreign-funded Banks* (YJBF [2017] No. 12)	CBRC

Continued

Date	Name of the Policy	Issued by
March 15	*Circular on Further Strengthening the "Two Enhancements and Two Containments" to Look Back Rectification and Accountability* (YJBF [2017] No. 38)	CBRC
March 20	*Circular on Facilitating Financial Services for Small and Medium-sized Enterprises in 2017* (YJBF [2017] No. 42)	CBRC
March 23	*Circular on Conducting a Special Inspection on the Implementation of Risk Control Responsibilities of the 'Two Boards One Management' of Commercial Banks* (YJBF [2017] No. 43)	CBRC
March 29	*Circular on Conducting Special Administrative Work on Illegal, Infringement, and Irregular Conduct of the Banking Industry* (YJBF [2017] No. 45)	CBRC
March 29	*Circular on Conducting Special Administrative Work on Supervised Arbitrage, Idling Arbitrage and Related Arbitrage of the Banking Industry* (YJBF [2017] No. 46)	CBRC
March 30	*Circular on the Implementation of Special Evaluation and Inspection on the Implementation of "Double Recordings" in the Sales Area* (YJBF [2017] No. 47)	CBRC
April 6	*Circular on the Special Administration of Improper Innovation, Improper Trading, Improper Encouragement, and Improper Charging of the Banking Industry* (YJBF [2017] No. 53)	CBRC
April 6	*Circular on Further Investigating the Hidden Risks of Corporate Interconnection and Mutual Guarantee Loan Risks* (YJBF [2017] No. 52)	CBRC
April 7	*Guiding Opinions on Improving the Quality and Efficiency of the Banking Industry's Services for Real Economy* (YJF [2017] No. 4)	CBRC
April 7	*Circular on Centralizing the Remediation of the Banking Market malpractices* (YJF [2017] No. 5)	CBRC
April 7	*Guiding Opinions on the Risk Prevention and Control of the Banking Industry* (YJF [2017] No. 6)	CBRC
April 10	*Circular on Effectively Resolving the Shortcomings of Supervision and Enhancing the Supervision Effectiveness* (YJF [2017] No. 7)	CBRC
April 18	*Decision on Amending Measures for the Implementation of Administrative License Items for Chinese-funded Commercial Banks (Exposure Draft)*	CBRC
April 26	*Circular on Guidelines for the Management of Commercial Banks' Collaterals* (YJF [2017] No. 16)	CBRC
May 4	*Circular on Improving the Efficiency of Credit Services for Small and Micro Enterprises, Reasonably Squeezing the Time for Obtaining Credit Implementation Plan* (YJBF [2017] No. 61)	CBRC
May 25	*Implementation Plan for Large and Medium-sized Commercial Banks to Establish Inclusive Finance Division* (YJF [2017] No. 25)	Eleven ministries including CBRC and NDRC

Continued

Date	Name of the Policy	Issued by
May 27	*Circular on Further Strengthening the Management of Campus Loan Norms* (YJF [2017] No. 26)	CBRC, Ministry of Education, NLDHR
June 21	*Circular on Further Regulating the Behavior of Banking Financial Institutions Absorbing Public Funds Deposits* (YJF [2017] No. 30)	CBRC
July 5	*Decision on Amending Measures for the Implementation of Administrative Licensing of Foreign Banks (Exposure Draft)* (YJHL [2017] No. 1)	CBRC
July 14	*Circular on Temporary Exemption of Banking Supervision Fees* (YJF [2017] No. 40)	Ministry of Finance, NDRC, CBRC
July 19	*Opinions on Strengthening the Management of Shareholders' Equity and Corporate Governance in Rural Commercial Banks* (YJBF [2017] No. 99)	CBRC
July 25	*Circular on Promoting the Sound Development of Microfinance for Poverty Alleviation* (YJF [2017] No. 42)	CBRC, Ministry of Finance, PBOC, CBRC, Poverty Relief Office of the State Council
August 8	*Measures for the Administration of Implementing Newly Established Debt-to-Equity Transfer Institutions for Commercial Banks (Trial) (Exposure Draft)*	CBRC
August 8	*Circular on Further Strengthening the Governance of the Bank's Interbank Business with Policy-based Banks* (YJBF [2017] No. 109)	CBRC
August 23	*Circular of Interim Provisions on the Administration of Audio and Video Recording in the Sales Area of Banking Financial Institutions* (YJBF [2017] No. 110)	CBRC
August 24	*Circular on Issuing Information Disclosure Guidelines for Business Activities of Internet Lending Information Intermediaries* (YJBF [2017] No. 113)	CBRC
August 25	*Circular on Issuing Administrative Measures for Registration of Trusts* (YJF [2017] No. 47)	CBRC
October 13	*Administrative Measures for Auto Loans* (PBOC, YJHL [2017] No. 2)	People's Bank of China, CBRC
November 15	*Measures for the Supervision and Administration of the State Development Bank* (ZGYJHL [2017] No. 2)	CBRC
November 15	*Measures for the Supervision and Administration of the Export-Import Bank of China* (ZGYJHL [2017] No. 3)	CBRC
November 15	*Measures for the Supervision and Administration of the China Agricultural Development Bank* (ZGYJHL [2017] No. 4)	CBRC
November 16	*Interim Measures for the Administration of Commercial Banks'Shareholdings (Exposure Draft)*	CBRC
November 17	*Guiding Opinions on Regulating the Asset Management Business of Financial Institutions (Exposure Draft)*	People's Bank of China, CBRC

Continued

Date	Name of the Policy	Issued by
November 22	*Circular on Regulating the Bank's Credit Business* (YJF [2017] No. 55)	CBRC
November 24	*Guidance on Management of Risks of Banking Book Rate of Commercial Banks (Exposure Draft)*	CBRC
December 6	*Management Measures for Commercial Banks Liquidity Risk (Revised Exposure Draft)*	CBRC
December 26	*Circular on Issuing the Administrative Measures for the Capital Management of Financial Asset Management Companies (Trial)* (YJF [2017] No. 56)	CBRC
December 28	*Decision on Amending Measures for the Implementation of Administrative Licensing of Foreign Banks of the CBRC (Exposure Draft)*	CBRC
December 29	*Circular on Regulating the Bond Trading Business of Bond Market Participants* (YF [2017] No. 302)	Four ministries including PBOC, CBRC

III. Main Regulatory Policy of the China Securities Regulatory Commission①

(i) Highlights of Regulatory Policy of the China Securities Regulatory Commission in 2017

In 2017, China Securities Regulatory Commission further perfected the construction of laws and regulations and provided solid policy support for the sound development of the securities market.

1. Strict regulation for risk prevention, coordinated regulation for deleveraging

In 2017, the regulatory authority placed "prevention of financial risks" at the top priority. Among them, "financial deleveraging" has become one of the key areas for supervision in 2017, and the coordinated regulation of "One Bank and Three Commissions" will also become the main regulatory method.

(1) Collaborative regulation for financial deleveraging. With regard to blindly adding leverage to the asset management market and accumulating shadow banking risks, the China Securities Regulatory Commission, in conjunction with the People's Bank of China, the China Banking Regulatory Commission, the China Insurance Regulatory Commission, and the State Administration of Foreign Exchange issued the *Guiding Opinions on Regulating the Asset*

① Author: Zhao Xianghuai, Deputy General Manager of Essence Securities Research Center.

Management Business of Financial Institutions (Exposure Draft) in 2017 (referred to as *Asset Management New Rules*). *Asset Management New Rules* defines the asset management business comprehensively and in depth, main contents of which are: first, clearly define the basic principles of asset management business. Second, clarify the definition of the asset management business, which emphasizes the requirement of non-forced cashing. Third, clarify the definition of asset management products, with restrictions on fields of multi-level nesting, leverage ratio limitation, concentration limit and private equity FOF. Fourth, clarify the eight responsibilities of the manager. Fifth, prohibit term mismatch. Sixth, redefine the scope of investment in asset management products. Seventh, establish Central Bank's own independent asset management reporting system. Eighth, clarify penetrating regulation. Ninth, require all types of products to be managed according to the net value type. Tenth, make clear that banks need to set up asset management subsidiaries to independently conduct asset management business. Eleventh, clarify the new and the old, the existing and the matured.

(2) Improve compliance and risk management requirements of financial institutions. In general, the China Securities Regulatory Commission issued the *Measures for Compliance Management of Securities Companies and Securities Investment Fund Management Companies* to regulate the compliance management of securities companies and funds. The *Measures for Compliance Management of Securities Companies and Securities Investment Fund Management Companies* announced this time is the unified drafting of regulatory document based on the revisions of the *Regulations on the Management of the Chief Inspector of Securities Investment Fund Management Companies* issued in May 2006 and the *Trial Regulations on the Compliance Management of Securities Companies* issued in July 2008. The main revisions include: first, to try principle orientation, and put forward eight general principles for the standardized operation of various types of business; second, to further strengthen the compliance of all employees, and clarify the compliance management responsibilities of the board of directors, senior management personnel, responsible persons for compliance, etc.; third, to optimize compliance management system, and put forward basic standards for the construction of compliance systems for securities fund management agencies, departmental setup, and the number and quality of compliance personnel; fourth, to strengthen the specialization level of compliance leaders, and at the same time improve the professional experience and legal quality requirements; fifth, to improve the performance of the responsible person for compliance, and take measures to safeguard their independence, authority, right to information and compensation; sixth, to strengthen supervision and management, and to punish the securities fund management agencies, their senior management personnel and compliance officers for

failing to effectively implement compliance management and other violations.

The China Securities Regulatory Commission issued the *Administrative Measures on the Proper Suitability of Securities and Futures Investors* to regulate that financial institutions such as securities dealers, funds, and futures companies should properly evaluate the capabilities and willingness of investors and provide "suitable" products or services. As the first investor protection special regulation in China's securities and futures markets, the *Administrative Measures on the Proper Suitability of Securities and Futures Investors* is an important basic system for the capital market. The core requirement of the *Administrative Measures on the Proper Suitability of Securities and Futures Investors* is to strengthen the requirements of the "Seller Accountability" for securities, fund, and futures operating organizations, so that operating agencies, while obtaining operating income, must assume legally prescribed obligations to ensure the equivalence and unification of rights and obligations, and effectively prevent one-sided pursuit of economic interests or the promotion of high-risk securities and futures products to investors with insufficient risk tolerance, resulting in damage and impact on the legitimate rights and interests of investors. According to the provisions of the *Administrative Measures on the Proper Suitability of Securities and Futures Investors*, even for investors with low risk tolerance ability, who, after being told of the necessary risks by the operating organization, insist on purchasing high-risk products, relevant investment activities may be provided to them to follow their own wishes after undergoing necessary commitments and confirmations. Therefore, the *Administrative Measures on the Proper Suitability of Securities and Futures Investors* does not restrict the free trading of investors. It is a better protection of investors' transactions on the basis of fully disclosing market risks.

In response to the risk control of securities companies, the China Securities Regulatory Commission revised the *Regulations on the Classified Supervision of Securities Companies*. The main revisions include five aspects: first, maintaining the overall framework of the classified supervision system and focusing on solving the outstanding problems encountered in practice. There is no change to the existing evaluation system and effective practices based on risk management capabilities and continuous compliance status, and only optimize relevant evaluation indicators in combination with industry actual status and regulatory needs. Second, improving compliance evaluation index system, and implementing comprehensive strict regulatory requirements. Improve routine supervision measures and deduction rules for case investigation and risk events to guide front-line supervision departments to make good use of sufficient supervision and control measures. Objectively and accurately reflect the differences between different types of companies in continuing to standardize their operations, and guide the company to comply with regulatory compliance and sound management. Third, strengthening the risk management capability evaluation index system and promoting the industry to improve its overall risk management capabilities. Update the content of risk management evaluation, increase the threshold for net capital bonuses, guide securities companies to enhance capital strength, introduce high-end professionals, improve risk control infrastructure, and develop comprehensive risk management capabilities to accurately measure various risks, dynamically monitor and effectively respond to risks, so as to fulfill full coverage of risk control. Fourth, highlighting regulatory guidance and guiding the industry to focus on the main business. Optimize the existing market competitiveness indicators, eliminate some business factors that deviate from the main business and excessive speculation, increase indicators that reflect the company's overall strength, cross-border service capacity, and guide the securities companies to highlight their main businesses, make them better and stronger, and improve domestic and international competence. Fifth, leaving room for continuous improvement of the evaluation system and enhancing the adaptability and effectiveness of the system. Increase the authorization terms and entrust the China Securities Industry Association to conduct specific quantitative assessments of comprehensive risk management capabilities, compliance management capabilities, and social responsibility performance when conditions are met, so as to gradually increase the proportion of risk management and control capabilities in classification assessment and ensure the practicality and validity of the results of classification assessment, continuously improve the effectiveness of regulatory resources configuration. The revision further promoted the capabilities of the securities companies to strengthen compliance management, enhance risk control, cultivate core competitiveness, and played a positive incentive role, gaining industry and market recognition.

For public funds, the China Securities Regulatory Commission issued the *Regulations on Liquidity Risk Management of Public Offerings of Open-end Securities Investment Funds*. Its main content covers the specifications on fund manager's internal control and fund product design, investment restrictions, purchase and redemption management, valuation and information disclosure, and other business aspects, and made special provisions for liquidity risk management and control of money market funds. *Regulations on Liquidity Risk Management of Public Offerings of Open-end Securities Investment Funds* focused on the liquidity risk of public funds, further clarified the requirements of the bottom line and strengthened the agency's main responsibility in the management and control of liquidity risks, helped reduce the structural fragility of fund business and promoted the sustained and healthy development of China's public fund industry.

In response to the risk management of futures companies, the China Securities Regulatory Commission revised the *Measures for the Management of Risk Monitoring Indicators of Futures Companies* and formulated an accompanying document *Guidelines for Preparing and Reporting Risk Management Reports for Futures Companies*. The main purpose of the documentation is to strengthen the supervision of futures companies and promote the stable operation of futures companies. The specific contents are as follows: first, raising the minimum net capital requirement to RMB 30 million to strengthen the settlement risk prevention; second, according to liquidity, recyclability and risk exposure, further refining the proportion of asset adjustment and increasing the scientific nature of net capital calculation; third, adjusting the scope and criteria for the asset management business risk provisions, and improving the comprehensive coverage of risks; fourth, further strengthening the regulatory requirements for futures companies and increasing regulatory efforts. This set of documents enables futures companies to establish internal control systems that are compatible with risk monitoring indicators based on their own capital structure and business development needs, set up dynamic risk monitoring and capital replenishment mechanisms, improve risk management systems, and comprehensively enhance their anti-risk capabilities.

2. Optimize the construction of multi-level capital markets and guide the service for the real economy

(1) Regulate the over-financing of listed companies by the successive issuance of the *Implementation Rules for Non-public Offerings of Stocks by Listed Companies* and the approval of the revision of the *Procedures for Securities Pledge Repurchase Transactions, Registration and Settlement*.

In view of the over-financing phenomenon of listed companies, the China Securities Regulatory Commission amended the *Implementation Rules for Non-public Offerings of Listed Companies* and issued the *Q&A of Issuance Regulations - Supervisory Requirements for Guiding and Regulating the Financing Behavior of Listed Companies*. *Implementation Rules* and *Q&A of Issuance Regulations* mainly focus on the over-financing tendency of some listed companies, the greater arbitrage opportunities in the non-public offering pricing mechanism and imbalances in the structure of refinancing varieties. The revised *Implementation Rules* further highlighted the restrictive role of the market-based pricing mechanism, eliminated the provisions of the date of announcement of board resolutions and the date of announcement of resolutions of shareholders' general meetings as the basis for pricing of non-public offerings of listed companies, and made it clear that the pricing base date can only be the first day of the non-public offering share issuance period. The *Implementation Rules* stipulated that non-public offerings must not exceed 20% of the issued share capital, and that listed companies might not start refinancing within 18 months after financing, limiting the phenomenon of over-financing and sub-fund refinancing in the market. The main contents of the *Q&A of Issuance Regulations* are: first, when a listed company applies for non-public offering of shares, the number of shares to be issued shall not exceed 20% of the total share capital before the issuance. Second, when a listed company applies for additional issuance, allotment, or non-public issuance of shares, the date of board resolution of this issuance shall not be less than 18 months in principle from the date on which the previous fund is placed. Previously raised funds include initial issuance, additional issuance, allotment of shares, and non-public issuance of shares. However, for the issuance of convertible bonds, preferred stocks and GEM for small-scale quick financing, it will not be restricted to this period. Third, when a listed company applies for refinancing, with the exception of financial companies, in principle, there must be no tradable financial assets with large amount and long term holdings, available-for-sale financial assets, loans to others, entrusted financial management and other financial investments at the end of the most recent period. The revision of the *Implementing Rules* and the formulation of the *Q&A of Issuance Regulations* mainly focus on the following three aspects: first, adhere to the orientation of servicing real economy, actively cooperate with supply-side structural reforms, assist industrial transformation and economic restructuring, give full play to market's resource allocation function, guide the flow of funds to the real economy where it is most needed, and avoid the funds "moving from real economy to virtual economy". Second, adhere to the principle of combining unblocking and blocking measures, protect the legitimate rights and interests of investors, especially small and medium-sized investors, plug loopholes in regulatory arbitrage, and prevent assets such as "malpractice concepts" and arbitrage financing from forming asset bubbles. At the same time, meet the legitimate and reasonable financing needs of listed companies and optimize the capital market financing structure. Third, adhere to the principle of making progress in stability, implement separation of the new and the old for the adjustment of the rules, and the refinancing applications that have been accepted will not be affected, reserving a certain time period for the market to absorb and digest.

The China Securities Regulatory Commission approved the amendments to the *Procedures for Securities Pledge Repurchase Transactions, Registration and Settlement* in the light of the fact that some shareholders have used the stock pledge channel to over-finance or have not used funds for entity operations. The new *Procedures for Securities Pledge Repurchase Transactions, Registration and Settlement* adjusted the financing thresholds, fund use, pledge concentration and pledge rate. Specifically, the new *Procedures for Securities Pledge Repurchase Transactions,*

Registration and Settlement clearly define that the stock pledge rate should not exceed 60%, the proportions of pledged single securities companies and single asset management product as a single financial company to receive a single A share stock must not exceed 30% and 15% respectively, the overall pledge rate of a single A-share stock market does not exceed 50%, further strengthening the risk management. The new *Procedures for Securities Pledge Repurchase Transactions, Registration and Settlement* stipulates that the incorporation party must not be a financial institution or its issued product, and that the integration funds should be used for the production and operation of the real economy and for exclusive account management, with the initial transaction amount for the incorporation party should not be less than RMB 5 million, and each follow-up should not be less than RMB 500,000, no longer recognizing funds and bonds as the initial pledge targets, raising the threshold for financing, stopping the petty-grade stock pledge business, and restricting retail investors from adding leverage through stock pledges.

(2) Optimize corporate financing methods. The China Securities Regulatory Commission revised the *Measures for the Administration of Securities Issuance and Underwriting* to optimize the issuance of convertible bonds. The amendments to the *Measures for the Administration of Securities Issuance and Underwriting* were mainly aimed at adjusting the issuance of convertible bonds. The first is to eliminate the impacts of the freezing of funds for large-scale requisitions arising from the issuance of convertible corporate bonds and exchangeable corporate bonds on the monetary market. The second is the unification of the first-line and convertible corporate bonds, exchangeable corporate bonds online credit purchase default disciplinary mechanism. The third is the stipulation that when the total amount of convertible corporate bonds subscribed by online and offline investors is less than 70% of the number of public offerings, the issue can be suspended. The fourth is to make it clear that basic pension insurance funds enjoy the same preferential distribution as public funds and social security funds when participating in offline subscription of new shares.

In order to encourage green business operations, the China Securities Regulatory Commission issued the *China Securities Regulatory Commission's Guiding Opinions on Supporting the Development of Green Bonds*, allowing companies to issue green bonds. The *Guiding Opinions* emphasizes the need to adhere to the concept of innovation, coordination, green, opening up and shared development, guide the exchange bond market to further serve the healthy and orderly development of green industries, and boost the transformation of China's economic development mode and the transformation and upgrading of economic structure. The *Guidance Opinions* proposes that raised funds of green company bonds must be invested in green industry projects, and it is forbidden to be inconsistent with the original purpose and to fraudulently use or abuse the name of green projects in order to apply and misappropriate funds. The *Guidance Opinions* encourages market entities such as securities companies, fund management companies, private equity fund management institutions, commercial banks, and insurance companies and their managed products to invest in green corporate bonds and explore and establish a green investor coalition. The stock exchange researches and issues the green corporate bond index, establishes and improves the green corporate bond sector, and expands the influence of the green corporate bond market. The *Guidance Opinions* encourages market investment institutions to develop green financial products such as public offerings and private equity funds based on the green index to meet the needs of investors. The *Guiding Opinions* requires that the system unit of the China Securities Regulatory Commission should strengthen policy support and guidance, establish a green channel for audits, apply the "Instant Review" policy, and enhance the convenience of companies issuing green corporate bonds; the China Securities Industry Association regularly publishes "green bond public interest list", considering the underwriting of the green corporate bonds as an important part of the evaluation of social responsibility in the classified evaluation of securities companies; various Securities Regulatory Bureaus take the initiative to dock with local governments in the jurisdiction, and actively guide the social capital to participate in the construction of green industry projects.

(3) Regulate regional equity market construction. The China Sccurities Regulatory Commission issued the *Trial Measures for the Supervision and Management of Regional Equity Markets* and implemented the *Notice of the General Office of the State Council on Regulating the Development of Regional Equity Markets* (GBF [2017] No. 11), unifying the needs of the regional equity market business and regulatory rules, which is of positive significance to improve the multi-level capital market system, promote supply-side structural reforms, promote mass entrepreneurship and innovation, service innovation-driven development strategies and reduce corporate leverage. The *Trial Measures for the Supervision and Management of Regional Equity Markets* clearly defines the central and local regulatory responsibilities and give full play to the enthusiasm of the central and local governments. This helps improve the regulatory coordination mechanism, prevent regulatory gaps and regulatory arbitrage, severely crack down on various types of illegal activities, protect the legitimate rights and interests of investors, prevent and resolve financial risks and promote the healthy and stable development of the regional equity market. The *Trial Measures for the Supervision and Management of Regional Equity Markets* follows the overall approach of both regulation and development,

and pay attention to the relationship between regulation and development, in accordance with the requirements favorable to both regulation and development, and with adherence to the bottom line of basic behavior, in addition to the positive creation of a good environment for development.

3. Regulate Information Disclosure and Protect the Interests of Small and Medium Investors

In view of the phenomenon that the major shareholders violate regulations by shares underweight, causing losses to investors, the China Securities Regulatory Commission amended *Several Provisions on the Shareholding Reduction by the Principal Shareholders, Directors, Supervisors, and Senior Executives of Listed Companies*. The *Provisions* stipulate that the total number of shares held by a listed company's major shareholders within three months of reducing the number of shares held through a stock exchange centralized auction must not exceed 1% of the total shares of the company. The revision made adjustments or new regulations from various aspects such as the object of application, source of shares, reduction of holdings, disclosure of information, reduction of holdings and the main body of supervision. It further refined and improved the underweight after the lifting of restricted shares. The overall tone is to strictly supervise and regulate the reduction of holdings, minimize the imbalance between supply and demand due to excessive reduction of shares, and the negative impact caused by damage to the interests of small and medium investors and the blow to investor confidence.

In response to the irregularities in the disclosure of information in listed companies, the China Securities Regulatory Commission successively revised the *Content and Format Guidelines of Information Disclosure for Companies Issuing Public Securities No. 26 - Major Asset Restructuring of Listed Companies* and the *Content and Format Guidelines of Information Disclosure for Companies Issuing Public Securities No. 2 - Content and Format of Annual Report*, and *Content and Format Guidelines of Information Disclosure for Companies Issuing Public Securities No. 3 - Content and Format of Semi-Annual Report*. The above guidelines once again standardize the information disclosure behavior of listed companies, and amend and normalize the information disclosure of major assets reorganization of listed companies, disclosure of annual report information and semi-annual report information.

4. Work in strict accordance with the law and severely crack down on illegal activities

In 2017, the China Securities Regulatory Commission complied with the working principle of strict and comprehensive supervision according to law, closely followed risk prevention and stable development, focused on key areas and market concerns, cracked down on illegal and irregular activities of various securities and futures, improved the comprehensive effectiveness of inspection and law enforcement, and ensured the effective market operations, the effective protection of investors' interests, and the full play of the functions of the capital market's serving the real economy.

In 2017, the auditing department accepted 625 valid clues for violations of laws and regulations, among which, 70% of abnormal clues were found in transaction monitoring, there were 478 newly initiated investigations, accounting for 76%, and there were 312 registered investigations, accounting for 65%. A total of 54 typical cases of four batches of special law enforcement actions were deployed throughout the year, focusing on cracking down on typical market violations such as financial fraud, speculation of sub-new stocks, utilization of high stock dividend transactions and private equity malpractices. 90 new major cases were added throughout the year, which was a double year-on-year increase. There were 335 cases closed throughout the year, a year-on-year increase of 43%; among which, 303 cases were transferred to the administrative punishment department and 31 cases were transferred to public security agencies for suspected crimes and clues. On the whole, the proportion of traditional law-breaking cases is still relatively high, the number of cases involving the manipulation of the market has decreased, and Rat Trading has been effectively contained.

Key types of serious violations under the investigation of the China Securities Regulatory Commission in 2017 include:

The first is the cases that seriously damage the interests of listed companies and the legitimate rights and interests of small and medium shareholders. These include false disclosure of information, use of fictitious transactions to whitewash results, or implementation of "husky" reorganization of illegal profits; the cases that major shareholders, actual controllers, and listed company supervisors and senior personnel, through illegal guarantees, fund occupation, related transactions, etc., maliciously use up the listed companies; the "Iron Cock" cases which seriously violate the cash dividend system rules, allocate no dividends though with the allocating conditions for a long time and with suspected violations.

The second is violations that accumulating market risk and endangering the operation of the market. These include the cases of illegally aggregating market funds, abusing leveraged transactions, and amplifying market risk; using new financial instruments, misusing the name of financial technology, or implementing illegal trade across markets.

The third is the cases severely undermining the principle of fair trade and affecting the play of market functions. These include the cases involving the use of restructuring topic for speculation, and the use of multi-level and multi-layer transfer of insider information obtained for preemptive buying or early loss avoidance; multi-account and multi-point allocation, internal and external collusion, combination of actual and virtual situations, the manipulating of the stock price by taking advantage of the situation.

Mergers and acquisitions and reorganization are hard-hit areas for insider trading. In 2017, the average case value of insider trading exceeded RMB 30 million, and the amount involved in 7% cases exceeded RMB 100 million. More than 70% of insider trading made profits, and the highest income was more than RMB 40 million. From the insider information, mergers and acquisitions and reorganization are still the hardest-hit areas for insider trading. The use of high stock dividend, major losses and other performance-related information to engage in illegal trading cases are frequent.

In 2017, 38 cases were involved in manipulating the market, a year-on-year decrease of 17%. There are four major characteristics for these cases: (1) The subject involved in the case presented the tendency to gangs and professionalism; (2) The abnormal fluctuations in the stock price triggered fast-moving and negative effects; (3) The manipulation methods were diverse and varied, and the trend of "short-term dealing" was obvious; (4) Grafting connectivity, and current linkages were more concealed.

The fourth is cases severely disrupting the order of information dissemination and maliciously creating panic in the market. These include the cases which made profit by publishing unethical and inappropriate speech against individual stocks, sectors, market trends and regulatory policies through the Internet and the self-media, and acting as a stock market "Black Mouth" to lure unsuspecting investors to participate in transactions.

In 2017, there were 7 newly-created investigations on the dissemination of false information, a year-on-year increase of 40%, which represented three major new features: (1) the Internet and self-media have become the main means of dissemination, spreading rapidly, and exacerbating the harmful consequences; (2) diversified illegal tactics and forms; (3) the purpose of the actions is complicated with the intentions including: affecting market prices, obtaining registration information of netizens and expanding their own market influence.

(ii) Effects of Regulatory Policy of the China Securities Regulatory Commission in 2017

In 2017, the China Securities Regulatory Commission imposed administrative punishment in a strict and comprehensive manner in accordance with law and played an important guarantee role in perfecting the market system, tamping the market foundation, preventing market risks, maintaining market stability and protecting legitimate rights of investors.

During the 2018 work meeting of the China Securities Regulatory Commission, Liu Shiyu, Secretary of the Party Committee and Chairman of the Securities Regulatory Commission, summed up the SFC's 10 achievements in 2017: (1) The China Securities Regulatory Commission firmly establishes *"Four Consciousnesses"* and adhere to *"Four Confidences"*, conscientiously studies and publicizes and implements the spirit of the Nineteenth National Congress of the Communist Party of China, continues to strengthen the Party committee's main responsibilities and the disciplinary committee's supervision responsibilities, and promotes an in-depth systematic and comprehensive administration of the Party; (2) Adhere to the overall keynote of stabilizing work in progress, focus on key points, supplement short boards, strengthen the weaknesses, and make steady progress in all aspects of the reform, development, and stability of the capital market; (3) The direct financing function of the service entity economy has been further strengthened, and the phenomenon of "IPO Barrier Lake" has been effectively alleviated; (4) The multi-level market system has been further improved, and important breakthroughs have been made in the stratification of the new three boards and the reform of the trading system; (5) The basic systems of stock issuance, reduction, and delisting are further consolidated; (6) The two-way opening level of the market is further improved with A shares are included in the MSCI Emerging Market Index; (7) The situation of full and strict supervision in accordance with the law has been further consolidated, and the market ecology has shown positive changes; (8) Market operation is further stable; (9) The ability and level of protecting the legitimate rights and interests of investors are further enhanced; (10) The capital market news public opinion work level and market communication ability have been further enhanced.

In 2017, the regulatory authority placed "prevention of financial risks" at the top priority. Among them, "financial deleveraging" has become one of the key areas for supervision in 2017, and the coordinated regulation of "One Bank Three Commissions" through the joint issuance of *Guiding Opinions on Regulating the Asset Management Business of Financial Institutions (Exposure Draft)* will also become the main regulatory method. In terms of improving the compliance and risk management requirements of financial institutions, the China Securities Regulatory Commission has issued a series of regulations on risk control involving securities companies, funds and futures companies, such as: *Measures for Compliance Management of Securities Companies and Securities Investment Fund Management Companies* and *Regulations on the Classified Supervision of Securities Companies*, increasing the requirements on indicators such as net capital and risk coverage. In terms of optimizing the construction of multi-level capital markets and guiding services for the real economy, the China Securities Regulatory

Commission has standardized corporate financing methods, regulated corporate financing through refinancing and stock pledges, and encouraged eligible companies to issue convertible bonds and green bonds; and issued the *Trial Measures for the Supervision and Management of Regional Equity Markets* to regulate the operation of regional equity markets. The information disclosure system of listed companies was further improved and the rights and interests of small and medium investors were safeguarded.

While improving legislation, the China Securities Regulatory Commission stepped up enforcement efforts. In 2017, the auditing department accepted 625 valid clues for violations of laws and regulations, and a total of 54 typical cases of four batches of special law enforcement actions were deployed throughout the year, focusing on cracking down on typical market violations such as financial fraud, speculation of sub-new stocks, utilization of high stock dividend transactions and private equity malpractices.

To sum up, new improvement has been made for the risk regulation level and strength of the securities market of China in 2017, breakthrough has been made in collaborative supervision, new achievements have been made in the protection of rights of medium and small investors and the ability to prevent and control financial risks and maintain market stability has withstood new tests. The development of securities and futures industry has showed new appearance, and market communication and expectation management ability has reached a high level.

(iii) Outlook and Suggestion for Regulatory Policy of the China Securities Regulatory Commission in 2018

Looking forward to 2018, the China Securities Regulatory Commission will, on one hand, focus on "preventing financial risks" and "serving the real economy", continue to promote the implementation of regulatory policies and strengthen the regulation on participating entities of every market, strictly crack down capital market actions that are against the laws and regulations, continue to enhance the ability of the capital market for the real economy and realize full regulation coverage for financial risks; on the other hand, it will rapidly promote the opening up of financial markets to the outside world, relax the proportion of financial foreign holdings, expand the scope of foreign investment, expand the two-way opening up of the capital market, and continue to strengthen financial supervision that matches the degree of financial openness, and formally enter "deepwater areas" that are open to the outside world..

Firstly, supervision still focuses on "preventing financial risks" and "serving the real economy", with continued strict supervision trend and the return to origin of finance. In

2018, the Financial Stability Development Committee of the State Council was established to comprehensively coordinate financial stability and major issues of reform and development, promote the return of finance to the main business, and serve the real economy. The Financial Stability Development Committee of the State Council will focus on four issues in the future: shadow banking, asset management, internet finance, and financial holding companies:

(1) With regard to shadow banking, the regulatory agencies will further promote the return of shadow banking business to banks and include commercial banks' balance sheets.

(2) With regard to the asset management industry, the "*New Assets Management Regulations*" were formally issued by One Bank Three Commissions together with the State Administration of Foreign Exchange, so as to promote the unification of asset management and further strengthen the regulatory extent on high leverage, liquidity risk, and operational risk faced by the asset management industry in China.

(3) With respect to the relative lagging behind in the supervision of financial science and technology, China will launch comprehensive and in-depth supervision policies for Internet finance, financial technology and other issues, and strengthen the comprehensiveness and intensity of supervision in Internet finance. At the same time, the supervisory level is studying digital currency, blockchain technology, and financial technology to study the best form of service for the real economy and avoid its possible impacts.

(4) With regard to the strengthening of the supervision of financial holding groups, the regulatory authorities will vigorously govern and supervise the serious risks associated with frequent internal related transactions, business crossovers, or risk concealment caused by the phenomenon of the acquisition of financial business licenses by some traditional enterprises in China. On March 30, 2018, the Securities Regulatory Commission issued the *Regulations on Stock Company Equity Management* (Public Opinion), which imposes higher requirements on the shareholders' qualifications of securities companies.

In 2018, the supervision will continue to implement "deleveraging", and all new regulations will continue to exert force to regulate various markets and comprehensively promote the transformation of various businesses. On the whole, the strict supervision will further focus on macro-prudential supervision, micro-prudential supervision, behavior supervision, and infrastructure construction in the financial industry, and in addition, the supervision system and the regulatory system will be created with higher requirements.

Secondly, the financial market has opened up to the "deepwater area", the ratio of foreign ownership, the scope of foreign investment, etc. have been substantially expanded, the capital market has been opened to both sides, and supervision has been strengthened simultaneously.

The first is to relax the limits on foreign capital holdings and open the scope of business of joint venture brokers. In March 2018, the CSRC announced that the upper limit of foreign shareholdings of securities companies, fund management companies, and futures companies has been relaxed to 51%, and will no longer be restricted after three years, and no longer requires on that at least one domestic shareholder of a joint-venture securities company should be a securities company and gradually the business scope of joint venture securities companies is opened up. In 2018, the steady expansion of the two-way opening of the capital market will continue.

The second is to carry out the "One Belt and One Road" construction of capital market services. China's three exchanges acquired part of the shares of the Pakistan Stock Exchange, and the Shanghai Stock Exchange, China International Capital Institute and Deutsche Borse AG jointly established the China-Europe Exchange; in 2017, 963 listed companies in China participated in the "One Belt and One Road" key project, and it is expected that the figure will increase further in 2018.

The third is to study the interconnection and interoperability mechanism between Shanghai-London Stock Connect and Shanghai-Hong Kong, Shenzhen-Hong Kong stock markets. In April 2018, China Securities Regulatory Commission and the Central Bank announced the expansion of the daily limit of the Mainland-Hong Kong Stock Connect to further improve the interconnection and interflow mechanism between the Mainland and Hong Kong stock markets, facilitate the allocation of international capital to the A-share market, and increase the liquidity of the market funds. China and Britain have reached an agreement on enhancing strategic, practical, global and inclusive relations between the two countries, strengthening communication and coordination of macro policies, and maintaining high-level exchanges and institutional exchanges. In this context, Shanghai-London Stock Connect is expected to be opened in 2018 to further expand the two-way opening of the domestic capital market.

The fourth is to improve the Bond Connect. The landing of Bond Connect has prompted overseas funds to flow into the domestic bond market, which is an important step for the opening up of China's financial market. In 2018, China is expected to continue to promote the opening of overseas institutions to invest in the interbank bond market, and continue to increase the degree of marketization of management and the convenience of investment.

The fifth will be to expand the RQFII investment quota and promote the implementation of the QDII system. In 2018, the RQFII investment quota is expected to continue to expand and promote the opening up of domestic financial markets. The steady progress of the implementation of the QDII system will make the global allocation of domestic funds easier and more convenient.

Appendix

Main Regulatory Policy of the China Securities Regulatory Commission in 2017

Date	File name	Issued by
January 14	*Regulations Concerning Strengthening the Management of Performance Avoidance of Issuing and Auditing Personnel (2017 Revision)* and *Regulations on Strengthening Management of Performance Avoidance of the Committee of the Committee on Examination and Approval* (2017 Revision)	China Securities Regulatory Commission
January 14	*Procedures for the Booking and Reception of the Issuing and Auditing Work of the China Securities Regulatory Commission*	China Securities Regulatory Commission
January 24	*Guiding Opinions on Hedge Strategy Funds*	China Securities Regulatory Commission
February 15	*Decisions on Amending the Implementation Rules for Non-public Offering of Listed Companies*	China Securities Regulatory Commission
March 2	*Guidance on Supporting the Development of Green Bond from China Securities Regulatory Commission*	China Securities Regulatory Commission
April 17	*Decisions on Abolishing the Administrative Examination and Approval of Establishment, Acquisition and Participation in Overseas Futures Business Institutions of Futures Companies*	China Securities Regulatory Commission
April 18	*Measures for the Management of Risk Monitoring Indicators of Futures Companies*	China Securities Regulatory Commission
April 18	*Guidelines for Preparing and Reporting Risk Management Reports for Futures Companies*	China Securities Regulatory Commission
May 3	*Trial Measures for the Supervision and Management of Regional Equity Markets*	China Securities Regulatory Commission
May 26	*Several Provisions on the Shareholding Reduction by the Principal Shareholders, Directors, Supervisors, and Senior Executives of Listed Companies*	China Securities Regulatory Commission
June 6	*Measures for Compliance Management of Securities Companies and Securities Investment Fund Management Companies*	China Securities Regulatory Commission
July 4	*Guidance on Carrying out Bonds Pilots of Innovation and Start-up Company from China Securities Regulatory Commission*	China Securities Regulatory Commission
July 6	*Decision on Amending the Regulations on the Classified Supervision of Securities Companies*	China Securities Regulatory Commission
July 7	*Decision on Amending the Measures of the China Securities Regulatory Commission's Issuance Review Committee*	China Securities Regulatory Commission

Continued

Date	File name	Issued by
August 31	*Regulations on Liquidity Risk Management of Public Offerings of Open-end Securities Investment Funds*	China Securities Regulatory Commission
September 5	*China Securities Regulatory Commission's Guiding Opinions on Securities Investment Fund Valuation Business*	China Securities Regulatory Commission
September 8	*Decision on Amending the Measures for the Administration of Securities Issuance and Underwriting*	China Securities Regulatory Commission
September 21	*Content and Format Guidelines of Information Disclosure for Companies Issuing the Public Securities No. 26 - Major Asset Restructuring of Listed Companies*	China Securities Regulatory Commission
November 17	*Stock Exchange Management Measures*	China Securities Regulatory Commission
December 7	*Decision on Amending Seven Regulations, including Measures for the Administration of Securities Registration and Settlement*	China Securities Regulatory Commission
December 7	*Decision on the Revision and Abolishment of the 13 Rules and Regulation, including Management Regulations on Subordinated Debts of Securities Companies*	China Securities Regulatory Commission
December 26	*Content and Format Guidelines of Information Disclosure for Companies Issuing the Public Securities-* No. 2 - Content and Format of Annual Report (Revision 2017)"	China Securities Regulatory Commission
December 26	*Content and Format Guidelines of Information Disclosure for Companies Issuing the Public Securities- No. 3 - Content and Format of Semi-Annual Report (Revision 2017)*	China Securities Regulatory Commission
December 28	*Announcement on the Relevant Criteria for the Full Implementation of the New Audit Reporting Standards by Capital Market Subjects*	China Securities Regulatory Commission

Source: Website of China Securities Regulatory Commission.

IV. Main Regulatory Policy of the China Insurance Regulatory Commission①

(i) Analysis of Main Regulatory Policy of the China Insurance Regulatory Commission in 2017

2017 is a year of great test for insurance regulatory supervision. In the face of the intricate economic and financial situation at home and abroad, the insurance supervision system conscientiously implemented the decisions made by the CPC Central Committee and the State Council, calmly responded to the risk challenges, and firmly advanced the comprehensive and

① Author: Liu Xueqing, member of the Executive Committee of the Shanghai Insurance Exchange and director of the Legal Compliance Department. The content of this Chapter does not represent the opinion of the author's unit.

strict administration of the party. Effective measures have been taken in the aspects of risk prevention, chaos control, improving regulatory weakness and serving the real economy, and obvious results have been achieved. The major regulatory policies for the year are as follows.

1. Formulate and implement the "1 + 4" documents, strengthen insurance supervision, deal with market chaos, improve regulatory weaknesses, guard against industry risks, and serve the real economy

Since April 2017, in view of the outstanding risks and problems faced by the insurance industry, by closely focusing on three tasks of serving the real economy, preventing and controlling financial risks, and deepening financial reform, a series of documents were issued:*Notice on further Strengthening Insurance Supervision and Maintaining the Stable and Healthy Development of the Insurance Industry*; *Circular on further Strengthening Insurance Industry Risk Prevention and Control*; *Notice on Strengthening Insurance Supervision,Cracking down on Illegal Violations and Regulating the Market Chaos*;*Guidance on the Insurance Industry Supporting the Development of the Real Economy*; *Notice on Improving Regulatory Weakness to Build a Strict and Effective Insurance Regulatory System*(collectively referred to as the "1 + 4" documents), in an effort to reshape the clean and upright insurance industry, regulatory positioning, regulatory environment, regulatory capabilities and regulatory culture, not only to resolutely and decisively deal with all kinds of risks, but also carefully and steadily grasp the rhythm and strength of risk treatment. As a result, positive changes have taken place in all aspects of insurance supervision and the industry.

Among them, *Notice on further Strengthening Insurance Supervision; Maintaining the Stable and Healthy Development of the Insurance Industry*, comprehensively analyzed the situation facing the insurance industry, and made clear the main tasks and overall requirements of strengthening insurance supervision, controlling market chaos, improving regulatory weakness, strictly preventing and controlling risks, and serving the real economy during the current and future period. *Circular on further Strengthening Risk Prevention and Control* in Insurance Industry clearly pointed out nine key areas with prominent risks in insurance industry, and put forward a total of 39 measures for insurance companies in 10 aspects.*Notice on Strengthening Insurance Supervision, Cracking down on Illegal Violations and Regulating the Market Chaos*,made deployment of key measures to rectifyeight aspects of the market chaos, including false capital contribution, corporate governance, use of funds, improper product innovation, misleading sales, difficulty in settling claims, illegal practices, fees and data fraud. *Guidance on the Insurance Industry Supporting the Development of the Real Economy* pointed out the overall requirements and basic ideas for the development of the real economy of the insurance industry, and made clear key policy measures from four aspects, including "actively build the real economy risk management security system", "vigorously guide insurance funds to serve the national development strategy", "constantly innovate the form of insurance industry serving the real economy", and "continue to improve and strengthen insurance" . *Notice on Improving Regulatory Weakness to Build a Strict and Effective Insurance Regulatory System* required all levels of insurance regulatory authorities to thoroughly investigate, to find out and make up for the existing shortcomings, improve the supervision system, upgrade the mode of supervision, and to deepen reform and innovation, so as to build a strict and effective insurance regulatory system to enhance the effectiveness and authority of supervision.

2. Further standardize the development, design and sale of life insurance products, and give full play to the function of life insurance products in insurance cover

In order to implement the "1 + 4" documents, to give full play to the function of insurance protection of life insurance products, to return to the original purpose of insurance, and to guard against business risks, the China Insurance Regulatory Commission (CIRC) issued the *Notice on Standardizing the Behavior of Product Development and Design of Life Insurance Company* on May 11, 2017, which standardized the behavior of product development and design of insurance company from four aspects. First, it made clear that the development and design of life insurance products should follow three principles: First, centering on consumer's demand, efforts should be made to develop the life insurance product which is beneficial to protect and improve the people's livelihood; by taking into account the development of China's national condition and the industry, it is required to develop the life insurance product which accords with the law of oneself and the national development strategy;based on the basic principles of insurance, using lessons from international experience for reference, it is encouraged to develop life insurance products with outstanding security functions, in line with the loss sharing, risk homogeneity and the law of large numbers. Second, to support and encourage insurance companies to develop four types of products that return to the basics of insurance protection: term life insurance, life-long life insurance, security planning with emphasis on consumer death risk. And it is encouraged to have differentiated pricing based on insured's health status and smoking habit; long-term annuity insurance products, which focus on serving the accumulation and long-time withdrawal of consumers' long-term survival funds, and long-term pension; health insurance products, focusing on health care programs for consumers to see doctors and seek medical care; protection products for specific population, focusing on the support of national real economic development, national strategy to overcome poverty and other major areas of national development. Third, it made clear and emphasized seven requirements for the development and design of insurance products: for example, in the case of certain annuities and other insurance products in the market, in order to enhance their attractiveness, a certain proportion will be returned in the year of payment. It is required that "for endowment insurance and annuity insurance products, the first survival insurance benefit shall be paid after the insurance policy has been effective for five years, and the proportion of annual payment or partial receipt shall not exceed 20% of the insurance premiums paid". Through the above requirements, the period of time shall be extended to lead insurance from the investment function to the direction of security, and to promote insurance's the most important function of guarantee. For example, in view of the product form of "additional universal insurance" in the market (that is, the main insurance provides risk protection services such as death, serious illness, accidents, etc., while additional insurance provides the function of maintaining and increasing the value of assets. However, some insurance companies give additional high settlement interest rates for universal accounts, and the capital ratio is concentrated in accounts of additional insurance. And additional accounts can be refunded at any time), it is required that "insurance companies not to design universal insurance products or investment-linked insurance products in the form of additional insurance". For another instance, the insurance product name, product specification and related product publicity materials must not contain expressions like "financial management" and "investment plan".

At the same time, the CIRC has further standardized the sales of life insurance. On May 19, 2017, the CIRC issued the *Notice on further Strengthening the Sales Management of Life Insurance Companies*, which put forward a request for the insurance companies to strengthen the sales management and the insurance regulatory bureaus to strengthen the territorial supervision. At the end of 2017, in order to continuously and deeply prevent risks and deal with chaos for life insurance, and effectively protect the legitimate rights and interests of insurance consumers, the CIRC issued the *Circular on Organizing Special actions for Life Insurance to Deal with Sales Irregularities and Cracking down on Illegal Operation*, advising the deployment of special rectification measures for all kinds of illegal activities in the links of selling life insurance. The key violations of the law and regulations to be rectified include, life insurance products sales violations, agency channel violations, the design of life insurance products in disguise to break through regulatory regulations, and illegally engagement in insurance industry by third-party network platforms and other organizations and institutions with no legal qualifications, etc.

After a round of concentrated renovation and adjustment, life insurance product transformation has achieved the preliminary results, with product form returning to the traditional, the short- and medium-term life insurance business decreased significantly, the realization of "streamlined" structure.

3. New results achieved in terminating the pilot of non-life insurance investment products, resolving the risk of credit guarantee insurance, carrying out special rectification, preventing & controlling risks in property insurance risks and controlling chaos.

In order to implement the "1 + 4" documents, in the property insurance field, in 2017, the CIRC stopped the pilot operation of non-life insurance investment products, severely punished the companies with outstanding violations of laws and regulations, and required regulatory organizations to hold relevant subjects accountable, so as to prevent risk from transforming across systems and across regions. In view of the problems and risks faced by insurance companies in the operation of credit guarantee insurance, the CIRC issued the *Interim Measures on Supervision of Credit Guarantee Insurance* in July 2017 to standardize the credit guarantee business other than export credit insurance. The above measures raised the solvency requirements for insurance companies engaged in credit guarantee insurance business,so astolink the underwriting capacity of credit guarantee insurance with net assets, clarify the requirements for reinsurance, and restrict the type of operation for credit guarantee insurance. Insurance companies will not be allowed to engage in high risk business where large amounts of assets are concentrated or cannot directly penetrate the underlying assets, so as to effectively guard against risks such as financial cross-transmission and lack of liquidity. On this basis, the CIRC has performed well in handling individual insurance risk incidents, carrying out special inspections of guarantee insurance business, and effectively protecting the interests of investors. In addition, The CIRC also revised the *Administration Measures for Insurance Clauses and Rates of Insurance of Property Insurance Companies*, and issued the *Circular on the Development of Special Rectification of Property Insurance Companies' Filed Products*, to mainly deal with problems, including nonstandard renovation, concept speculation, manufacturing gimmicks, design deviations from the basics of insurance, and security function weakening, etc.

In the meantime, in the field of property insurance, the CIRC is also deepening the reform of commercial auto insurance and improving market regulation. On June 8, 2017, the CIRC issued the *Notice by the CIRC on the Adjustment and Management of Commercial Automobile Insurance Rates*, which further deepened the supply-side structural reform in the field of auto insurance based on the achievements of the previous reform, in order to further give play to the decisive role of the market in allocating resources, expand the independent pricing right of insurance companies, decrease the lower limit of the floating coefficient of commercial auto insurance rates, further reduce the level of commercial auto insurance rates through market-oriented means, and to guide and promote innovation in insurance companies' products and services. On July 6, 2017, the CIRC issued the *Notice on Chaos Control in the Motor Vehicle Insurance Market*, stressing that property insurance companies should strengthen entity responsibilities for compliance, reinforce internal control and audit management, with no deviation from the basis of actuarial pricing, sell auto insurance products at a price below the cost, shall not carry out various means to charge any fee, shall not entrust an institution which has not obtained legal qualifications to engage in insurance sales activities, and shall not pay or pay in disguised form to an institution which does not possess legal qualifications the service charge for auto insurance. The insurance company shall not entrust or connive with cooperative intermediary agencies to delegate the right of agency of auto insurance to other institutions; the auto insurance terms shall be applied for approval and used in accordance with the provisions of the rate. Without approval, it may not use oral agreement, special agreement, supplementary agreement, approval order and withdrawal clause, etc., to modify or split in disguised form the scope of liability, the period of insurance, the rights and obligations, and the rate level of the auto insurance products; Insurance contract obligations shall be performed in accordance with the law. The legitimate rights and interests of insurance consumers shall not be damaged by means of delay, loss of compensation or unreasonable refusal to compensate, and the consumers shall not be required to provide unnecessary documentary proof of claim. Through the special treatment and punishment of illegal activities, the authority of supervision shall be effectively maintained, so as to form a powerful deterrent, and set up a direction for competition in the industry.

4. Efforts were made to control chaos, make up for the shortcomings of the system, strengthen risk prevention and control, and promote the use of insurance funds to serve the real economy and to develop steadily and continuously.

In view of the outstanding problems existing in the use of insurance funds in the past period, since April 2017, the CIRC has made great efforts to control chaos, make up for risk loopholes and deficiencies in the system, strictly control risks, and further standardize the use of insurance funds, so as to promote the sustained and steady development of the insurance industry and the use of insurance funds.

The first is about Banner Acquisition. On January 24, 2017, the CIRC issued the *Notice on Matters related to the further strengthening of Supervision over the Insurance Funds, Stocks and Investment*, with regard to the behavior of investing in the shares of listed companies by insurance institutions or non-insurance companies acting in concert with the insurance company, differentiated supervision should be implemented according to the general stock investment, major stock investment and the acquisition of listed companies. Insurance institutions are required to carry out stock investment of listed companies as guided by the principle centering on financial investment. It is clearly stipulated that insurance institutions shall use their own funds to purchase listed companies, and shall not purchase listed companies jointly with non-insurance consistent actors, and shall not use the mortgage finance of equity assets for the stock investment of listed companies. At the same time, the insurance institutions are asked to strengthen asset liability management and risk limitation management, and the book balance of the assets in the investment equity category of the insurance institutions shall not exceed 30% of the total assets of the company at the end of the last quarter; unless there's other stipulations for listed company acquiring and investing in the stocks of listed commercial banks, the book balance of the investment of a single stock by an insurance institution shall not be higher than 5% of the total assets of the company at the end of the quarter. For insurance institutions that have used relevant policies to increase their holdings of blue-chip stocks, the proportion of investments should be adjusted within two years or within the period specified by the relevant regulatory bodies until the regulatory requirements are met.

Second, about the problem of overseas investment. Insurance institutions are strictly required to abide by *the Opinions on further guiding and standardizing the direction of overseas investment* forwarded to the State Development and Reform Commission, the Ministry of Commerce, the People's Bank and the Ministry of Foreign Affairs by the General Office of the State Council, which has restricted overseas investment in real estate, hotels, and hotels, films and television, entertainment industry, sports club, etc. The onshore guarantees for offshore loans of insurance institutions has been regulated. And in early 2018, Notice on matters related to standardizing the offshore financing against domestic guarantee of insurance institutions was jointly issued with the State Administration of Foreign Exchange.

Third, strengthen the management of matching assets and liabilities. In order to make up for the regulatory weaknesses and risk loopholes in time, the CIRC has actively promoted the hard constraints of asset liability management, set up a working group on the construction of the asset liability management system, studied and formulated the Measures on Supervision of Insurance Assets and Liabilities Management, and organized industry training and testing. And the document was officially issued at the beginning of 2018 for implementation.

Fourth, continuous strengthening of internal control. In October 2017, the CIRC publicly solicited opinions on the Guidelines on the Application of Internal Control for the Use of Insurance Funds(4th-6th) and formulated internal control standards and procedures for key links of unlisted equity, real estate investment and financial product investment. It has strengthened the internal control requirements of the key links, such as division of duties and authorization, investment research and decision making, investment execution, post-investment management, etc., which is helpful to better guard against the operational risks and other risks in the above-mentioned investment fields, so as to raise the level of internal control of alternative investment in insurance institutions.

Fifth, carry out special regulation and disposal of key companies. In May 2017, the CIRC issued the *Circular on Carrying out the Special Rectification on the Investigation of Risks in the Use of Insurance Funds*, focusing on equity investment, alternative investment and financial products, real estate and overseas investment, with a view to carrying out penetrating inspections, and strictly controlling incremental risk. Since 2017, the CIRC has disposed a number of key companies and risks in key areas in a timely and steady manner to maintain market stability.

Sixth, serve the real economy. The CIRC has also actively created a regulatory policy environment conducive to serving the real economy, continuously increased the support for the direct or indirect economic behavior of the insurance industry, and guided insurance funds to enhance the capacity of the serving the real economy. In order to fully implement the decision-making arrangements of the CPC Central Committee and the State Council on the real economy of financial services, the *Guiding Opinions on the Support of the Insurance Industry for the Development of the Real Economy* has been issued to promote the insurance industry to continue to exert its strength and cohesion on revitalizing the real economy, thus improving the quality and efficiency. Issuance of the *Circular on Matters Relating to the Investment of Insurance Funds in Government and Social Capital Cooperation Projects* and the *Circular on Matters Related to the Major Projects* of Investing in Creditor's Rights, in support of eligible PPP projects for Investment of Insurance funds as well as investment in major national strategic projects. Efforts have been made to actively guide insurance fund to serve "Belt and Road" initiative, "made in China 2025", military and civil integration, coordinated development among Beijing, Tianjin and Hebei, and other major national strategies and real economy.

5. Strengthen the Governance Supervision of Insurance Company and Prevent Corporate Governance Risk from its Source

"Failure in corporate governance" is one of the important sources of chaos in the insurance industry. To this end, in 2017, the CIRC comprehensively strengthened corporate governance supervision from the articles of association, business acceptance, connected transactions, inquiry system, equity management and other aspects.

Regarding articles of association of the company. On April 24, 2017, the CIRC issued the

Guidelines for the Articles of Association of Insurance Companies. In view of the main risks in the governance and operation of insurance companies in recent years and the outstanding problems existing in the formulation of articles of association, taking the public company as the standard, and from the point of view of risk supervision, it put forward a clear request to the necessary articles of association of the insurance companies, and urged the companies to standardize the organization structure, decision-making authorization mechanism and operation procedure of "three boards and one management", and clarified the disposal procedure in the case of failure of corporate governance mechanism, and promoted the corporate governance structure to be more standardized, rigorous and effective in terms of the original institutional arrangement. Insurance companies are required to complete the revision of their articles of association by the end of 2017 against the requirements of the guidelines. And based on the Guidelines for the Articles of Association of Insurance Companies, they are required to make articles of association examination and approval stricter, guide the company and its shareholders for self-discipline, so as to prevent the occurrence of corporate governance risks from the source.

In terms of opening acceptance. On June 22, 2017, the CIRC issued the Notice on further Strengthening Acceptance before Operation for Insurance Companies, which strictly regulates the entry of insurance companies, requires the preparation groups of all Chinese insurance companies to standardize the preparation of insurance companies, strictly enforces the standards for acceptance before operation of insurance companies, and improves the corporate governance structure from the source, so as to effectively guard against operating risks to regulate the company's preparation behavior.

In the management of connected transactions, In June 2017, the CIRC issued the Notice on Matters of Administration of Connected Transactions of Insurance Companies, which has clarified the regulatory principles of "penetrating supervision", "substance is more important than form", and established an audit and accountability mechanism of "define responsibility of individuals", with the increase of orders to modify the structure of transactions, orders to stop connected transactions and other targeted regulatory measures, so as to further increase the intensity of supervision of related party transactions.

On public questions. On March 9, 2017, the Notice on Improving the System of Supervision and Control of Public Inquiries was issued to establish and improve the system of supervision and control of public inquiries. For corporate governance, business operations, use of funds, and other regulatory matters that involve social media concerns, the public interest or may cause significant risks, public inquiries shall be made to the insurance company the actual controller of the insurance company, shareholders, investors and their associated parties of the insurance company, as well as the directors, supervisors and senior managers of the insurance company and other interested parties. Those requests with no response will be dealt with according to the law, and the inquiry will be brought into the governance and evaluation system of the insurance company.

About equity management. In 2017, the CIRC revises the Measures on the Management of Equity of Insurance Companies and solicited opinions from the industry. The revised measures were issued in early 2018, which focused on defining the norms of shareholder access, equity structure, capital authenticity, penetration of supervision and so on. First, further strict shareholder access. To set up strict constraints standards for financial, strategic, control shareholders, respectively, make negative lists of market access, further improve the entry threshold, and standardize the behavior of investment into shares. Second, strengthen the supervision of the ownership structure. To divide the shareholders of insurance companies into four types: financial class I, finance class II, strategy type and control type, and reduce the maximum shareholding ratio of a single shareholder from 51% to 1/3. And at the same time, measures should be taken to prevent the abuse of rights by major shareholders and the improper transmission of interests. Third, strengthen the supervision of capital authenticity. To make it clear that insurance companies should use their own funds from legitimate sources, clarify the types of funds that cannot be invested, and work hard to solve the problems of false capital and false capital contribution. The fourth is to strengthen the penetration of supervision. In accordance with the principle that substance is more important than form, insurance companies should be subject to penetrating supervision in terms of ownership structure, source of funds and actual controllers.

(ii) Outlook for Regulatory Policy of the China Insurance Regulatory Commission in 2018

2018 is the 40th anniversary of reform and opening up, and it is also the crucial year for the insurance industry to win the battle of preventing and defusing major risks. In order to further guard against financial risks and ensure national financial security, the CPC Central Committee and the State Council have reformed the financial regulation system, and a new China Banking Insurance Regulatory Commission has been set up. The China Banking Insurance Regulatory Commission shall be responsible for the unified supervision and management of the banking and insurance industries. At the same time, the responsibilities of the former China Banking Regulatory Commission and the China Insurance Regulatory Commission in drawing up important draft laws and regulations on banking and insurance and the basic system of prudential supervision shall be assigned to the People's Bank of China.

Judging from the spirit of the "Instructions on the Institutional Reform Plan of the State Council" and the relevant meetings of the China Banking Insurance Regulatory Commission, we can expect that, the newly established China Banking Insurance Regulatory Commission will be guided by President Xi Jinping's idea of socialism with Chinese characteristicsin the new era, and will conscientiously implement the spirit of the party's 19th CPC National Congress, the National Financial work Conference and the Central Economic work Conference, so as to strengthen comprehensive supervision, optimize the allocation of regulatory resources, better co-ordinate the supervision of systemically important financial institutions, and gradually establish a modern financial regulatory framework that conforms to the characteristics of modern finance, with coordinated supervision, and is capable and effective. Also, efforts will be made to safeguard the legal and steady operation of the banking and insurance industries, to guard against and defuse financial risks, to protect the legitimate rights and interests of financial consumers, to maintain financial stability, and to guard against the bottom line of systemic financial risks, so as to win the three major battles of preventing and resolving major risks, targeted poverty alleviation, pollution prevention and control.

Column

Introduction to FinTech①

In recent years, there has been a global investment boom in FinTech. Although the innovation of FinTech has had an important influence on the traditional financial industry and financial market, FinTech has always lacked a widely accepted authoritative definition. Since 2017, international financial organizations, represented by the Financial Stability Board (FSB), have issued a series of important reports defining the concept and connotation of FinTech. According to the definition by the FSB, FinTech refers to "technology-enabled innovation in financial services that could result in new business models, applications, processes or products with an associated material effect on the provision of financial services". FinTech is the product of deep integration and innovation of finance and technology under the background of a new round of scientific and technological revolution and industrial transformation. It is a financial innovation driven by scientific and technological progress. The function of the financial industry is comprehensively

① Author: Wu Xuchuan, deputy director of the Internet Finance Research Center of the Institute of Finance of the People's Bank of China.

optimized and upgraded by using modern science and technology. Innovations are made in the financial business model and the boundary of traditional financial business is broadened to realize the optimal allocation of financial resources across time domain, thus promoting the development of finance and economy.

From the technical point of view, FinTech mainly includes big data, cloud computing, block chain, artificial intelligence, and etc. The financial industry relies on these technical means to expand the breadth of industry development, but also greatly expand the depth of industry development. From the perspective of business, FinTech includes third-party payment, crowd funding, Internet insurance, Internet trust, Internet wealth management, Robo-advisor, mobile banking, mobile finance, Internet credit, and so on. From a conceptual point of view, FinTech can cover supply chain finance, consumer finance, shared finance and inclusive finance. In essence, FinTech is still a category of finance, not divorced from the functional attributes and risk attributes of finance.

The market participants of FinTech include not only traditional financial institutions, but also new entrants such as emerging Internet enterprises and financial technology startups. No matter which emerging technology is applied to the financial field, its development and regulation must follow the financial law. The development of FinTech should return to the essence of financial service industry, which is the intermediary of financing. From the point of view of the use of funds, we should optimize the allocation of funds through improving the ability of risk pricing, and ultimately serve the development of the real economy; judging from the source of funds, we need to do a good job of financial consumer protection; from the point of view of the source of resources and the allocation of their use, in order to solve the problems of term mismatch, pro-cyclicality of behavior and externality of financial network, we need to improve risk control ability under the framework of macro-prudential management and micro-prudential supervision. It is the inherent requirement of the financial attributes of FinTech to serve the real economy, to protect the financial consumers and to prevent systemic financial risks.

FinTech is a technology-driven financial innovation, which has injected new vitality into the financial development, but also brought new challenges to financial security. The innovation of business model and the widening of business boundary of FinTech may inevitably conflict with the existing regulatory rules and frameworks, which bring about the regulatory challenges of balancing the development of FinTech and controlling financial risks. We should strengthen the application practice of RegTech, actively utilize big data, artificial intelligence, cloud computing and other technologies to enrich financial regulatory means, and enhance the ability to identify, prevent and resolve cross-industry and cross-market financial risks.

Appendix

Main Regulatory Policy of China Insurance Regulatory Commission in 2017

Date	File Name	Issued by
January 5	Notice of the CIRC on issuing and the *Measures on the Management of Record Keeping for Insurance Companies across the Beijing-Tianjin-Hebei Region* and the launching of the pilot work (BJF [2017] No.1)	CIRC
January 5	Notice of the CIRC on issuing and the *Measures on the Management of Record Keeping for Insurance Professional Agencies across the Beijing-Tianjin-Hebei Region* and the launching of the pilot work (BJF [2017] No.3)	CIRC
January 5	Notice of the China Insurance Regulatory Commission on the issuance of the *Guidelines on the Pricing of Property Insurance Company Products* (BJF [2017]No.2)	CIRC
January 12	Notice of the China Insurance Regulatory Commission on the issuance of the *Measures for the implementation of the Responsibility System for Insurance Petitions* (BJF [2017]No.5)	CIRC
January 24	Notice of the China Insurance Regulatory Commission on further Strengthening the Supervision of Insurance Fund Stocks Investment(BJF[2017]No.9)	CIRC
January 25	Provisions on the Procedures for Administrative Penalties of the China Insurance Regulatory Commission (BJHL [2017]No.1)	CIRC
February 23	Notice of the China Insurance Regulatory Commission on matters related to the provision of guarantee measures by Offshore reinsurers (BJF[2017] No.18)	CIRC
March 9	Notice of the China Insurance Regulatory Commission on matters relating to the improvement of the system of Supervision and Control of Public Inquiries (BJF[2017] No.22)	CIRC
March 14	Notice of the CIRC on issuing the *Main Points for the Protection of the Rights and Interests of Insurance Consumers*in 2017(NJXB[2017] No.65)	CIRC
March 15	Notice of the China Insurance Regulatory Commission on matters related to the discount rate curve applicable to optimizing the evaluation of insurance contract liabilities (BJF[2017]No.23)	CIRC
March 28	Notice of the China Insurance Regulatory Commission on strengthening the information disclosure of mutual insurance organizations (BJF[2017]No.26)	CIRC
April 20	Notice of the China Insurance Regulatory Commission on further strengthening insurance supervision and maintaining the stable and healthy development of the insurance industry (BJF[2017]No.24)	CIRC
April 21	Notice of the China Insurance Regulatory Commission on further strengthening the work of preventing and controlling risks in the insurance industry (BJF[2017]No.35)	CIRC

Continued

Date	File Name	Issued by
April 24	Circular of the General Office of the China Insurance Regulatory Commission on issuing the main points of the work of Government Affairs Publicity in 2017 (BJTF[2017]No.20)	CIRC
April 24	Notice of the China Insurance Regulatory Commission on the issuance of the *Guidelines on the Articles of Association of Insurance Companies*(BJF[2017] No.36)	CIRC
April 26	Circular of the China Insurance Regulatory Commission on the issuance of the *Guidelines on Risk Assessment of Liability Insurance for Chemical Raw Materials and Chemical products Manufacturing Industry* (JRT0152-2017) (BJF[2017]No.37)	CIRC
April 27	Guidance opinion of CIRC on Insurance Serving "Belt and Road" Construction (BJF[2017]No.38)	CIRC
April 27	Circular of the China Insurance Regulatory Commission on the issuance of the Industry Standard *Property Insurance Document*(No. JRT0051-2017)(BJF[2017]No.39)	CIRC
April 28	Circular of the China Insurance Regulatory Commission on strengthening Insurance Supervision and cracking down on illegal acts and rectifying market chaos (BJF[2017]No.40)	CIRC
May 4	The guidance opinion of the CIRC on the Insurance Industry Supporting the Development of the Real Economy (BJF[2017]No.42)	CIRC
May 4	Circular of the China Insurance Regulatory Commission on matters related to the Investment of Insurance funds in Cooperation projects between the Government and Social Capital (BJF[2017]No.41)	CIRC
May 5	Notice of the China Insurance Regulatory Commission on making up for the deficiencies of supervision and establishing a strict and effective insurance regulatory system (BJF[2017]No.44)	CIRC
May 8	Notice of the China Insurance Regulatory Commission on the implementation of BJF Document No. 82(2016) concerning Insurance Supervision and Development (BJZJ[2017]No.130)	CIRC
May 9	Circular of the China Insurance Regulatory Commission on carrying out the special rectification for the investigation of risks in the use of insurance funds (BJZJ[2017]No.128)	CIRC
May 9	State Administration of Taxation, Ministry of Finance, people's Bank of China, China Banking Regulatory Commission, China Securities Regulatory Commission, China Insurance Regulatory Commission, Notice on the release of *Measures for the Administration of Due Diligence of Tax-related Information on Non-resident Financial Accounts*(GJSWZJGG [2017]No.14)	State Administration of Taxation, Ministry of Finance, People's Bank, Banking Regulatory Commission, Securities Regulatory Commission, CIRC
May 10	Notice of the China Insurance Regulatory Commission on continued "Showing Sword Action" to crack down on the behaviors that harm lawful rights and interests of insurance consumers in 2017 (BJXB[2017] No.133)	CIRC

Continued

Date	File Name	Issued by
May 11	Circular of the General Office of the China Insurance Regulatory Commission on further strengthening the Construction of the Press Spokesman System (BJTF[2017]No.23)	CIRC
May 11	Notice of the CIRC on Standardizing the Behavior of Product Development and Design of Life Insurance Companies (BJRSX [2017]No.134)	CIRC
May 15	Circular of the General Office of the China Insurance Regulatory Commission on strengthening the data reporting and quality control of the information platform for the Registration and Management of Insurance Policies in China (BJTF[2017] No.24)	CIRC
May 16	Circular of the General Office of the China Insurance Regulatory Commission on the investigation of the second generation compensation system and its implementation (BJTH[2017]No.111)	CIRC
May 16	Notice of the CIRC on matters related to major projects of the investment of creditor's rights (BJZJ[2017]No.135)	CIRC
May 17	Notice of the China Insurance Regulatory Commission on further strengthening the sales administration of life insurance companies (BJRSX[2017]No.136)	CIRC
May 26	Notice of the China Insurance Regulatory Commission on the publication of the list of reserved intermediary service items of administrative examination and approval (BJF [2017] No. 46)	CIRC
May 27	Notice of the China Insurance Regulatory Commission on carrying out a self-examination of the truthfulness of solvency data (BJCH[2017]No.143)	CIRC
June 8	Notice of the China Insurance Regulatory Commission on the Adjustment and Administration of Commercial Auto Insurance Rates (BJCX[2017]No.145)	CIRC
June 14	Circular of the China Insurance Regulatory Commission on the further implementation of the relevant policy opinions on the deconstruction of Beijing's Non-capital functions (BJF[2017]No.49)	CIRC
June 22	Notice of the China Insurance Regulatory Commission on further strengthening the acceptance of insurance companies (BJF [2017] No. 51)	CIRC
June 23	Notice of the China Insurance Regulatory Commission on further strengthening the Administration of connected transactions of Insurance companies(BJF[2017]No.52)	CIRC
June 28	Notice of China Insurance Regulatory Commission on the issuance of the *Interim Measures on the Retrospective Administration of Insurance Sales* (BJF [2017] No.54)	CIRC
June 28	Notice of the China Insurance Regulatory Commission on carrying out the SARMRA Assessment in 2017 (BJCH [2017] No.156)	CIRC

Continued

Date	File Name	Issued by
June 30	Notice of the China Insurance Regulatory Commission on the development of the special rectification of the property insurance companies' filed products (BJCX [2017] No.163)	CIRC
June 30	Notice of the China Insurance Regulatory Commission on doing a good job in the filing and supervision of insurance evaluation agencies (BJZJ [2017] No. 165)	CIRC
July 6	Notice of the China Insurance Regulatory Commission on the rectification of chaos in the motor vehicle insurance market (BJCX [2017] No. 174)	CIRC
July 11	Notice of the China Insurance Regulatory Commission on matters relating to the temporary exemption of the insurance supervision fee (BJCX [2017] No.181)	CIRC
July 11	Circular of the China Insurance Regulatory Commission on the issuance of the interim measures on the supervision of credit guarantee insurance business (BJCX[2017]No.180)	CIRC
August 15	Notice of the General Office of the China Insurance Regulatory Commission on the initiation of the third-phase construction of the information platform for the registration and administration of insurance policies in China (BJRSX[2017]No.209)	CIRC
August 31	Circular by the Insurance Regulatory Commission, the Ministry of Industry and Information Technology, the Ministry of Finance, on the pilot work of the first batch of application of insurance compensation mechanism for key new materials (GXBLY[2017] No.222)	Ministry of Industry and Information Technology, Ministry of Finance, CIRC
September 11	Circular of the China Insurance Regulatory Commission on the issuance of the *Opinions of the CIRC on Strengthening the Attention of Insurance Consumption Risk* (BJF[2017] No. 66)	CIRC
September 12	China Insurance Regulatory Commission's guiding opinion on developing the first batch of applied insurance pilot for key new materials (BJF[2017]No.60)	CIRC
September 18	Circular of the China Insurance Regulatory Commission on issuing the Second Generation Project Construction Plan for C-Cross (BJF [2017] No.67)	CIRC
October 23	Notice of the China Insurance Regulatory Commission on the implementation of the *Interim Measures on the Retrospective Administration of Insurance Sales Practices* (BJXB [2017]No.265)	CIRC
November 24	Notice of the China Insurance Regulatory Commission on matters relating to the implementation of the general actuary system by property insurance companies and reinsurance companies (BJCX[2017] No. 271)	CIRC

Continued

Date	File Name	Issued by
December 8	Circular of the China Insurance Regulatory Commission on the issuance of the *Statistical System for the Alleviation of Poverty by Insurance (for trial implementation)* (BJTX [2017]No.274)	CIRC
December 15	Circular of the General Office of the China Insurance Regulatory Commission on the issuance of the *Work Plan for Public Lawyers of the China Insurance Regulatory Commission* (BJTF[2017] No.43)	CIRC
December 29	Notice of the China Insurance Regulatory Commission on organizing and carrying out a special action on life insurance to deal with irregularities in sales and to crack down on illegal operations (BJRSX [2017]No.283)	CIRC
December 29	Notice of CIRC on Issuing Measures on Administration of Insurance Standardization (BJF[2017]No.94)	CIRC